Fit to Play™ Golf

Fitness verbessern & Handicap senken

von Nina Nittinger & Carl Petersen

NEUER SPORTVERLAG

Inhaltsverzeichnis

KAPITEL 1
EIN BESSERER GOLFER WERDEN

KAPITEL 2 – DAS ABC DES INTELLIGENTEN TRAININGS FÜR GOLFSPIELER

KAPITEL 3 – RICHTLINIEN FÜR EIN DYNAMISCHES WARM-UP UND COOL-DOWN

KAPITEL 4
GOLFSPEZIFISCHES AUFWÄRMEN AUF DEM PLATZ

KAPITEL 5 – EINE STARKE UND STABILE PLATTFORM = EIN BESSERER SCHWUNG

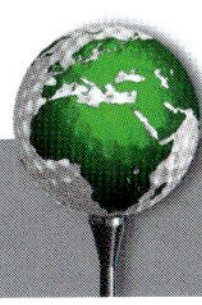

WICHTIGE INFORMATIONEN FÜR DEN LESER

Dieses Buch kann keine professionelle medizinische Beratung ersetzen. Jede gesundheitliche Angelegenheit sollte sachgerecht medizinisch untersucht werden. Für spezifische medizinische Ratschläge, Behandlungen oder Trainingshinweise sollten Athleten, Trainer und Eltern generell persönlich einen Arzt oder eine Fachkraft im Gesundheitswesen konsultieren, bevor ein Trainingsprogramm gestartet wird. Das gilt auch für die Programme, die in diesem Buch beschrieben werden.

Die Autoren und der Verlag lehnen jede Haftung oder Verantwortung für Verluste, Verletzungen oder Schäden ab, persönlich oder nicht persönlich, die angeblich als direkte oder indirekte Konsequenz aus der Benutzung und Verwendung dieses Buches und dessen Inhalte entstanden sein sollten.

Fit to Play (TM) ist ein eingetragenes Warenzeichen der Fit to Play Int. Inc. Vancouver, Kanada.

DEFINITIONEN

Wiederholungen: Anzahl der Bewegungswiederholungen

Sätze: Die Anzahl der Sätze von Bewegungswiederholungen

Tempo: Das Tempo in der die Übungen durchgeführt werden sollen

- **Beispiel A: 1-4-1 Tempo**
  1 Sekunde Muskel strecken / 4 Sekunden halten / 1 Sekunde Muskel verkürzen
- **Beispiel B: 5-0-5 Tempo**
  5 Sekunden Muskel strecken / 0 Sekunden halten / 5 Sekunden Muskel verkürzen
- **Beispiel C: 3-0-1 Tempo**
  3 Sekunden Muskel strecken / 0 Sekunden halten / 1 Sekunde Muskel verkürzen

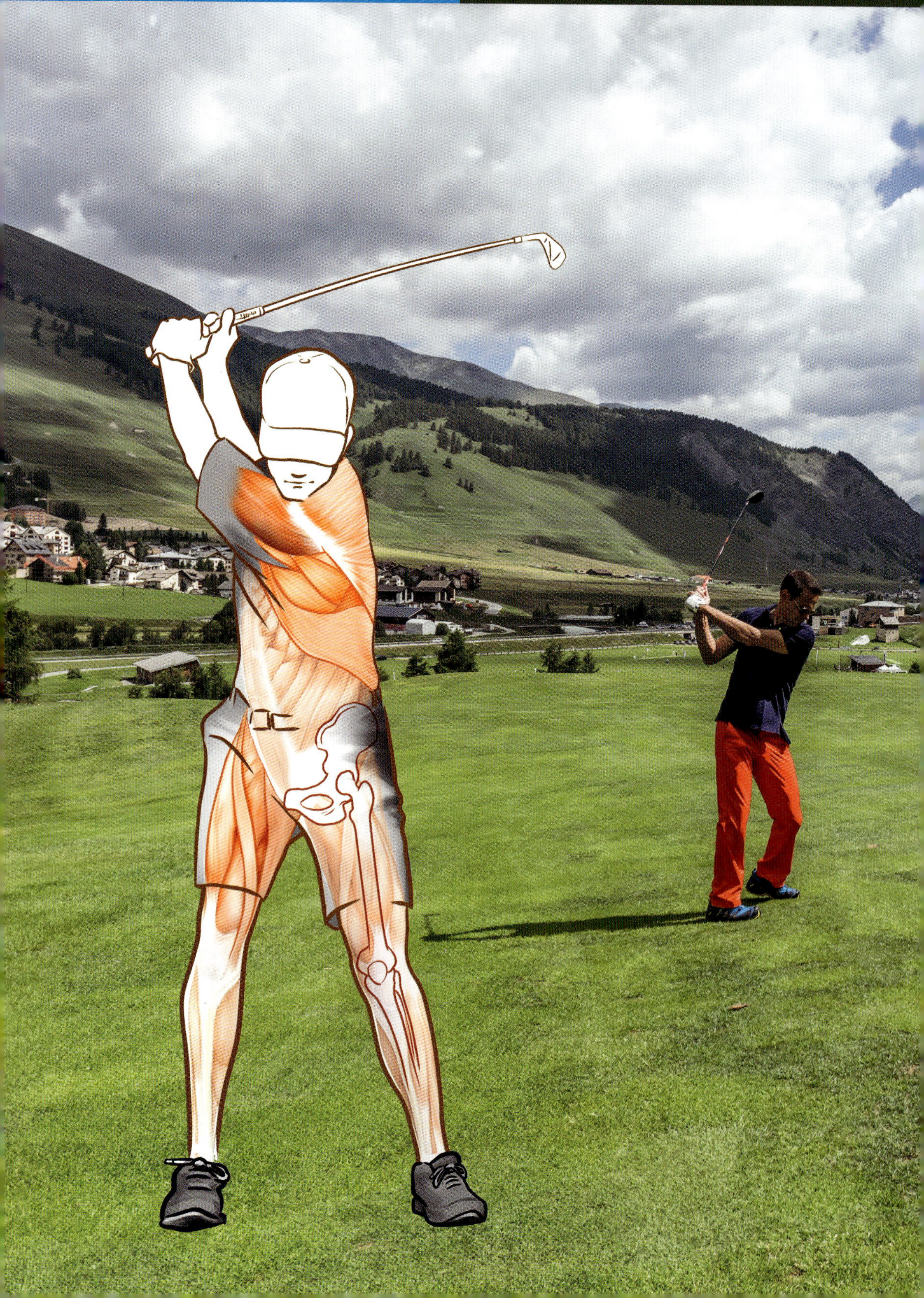

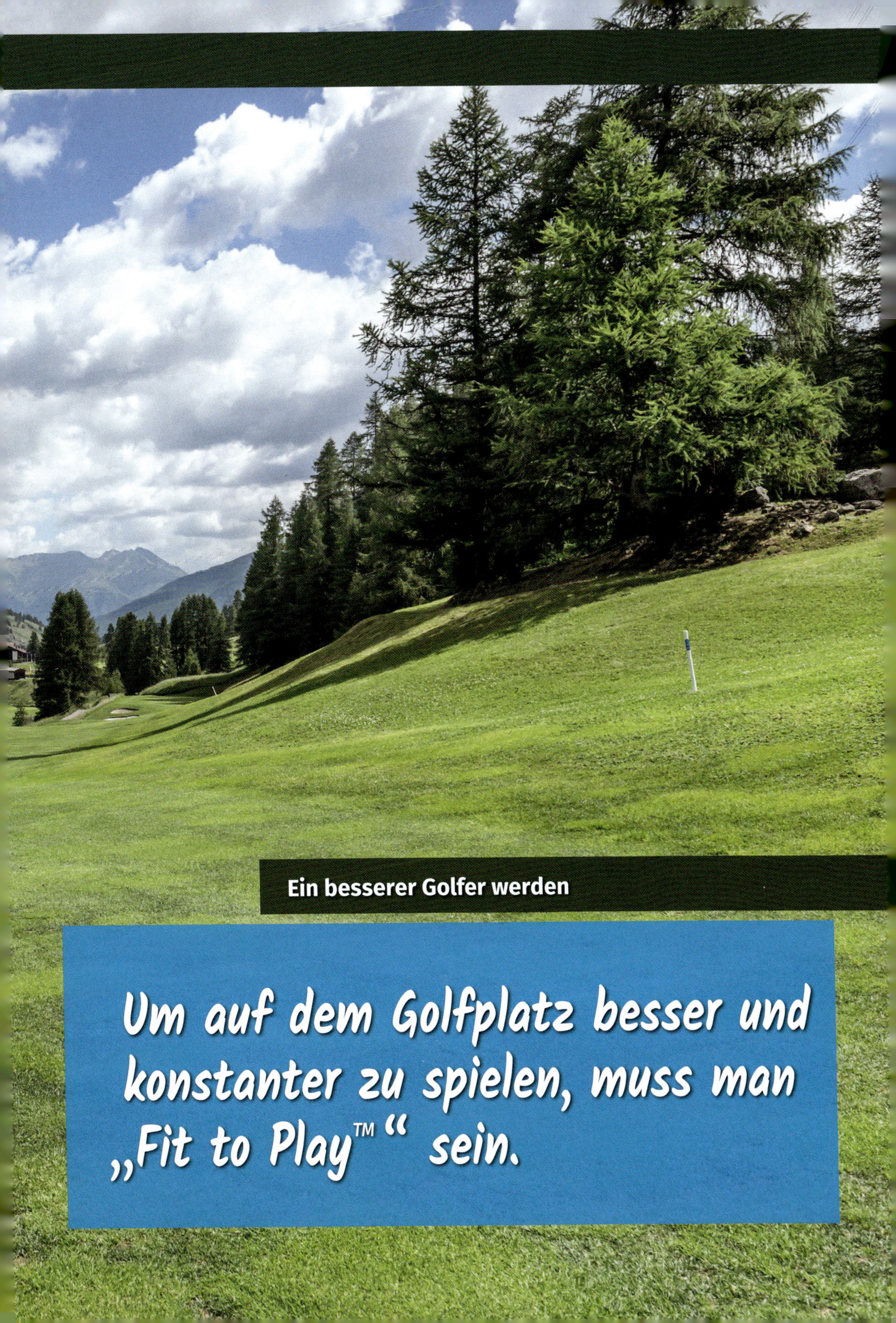

Kapitel 1

Ein besserer Golfer werden

Um auf dem Golfplatz besser und konstanter zu spielen, muss man „Fit to Play™“ sein.

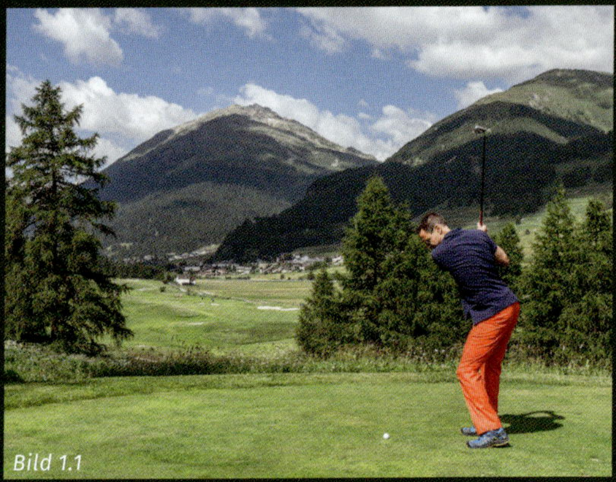

Bild 1.1

Dynamische Flexibilität ist gefragt

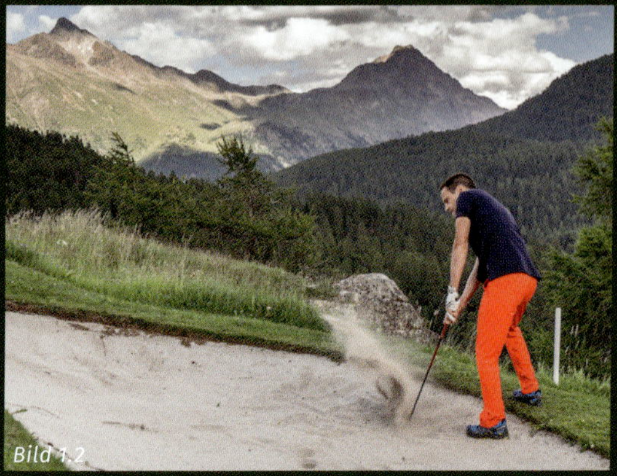

Bild 1.2

Für schwierige Schläge ist Rumpfstabilität ein Muss

Ein besserer Golfer werden

Golf ist eine fantastische Sportart, die in spektakulären Umgebungen und für alle Altersgruppen überall auf der Welt angeboten wird. Millionen Leute spielen ein ganzes Leben lang Golf, von der Kindheit bis lange nach der Pensionierung. Das Spiel vereint und fordert Menschen heraus, die aus verschiedenen sozialen Bedingungen, Herkunft und sozialen Schichten kommen. Golfer aus unterschiedlichen Altersgruppen und mit unterschiedlichen Fähigkeiten spielen aus gesellschaftlichen Gründen oder sie nehmen an Turnieren teil.

Die Beliebtheit des Golfspiels hat die Wissenschaft angetrieben mehr über die physiologischen Herausforderungen zu erfahren und das Material immer weiter zu entwickeln. Eine gute Technik und eine gute Ausrüstung unterstützen ein solides Spiel. Dass das physische Training für die Leistungsfähigkeit eine sehr wichtige Rolle spielt, wird dabei leider oft übersehen.

Golf ist eine Sportart die viele physische Bestandteile beansprucht, dazu gehören Flexibilität, Kraft, Schnelligkeit, Ausdauer und Koordination. Durch die Veränderung des Golf Fitness Trainings und der steigenden Anzahl von Golfspielern jeden Alters, müssen die Trainingspläne aktiv gestaltet werden. Zudem muss sichergestellt werden, dass alle physischen Bestandteile berücksichtigt werden, die verantwortlich für die Leistung auf und neben dem Platz sind.

Wer sein Golfkönnen und die Leistung auf dem Platz verbessern möchte, muss auch die spezifischen physischen Fähigkeiten des Schwungs optimieren. Somit ist es notwendig, an golfspezifischer Beweglichkeit/Flexibilität, Stabilität und Kraft sowie an golfspezifischer Schnelligkeit und Ausdauer zu arbeiten.

Korrektes Training, gute Verletzungsprävention

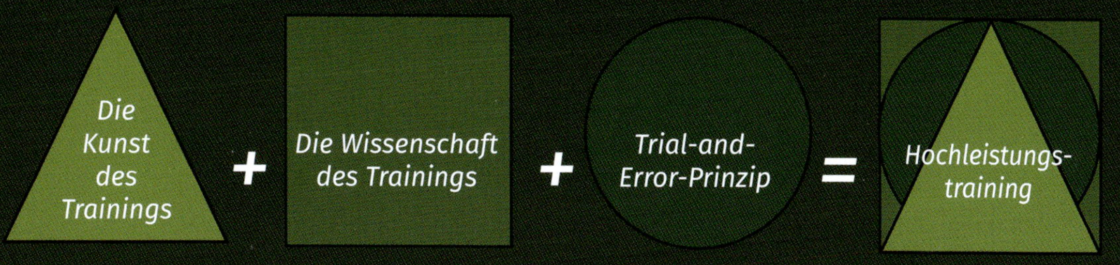

Bild 1.3
Die Kunst und Wissenschaft des Trainings „The Art and Science of Training"
(mit freundlicher Genehmigung von Racquet Tech Publishers)

und gesunde Regenerationsmaßnahmen unterstützen die Optimierung der Leistung auf und abseits des Platzes.

Erfolgreiche Spieler brauchen körperliche Leistungsfähigkeit, technische Fertigkeiten und mentale Stärke. Irrtümer können nie komplett ausgeschlossen werden (siehe Bild 1.3), aber auch sie können zum Erfolg führen, wenn man aus ihnen lernt. Heutzutage steht aber die Wissenschaft mit ihren Trainingsanalysen über der Kunst des Trainings, so wie sie früher ausgeführt wurde.

Die Tipps für das Training in diesem „Fit to Play™ Golf"-Buch sind von Physiotherapeuten, Trainern, Ärzten sowie anderen Fachkräften aus Sportmedizin und Sportwissenschaft erstellt worden und basieren auf aktuellen Forschungsresultaten und jahrelanger praktischer Erfahrung aus dem Hochleistungs- und Hobbygolfbereich sowie der Arbeit mit Athleten aus vielen anderen Sportarten.

MAN SOLLTE NICHT NUR GOLF SPIELEN, UM FIT ZU WERDEN, SONDERN FIT WERDEN, UM GOLF ZU SPIELEN.

Um das Training und die Leistungsfähigkeit eines Spielers zu optimieren und Verletzungen vorzubeugen, müssen alle Faktoren beachtet werden, die das physische Training und die Leistung auf dem Platz beeinflussen.

Jeder Golfer sollte eine Liste erstellen, in der er aufschreibt, warum er trainieren und Golf spielen will. Selbst wenn es sich nur um die Ziele handelt, fitter zu werden, die Gesundheit zu verbessern oder Fett abzubauen, können die Empfehlungen

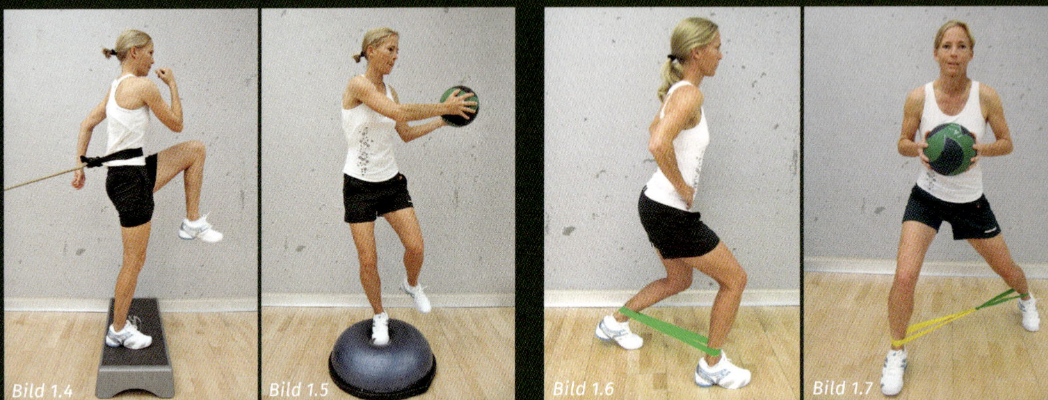

Multidimensionales Training. Da Golf ein multidimensionaler Sport ist, muss auch das Training in allen Bewegungsrichtungen durchgeführt werden. Eine optimale Leistung hängt von einem gut entworfenen und strukturierten Programm ab.

in diesem Buch helfen, besser und länger Golf zu spielen. Multidimensionales Training optimiert die Leistung durch ein gut gestaltetes und strukturiertes Programm. Siehe Bild 1.4–1.7.

Faktoren, die Training und Leistung beeinflussen

- Lebensalter (Betrachtung von Reife, Wachstum und Entwicklung)
- Trainingsalter (wie viele Jahre mit ernsthaftem Training?)
- Körpertyp
- Vorheriges allgemeines und spezifisches Fitnessniveau
- Durch den Trainer, Physiotherapeuten oder Fitnesstrainer erkannte Stärken und Schwächen
- Allgemeiner Gesundheitsstatus
- Rehabilitationsstatus früherer oder aktueller Verletzungen
- Durch golf-/sportspezifische Messungen erkannte Stärken und Schwächen

Das **„Fit to Play™ Golf“**-Trainingsmodell verwendet das „Interconnecting Gears“-Konzept (das Zahnradmodell), um die Bedeutung der verschiedenen Faktoren für eine optimale Golfleistung zu verdeutlichen und Verletzungen zu vermeiden.

Um ein Trainingsprogramm durchzuführen, wird eine Steuerung von vielen zusammenhängenden Faktoren verlangt. Siehe Bild 1.9.

Damit das Zahnrad für die Golfleistung glatt und effizient funktioniert, muss man die primären Trainingszahnräder (physisches Training, Sportpsychologie, Regeneration, taktisches Training, etc.) im Griff haben.

Das zentrale Zahnrad ist die Golfleistung, alle anderen Zahnräder beeinflussen dessen Bewegungen und schlussendlich das ganze Getriebe. Einige Golfspieler können mit einer hohen Leistungsfähigkeit nur in gewissen Bereichen Erfolg haben. Für eine optimale und gleichmäßige Leistung müssen aber alle Zahnräder glatt und effizient funktionieren, nur so kann eine hohe

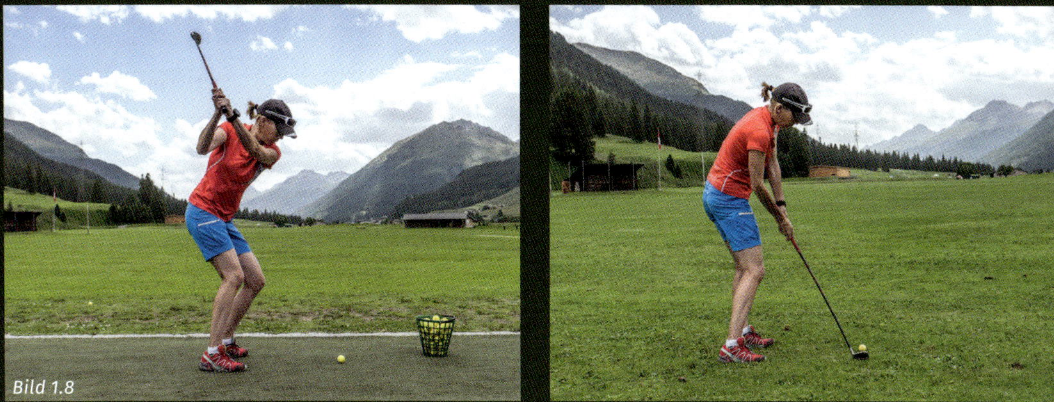

Bild 1.8

Training auf und neben den Matten

Leistungsfähigkeit erbracht werden. Talentierte Spieler sollten auf eine korrekte Technik achten, um schlechte Gewohnheiten, die eine weitere Entwicklung erschweren, zu vermeiden.

FÜR EINE INDIVIDUELLE TRAININGS- UND PROGRAMMGESTALTUNG IST JEDER SELBST VERANTWORTLICH.

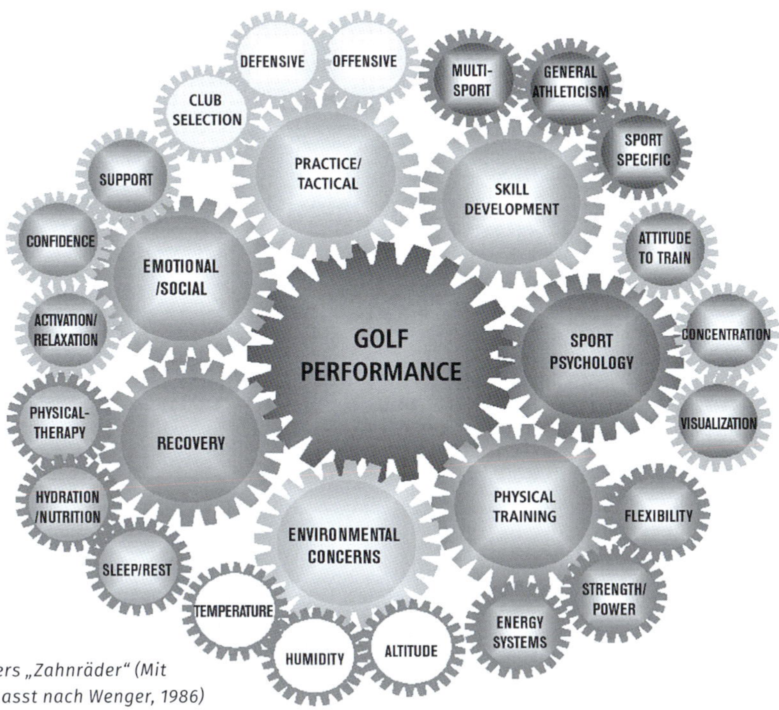

Bild 1.9
Dr. Howie Wengers „Zahnräder" (Mit Erlaubnis angepasst nach Wenger, 1986)

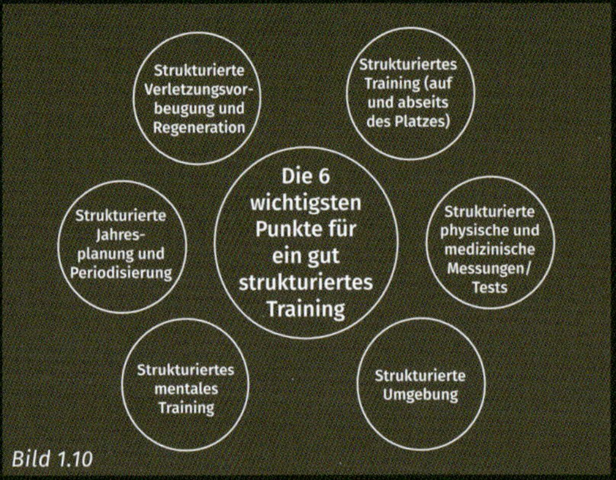

Bild 1.10

(Mit Genehmigung von Racquet Tech Publishers)

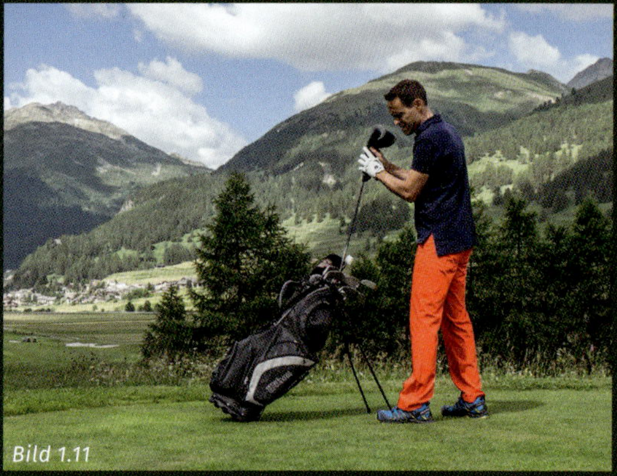

Bild 1.11

Die richtige Schlägerwahl

Die 6 wichtigsten Punkte für ein gut strukturiertes Training

Jeder ist selbst dafür verantwortlich, sein eigenes Golfspiel zu verbessern.

Vielleicht wurde bereits die bestmögliche Golfausrüstung gekauft? Als Nächstes sollte jeder Golspieler den wichtigsten Teil der „Ausrüstung" verbessern – und zwar den, der den Schwung erzeugt und kontrolliert: Und das ist er selber!

Ein guter Sechs-Punkte-Plan ist eine wichtige Voraussetzung für ein optimiertes Training und eine verbesserte Leistung, schnellere Erholung und weniger Verletzungen. Dieser beinhaltet:

Die 6 wichtigsten Punkte für ein gut strukturiertes Training
(angepasst von Petersen & Nittinger, 2006)

1. Strukturiertes Training (auf und abseits des Platzes)
2. Strukturierte physische und medizinische Messungen/Tests
3. Strukturierte Umgebung
4. Strukturiertes mentales Training
5. Strukturierte Jahresplanung und Periodisierung
6. Strukturierte Verletzungsvorbeugung und Regeneration

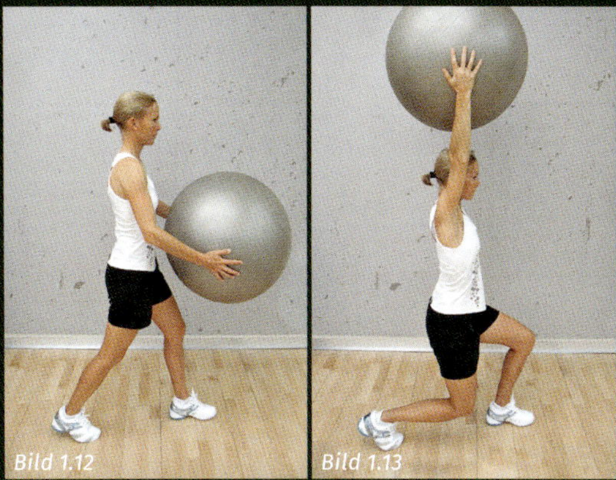

Bild 1.12 Bild 1.13

Einbeinige Kniebeugen in der Ausfallschrittposition mit dem Ball über dem Kopf verbessern die Bein- und Schulterstabilität.

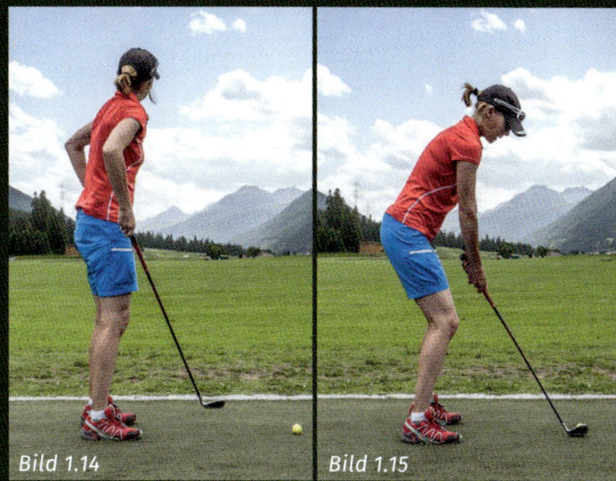

Bild 1.14 Bild 1.15

Strukturiertes Training auf der Driving Range

S1 – STRUKTURIERTES TRAINING (AUF UND ABSEITS DES PLATZES)

- Jeder Golfer sollte für sich spezifische Trainingseinheiten und Turnierpläne erstellen.

- Bevor man ein Trainingsprogramm startet, sollte ein Sportphysiotherapeut oder Fitnesstrainer kontaktiert werden.

- Als Golfer sollte man sich alternative Pläne für ungünstige Wetterverhältnisse erstellen. Täglich angepasstes physisches Training, entweder geplant oder improvisiert, mit Hinblick auf Trainingspartner, zur Verfügung stehenden Einrichtungen und Tagesform.

- Über den Golfplatz zu laufen, erhöht das Fitnesslevel.

- Wer nicht mit einem Trainer arbeitet, sollte sich seine Trainingspartner sorgfältig auswählen.

- Mit einem ähnlich gesinnten Trainingspartner kann man die Trainingspläne gemeinsam erstellen und abwechselnd die Trainingsrunden leiten.

- Das Training sollte in drei Bereiche eingeteilt werden:
  1. Aufwärmen
  2. Golfspezifische Drills oder Übungen
  3. Cool-down und Dehnübungen

- Den Fokus auf Qualität setzen
  - Die Intensität bei aerobem oder anaerobem Training sollte überwacht werden, in dem man den Puls misst, den Sprechtest durchführt oder die erlebte Anstrengung schätzt. Nur so kann sichergestellt werden, dass das Training die richtige Intensität hat.
  - Beim Kraft- oder Stabilitätstraining sollten angemessene Intervalle zwischen den Trainingssätzen eingesetzt werden, z.B. 60 Sekunden. So wird sichergestellt, dass der Kreislauf genug Zeit hat, lokale Energie (Muskelenergiespeicher) wiederherzustellen und

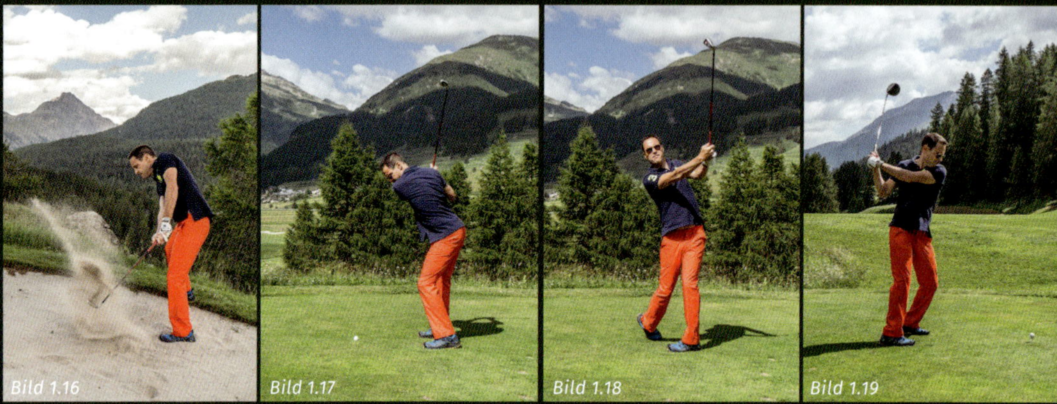

Bild 1.16 Bild 1.17 Bild 1.18 Bild 1.19

An den schwächsten Schlägen arbeiten

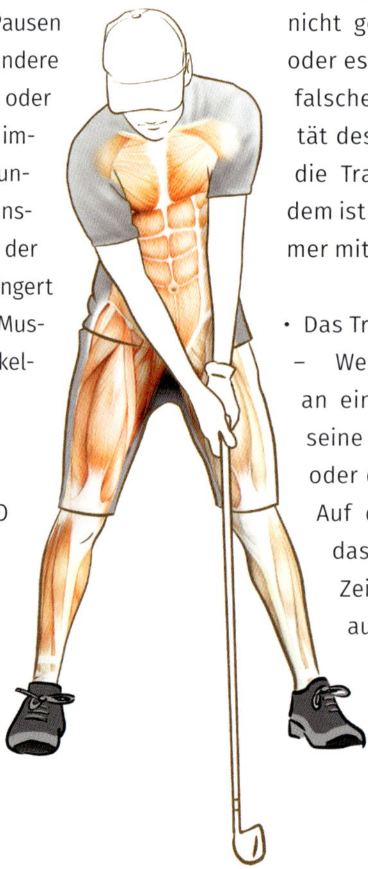

dass die Schlacke wegtransportiert werden kann. Die Pausen kann man nutzen, um andere Körperteile zu dehnen oder aufzuwärmen. Wenn man immer in Bewegung bleibt, unterstützt man den Abtransport von Schlacke aus der Muskulatur und verringert hierdurch das Risiko von Muskelspannungen und Muskelkater.

- Die Quantität minimieren
  - Das Motto 'NO PAIN – NO GAIN' kann man getrost vergessen. Wer trainiert oder sich bewegt, der sollte keine Schmerzen haben. Sollten doch Schmerzen auftreten, dann ist entweder die Trainingsbelastung zu hoch, der Körper hat nicht genug Zeit gehabt, sich zu erholen, oder es wurde das falsche Material, wie z.B. falsche Schuhe ausgewählt. Wer die Qualität des Trainings in den Fokus stellt, kann die Trainingszeiten verringern und trotzdem ist das Training effizient. Man sollte immer mit der richtigen Einstellung trainieren.

- Das Training aufteilen
  - Wer es nicht schafft, täglich 30 Minuten an einem Stück zu trainieren, der kann seine Trainingseinheit in zwei 15-minütige oder drei 10-minütige Trainings aufteilen. Auf diese Weise kann man vermeiden, dass das Training komplett ausfällt. Bei Zeitmangel kann man auch das Training auf der Driving Range aufteilen.

- An den Schwächen arbeiten
  - Wer bereits ein starker Spaziergänger oder Läufer ist, kann Fahr-

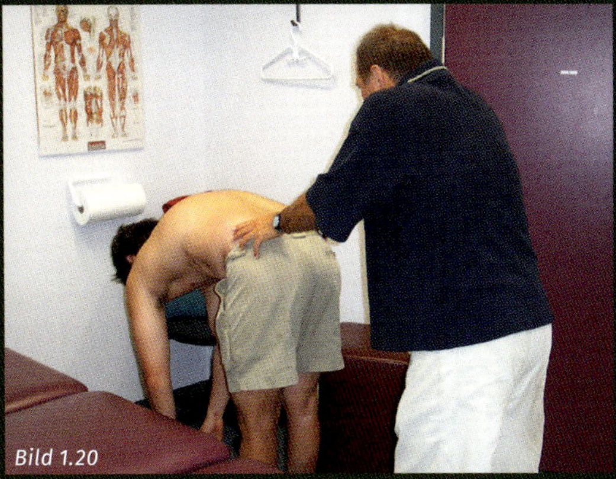

Bild 1.20

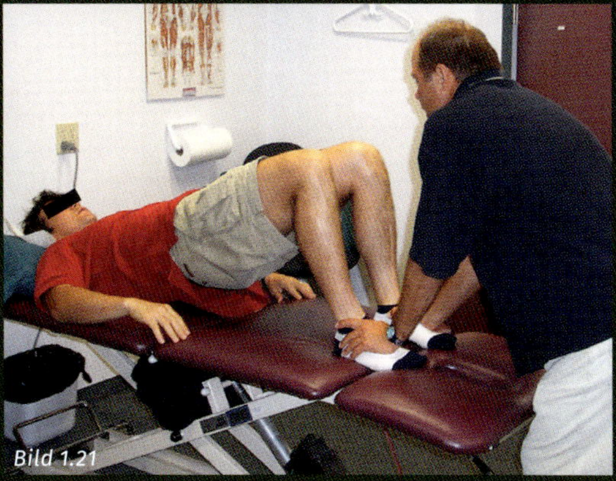

Bild 1.21

Strukturierte physische Leistungsmessung durch eine qualifizierte Fachkraft

rad fahren, Treppen steigen oder einen Stepper als Alternative ausprobieren. Liegt das Problem eher bei der Flexibilität, dann sollte man sich genug Zeit für Dehnübungen nehmen. Liegt die Schwäche eher bei der Stabilität, Kraft oder dem Gleichgewicht, dann sollten mehr Krafttrainingseinheiten und Stabilisierungsübungen durchgeführt werden.

- An dieser Stelle spielt eine ehrliche Auswertung der Trainingsgewohnheiten, Stärken und Schwächen eine große Rolle. Der Fitnesstrainer, Physiotherapeut oder eventuell auch der Golftrainer können helfen, problematische Bereiche zu erkennen und individuelle Programme zu erstellen.
- Beim Krafttraining sollte man sich zuerst auf die schwächste Muskelgruppe fokussieren und bei Dehnübungen mit den kürzesten Muskeln anfangen. Das Gleiche gilt für das Golftraining. Die Schwächen des Spiels sollte man am Anfang bearbeiten, so lange die Muskeln noch frisch sind.

• Jeder Golfer sollte auf eine gute und solide Schwungbewegung achten. Qualifizierte Trainer können anhand einer Videoanalyse Ihre Biomechanik optimieren und das Verbesserungspotential identifizieren. Dies wird sich auf jeden Fall auszahlen, denn eine bessere Bewegung kann Verletzungen vorbeugen, das Golfspiel verbessern und die Spielfreude erhalten.

• Nach jeder Trainingseinheit sollten angemessene Erholungsstrategien eingesetzt werden.

S2 – STRUKTURIERTE PHYSISCHE UND MEDIZINISCHE MESSUNGEN/TESTS

• Leistungsmessungen und Tests erkennen vor allem physische Einschränkungen, die einen Golfer eventuell daran hindern, besser Golf zu spielen.

Physisch

• Eine Untersuchung durch eine qualifizierte Fachkraft kann Verletzungen vorbeugen. Diese

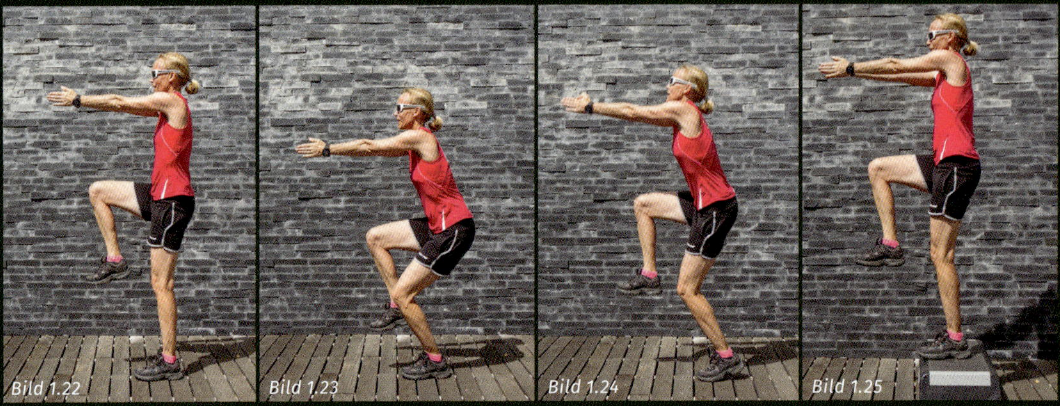

Dynamische Stabilitätstests für Rumpf und Beine

Untersuchung ist für Anfänger oder Wiedereinsteiger besonders wichtig.

- Die Untersuchung sollte mindestens zweimal jährlich durchgeführt werden, und zwar einmal vor Trainingsanfang und einmal 6–8 Wochen vor einer anspruchsvollen Turnier-/Wettkampfphase.

- Durch eine golf-/sportspezifische Untersuchung, können spätere Schmerzen und Frustration vermieden werden.

- Der Physiotherapeut/Sportarzt sollte potenziell empfindliche Zonen oder Problemzonen untersuchen, wie z.B.:
  - frühere oder chronische Verletzungen,
  - abnormal verkürzte oder instabile Gelenke und Muskeln,
  - schwache oder schnell erschöpfte Muskeln,
  - Körperhaltungsprobleme und Frakturfehlstellungen.

- Solch eine Vorsorgeuntersuchung ist besonders wichtig für ältere Spieler oder Spieler mit Arthrose oder anderen gesundheitlichen Problemen, die die Mobilität einschränken können.

- Eine gründliche orthopädische Untersuchung, inklusive Aufbaukontrolle (Bild 1.20/1.21), kombiniert mit den Fit to Play™ Tests: Dynamischer Stabilitätstests für Rumpf & Beine, Gleichgewicht auf einem Bein, ¼ Kniebeuge, flaches Hüpfen und Schritthüpfen (siehe Petersen & Nittinger, 2006). Diese Tests können hervorheben, an welchen Bereichen zuerst gearbeitet werden sollte. Bild 1.22/1.23/1.24/1.25

Medizinisch

- Eine gründliche medizinische Voruntersuchung, die die Stabilität der Bänder, eine Blutkontrolle und Urinanalyse beinhaltet.

- Alle Verletzungen und Krankheiten sollen schnellstmöglich behandelt werden.

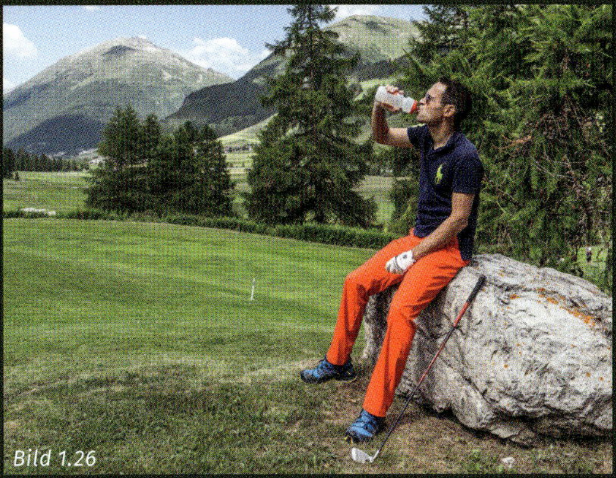

Bild 1.26

Genug trinken ist essentiell

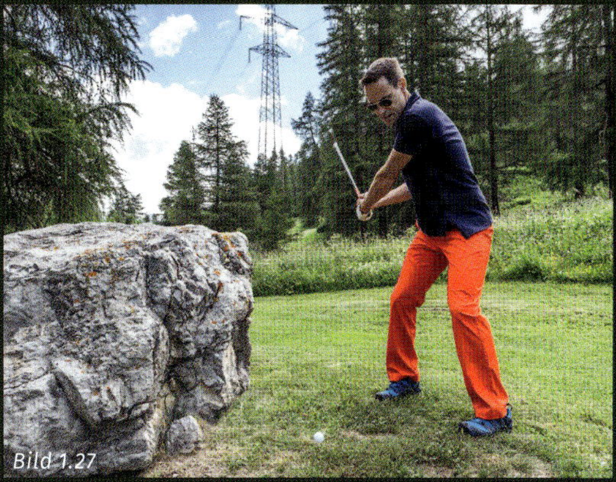

Bild 1.27

Mit einem Strafschlag kann eine Verletzung vermieden werden.

S3 – STRUKTURIERTE UMGEBUNG

Für ein effizientes Training und ein optimiertes Spiel müssen auch alle Faktoren neben dem Golfplatz gemanagt werden, die einen Einfluss auf die Leistung haben. Die komplexen Bedürfnisse eines Leistungsgolfers können heutzutage nicht nur vom Trainer oder vom Spieler selber erfüllt werden.

Wenn das Training gesteigert wird und die Trainingsansprüche umfassender und komplexer werden, werden die Empfehlungen und das Wissen anderer Fachleuten sowie Physiotherapeuten, Sportmediziner, Mentaltrainer, Ernährungswissenschaftler, Kraft- und Konditionstrainer und anderen Sportwissenschaftlern benötigt, um ein sicheres, effizientes Trainingsprogramm auf und abseits des Platzes sicherstellen zu können.

Um das Training zu optimieren, auf dem Platz eine gute Leistung zu erbringen, die Regeneration sicherzustellen und um Verletzungen zu vermeiden, müssen die folgenden Faktoren beachtet werden:

- Vor, während und nach dem Training und den Turnieren muss man ausreichend trinken und essen. Wenn eine Unsicherheit besteht, kann ein qualifizierter Ernährungsberater oder -wissenschaftler kontaktiert werden. Tipps, wie man nach dem Spiel Flüssigkeit und Energie auftanken kann, sind auf den Seiten 191–192 zu finden.

- Bei Reisen zu und von Turnieren muss man sich um Jetlag und ähnliche Unannehmlichkeiten, die das Reisen betreffen, kümmern. Weitere Tipps sind auf den Seiten 197–198 aufgelistet.

- Die äußeren Bedingungen, wie das Spielen und Trainieren in Hitze oder Kälte, im Regen und Wind, müssen bewältigt werden.

- Auf dem Golfplatz sollten immer Sonnenschutz, Hut und Sonnenbrille getragen werden. Die Haut sollte regelmäßig kontrolliert und bei Unsicherheiten oder Fragen ein Arzt konsultiert werden.

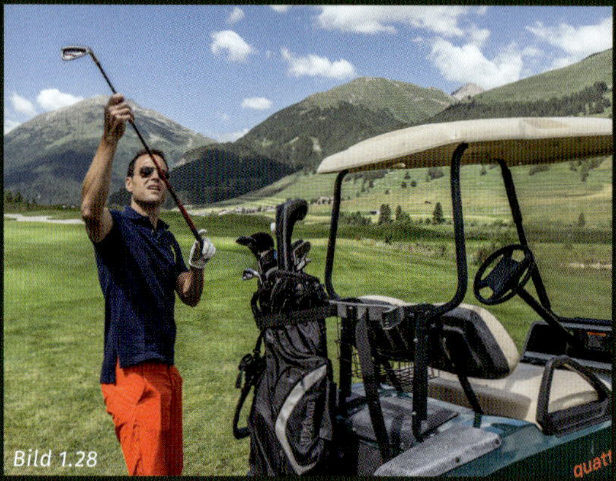

Das richtige Material auswählen und benutzen.

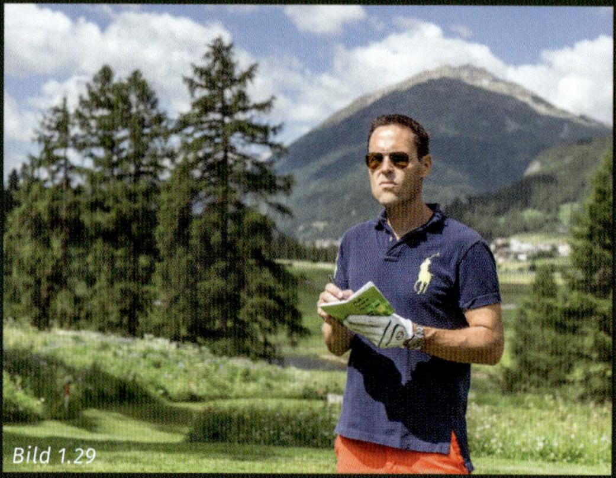

Mentales Training kann die Leistung auf und abseits des Platzes verbessern.

- Einen Ball in der Nähe von Steinen oder Wurzeln zu schlagen, kann Verletzungen hervorrufen. Manchmal ist es ratsam, lieber einen Strafschlag in Kauf zu nehmen.
- Beim ersten Anzeichen eines Blitzes muss der Platz verlassen oder eine Zuflucht gesucht werden. Es ist unwichtig, wie gut das Spiel gerade läuft, die Sicherheit geht immer vor.
- Die Schläger sollten in einem renommierten Golf- oder Sportfachgeschäft gekauft und dort individuell angepasst werden.
- Gute und bequeme Schuhe, die richtig sitzen. Am besten werden die Schuhe nachmittags mit den eigenen Golfsocken probiert. Dann sind die Füße ein wenig größer als am Morgen.

S4 – STRUKTURIERTES MENTALES TRAINING

- Um Ziele, Fortschritte, Trainingspläne und aktuelle Trainingseinheiten nachvollziehen zu können, eignet sich am besten ein Trainingstagebuch.
- Es ist empfehlenswert alle Ressourcen aus der Sportspsychologie zu nutzen, die zur Verfügung stehen.
- In Zusammenarbeit mit einem Mental Trainer oder Sportpsychologen kann eine Zielsetzung zusammengestellt werden.
- Vorstellungsvermögen, Emotionskontrolle und Entspannungstechniken sollten regelmäßig trainiert werden.
- Athletische und golfspezifische Anforderungen sollten immer im Zusammenhang mit dem täglichen Leben betrachtet werden. Aspekte wie soziales Klima, Schule, Arbeit, Familie, Beziehungen und tägliche Stressmomente sowie Prüfungen, Deadlines und persönliche Konflikte spielen dabei eine große Rolle.

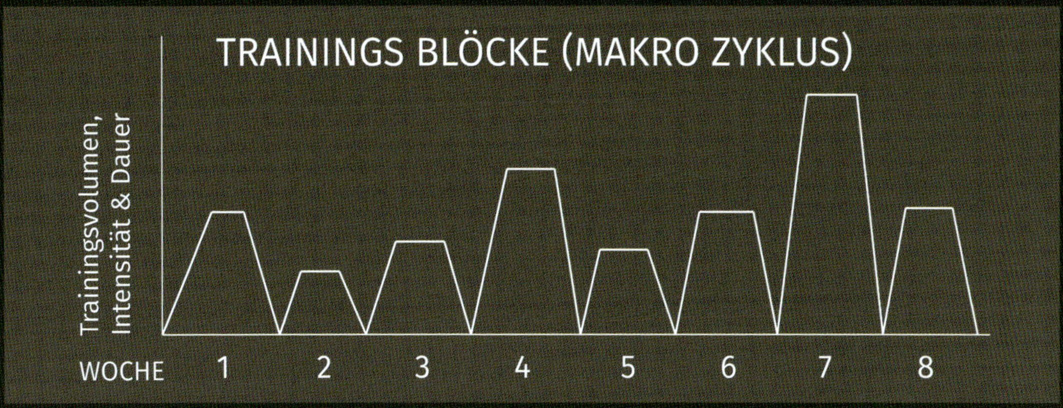

Bild 1.30
Periodisierung

- Eine gute Planung erleichtert es, ein gutes Gleichgewicht zwischen Training auf und abseits des Platzes und Entspannung zu erreichen.

- Videoanalysen sind ein tolles Werkzeug, um eine gute Schwungmechanik zu gewährleisten und eine mentale Übungswiederholung zu erleichtern, ohne dass das Körpergewebe zu sehr beansprucht wird.

- Geduld ist eine wichtige Eigenschaft, sowohl auf als auch neben dem Platz. An manchen Tagen ist die Motivation größer, oder man hat mehr Zeit als an anderen Tagen. Wenn es möglich ist, kann man mehr trainieren (ohne zu übertreiben). Wenn es nicht möglich ist, dann ist es auch in Ordnung weniger zu machen oder das Training anpassen. Trainieren und üben sollte man nur, wenn man Lust dazu hat. Wenn man genügend Zeit hat und die Kraft dafür aufbringen kann, dann kann man auch länger trainieren.

- Jeder sollte Spaß haben, an dem was er macht. Sorgen und Stress im Leben können zu Unwohlsein oder sogar Krankheiten führen.

- Glückliche Menschen leben oft länger als unglückliche – und bestimmt werden diejenigen öfter zum Golf spielen eingeladen, die Freude ausstrahlen.

S5 – STRUKTURIERTE JAHRESPLANUNG UND PERIODISIERUNG

- Die Jahresplanung für Leistungs- und Turniergolfer sollte sich aus Vorbereitungsphasen, Wettkampfphasen und Erholungsphasen zusammensetzen.

- Das Hauptziel ist es, Trainingsblöcke zu verwenden, um Intensität, Umfang und Dauer des Trainings, des Wettkampfes und der Erholung auszubalancieren. Siehe Bild 1.30.

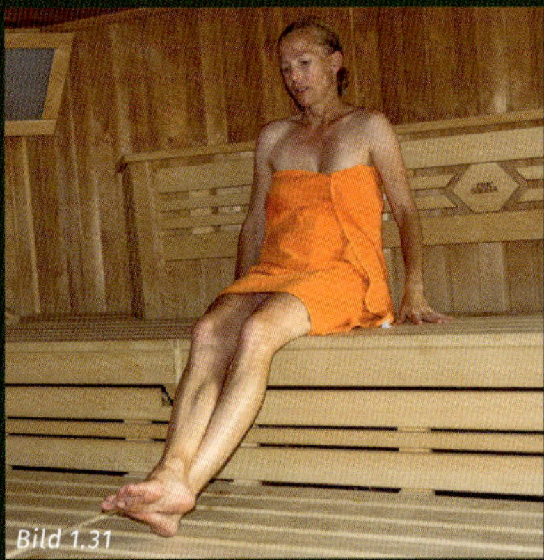

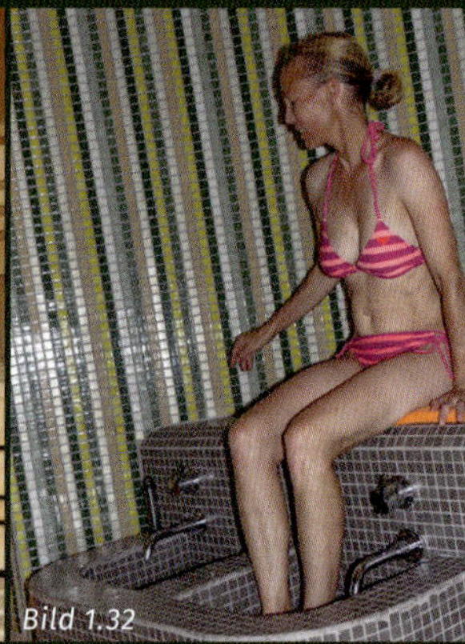

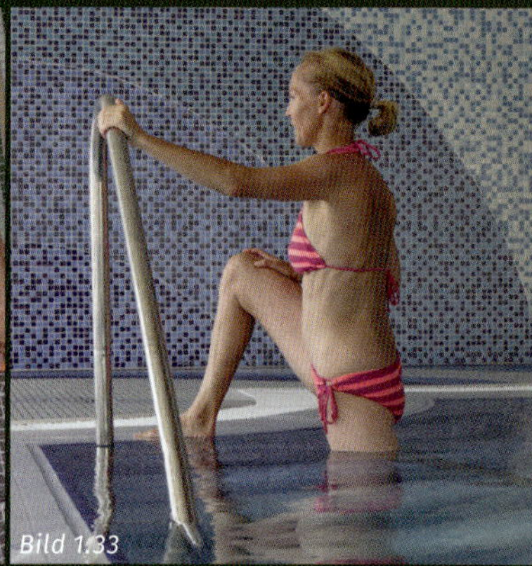

Erholung. Angemessene Erholungsstrategien sind unerlässlich, um die Trainingsresultate zu maximieren.

- Die Wettkampfsaison sollte so geplant werden, dass das beste Golfspiel an Turnieren gespielt wird. Das Training wird in drei Phasen eingeteilt:
  1. Vor dem Wettkampf (die Vorbereitung auf das Turnier).
  2. Beim Wettkampf (Erhalten der Leistungsfähigkeit während des Turniers).
  3. Nach dem Wettkampf (aktive und passive Erholung nach dem Turnier).
- Die jährliche Planung und Periodisierung minimiert das Risiko, dass es langweilig oder uninteressant wird, dass der Spieler ein Burnout oder eine Verletzung erleidet oder zu viel trainiert.
- Durch die Planung gewinnen Spieler und Trainer ein besseres Verständnis für das übergreifende Trainingsprogramm, dessen Ziele und die Umsetzung.

EINE GUTE PLANUNG UND PERIODISIERUNG OPTIMIEREN DIE LEISTUNGFÄHIGKEIT UND MINIMIEREN DAS RISIKO VON VERLETZUNGEN.

S6 – STRUKTURIERTE VERLETZUNGS-VORBEUGUNG UND REGENERATION

Eine strukturierte Verletzungsvorbeugung sollte in jedes Trainingsprogramm auf und abseits des Platzes integriert werden. Die folgenden Komponenten können helfen Verletzungen vorzubeugen.

Gute Training- und Erholungsstrategien

Wer viel Golf spielt und trainiert, wird nie zu 100 Prozent verletzungsfrei sein. Wenn man oft trainiert und an die Grenzen geht, um so gut wie möglich zu werden, kann es zu Verletzungen kommen. Da Golf ein asymmetrischer Sport ist, entstehen die meisten Verletzungen durch eine überbeanspruchte Muskulatur. Die Kombination von unzähligen Schwüngen mit dem Driver auf der Driving Range und vielen Übungen neben dem Platz (joggen, springen und Krafttraining) können das Gewebe schädigen und Entzündungen verursachen (Mikrotrauma).

Die Verletzungsvorbeugung ist ein essentieller Teil des Trainingsplans für jeden Golfer. Ver-

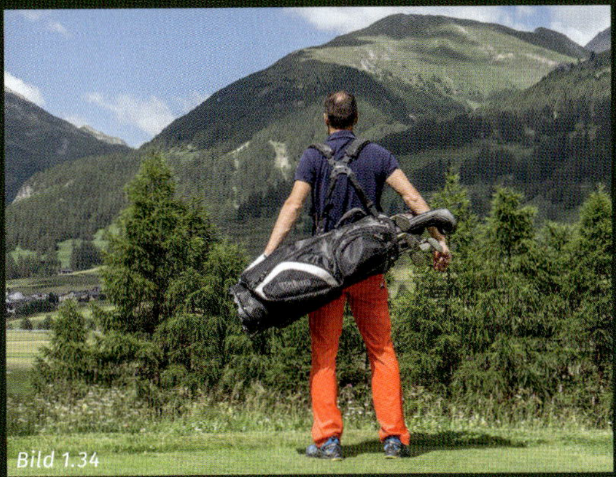
Bild 1.34

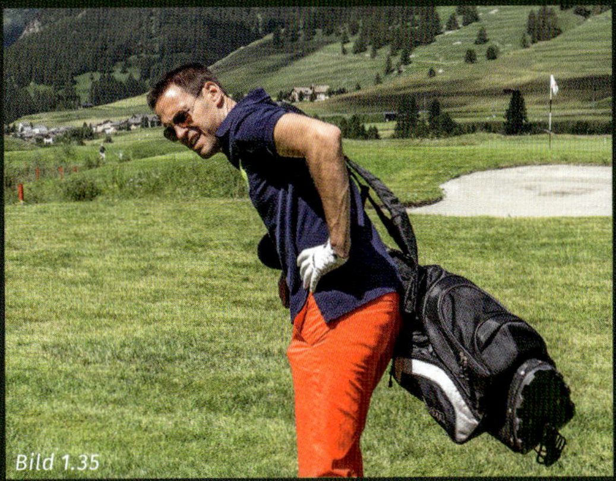
Bild 1.35

Das korrekte Heben und Tragen von Golfbags kann Ruckenbeschwerden vorbeugen.

letzungen können minimiert und kontrolliert werden, indem gute Erholungsstrategien und sinnvolle Verletzungspräventions- und Steuerungsstrategien in den Trainingsplan eingebaut werden. Die Vorteile strukturierter Erholungsmethoden hinsichtlich einer besseren Leistung und eines geringeren Verletzungsrisikos sind wissenschaftlich belegt. Siehe Seiten 188–199.

Die am besten und perfekt organisierten Trainingsprogramme nutzen wenig, wenn man immer verletzt ist und nicht effizient trainieren oder Golf spielen kann. Dehalb sollten immer gute Erholungsstrategien befolgt werden. Siehe Bild 1.31 / 1.32 / 1.33.

Jeder Golfer sollte sich gute Hebetechniken aneignen, um Verletzungen beim Heben oder Transportieren der Golftasche zu vermeiden.

Um Rückenverspannungen zu vermeiden oder zu minimieren, kann man das Golfbag mit einem Trolley ziehen oder schieben. Hierzu sollten abwechselnd der rechte und linke Arm benutzt werden.

Wer seine Schläger trägt, der sollte eine Golftasche mit einem doppelten Riemen benutzen, um den einseitigen Druck auf den Rumpf, die Schultern und Beine zu minimieren. Siehe Bild 1.34.

Wichtig ist es, immer auf den eigenen Körper zu hören. Falls Schmerzen nach kurzer Zeit nicht von alleine weggehen, sollte sofort professionelle Hilfe gesucht werden. Golfer sollten Schmerzen und überlasteten Muskeln im oberen Rücken und den Schultern, im unteren Rücken, in der Hüfte und in den Beinen besondere Beachtung schenken. Siehe Bild 1.35.

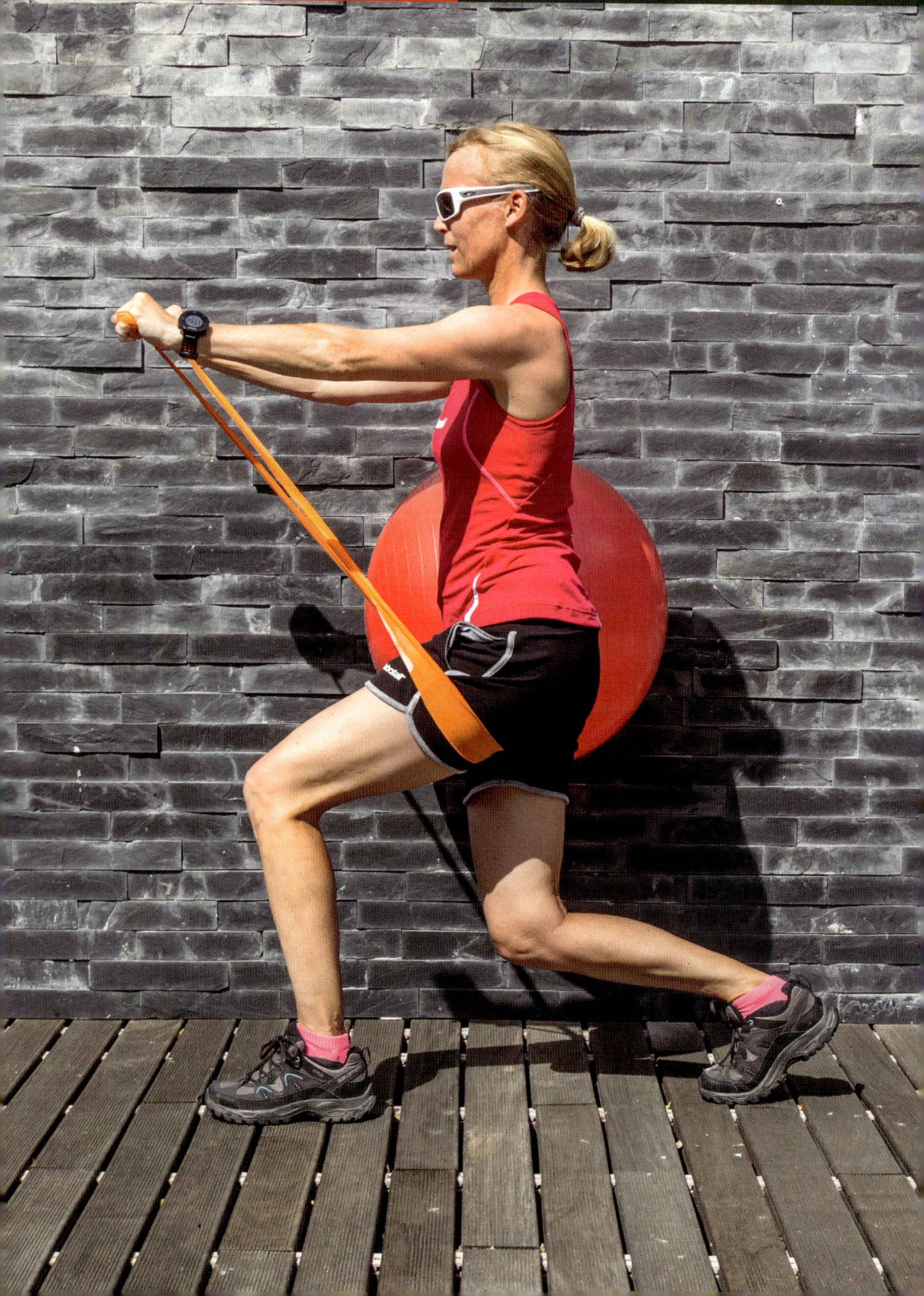

Mit dem ABC des intelligenten Trainings kann man das Training verbessern und so die Leistungsfähigkeit schneller aufbauen.

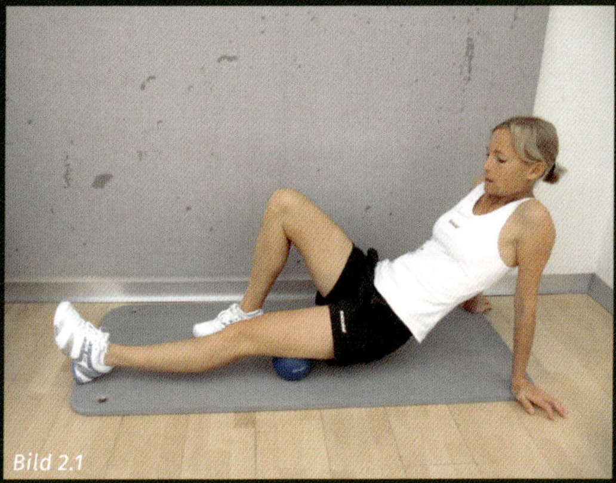

Bild 2.1

Aktives und passives Stretching von verspannten Muskeln mit einem kleinen Ball.

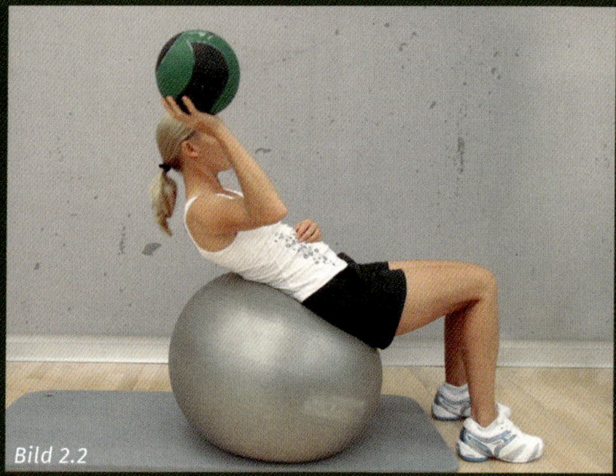

Bild 2.2

Aktives Stärken und Stabilisieren von schwachen Muskeln.

Das ABC des intelligenten Trainings für Golfspieler

Die im Folgenden beschriebenen Konzepte helfen beim Erstellen eines golfspezifischen Trainingsprogrammes. Das ABC des intelligenten Trainings für Golfspieler kann für jedes Training auf und abseits des Platzes, für andere Sportarten und im täglichen Leben eingesetzt werden.

Es erhöht das Trainingspotenzial, die Leistungsfähigkeit beim Golf wird schneller besser, die Erholungszeiten kürzer und das Verletzungsrisiko wird minimiert.

A1 – ATHLETISCHE HALTUNG UND AUSRICHTUNG DES KÖRPERS

Zu Beginn eines jeden Trainings sollte auf eine gute athletische Haltung geachtet werden. Die Knie sollten leicht gebeugt, der Rumpf bzw. der Beckenboden aktiviert, die Schultern entspannt und nach unten hängend und der Kopf in einer neutralen Position sein. Eine anatomische Ausrichtung des Körpers muss erreicht und beibehalten werden, um eine korrekte Kraftverteilung auf den krafttragenden Körperstrukturen während des Spiels und des Trainings zu ermöglichen. Entspannte Muskeln sind locker und können sich schneller bewegen und somit schneller Geschwindigkeit aufbauen. Verspannte Muskeln machen den Sportler langsamer und schränken den Bewegungsumfang ein.

Eine anatomische Ausrichtung des Körpers kann wie folgt erreicht werden:

- Aktives und passives Dehnen der oft kurzen und verspannten Muskeln (z. B. hintere Oberschenkelmuskeln, Hüftbeuger, Waden und Brustmuskeln). Siehe Bild 2.1.
- Aktives Stärken der oft langen und schwachen Muskeln (z. B. untere Bauchmuskeln, obere Rückenmuskeln und Schultergürtel [Infraspi-

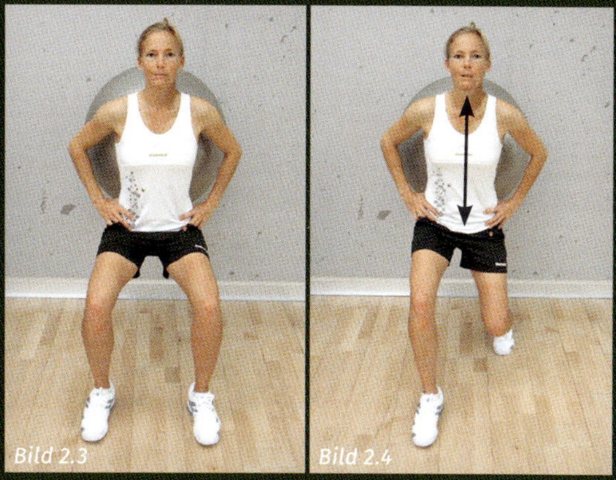

Training mit athletischer Haltung und Ausrichtung des Körpers.

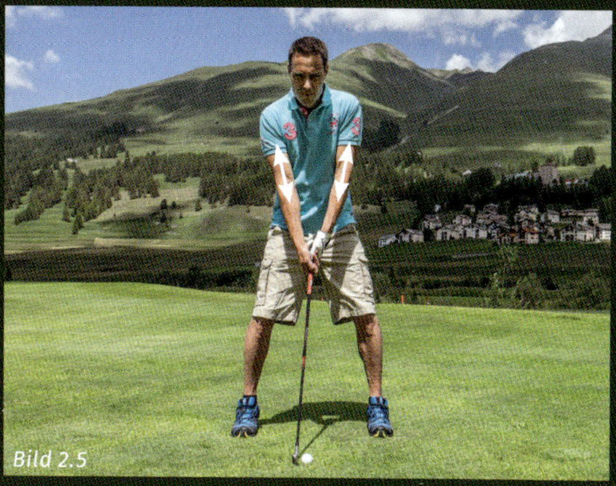

Eine gute Ausrichtung des Körpers ist wichtig für eine athletische Grundposition, bzw. die richtige Ansprechposition beim Golfen.

natus] sowie die außenliegende Hüftdreher [Glutealmuskulatur]). Siehe Bild 2.2.

Eine gute Haltung fängt mit einer perfekten Ausrichtung der Wirbelsäule an. Der Rücken kann wie folgt korrekt ausgerichtet werden:

- Der Spieler soll sich vorstellen, dass sein Kopf nach oben gezogen wird, wodurch der Rücken verlängert wird.
- Der Nacken soll lang bleiben, die Schultern sind entspannt, nach hinten und unten gezogen.

So kann man eine gute Ausrichtung des Körpers kontrollieren:

- Während einer Bewegung soll auf eine korrekte Ausrichtung der Knie geachtet werden. Die Knie müssen sich immer über die Zehen bewegen und nicht weiter nach vorne.
- Bei Ausfallschritten oder Kniebeugen auf einem Bein soll eine senkrechte Linie der Schwerkraft durch das Schambein laufen, um Schwerkräfte auf den Bändern im Beckenbereich zu vermeiden. Siehe Bild 2.3/2.4.
- Vor dem Schlag sollten die Nase, das Sternum (Brustbein) und der Rücken gleich ausgerichtet sein. Siehe Bild 2.5.

Athletische Golfhaltung

Um eine athletische Position für den Golfschwung einzunehmen, kann man sich zuerst gerade hinstellen, die Füße stehen etwa schulterbreit nebeneinander. Dann steckt man die Daumen in den Gürtel oder in die Gürtelschlaufen der Hose und drückt die Hüfte nach unten, so dass man die Spannung auf den Oberschenkeln spürt. Als nächstes beugt man leicht die Knie, damit der Stand stabil ist. Danach kann man den Gürtel loslassen und die Arme normal hängen lassen.

Entspannte Muskeln sind geschmeidig und können sich schneller bewegen. Eine verkürzte Muskulatur macht langsamer und schränkt den Bewegungsraum ein. Eine breitere Ausgangsstellung schafft einen festen Stand und ermöglicht einen schnellen und kontrollierten Schwung.

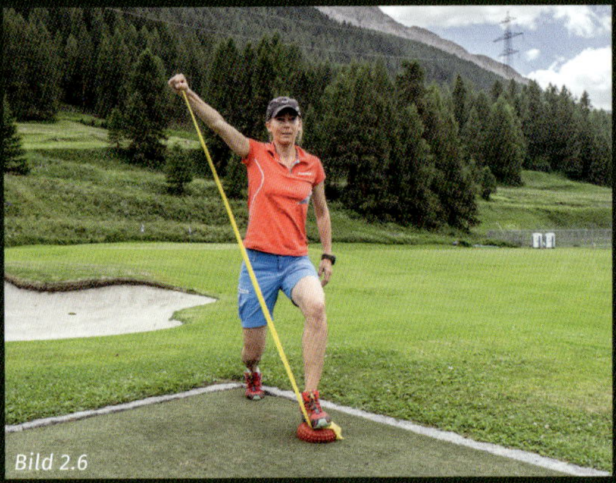

Bild 2.6

Der Körper kann mit verschiedenen Übungen herausgefordert werden.

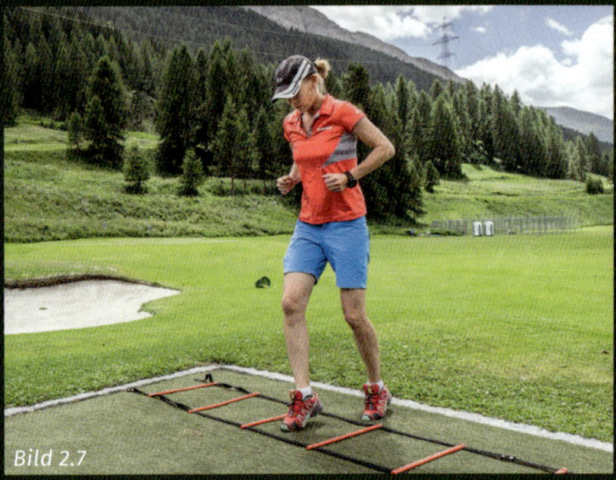

Bild 2.7

Neue Herausforderungen führen zu Anpassungen des Körpers.

A2 – ANPASSUNGSFÄHIGES TRAINING

Golffitness auf hohem Niveau ist das Ergebnis eines über Monate und Jahre hinweg durchgeplanten Trainings. Der Körper passt sich an, wenn er durch neue Stressreize herausgefordert wird. Ist die Belastung nicht hoch genug, findet keine Anpassung statt. Ist die Belastung zu hoch, findet eine Fehlanpassung statt; dies kann zu Überforderung, Übernutzung und Verletzung führen. Einige Prinzipien eines adaptiven Trainings sind im Folgenden dargestellt:

- Ein Trainingsprogramm muss die Zeit für anatomische, physiologische und psychologische Anpassung berücksichtigen.

- Mindestens 2–4 Tage pro Woche sollten Aktivitäten neben dem Golfplatz durchgeführt werden.

- Belastung:
  - Die Trainingsbelastung muss hoch genug sein, um die Körpersysteme während des Trainings zu belasten.
  - Die Belastung unterstützt eine physische Veränderung und fördert eine Anpassung.
  - Um eine angemessene Belastung zu erreichen, muss die Aktivitätsdauer lang genug sein, damit ein Trainingseffekt erzielt werden kann.
  - Die Intensität muss langsam und progressiv erhöht werden.
  - Eine gute Regel ist eine wöchentliche Steigerung von Intensität und Volumen um 10 Prozent.

- Regelmäßige Pausen oder Erholungstage müssen eingeplant werden (mindestens ein Tag pro Woche):
  - So können sich Gewebe sowie Muskeln, Sehnen, Bänder und Knochen an die neue Belastung durch physisches Training und Ballschläge anpassen.
  - Damit kann Muskelverhärtungen und einem Übertraining vorgebeugt werden.

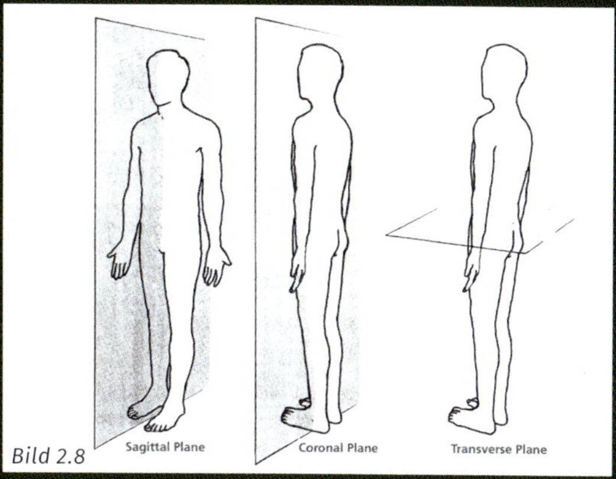

Bild 2.8

(Mit freundlicher Genehmigung von Racquet Tech Publishers)

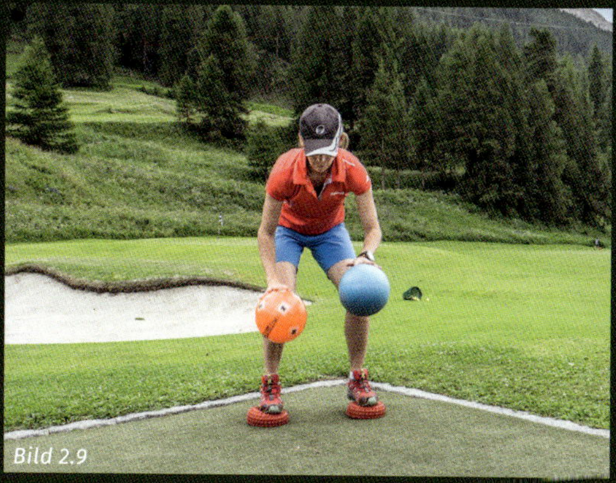

Bild 2.9

Das Gleichgewicht kann herausgefordert werden, indem man auf zwei Balancekissen steht und gleichzeitig ein oder zwei Bälle prellt.

B1 – GLEICHGEWICHTSÜBUNGEN

Physiotherapeuten und Fitnesstrainer haben schon lange die Vorteile von Gleichgewichts- und Körperwahrnehmungsübungen bei der Rehabilitation von Verletzungen und im sportspezifischen Training erkannt. Gleichgewichtsübungen können die Biomechanik eines Golfschwungs auf mehrere Weise verbessern. Mit einem guten Gleichgewicht kann das neuromuskuläre System die gesamte kinetische Kette auf allen drei Bewegungsebenen dynamisch stabilisieren. Siehe Bild 2.8. Dies ist für die gesamte Schwungbewegung entscheidend, vom Setup bis zum Auslösen der Schwungbewegung, vom Aufschwung zum Durchschwung und zum Ausschwung.

Gleichgewichtsübungen sind die Basis für eine funktionelle Mobilität und eine dynamische Aktivität und sollten für jeden Golfer einen Teil des Trainingsablaufs bilden. Gleichgewichtsübungen sind noch wichtiger, wenn der Golfer stärker, stabiler und leistungsfähiger wird, denn das Gleichgewicht muss ständig neu eingestellt werden und die neu angepassten und gestärkten Muskeln müssen trainiert und genutzt werden.

Gleichgewichtsübungen

- Können Problemen vorbeugen, die mit einem „einseitigen" Sport verbunden sind. Gleichgewichtsübungen sollten gleichmäßig für die rechte und linke Körperseite ausgeführt werden. Siehe Bild 2.9.

- Arbeiten an der Propriozeption (Lagesinn) der Gelenke.

- Regulieren den Gleichgewichtssinn mit verschiedenen Übungen. Siehe Bild 2.10/2.11.

- Regen komplexe Interaktionen des neuromuskulären Systems an, wenn sie in geschlossenen Ketten- und Funktionsübungen integriert sind.

- Sind besonders wichtig nach einer Verletzung mit geschwollenen Gelenken und einer verringerten Propriozeption.

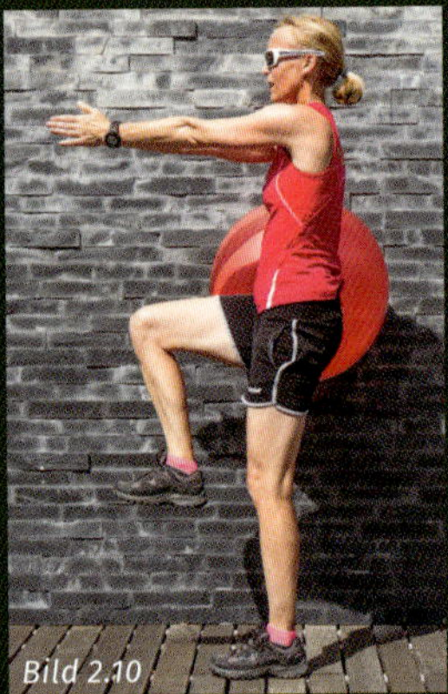

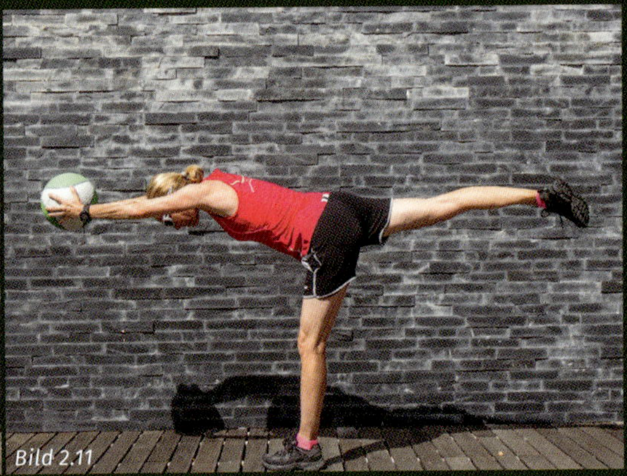

Mit Übungen auf einem Bein das Gleichgewicht trainieren.

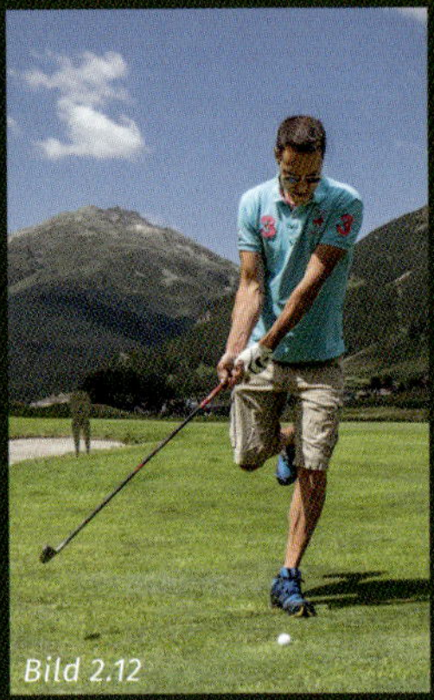

Mit kurzen Schlägen auf einem Bein das Gleichgewicht verbessern.

- Sollten in den täglichen Trainingsplan integriert werden, weil der Golfschwung auf vielen Bewegungsebenen von einem koordinierten Gleichgewicht abhängig ist.

Ausgeglichener, kontrollierter Schwung

Gleichgewichtsübungen können den Schwung verbessern, indem sie eine korrekte Ausrichtung der Gelenke unterstützen. Ein unkontrollierter Schwung ist nicht schön anzusehen. Nur ein optimales Gleichgewicht ermöglicht es den Muskeln und Nerven optimal zusammenzuarbeiten, und es stabilisiert die kinetische Kette dynamisch in allen drei Bewegungsebenen. Damit gewinnt der Schwung an Tempo und Kraft. Fehlt das Gleichgewicht, wird es schwieriger, einen korrekten Golfschwung durchzuführen. Spieler, die konstant lange Bälle schlagen, haben alle ein großartiges Gleichgewicht.
Siehe Bild 2.10/2.11.

Um die untere Rumpf- und Beinstabilität zu verbessern, kann man bei einem Schlag die Füße und Knie fest zusammendrücken ohne das Gleichgewicht zu verlieren. Der Ball wird in einer Linie mittig zwischen den Füßen platziert und der Schwung komplett ausgeführt. Auf diese Weise können auch kurze Schläge auf einem Bein durchgeführt werden. Siehe Bild 2.11.

Das Leben in Balance bringen

Weder im beruflichen noch im privaten Leben ist es empfehlenswert einseitig zu werden. Gleichgewicht ist auch ein Muss, um im sozialen und im beruflichen Bereich Erfolg zu haben und um ein besserer Golfspieler zu werden. Wer sich auf das konzentriert, was wirklich wichtig ist, wird auf und abseits des Platzes erfolgreich sein.

Grundsätzlich kann man die verschiedenen konditionellen Faktoren auf folgende Weise trainieren:	
Beweglichkeit/Flexibilität	4 - 6 x pro Woche
Ausdauer (aerob)	3 - 6 x pro Woche
Ausdauer (anaerob)	1 - 2 x pro Woche
Kraft und Stabilität	2 - 3 x pro Woche
Koordination (golfspezifisch und allgemein)	2 - 6 x pro Woche
Schnelligkeit und Explosivität	1 - 2 x pro Woche

Tabelle 2.1
Vorschlag zur Häufigkeit der Trainingseinheiten

B2 – AUSGEGLICHENE TRAININGSPROGRAMME

Ein ausgeglichenes Training bedeutet das richtige Verhältnis zwischen den Zeiten herzustellen, die für die verschiedenen Fitness- und Leistungskomponenten aufgewendet werden: Flexibilität, Ausdauer (aerob und anaerob), Kraft, Schnelligkeit, Koordination und golfspezifische Übungen. Sie sind wichtige Fitnesskomponenten und müssen je nach Trainingsphase im Trainingsprogramm integriert werden. Verschiedene Aktivitäten haben natürlich unterschiedliche Anforderungen und benötigen mehr Fokus auf bestimmte Trainingsarten als andere.

Beispiel
Jede Trainingswoche oder -zyklus sollte einen ausreichenden Ruheteil oder alternative Aktivitäten beinhalten, um eine adäquate Anpassung zu erreichen. Das Verhältnis zwischen Training und Ruhe ist abhängig von den eingesetzten Energiesystemen, dem aktuellen Vorhaben oder der Sportart und der Persönlichkeit und den Fähigkeiten des Sportlers.

C1 – REGELMÄSSIGES TRAINING

Das Training sollte einheitlich genug sein, um Anpassungen vom kardiorespiratorischen System (Herz und Lungen) und vom Muskel- und Knochenapparat (weiches Gewebe und Knochen) anzuregen. Tabelle 2.1 zeigt einen Leitfaden für die regelmäßigen Trainingseinheiten, die die gewünschten Anpassungen hervorrufen.

Regelmäßiges Training bedeutet:

- Wissen, was man macht und die Zusammenarbeit mit Experten.
- Vertrauen in die Trainingsprogramme und -pläne haben.
- Vertrauen zu haben in die Pläne für das Training auf dem Platz, wie auch für das Training neben dem Platz.
- Fähigkeit, begründen zu können, was man macht und warum man es macht, basierend auf Forschung und Erfahrung.

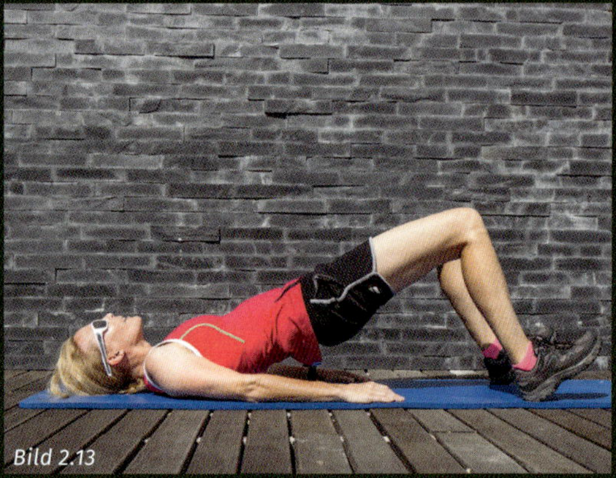

Bild 2.13

Brücke in der Rückenlage

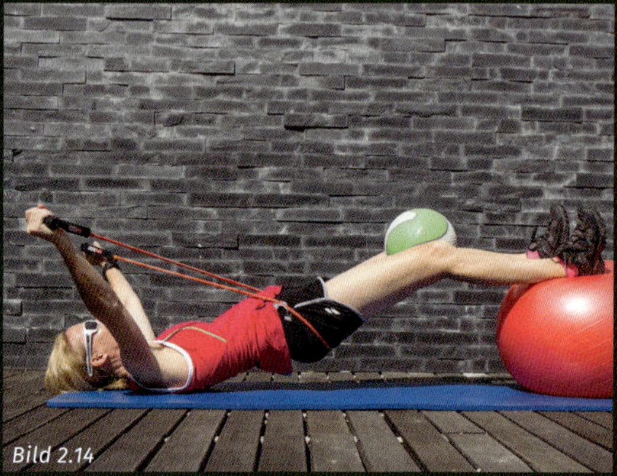

Bild 2.14

Komplexes Rumpftraining mit Bällen und Bändern

Das Programm sollte stets nach den individuellen Bedürfnissen aktualisiert und das Training je nach Nutzen, Zielen und Feedback durch Golftrainer/-professionals, Therapeuten und Kraft- und Konditionstrainer entwickelt werden.

Kontinuität ist ein wichtiges Prinzip: „If you don't use it, you'll lose it." Was nicht benutzt wird, geht verloren. Der Trainingseffekt geht verloren, sobald das Training aufhört oder die Trainingseinheiten zu weit auseinander liegen, um Anpassungen auszulösen.

C2 – ZUSAMMENARBEIT DER RUMPFMUSKULATUR

Beim Golf muss die Fähigkeit trainiert werden, den Rumpf zu stabilisieren, damit die Schnelligkeit für den Schwung generiert werden kann.

- Nur, wenn die komplette Rumpfmuskulatur zusammenarbeitet, kann sie sich rund um die Wirbelsäule optimal bewegen und auch als eine stabilisierende Muskelkraft für eine neutrale Position der Wirbelsäule und des Beckens wirken.
- Mit abwechslungsreichen Bewegungen und variablen Trainingseinheiten kann ein effektives Rumpftraining erreicht werden.
- Die Rumpfmuskulatur sollte beim Training und während der Bewegung immer aktiviert sein (eine leichte Anspannung im Beckenboden und in den unteren Bauchmuskeln) (Petersen & Sirdevan, 2006), einschließlich beim Golf, Fitnesstraining und bei anderen Sportarten.
- Eine dreidimensionale Rumpfstabilität ist eine wichtige Ausgangslage für Bewegungen in den Extremitäten, vor allem in den Beinen. Viele üblicherweise verwendete Übungen werden mit Fitnessgeräten ausgeführt und isolieren ein einziges Gelenk auf einer Bewegungsebene. Auf diese Weise können keine Rotation, kein Drehmoment und keine Winkelbewegung wie bei einem kompletten Golfschwung ausgeübt werden.
- Normalerweise werden die unteren Bauchmuskeln vor jeder Bewegung angespannt, bei einer Dysfunktion stimmt jedoch das Timing nicht. Studien zeigen, dass eine ineffiziente

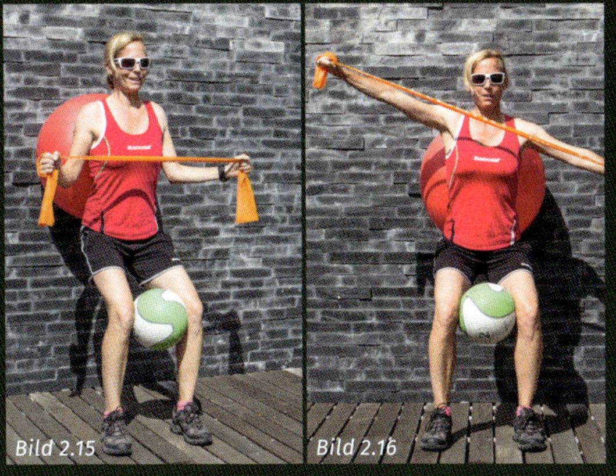

Kniebeugen mit Widerstand durch elastische Bänder

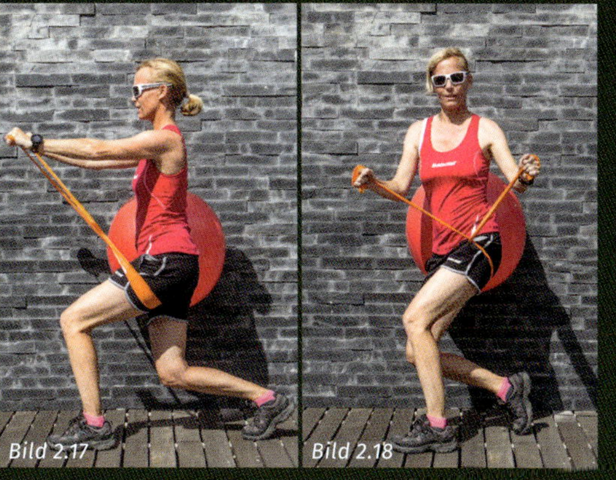

Kniebeugen in der Ausfallschrittposition mit Körperrotation und Widerstand durch elastische Bänder

und nicht optimale Anspannung zu einer Wirbelsäulendysfunktion führen kann.

- Effiziente Bewegungen benötigen eine optimale Stabilisation und intakte Knochen, Gelenke und Bänder, effiziente und koordinierte Muskelbewegungen.

- Brücke in der Rückenlage (siehe Bild 2.13): Diese Rumpfübung ermöglicht die Kontrolle über das Becken und die unteren Bauchmuskeln (transversus abdominus).

- Bälle und Bänder schaffen Instabilität und Widerstand und helfen, die komplette Rumpfmuskulatur zu aktivieren. Siehe Bild 2.14.

Kniebeugen in der Ausfallschrittposition mit Stretch-/Fitnessband (siehe Bild 2.15/2.16) und mit Fitnessband und Rotation (siehe Bild 2.17/ 2.18) aktivieren den Rumpf im oberen und unteren Bereich. Für weitere Trainingsvorschläge siehe „Besser Golf spielen durch optimierte Zusammenarbeit der Rumpfmuskulatur“, Seite 112–149.

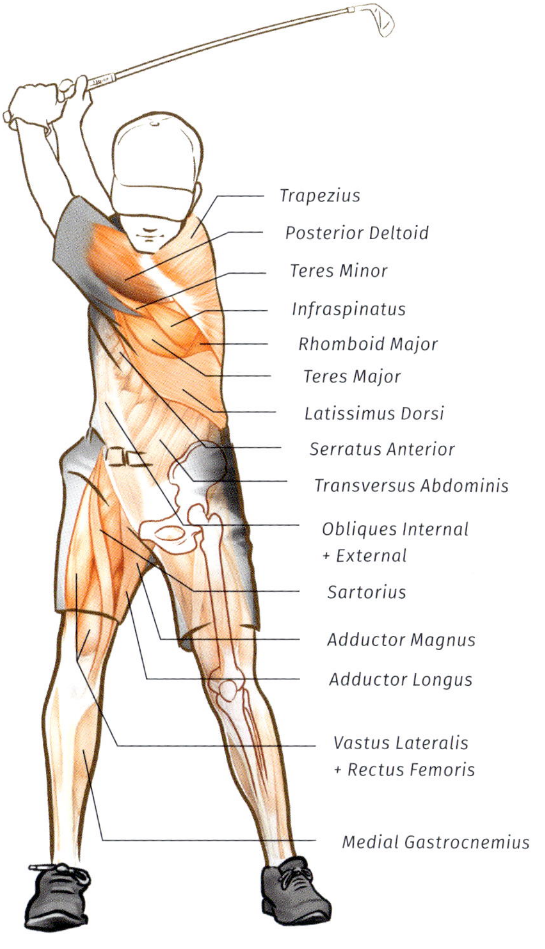

Einige der Muskeln, die während eines kompletten Schwungs aktiviert werden.

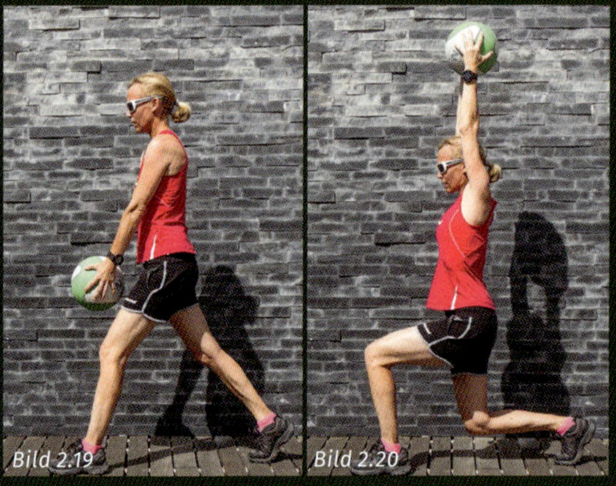

Kniebeugen in der Ausfallschrittposition mit einem Ball über dem Kopf trainieren die geschlossene Muskelkette für Hüfte, Knie und Fußgelenke.

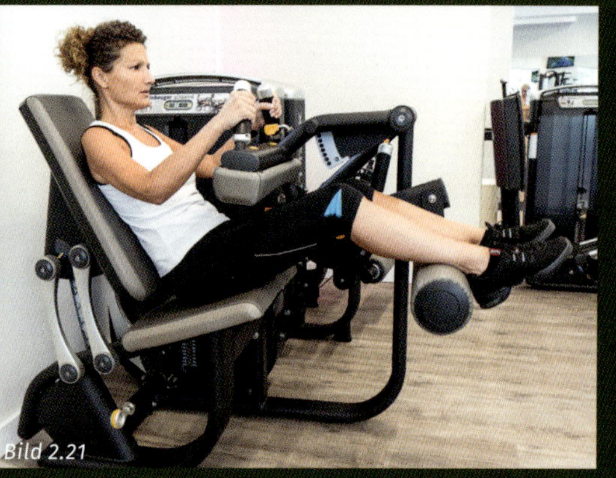

Hamstring-Beinbeuger. Offene Kette.

C3 – KETTENÜBUNGEN: GESCHLOSSEN, TEILWEISE GESCHLOSSEN UND OFFEN

Um das Konzept der geschlossenen, teilweise geschlossenen und offenen kinetischen Kette zu verstehen, kann man den Körper als eine Kette ansehen. Eine geschlossene kinetische Kettenaktivität wird als eine Aktivität definiert, bei der das Endgelenk auf starken externen Widerstand trifft. Der Widerstand verhindert oder schränkt eine freie Bewegung ein. Eine offene kinetische Kettenaktivität ist eine Aktivität, bei der das Endgelenk sich frei bewegen kann (Steindler, 1955).

Bei einer geschlossenen kinetischen Kettenübung wird das Körpergewicht von den Händen oder Füßen unterstützt. Eine geschlossene kinetische Kette ist dynamisch und funktionell und der ganze Körper arbeitet als eine durchgängige Einheit. Geschlossene kinetische Kettenaktivitäten können durch eine Gelenkapproximierung und Co-Kontraktion die dynamische Stabilität verbessern (Goldbeck & Davies, 2000). Beispiele dafür sind ein Ausfallschritt oder eine Kniebeuge. Siehe Bild 2.19 / 2.20.

Offene kinetische Kettenübungen sind Übungen, bei denen das Ende der Kette (Arme oder Beine) nicht das Körpergewicht tragen. Offene kinetische Kettenübungen können am besten als isolierte Bewegungen beschrieben werden, z. B. Beinstrecken, Beinbeuger oder Bizeps-Curls. Siehe Bild 2.21.

Teilweise geschlossene Kettenübungen sind Übungen, die teilweise den Körper tragen und eine integrierte Reaktion des Körpers verlangen. Beispiele hierfür sind Liegestützen, bei ihnen tragen die Hände und Füße teilweise das Gewicht, oder alle Aktivitäten, bei denen Widerstand durch die Hände und Arme bis in den Rumpf erzeugt wird, wie z. B. beim Training mit Fitnessbändern.

Ein Beispiel sind Kniebeugen auf einem Bein, Ausfallschritte oder Step-ups mit Fitnessbändern. Siehe Bild 2.22/2.23. Die Step-up-Übung ist eine geschlossene Kettenübung und die Fitnessbänder lassen die Arme und Schulter in einer teilweise geschlossenen Kette arbeiten.

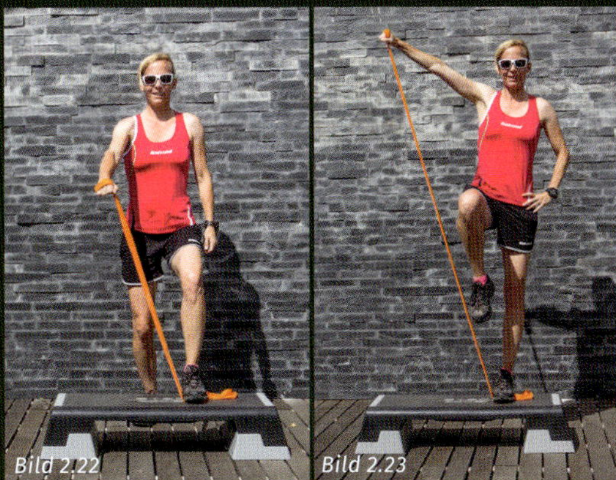

Step-ups. Training mit gestreckten Hüften, zum Teil wird hier die kinetische Kette geschlossen und der Oberkörper und die Arme trainiert.

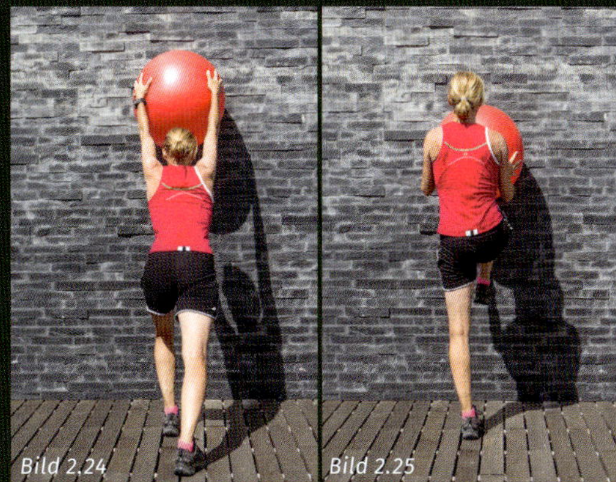

Dynamisches Knieheben trainiert die hintere schräge Muskelkette. Mit einer entsprechenden Ausrüstung können diese Übungen sowohl drinnen als auch draußen durchgeführt werden.

In bodengestützten Sportarten wie Golf arbeiten alle Körperbewegungen in einer kinetischen Kettenverknüpfung vom Boden, durch den Torso und den oberen Rumpf bis in die Arme.

Durch geschlossene und teilweise geschlossene Kettenübungen mit unterschiedlichem Widerstand durch ein Fitnessband oder einen Fitnessball nimmt die Stabilität der verschiedenen Muskelbewegungen zu. Dies hilft dem Spieler, den Aufschwung zu kontrollieren, den Durchschwung zu beschleunigen und den Ausschwung zu bremsen.

Bei allen Übungen sollten die folgenden Punkte beachtet werden:

- Die Übungen sollten immer kontrolliert, koordiniert und funktionell durchgeführt werden.
- Die Übungen sollten immer eine Hüftstreckung beinhalten, weil diese Position der Aktivität und Funktionalität entspricht (siehe Bild 2.22 / 2.23 / 2.24 / 2.25 und Bild 2.31/2.32/2.33).
- Übungen wie Step-ups, Kniebeugen auf einem Bein und Ausfallschritte können funktioneller ausgeführt werden, indem man elastische Bänder benutzt, um die teilweise offene obere Rumpfkette zu schließen.
- Indem die kinetische Kette von den Beinen, durch die Hüfte und den Rücken bis zur Schulter aktiviert wird, können die kraftabhängigen motorischen Aktivierungsmuster und normalen biomechanischen Positionen wiederhergestellt werden.

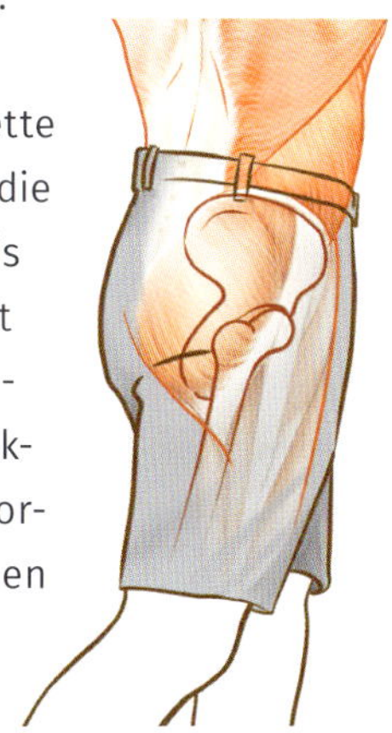

Gestreckte Hüftposition am Ende des Schwungs.

D1 – ABWECHSLUNGSREICHE ÜBUNGEN UND TRAININGSEINHEITEN

Bei einem abwechslungsreichen Training werden viele Trainingsmethoden im wöchentlichen

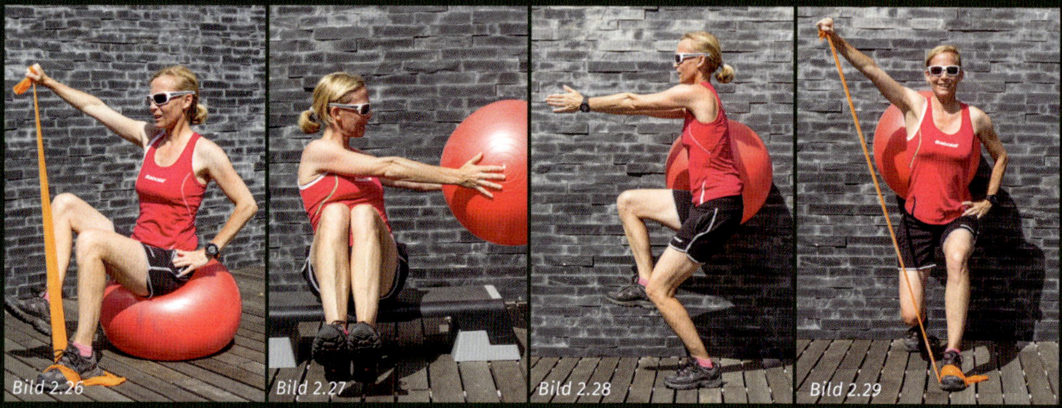

Bälle und Fitnessbänder ergänzen die Trainingseinheiten durch Gleichgewichtskomponenten und bringen Abwechslung.

Programm variiert. Zum Beispiel kann ein aerobes Training aus einer Mischung von Jogging, Fahrradfahren, Schwimmen oder Inlineskating bestehen, um den gewünschten aeroben Effekt zu erreichen.

Ein abwechslungsreiches Training bietet nicht nur ein größeres Spektrum an Trainingsübungen ohne Gewichte, dieses Training fördert auch die Entwicklung grundlegender Fähigkeiten. So kann zum Beispiel Rumpfmuskeltraining in einer Variation von Übungen mit Bällen und Fitnessbänder auf dem Boden, im Sitzen, im Stehen, in der Hocke oder im Ausfallschritt durchgeführt werden.
Siehe Bild 2.26 / 2.27 / 2.28 / 2.29.

Das Training kann durch Folgendes variiert werden:

- Analyse der sportspezifischen Bewegungen und Hinzunahme von Bewegung und fordernden Gleichgewichtsübungen, die die Bewegung nachahmen, ohne eine höheres Verletzungsrisiko darzustellen.
- Ändern der Übungen.
- Abändern der Übungsreihenfolge.
- Wechsel des Tempos, um Überanstrengung und Übertraining zu vermeiden.
- Hinzunahme von Gewichten, Gleichgewichtsgeräten, Bällen und Fitnessbändern, um die Rumpfmuskulatur besser zu aktivieren. Siehe Bild 2.26 / 2.27 / 2.28 / 2.29
- Setzen von spezifischen und sinnvollen Trainingszielen, die zum Golf passen.

Das gleiche Fitnessprogramm sollte nie länger als sechs bis acht Wochen durchgeführt werden. Das Programm sollte regelmäßig angepasst werden, um verschiedene Muskelgruppen zu aktivieren und das Bewegungsmuster zu variieren.

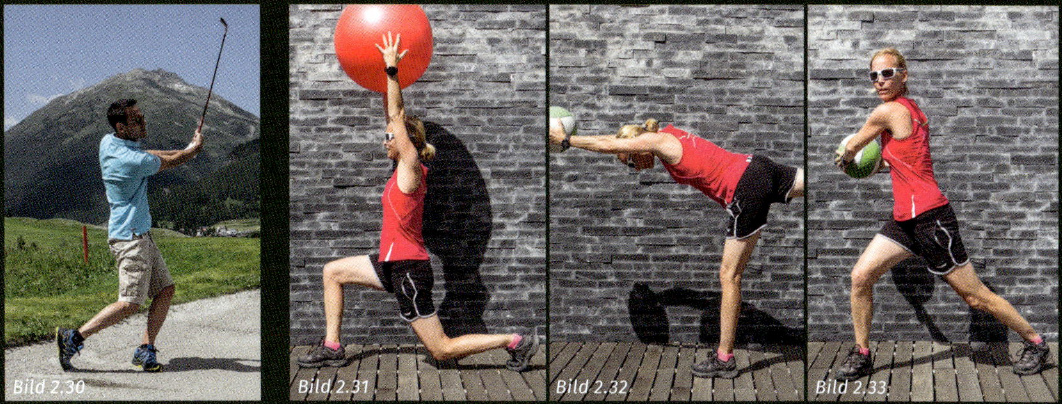

Bild 2.30 – Bild 2.33

Viele Schläge werden aus einer gestreckten Hüftposition gespielt.

Hüftstrecken. Kraft und Stabilität sind in dieser Position entscheidend für eine optimierte funktionelle Bewegung.

D2 – ÜBUNGEN FÜR DIE DYNAMISCHE HÜFTSTRECKUNG

- Kraftvolle Bewegungen in der Hüftstreckung werden bei den meisten Sportarten benötigt, auch beim Golfspielen. Siehe Bild 2.30.
- Die Ausgangsposition verkürzt die Muskeln auf der Vorderseite und verlangt dann Kraft und Stabilität bei der Hüftstreckung. Siehe Bild 2.31/2.32 / 2.33.
- Das Training sollte Übungen beinhalten, die die dynamische Flexibilität, Stabilität und Kraft fördern.
- Übungen dieser Art verbessern im Allgemeinen das Fitnessniveau und helfen auch bei Aktivitäten im täglichen Leben sowie beim Heben, Stufensteigen, Tragen, Schieben und Ziehen.
- Die Übungen sollten sich darauf konzentrieren, die Rumpfmuskulatur zusammenarbeiten zu lassen und Bewegungen im Oberkörper, Unterkörper und Rumpf zu verbinden.

E1 –TRAINING IN EINEM LANGSAMEN UND KONTROLLIERTEN TEMPO (AB UND ZU)

- Einige Übungen sollten langsam durchgeführt werden. Kontrollierte Wiederholungen, die drei bis vier Sekunden lang sind, steigern die Anspannung in den Muskelfasern und bauen Kraft auf, ohne die Gewebe zu sehr zu beanspruchen.
- Bei der Übungsdurchführung sollte auf den Einsatz der Schwungkraft verzichtet werden, ebenso sollten unkontrollierte Übungen vermieden werden. Trainieren ist nicht gleichzusetzen mit Golfspielen. Die beiden Aktivitäten dürfen nicht verwechselt werden.

MAN SPIELT NICHT GOLF, UM FIT ZU WERDEN, SONDERN MAN MUSS "FIT TO PLAY GOLF" SEIN.

E2 – PERFEKTE FORM

Während des Trainings müssen folgende Dinge beachtet werden:

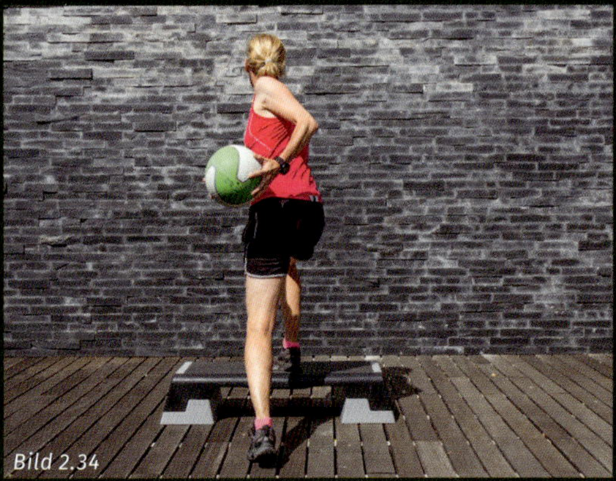

Bild 2.34

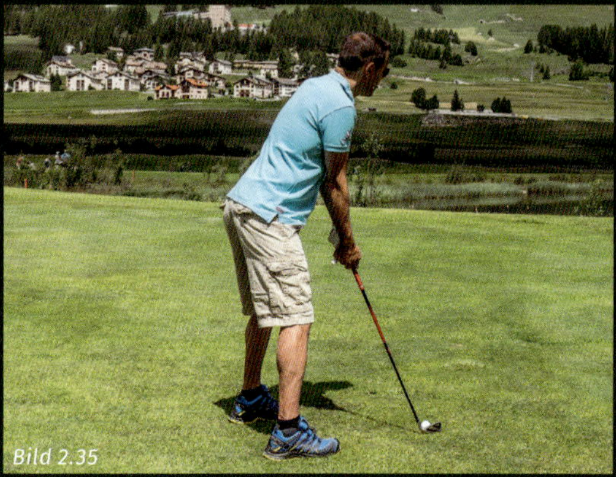

Bild 2.35

Funktionelles Training wie diese Step-ups mit Rotation und Medizinballwürfen fördern kraftvolle und koordinierte Bewegungen in mehreren Gelenken und auf verschiedenen Ebenen.

- Die Übungen sollten funktionell sein und spezifische Herausforderungen und Bewegungen beim Golf nachahmen.

- Es ist wichtig, eine Übung immer korrekt auszuführen.

- Eine korrekte Ausführung schließt richtiges Atmen mit ein, bei der Anspannung sollte man immer ausatmen (nicht den Atem anhalten) und vor jeder Übung die Rumpfmuskulatur aktivieren (Beckenboden anspannen).

- Durch den Einsatz guter Biomechanik wird die Qualität der Bewegung sichergestellt, im Gegensatz zu mehreren Wiederholungen mit weniger Präzision.

F1 – FUNKTIONELLES TRAINING

Beim funktionellen Training arbeiten alle Gelenke in der kinetische Kette und die neurologischen Systeme koordiniert und harmonisch zusammen. Siehe Bild 2.34 / 2.35.

Tipps für funktionelles Training

- Ausführung multidimensionaler Bewegungen, die mehrere Gelenke aktivieren, nicht nur isolierte Bewegungen in einem Gelenk.

- Am Anfang sollten Teile der Bewegung durchgeführt werden, dann werden die Teile in eine Bewegungsübung eingebaut und danach kann die Bewegungen in die Aktivität oder den Sport integriert werden.

- Kombination mehrerer Bewegungen, dadurch gibt es eine Verknüpfung der geschlossenen und teils geschlossenen kinetischen Kette.

- Funktionelles Training isoliert die Muskeln nicht auf einer Bewegungsebene, sondern fördert die Stabilisation auf drei Bewegungsebenen während einer dynamischen Bewegung.

- Funktionelles Training muss dynamisch sein und der Mitwirkende muss beschleunigen,

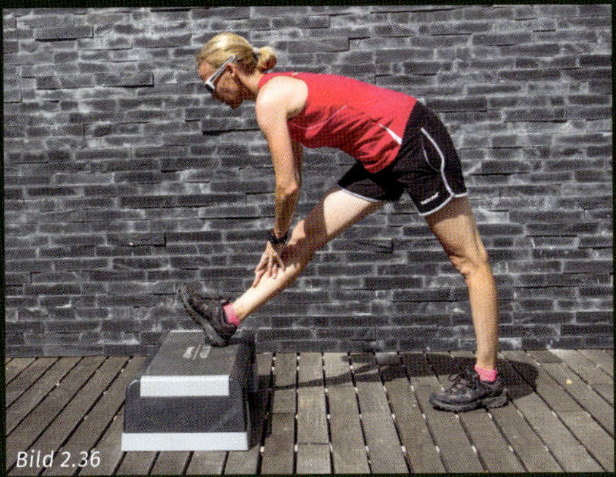

Das Training kann überall durchgeführt werden

Spaß haben!

Das Training sollte **Spaß machen UND stimulierend sein – physisch UND mental.**

Wenn es nicht so ist, wieso macht man es dann?

abbremsen, schnell stehenbleiben, die Richtung wechseln, auf die Schwerkraft reagieren und sich ständig anpassen können.

- Effektives Funktionstraining und Regeneration werden am besten mit verschiedenen Methoden entwickelt.

- Die Übungen sollten funktionell sein und das widerspiegeln, was Forschungsergebnisse gezeigt haben, und zwar wie unsere Muskeln und unser Gewebe kinetisch verbunden sind, um die untere Rumpfmuskulatur, die Beine, den Torso, die obere Rumpfmuskulatur und die Arme zusammenarbeiten.

F2 – FLEXIBLES PLANEN UND SPASS HABEN

- Die Trainingsplanung sollte immer flexibel bleiben, Trainingspläne können je nach Situation und Umständen angepasst werden.

- Jeder sollte seinen eigenen Trainingsplan beherrschen.

- Während einer Reise können Ausrüstung und Einrichtungen variieren. Daher müssen auch die Trainingsabläufe flexibel angepasst werden können. Siehe Bild 2.36.

- Soweit vorhanden, sollten Trainingsanlagen, einschließlich Whirlpools, Saunen und andere Erholungseinrichtungen genutzt werden. Während einer Reise können andere Übungsabläufe mit minimaler Ausrüstung durchgeführt werden.

- Das Golftraining und die Ausführung verschiedener Übungen sollten Spaß machen.

- Besser werden macht Spaß. Jeder sollte sich selbst herausfordern und die Leistungsfähigkeit optimieren, indem er mit verschiedenen Bewegungsmustern hart trainiert. Niemand sollte vergessen, dass man für das Golfspiel trainiert und bei Turnieren mitmacht, um Erfolg zu haben, aber auch gleichzeitig, um mit Freunden zusammen zu sein und Spaß zu haben.

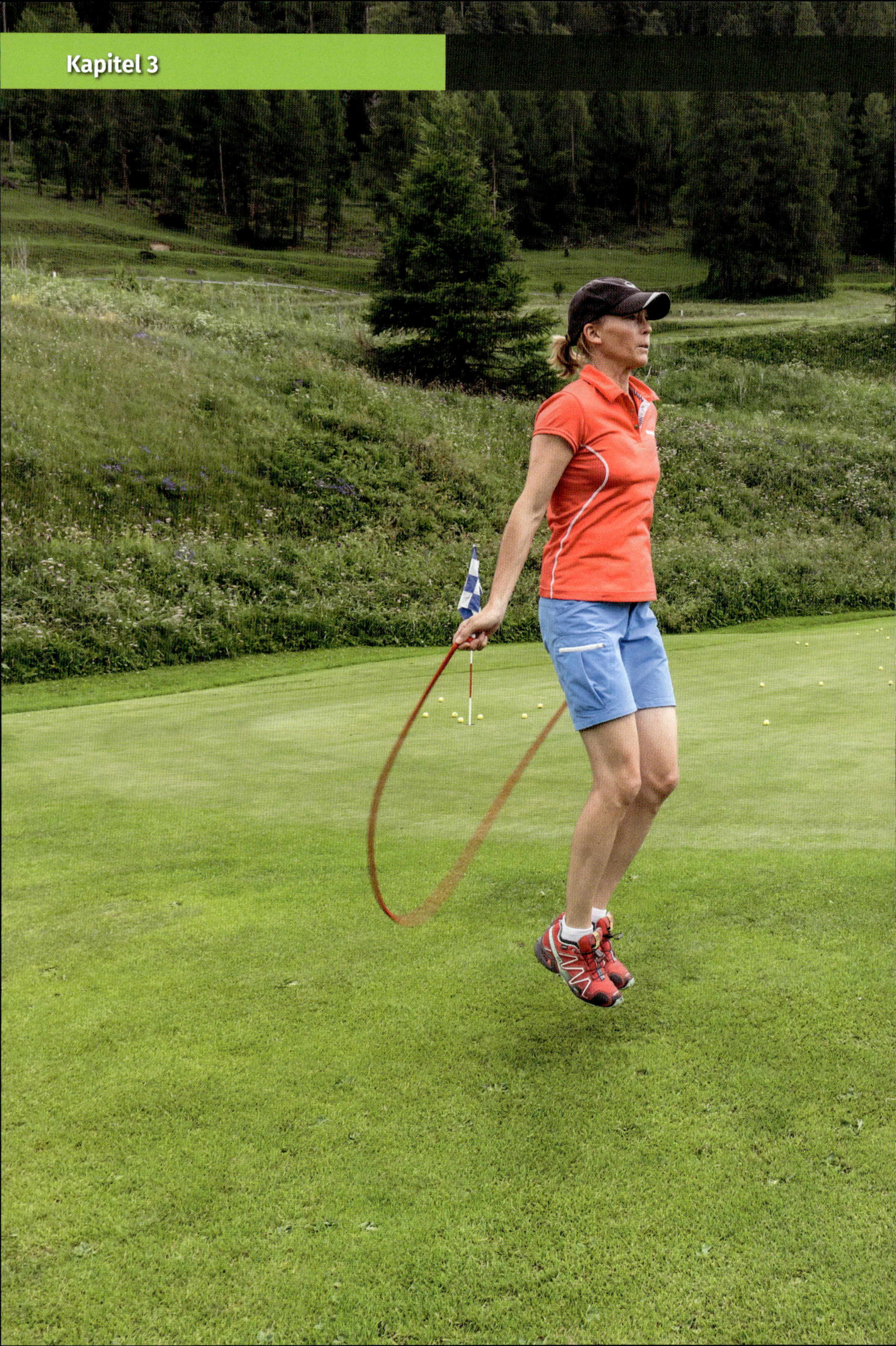

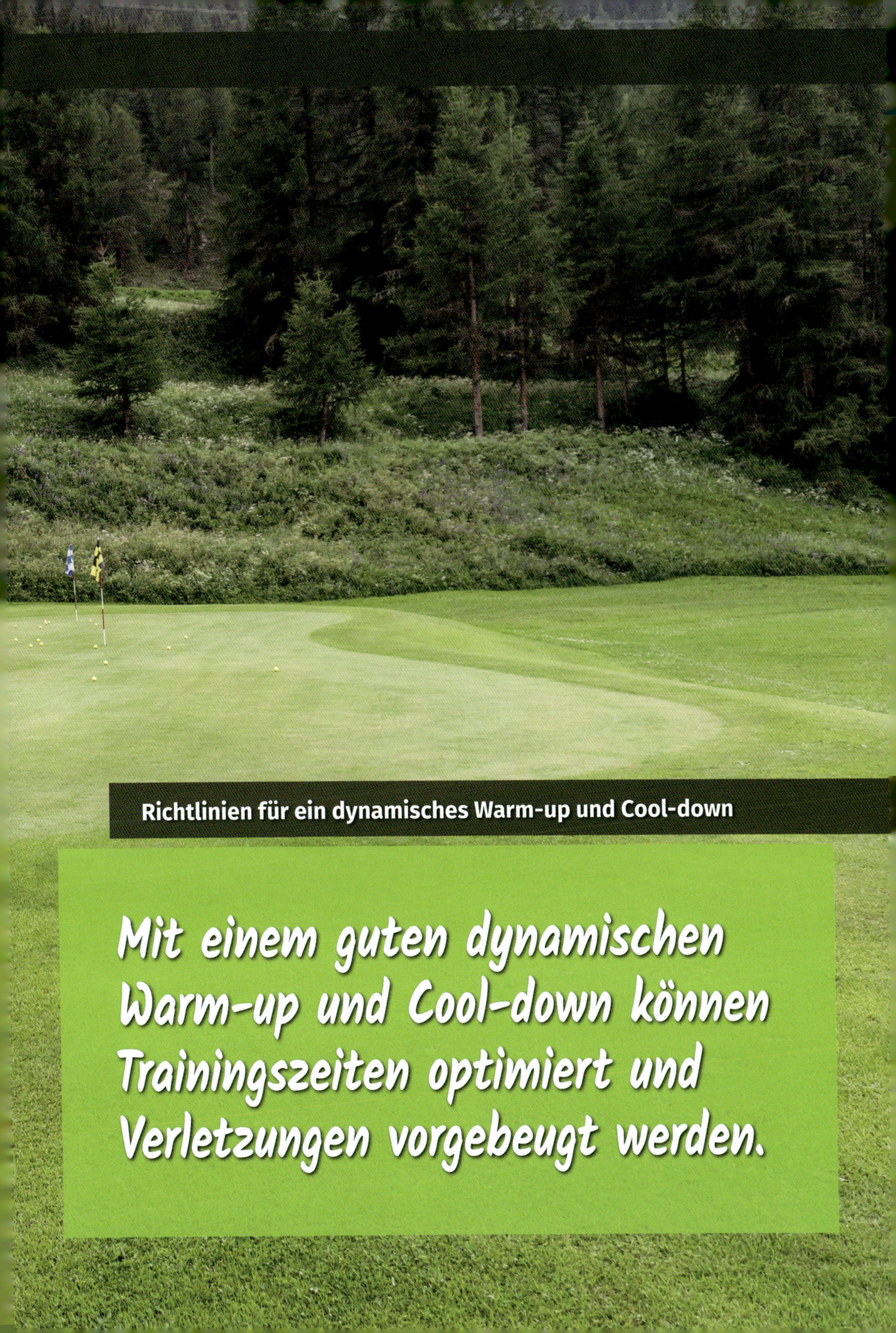

Kapitel 3

Richtlinien für ein dynamisches Warm-up und Cool-down

Mit einem guten dynamischen Warm-up und Cool-down können Trainingszeiten optimiert und Verletzungen vorgebeugt werden.

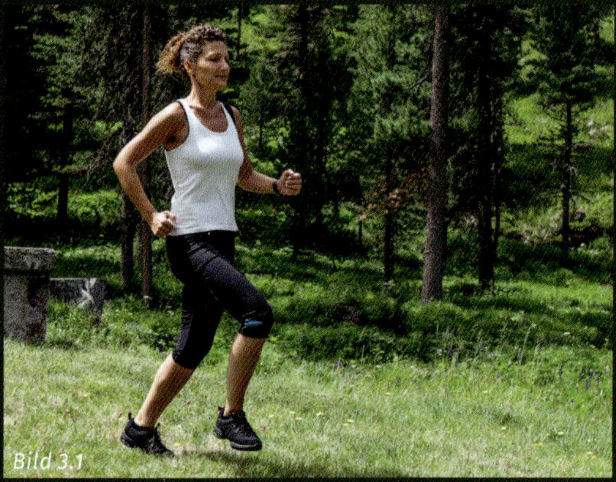

Bild 3.1

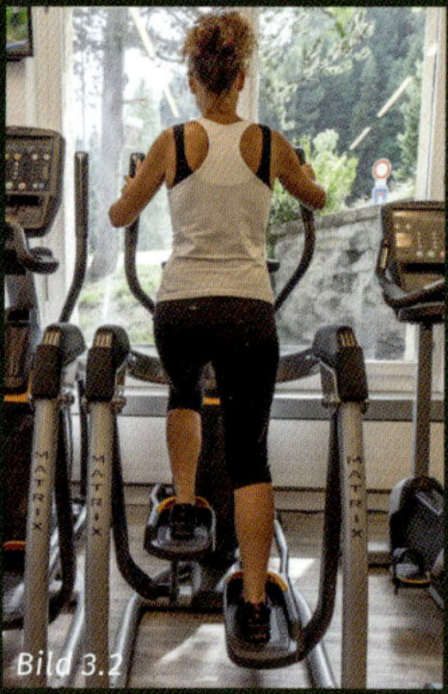

Bild 3.2

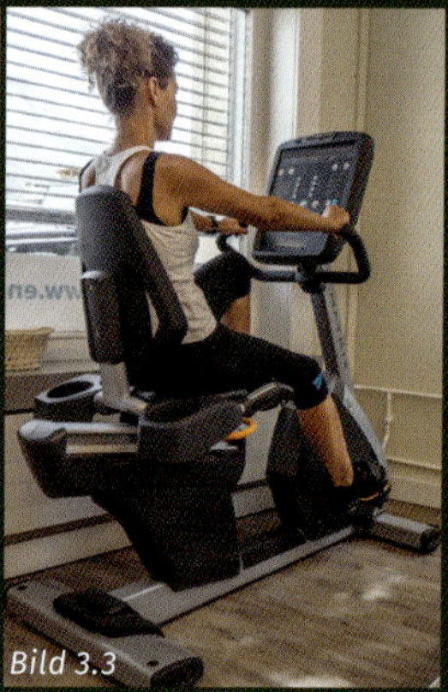

Bild 3.3

Generelles Aufwärmen der großen Muskelgruppen durch verschiedene Aktivitäten.

Richtlinien für ein dynamisches Warm-up und Cool-down

Die folgenden Hinweise sind für ein dynamisches Aufwärmen und eine verbesserte Leistung hilfreich – als Vorbereitung für die Golfsaison sowie für eine Cross-Trainingseinheit. Vor jeder Trainingseinheit sollte ein sport- oder aktivitätsspezifisches Aufwärmen durchgeführt werden. Wer vor dem Training physisch und mental vorbereitet ist, kann das Training optimieren und zeit- und energieeffizient trainieren.

Ein langsames Aufwärmen kann Verletzungen vorbeugen, die sonst mit kalten, unaufgewärmten Muskeln und Gelenken beim Training entstehen können. Vor dem Training ist dynamisches Aufwärmen zu empfehlen. Die Aufwärmübungen unterscheiden sich, abhängig von der Art, Länge und Intensität des bevorstehenden Trainings. Das Aufwärmen besteht aus eine Reihe von Übungen, wird direkt vor dem Training durchgeführt und bereitet den Körper darauf vor. Neue Forschungen weisen darauf hin, dass ein allgemeines Aufwärmen vor dem Training Verletzungen vorbeugen kann, statisches Stretching dagegen nicht. Man muss sich aufwärmen, um zu trainieren, Golf zu spielen oder sich zu dehnen. Durch Laufen, Crosstrainer, Fahrradfahren, Rudern oder Seilspringen wird ein leichtes Schwitzen erreicht. Dies erhöht die Temperatur in den Gelenken und im Gewebe. 10–15 Minuten Aufwärmen optimiert das Training. Anfängern hilft ein verlängertes Aufwärmen von 20–30 Minuten, auch in Hinblick auf die allgemeine Fitness und besonderes zum Saisonanfang. Siehe Bild 3.1 / 3.2 / 3.3.

- Es ist gut, langsam anzufangen und danach die Intensität und Komplexität des Aufwärmens zu steigern.
- Ein gutes Aufwärmen ist besonders an kalten oder windigen Tagen wichtig. Ein warmer Muskel ist nicht nur stärker, er wird auch elastischer (eine erhöhte Muskeltemperatur von

Borg Skala des subjektiven Belastungsempfindens		Sprachtest Richtlinien
0	keinerlei Anstrengung	es ist sehr einfach, eine Unterhaltung zu führen
1	sehr einfach	
2	einfach	
3	mäßig	es ist möglich, eine Unterhaltung aufrecht zu erhalten
4	etwas anstrengend	
5	anstrengend	
6		eine Unterhaltung kann nicht durchgehend aufrecht erhalten werden
7	sehr anstrengend	
8		es kann gar nicht mehr gesprochen werden
9		
10	sehr, sehr anstrengend (maximal)	

Intensität des dynamischen Aufwärmens
Borg-Skala der wahrgenommenen Anstrengung, Richtlinien für den Sprachtest (Borg, 1982)

zwei Grad erhöht die Muskelelastizität um 15–20 Prozent) und fängt Stöße besser ab.

- Man sollte sich aufwärmen, bis man leicht schwitzt oder feuchte Achselhöhlen hat.
- Aktivitätsspezifische Bewegungen fördern die Entspannungs-Kontraktions-Koordination der Hauptbeweger und Stabilisatoren um die Gelenke. So werden die Bewegungen effizienter und die Leistungsfähigkeit wird gesteigert.

Unabhängig davon, welche Aufwärmmethode ausgesucht wird, sollte keine Milchsäure in den Muskeln produziert werden. Deswegen muss der Puls niedrig bleiben – um die 100–130 – je nach Alter und maximalem Puls. Es ist auch wichtig, nie länger als 1–15 Sekunden intensiv zu trainieren. Auf der Borg-Skala der wahrgenommenen Anstrengung sollte ein Niveau zwischen 3 und 5 eingehalten werden (siehe Grafik).

Ein dynamisches Warm-up sollte folgende Schritte beinhalten:

1) Allgemeines (aerobes) Aufwärmen und Aufwärmen der Knie
2) Gleichgewichtsübungen und Aufwärmen der Beine
3) Aufwärmen der unteren Rumpfmuskulatur und der Beine
4) Aufwärmen der oberen Rumpfmuskulatur und der Arme
5) Aufwärmen des ZNS (zentrales Nervensystems)
6) Aufwärmen der Muskelsehnen

EIN SPEZIFISCHES DYNAMISCHES AUFWÄRMEN VOR JEDEM TRAINING ODER GOLFTRAINING BEREITET DEN KÖRPER MENTAL UND PHYSISCH VOR.

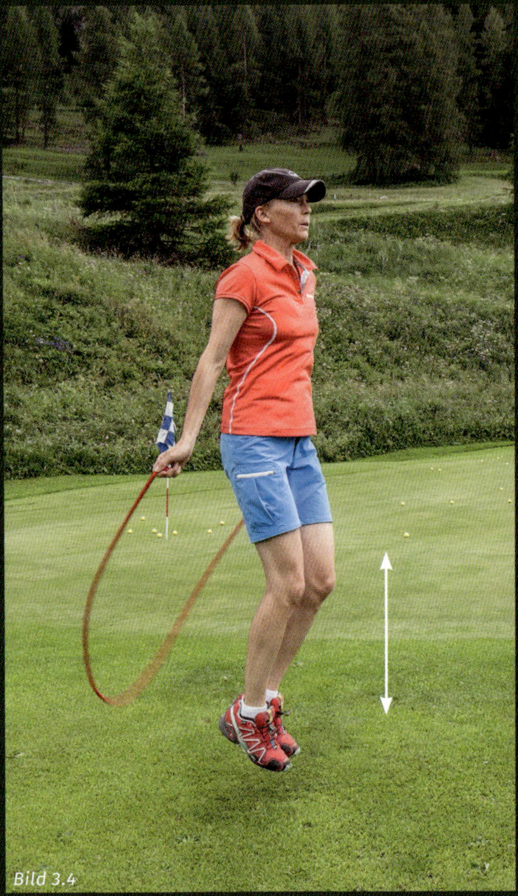

Bild 3.4

Seilspringen ist ein gutes allgemeines Aufwärmen vor dem Training

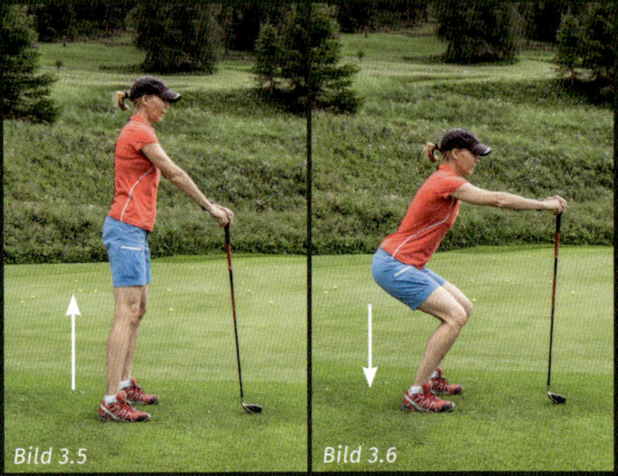

Bild 3.5 Bild 3.6

Kniebeugen mit Unterstützung.

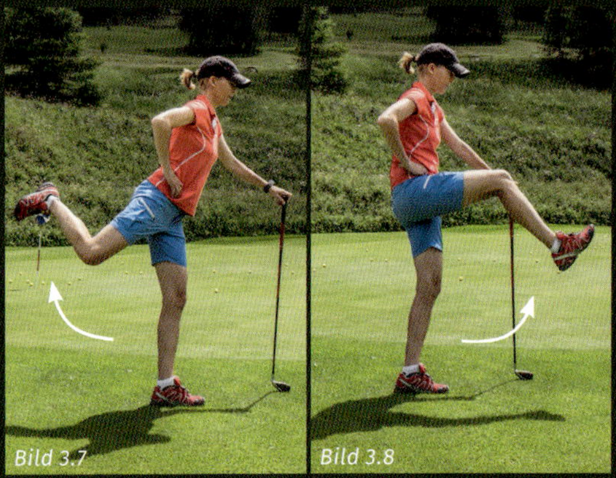

Bild 3.7 Bild 3.8

Beinschwünge (von vorne nach hinten)

Ein Beispiel für ein dynamisches Aufwärmen

W1 – ALLGEMEINES (AEROBES) AUFWÄRMEN UND AUFWÄRMEN DER KNIE

In einem Fitnesscenter kann ein Laufband, ein Crosstrainer, ein Trainingsrad, ein Stepper oder eine Rudermaschine für 5–15 Minuten benutzt werden. Ist dies keine Option, kann man locker joggen oder mit dem Seil springen. Siehe Bild 3.4.

Diese Aufwärmübungen werden vor Übungen mit Gewichten oder Übungen (laufen, springen), die eine Kniebeugung beinhalten, ausgeführt. Die Kniebeugen mit Unterstützung helfen dabei, dass die Unterfläche der Kniescheibe geschmeidig wird (Patella), so dass sie geschmeidig gleiten und sich optimal bewegen kann. 2 Sätze à 10 Wiederholungen. Siehe Bild 3.5 / 3.6.

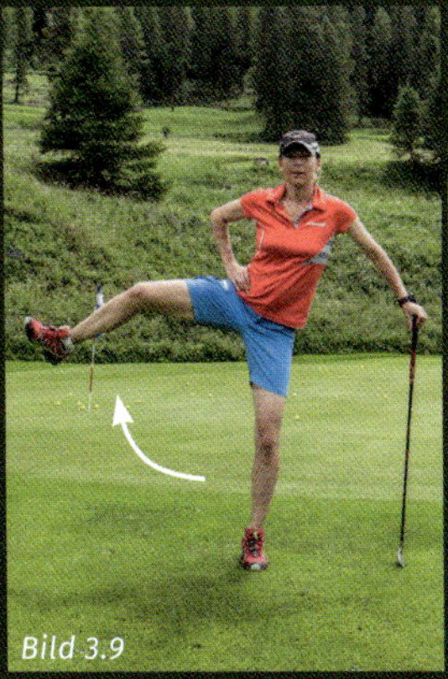
Bild 3.9

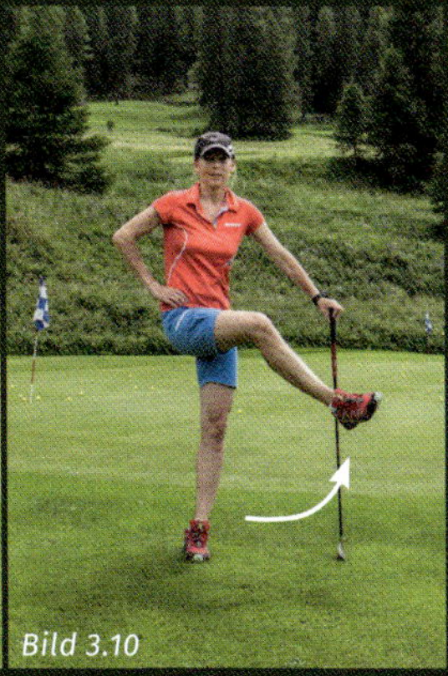
Bild 3.10

Beinschwünge von Seite zu Seite öffnen die Hüfte.

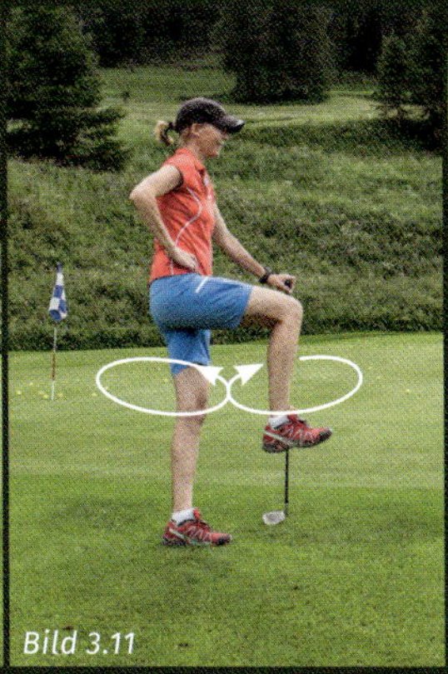
Bild 3.11

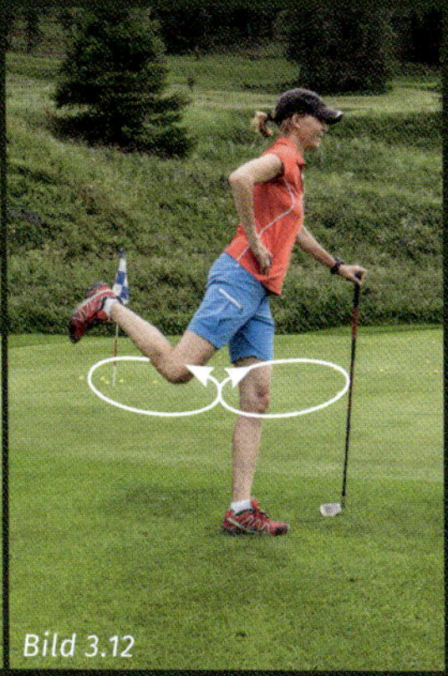
Bild 3.12

Beinschwünge (in Form einer Acht) aktivieren die Rumpfmuskulatur, fördern das Gleichgewicht und lockern die Hüfte.

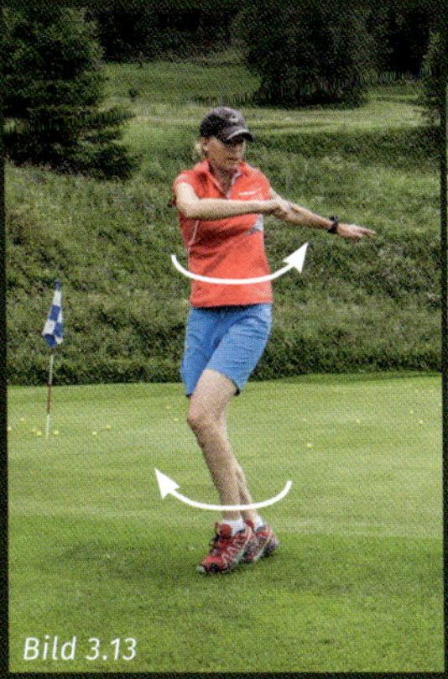
Bild 3.13

Kreuzschritte unterstützen eine athletische Körperhaltung

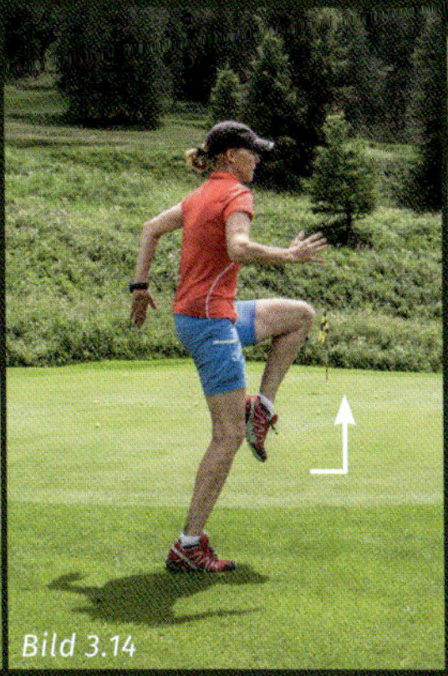
Bild 3.14

Der Kniehebelauf wärmt die Hüfte auf

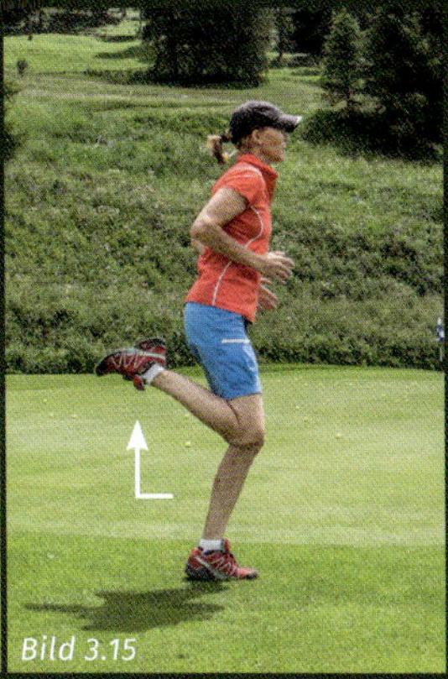
Bild 3.15

Anfersen

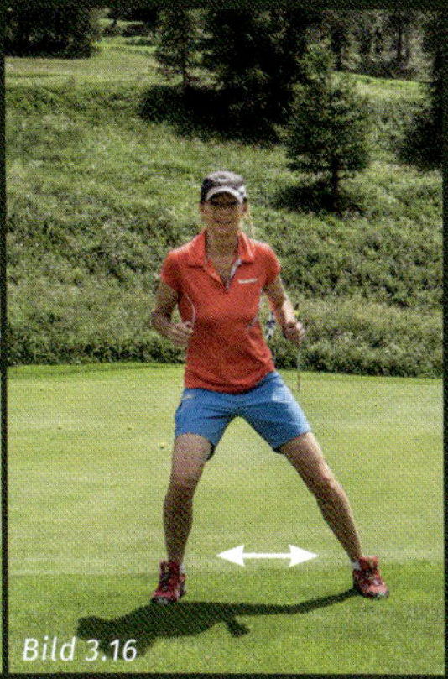
Bild 3.16

Side-Steps mit den Händen auf der Seite

W2 – GLEICHGEWICHTSÜBUNGEN & AUFWÄRMEN DER BEINE

Unter Zuhilfenahme eines Golfschlägers, eines Zauns, Baums oder einer Wand kann die Rumpfmuskulatur und das Gleichgewicht weiter aufgewärmt werden. Die Beine werden nach vorne und nach hinten geschwungen, von Seite zur Seite und in Form einer Acht. 2 Sätze mit je 10 Wiederholungen.

Siehe Bild 3.7 / 3.8 / 3.9 / 3.10 / 3.11 / 3.12.

W3 – AUFWÄRMEN DER UNTEREN RUMPFMUSKULATUR UND DER BEINE

Beim Joggen können einige Kreuzschritte, Kniehebelauf, Anfersen und Side-Steps hinzugefügt werden, um die Koordination zu verbessern und den Körper aufzuwärmen. Eine aufrechte Haltung und aktivierte Rumpfmuskulatur ist bei der Durchführung wichtig. 2–4 Wiederholungen alle 5–10 Meter.

Siehe Bild 3.13 / 3.14 / 3.15 / 3.16.

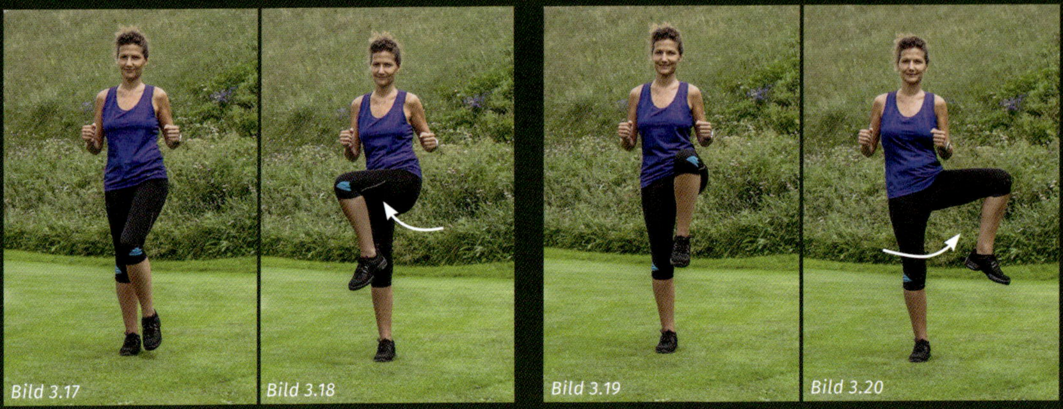

Bild 3.17 Bild 3.18 Bild 3.19 Bild 3.20

Knieheben wie ein Hürdenläufer, Knie auf Hüfthöhe ziehen. Zuerst nach innen, dann gerade und dann nach außen.

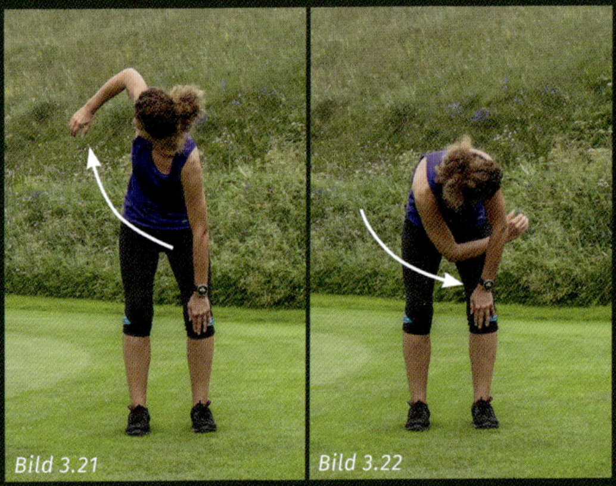

Bild 3.21 Bild 3.22

„Nadel und Faden"-Übung

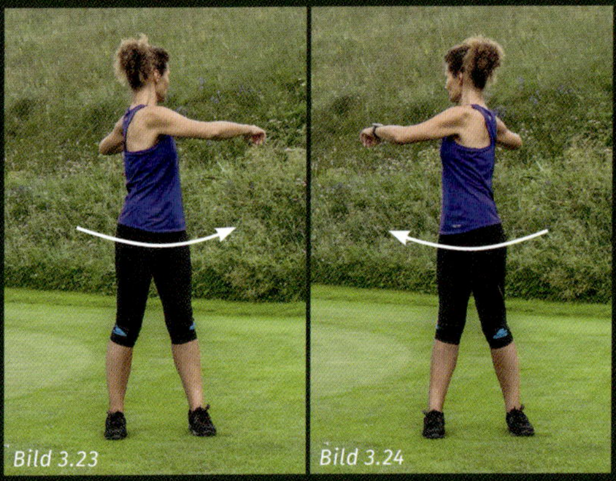

Bild 3.23 Bild 3.24

Oberkörperrotationen

Beim Knieheben werden die Knie wie bei einem Hürdenläufer hochgezogen. Dabei wird die Hüfte aufgewärmt und es muss permanent das Gleichgewicht ausgelotet werden. Das Knie wird zuerst gerade hochgezogen, dann nach innen, dann wieder gerade nach oben, und dann nach außen. Der Bodenkontakt zwischendurch sollte jeweils sehr kurz sein. 3–5 Wiederholungen pro Bewegung.
Siehe Bild 3.17 / 3.18 / 3.19 / 3.20.

W4 – AUFWÄRMEN DER OBEREN RUMPFMUSKULATUR UND DER ARME

Ein gutes Aufwärmen bereitet die Muskeln, die im Training benutzt werden, und die Gelenke auf die Bewegung und eine dynamische Stabilität in den gesamten Bewegungsabläufen vor. Aktivitätsspezifische Bewegungen verbessern die Entspannungs-Kontraktions-Koordination der Hauptbeweger der Gelenke und der Stabilisatoren. Dies führt zu effizienteren Bewegungen und Leistungen.

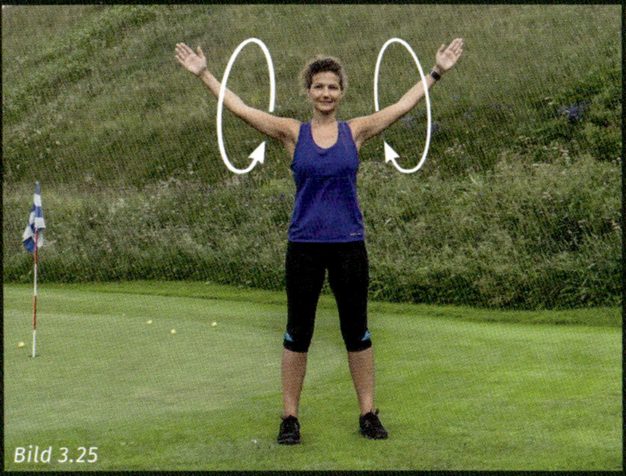

Bild 3.25

Armkreisen

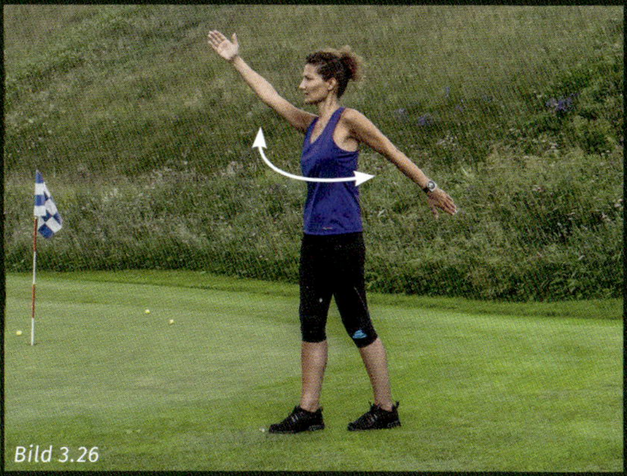

Bild 3.26

Armschwünge nach vorne und nach hinten

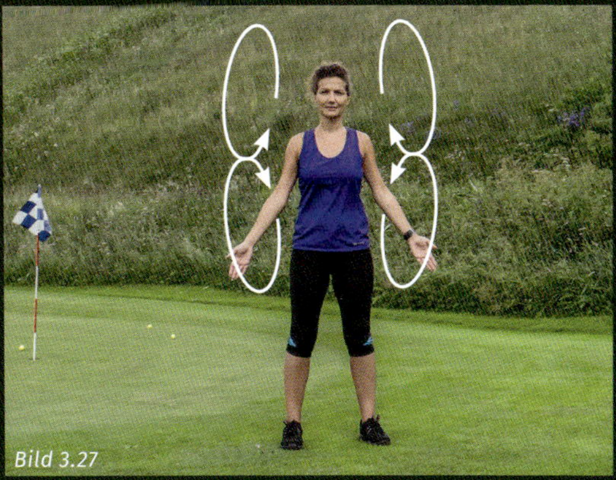

Bild 3.27

Armschwünge in Form einer Acht

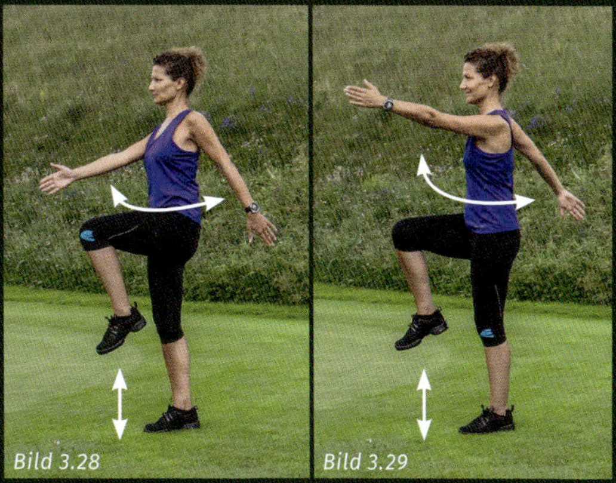

Bild 3.28 Bild 3.29

Aufrecht stehen und Arme und Beine wie ein Sprinter bewegen

Für ein optimales Aufwärmen des Oberkörpers sollten 2 Sätze mit je 10 Wiederholungen von der „Nadel und Faden"-Übung, Oberkörperrotation und Armschwüngen nach vorne und nach hinten, in Kreisen und in der Form einer Acht durchgeführt werden. Diese Übungen helfen, die thorakale Wirbelsäule in der Rotation zu bewegen, und fördern eine korrekte Muskelaktivierung. Sie stabilisieren auch den Schultergürtel. Siehe Bild 3.21 / 3.22 / 3.23 / 3.24 / 3.25 / 3.26 / 3.27.

W5 – AUFWÄRMEN DES ZNS (ZENTRALES NERVENSYSTEM)

Diese Aufwärmübung aktiviert das zentrale Nervensystem (ZNS). Sie kann in einem kleinen Raum, im Fitnessraum oder neben dem Platz durchgeführt werden. Zunächst sollte man mit einer Sprintbewegung auf der Stelle rennen, „Nadel und Faden"-Übung, 2-mal 6–8 Sekunden im mittleren Tempo (60 % von „Vollgas"). Danach 2- bis 3-mal „Nadel und Faden-Beschleunigungen",

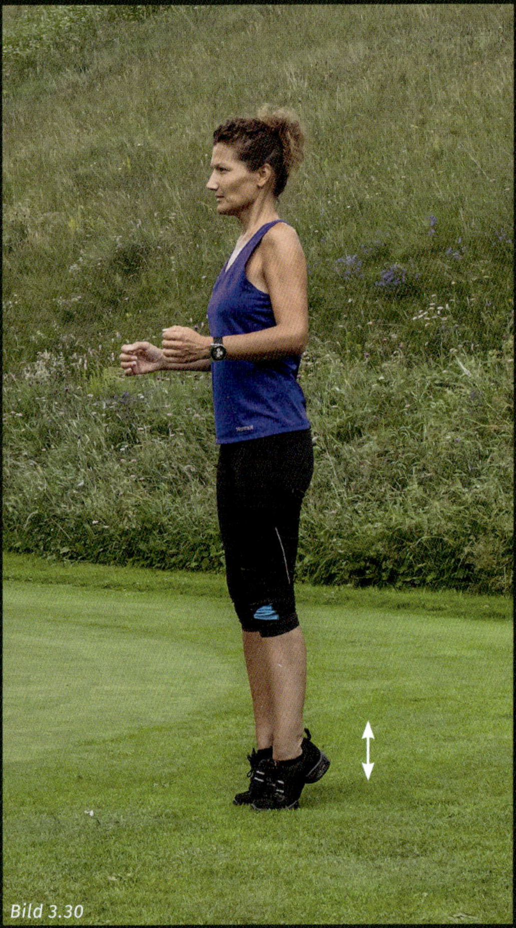

Kleine Sprünge. Aufrecht stehen und kurzer Bodenkontakt.

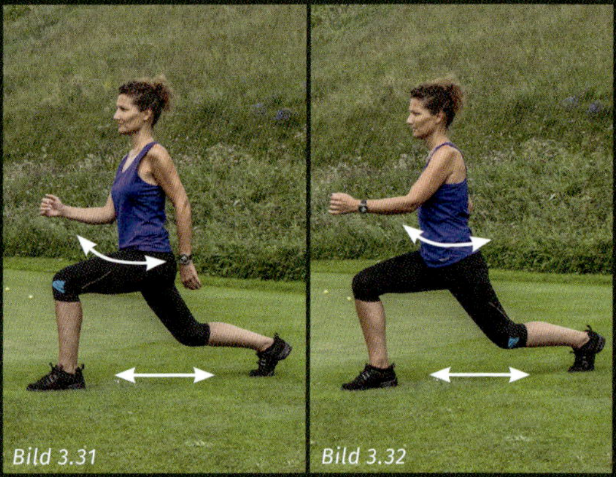

Abwechselnde Ausfallschritte. Knie über den Zehen und langsam die Tiefe der Ausfallschritte steigern.

wobei das Tempo nach 6–8 Sekunden allmählich auf 80 % von „Vollgas“ steigt. Siehe Bild 3.28 / 3.29.

W6 – AUFWÄRMEN DER MUSKELSEHNEN

Muskeln und Sehnen müssen auch aufgewärmt werden. Dies wird am besten mit kleinen Sprüngen und abwechselnden Ausfallschritten gemacht. Abwechselnde Ausfallschritte werden im Stehen durchgeführt. Die Tiefe der Ausfallschritte wird allmählich gesteigert (nicht weniger als 90 Grad), die Knie sind in einer Linie mit den Zehen ausgerichtet. 2–3 Sets je 10 Wiederholungen. Siehe Bild 3.30/ 3.31 / 3.32.

Die kleinen Sprünge werden wie folgt an einer Stelle durchgeführt:

- 2 x 20 Sprünge in eigenem Tempo
- 2 x 20 so schnell wie möglich (kurzer Bodenkontakt)

Schnelle Aufwärmbeispiele

AUFWÄRMROUTINE A

1) Allgemeines (aerobes) Aufwärmen und Knie-Aufwärmen
- Fahrrad/Laufband x 5–15 Minuten
- Unterstützte Kniebeugen 2 x 5 – 10 – 15

2) Gleichgewichtsübungen & Aufwärmen der Beine
- Beinschwünge (nach vorne und nach hinten) 2 x 10
- Beinschwünge (von Seite zur Seite) 2 x 10

3) Aufwärmen der unteren Rumpfmuskulatur und der Beine
- Seitschritte 2 x 5–10 Meter
- Hopserlauf 2 x 5–10 Meter

4) Aufwärmen der oberen Rumpfmuskulatur und der Arme
- „Nadel und Faden"-Übung 2 x 10

5) Aufwärmen des ZNS (zentrales Nervensystem)
- Nadel und Faden-Beschleunigungen 2 x 6–8 Sekunden

6) Aufwärmen der Muskelsehnen
- Kleine Sprünge (individueller Rhythmus 3 x 20)
- Abwechselnde Ausfallschritte 2 x 5

AUFWÄRMEN B

1) Allgemeines (aerobes) Aufwärmen und Knie-Aufwärmen
- Joggen/Elliptische Maschine/Stepper x 5–15 Minuten
- Assistierte Kniebeugen 2 x 5 – 10 – 15

2) Gleichgewichtsübungen & Aufwärmen der Beine
- Beinschwünge (nach vorne und nach hinten und von Seite zu Seite) 1 x 10

3) Aufwärmen der unteren Rumpfmuskulatur und der Beine
- Überführungen 2 x 5–10 Meter
- Hohe Fersen 2 x 5–10 Meter

4) Aufwärmen der oberen Rumpfmuskulatur und der Arme
- Armschwünge (nach vorne und nach hinten und von Seite zur Seite) 2 x 10

5) Aufwärmen des ZNS (zentrales Nervensystem)
- Nadel und Faden-Beschleunigungen
- 2 x 6–8 Sekunden

6) Aufwärmen der Muskelsehne
- Abwechselnde Ausfallschritte 2 x 15

AUFWÄRMEN C

1) Allgemeines (aerobes) Aufwärmen und Knie-Aufwärmen
- Elliptische Maschine/Rudern x 5-15 Minuten
- Assistierte Kniebeugen 2 x 5 – 10 – 15

2) Gleichgewichtsübungen & Aufwärmen der Beine
- Beinschwünge (nach vorne und nach hinten) 2 x 10
- Beinschwünge (von Seite zur Seite) 2 x 10

3) Aufwärmen der unteren Rumpfmuskulatur und der Beine
- Seilspringen 2 x 5–10 Meter
- Hohe Knie 2 x 5–10 Meter

4) Aufwärmen der oberen Rumpfmuskulatur und der Arme
- Oberkörperdrehungen 3 x 10

5) Aufwärmen des ZNS (zentrales Nervensystem)
- Nadel und Faden-Beschleunigungen 2 x 6–8 Sekunden

6) Aufwärmen der Muskelsehnen
- Kleine Sprünge 2 x 10 (so schnell wie möglich)
- Abwechselnde Ausfallschritte 2 x 10

JETZT IST DER KÖRPER BEREIT, ZU TRAINIEREN ODER EINEN SPORT AUSZUÜBEN.

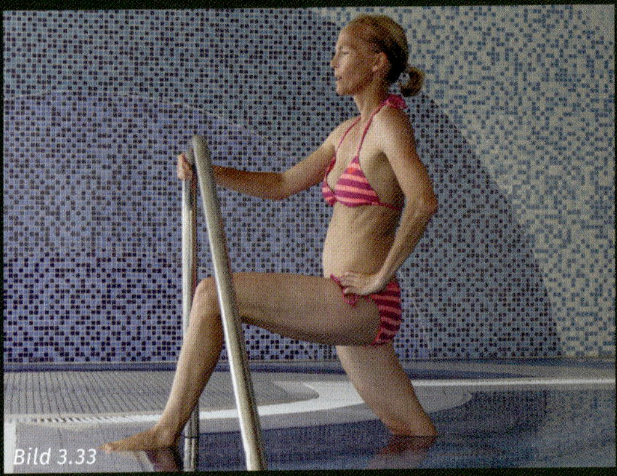

Hüftbeuger-Stretch

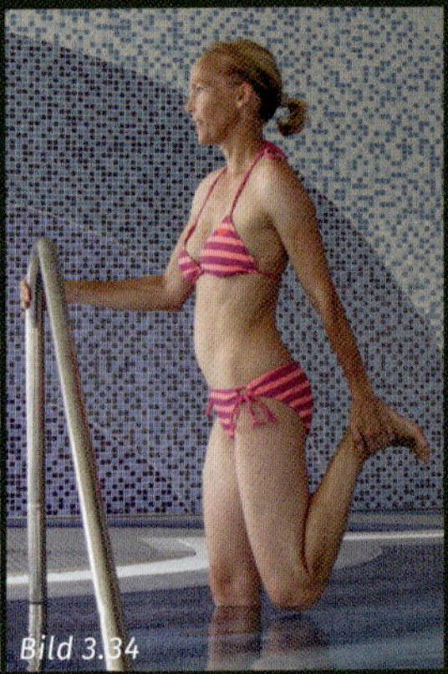

Quadrizeps-Stretch im Stand

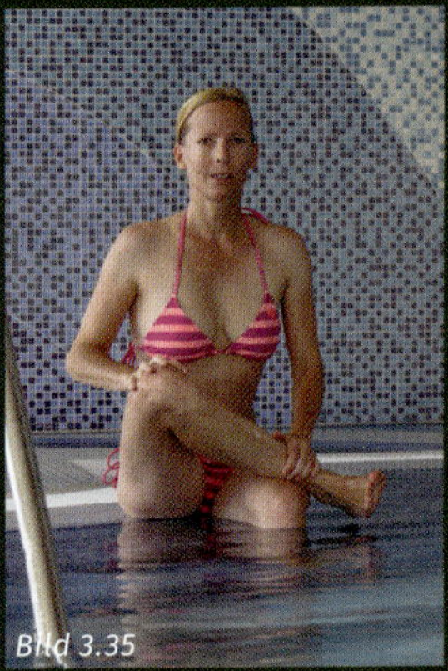

Gesäß-Stretch (Gluteusmuskeln) im Sitzen

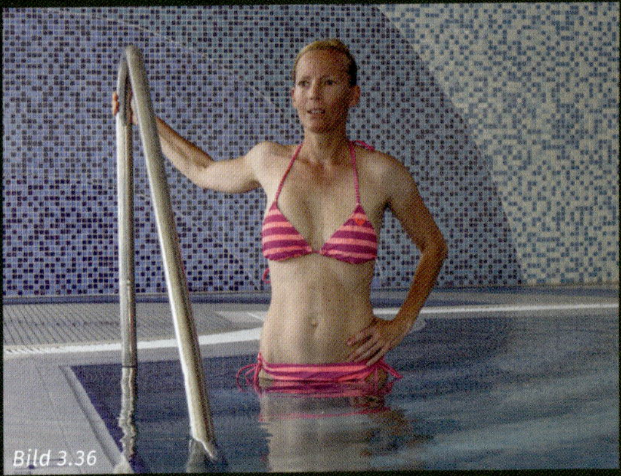

Brustmuskelstretch (pektoral)

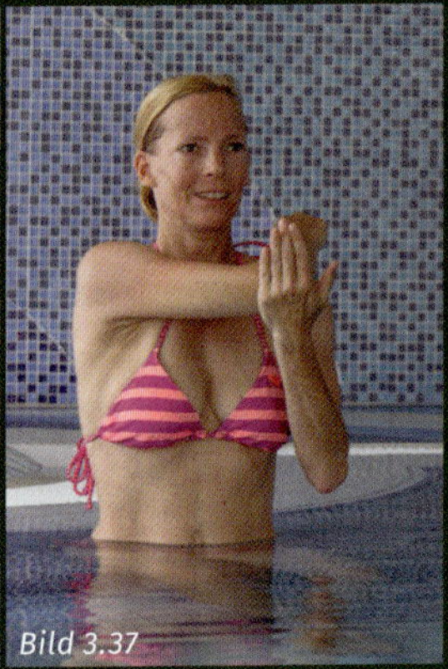

Stretch des oberen Schultergürtels

Cool-down und Stretching nach dem Training

Ein leichtes Stretching nach dem Training ist wichtig, um den Muskelkater zu minimieren und Verletzungen zu vermeiden. Anstelle eines aggressiven Stretchings. Es wird bis zu einer leichten Anspannung gedehnt und 15–20 Sekunden gehalten (Kapitel 9, Seiten 170–179). Die Forschung zeigt, dass Stretching vor dem Training keine Überbeanspruchung in den unteren Extremitäten vorbeugen kann. Zusätzliches statisches Stretching nach dem Training und vor dem Zubettgehen hatte aber 50 Prozent weniger Verletzungen zur Folge (Hartig und Henderson, 1999). Das statische Stretching sollte deswegen besser nach dem Training und in der Erholungsphase durchgeführt werden (Kapitel 11, Seiten 188–199).

Jede Dehnübung sollte 30 Sekunden gehalten und 2–3 Mal wiederholt werden.

Bild 3.33 / 3.34 / 3.35 / 3.36 / 3.37 / 3.38 / 3.39 / 3.40 / 3.41

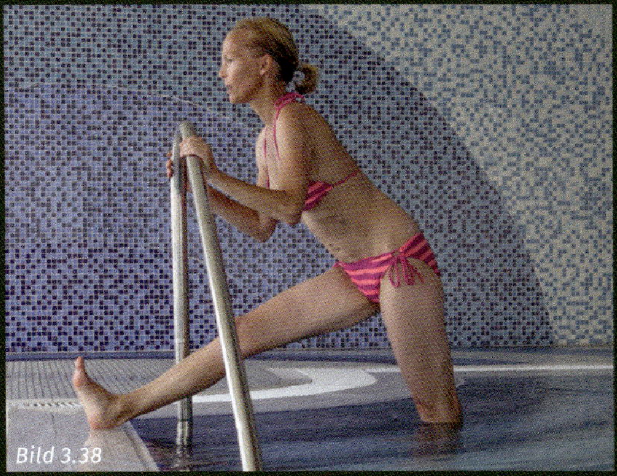

Hamstring-Stretch (Oberschenkel Rückseite) im Stand

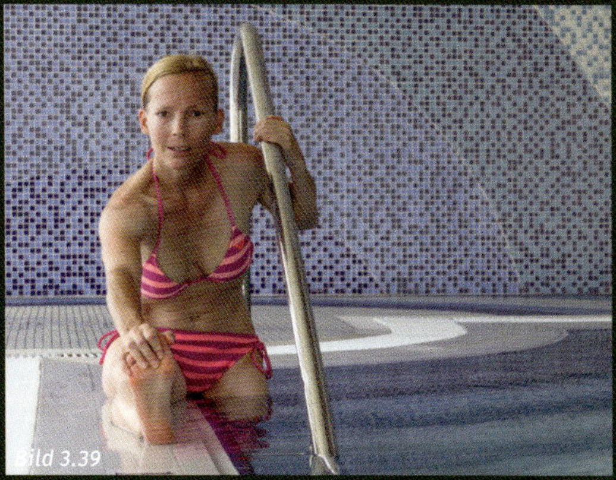

Hamstring-Stretch im Sitzen

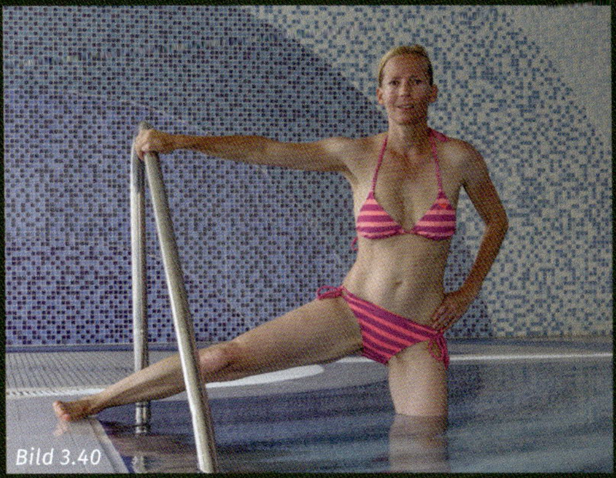

Adduktoren-Stretch (Oberschenkel Innenseite) im Stand

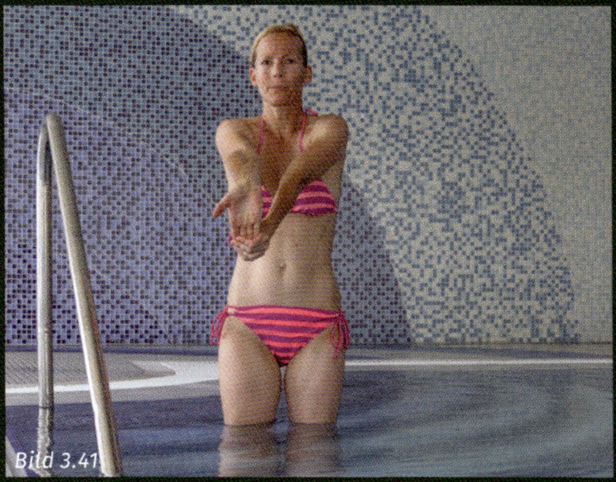

Stretch des Unterarm- und Handgelenks

Alle großen Muskelgruppen sollten gedehnt werden, einschließlich Quadrizeps, Hamstrings, Waden, Rücken, Abduktoren und Adduktoren. Am Anfang sollte man ausatmen und dann normal weiteratmen. Ein Whirlpool oder eine Sauna fördern die Dehnung durch ein passives externes Aufwärmen.

DIREKT NACH DEM TRAINING SOLLTE MAN DEN KÖRPER SCHONEN. DIES IST NICHT DIE PASSENDE ZEIT FÜR EIN AGGRESSIVES DEHNEN VON KURZEN, VERSPANNTEN MUSKELN.

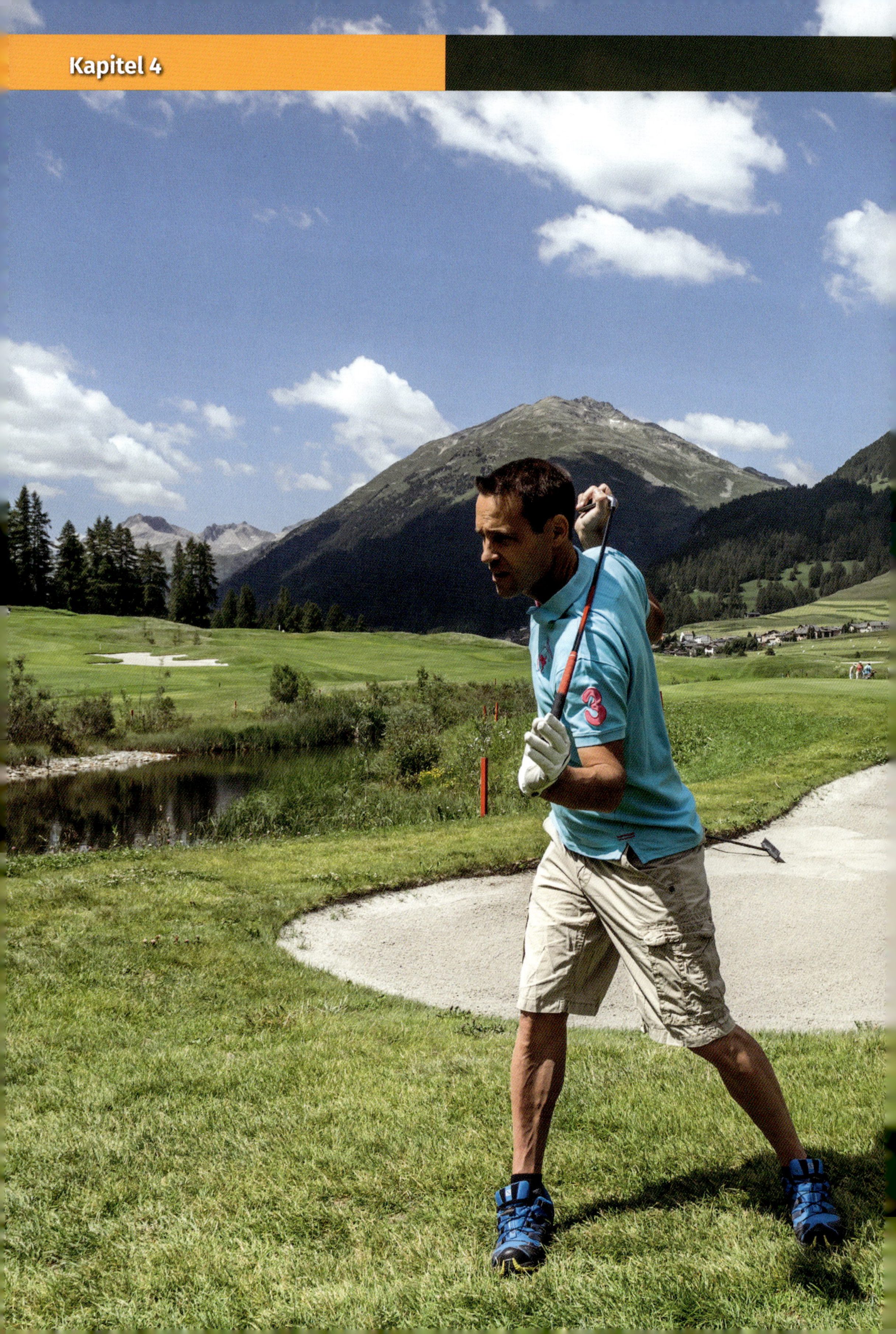

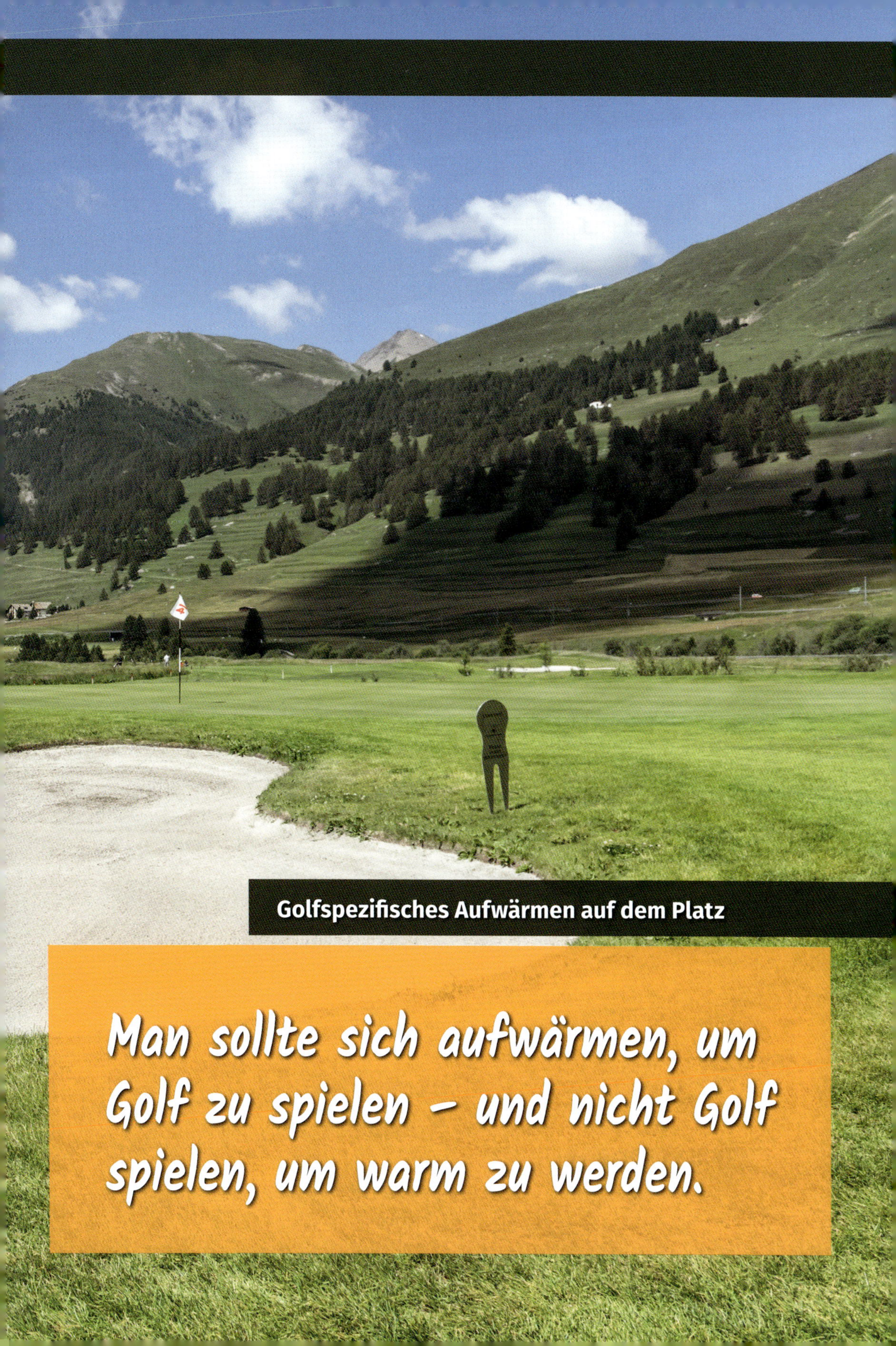

Kapitel 4

Golfspezifisches Aufwärmen auf dem Platz

Man sollte sich aufwärmen, um Golf zu spielen – und nicht Golf spielen, um warm zu werden.

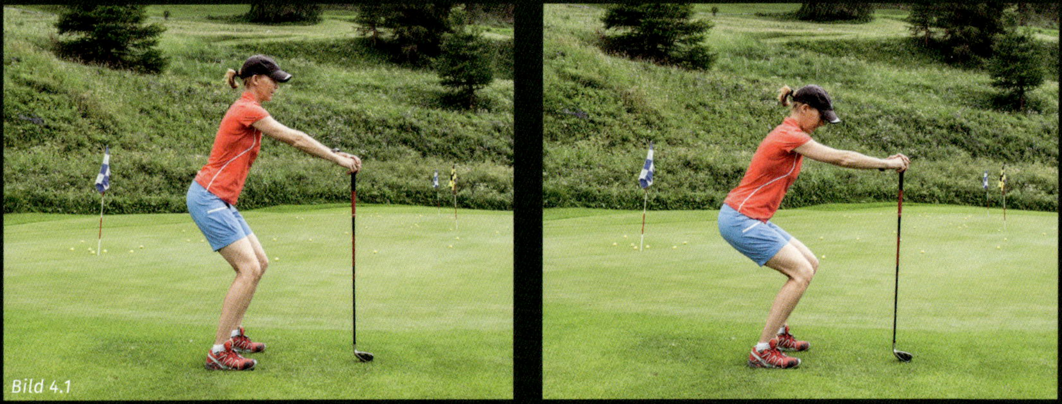

Bild 4.1

Assistierte Kniebeugen wärmen und „schmieren" die Gelenke.

Golfspezifisches Aufwärmen auf dem Platz

ALLGEMEINES AUFWÄRMEN

Vor dem ersten Schlag sollte ein allgemeines Aufwärmen durchgeführt werden. Es kann bereits beim Laufen vom Auto oder vom Haus zum Platz anfangen. Wenn ein Fitnessraum vorhanden ist, kann man sich auf dem Trainingsrad, dem Stepper oder der Rudermaschine einige Minuten lang aufwärmen. Ein langsames, aber systematisches Aufwärmen kann Verletzungen durch einen zu festen oder zu schnellen Schwung mit kalten, unelastischen Muskeln und Gelenken vorbeugen. Egal ob man ein paar Übungsbälle auf der Driving Range schlägt oder eine Runde Golf spielt, die folgenden Hinweise optimieren die dafür aufgewendete Zeit.

VORBEREITET SEIN

Man sollte sich immer aufwärmen, um Golf spielen, und nicht Golf spielen, um warm zu werden. Um das Beste aus dem Spiel auf dem Platz herauszuholen, und die Zeit und Energie zu optimieren, ist es wichtig, sowohl physisch als auch mental vorbereitet zu sein. Ein häufiger Verletzungsfaktor für den Hobbygolfer ist eine fehlende Aufwärmroutine.

- Ein korrektes Aufwärmen bereitet die Muskeln, die im Training benutzt werden, sowie die Gelenke für die Bewegungen und Stabilität vor, die für eine komplette Bewegung benötigt werden.
- Intensives Training ohne vorheriges dynamisches Aufwärmen erhöht das Verletzungsrisiko.
- Es sollte langsam begonnen werden. Die Intensität und Komplexität des Aufwärmens sollte langsam gesteigert werden.

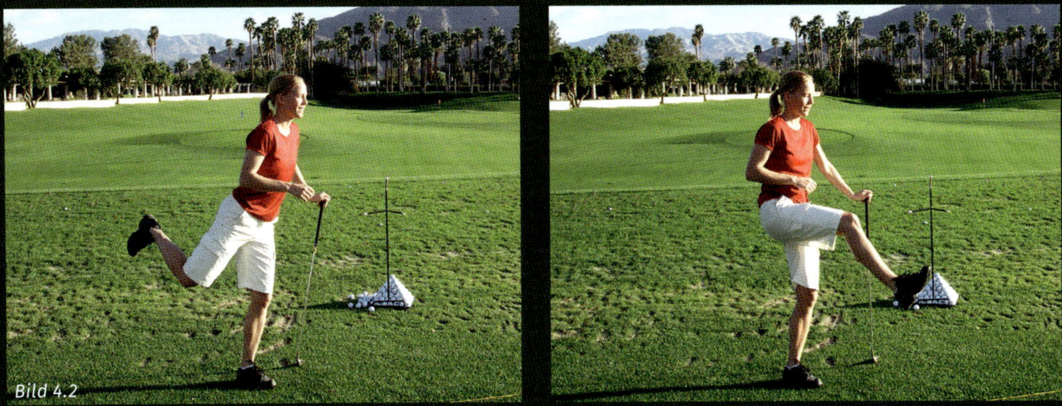

Verschiedene Beinschwünge aktivieren die Rumpfmuskulatur, fördern das Gleichgewicht und öffnen die Hüfte.

- Schwungspezifische Bewegungen fördern die Entspannungs-Kontraktions-Koordination der Hauptbeweger und Stabilisatoren um die Gelenke. So werden die Bewegungen effizienter und die Leistung wird gesteigert.

- An kalten und windigen Tagen muss mehr Zeit für ein korrektes Aufwärmen aufgewendet werden. Ein warmer Muskel ist nicht nur stärker, sondern auch elastischer und hat somit eine bessere Stoßdämpfung.

- Eine erhöhte Muskeltemperatur von zwei Grad erhöht die Muskelelastizität um 15–20 Prozent. So werden die Leistung gesteigert und Muskelverletzungen vorgebeugt. Man sollte sich aufwärmen, bis man leicht schwitzt oder feuchte Achselhöhlen hat.

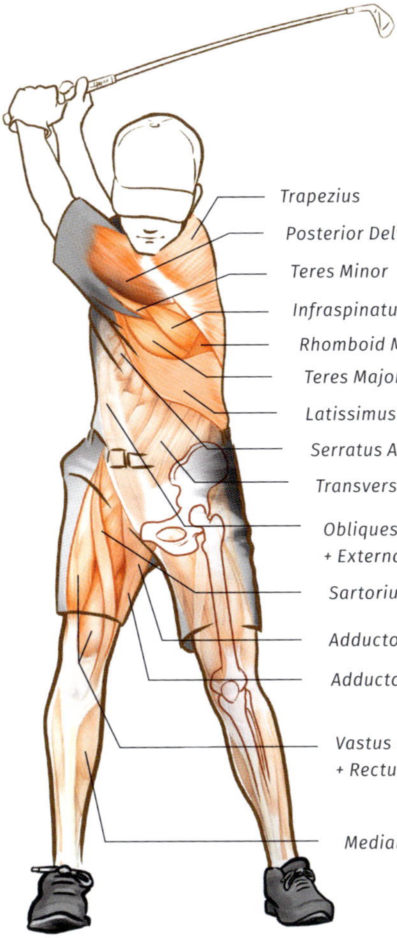

Ein dynamisches Aufwärmen von allen golfspezifischen Muskeln schützt gegen Verletzungen und steigert die Leistung.

Allgemeines Aufwärmen

- 5 Minuten Seilspringen oder Joggen

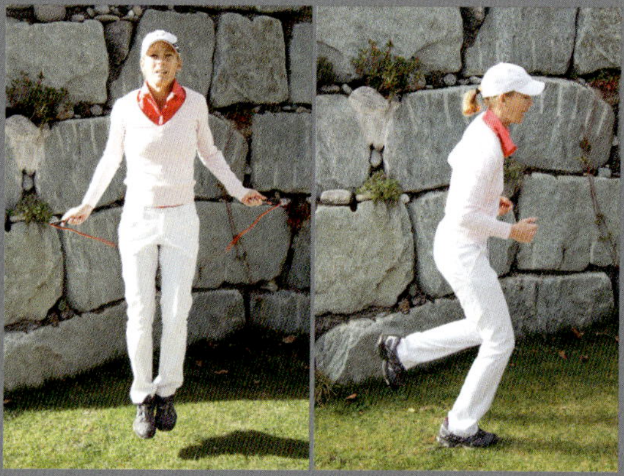

5 Minuten

Kniebeuge

- Die Knie beugen und die Hände über dem Kopf halten
- Arme nach hinten ziehen und aufstehen
- Zurück zur Startposition
- Die Übung langsam durchführen

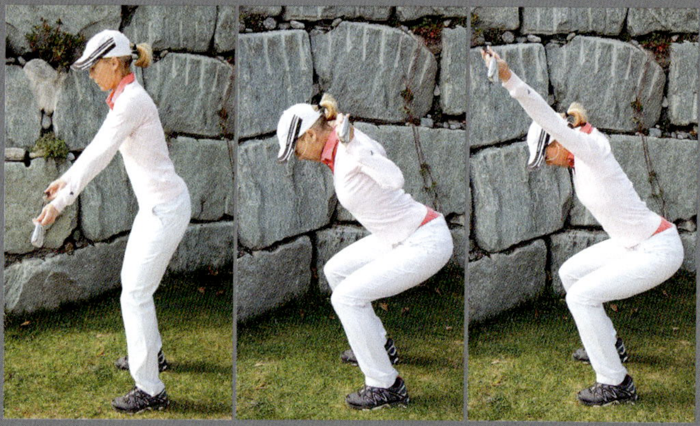

10

Ausfallschritte mit getreckten Armen

- Gewicht auf dem hinteren Bein, das vordere Bein ist gestreckt
- Gewicht auf dem vorderen Bein, das hintere Bein und beide Arme sind gestreckt
- Gerader Rücken

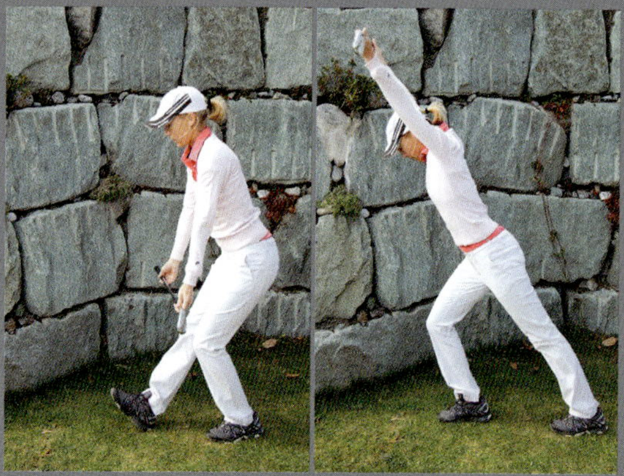

10/10

Standwaage

- Auf einem Bein stehen, ein Knie hochziehen, die Arme gestreckt vor dem Körper
- Nach vorne lehnen, Arme und Beine strecken

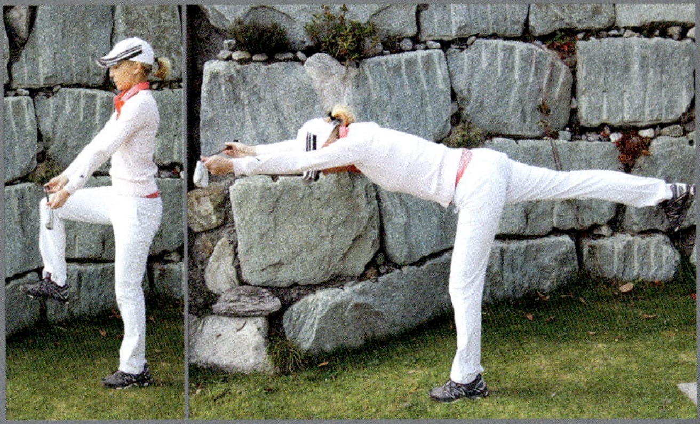

↻ 10/10

Beinschwünge

a) nach vorne und nach hinten
b) von Seite zur Seite (rechts – links)

- Auf einem Bein stehen, Arme nach vorne strecken
- 1–2 Sets je 10 Mal mit dem Beinschwung nach vorne und nach hinten und mit dem Beinschwung von Seite zu Seite

↻ 10/10/10/10

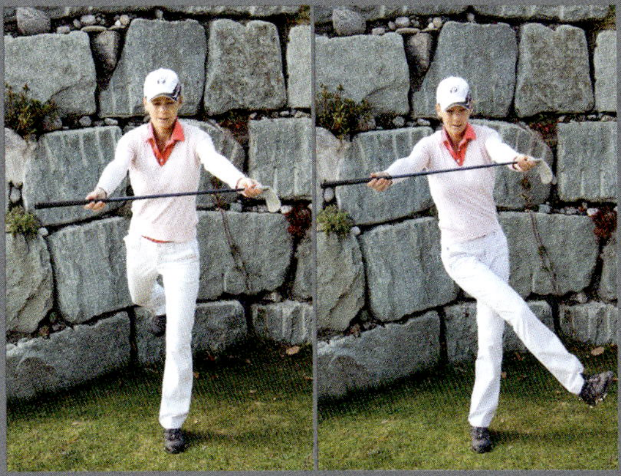

Knie hochziehen

- Knie abwechselnd nach vorne und zur Seite hochziehen. Arme nach vorne gestreckt
- Kurzer Bodenkontakt mit den Fußballen

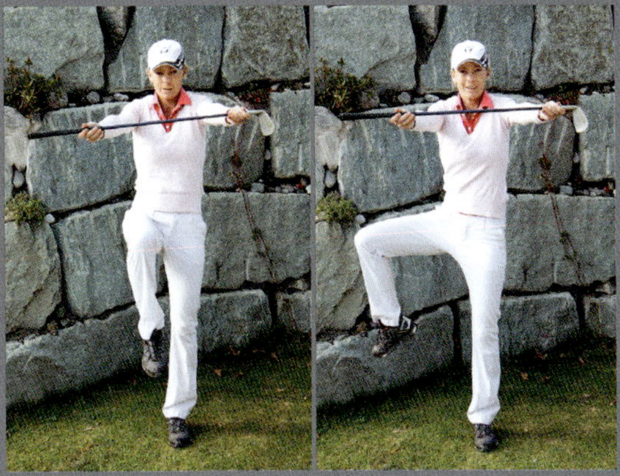

↻ 10/10

Seitschritte

- Oberkörper und Arme gerade
- Gewicht langsam von der rechten auf die linke Seite verschieben

↻ 10/10

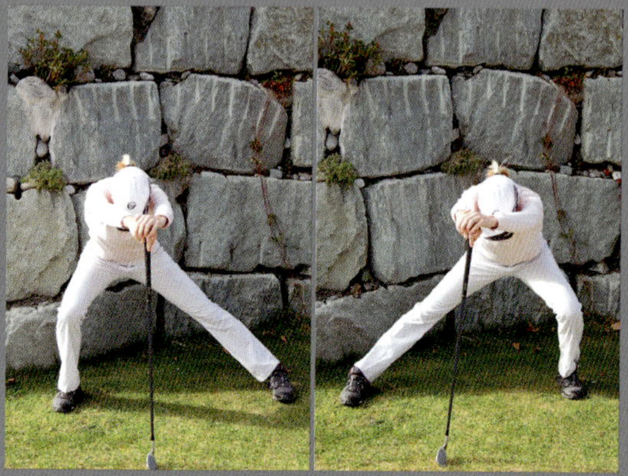

Seitbeugen

- Ein Bein über das andere Bein kreuzen
- Arme über den Kopf strecken
- Langsam von der rechten Seite auf die linke Seite dehnen

↻ 10/10

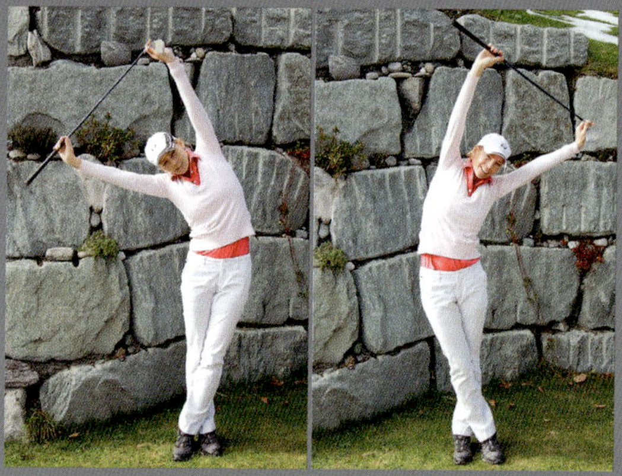

Nadel-Faden Übung

- Füße schulterbreit
- Eine Hand greift den Schläger nahe am Schlägerkopf, die andere Hand liegt auf einem Knie
- Den Schlägerkopf unter dem Arm durchführen

↻ 10/10

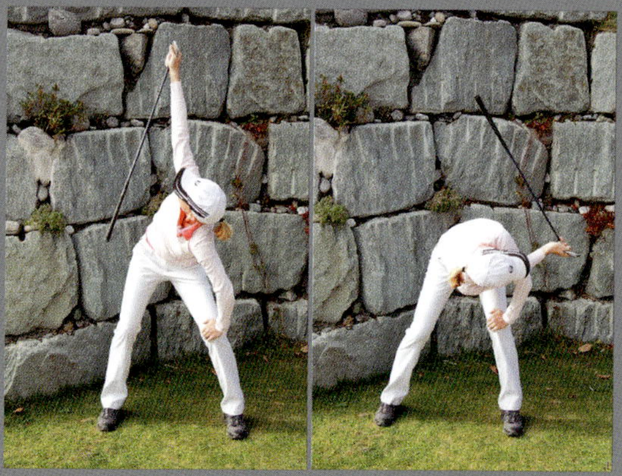

Schulterrotation

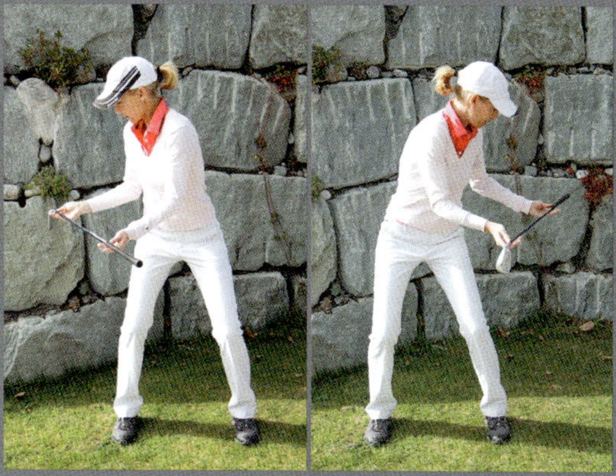

- Füße schulterbreit
- Ellenbogen nahe am Körper
- Nur Oberkörper rotieren
- Kopf, Hüfte und Beine bewegen sich nicht

↻ 10/10

Unterarm- und Handgreifmuskeln

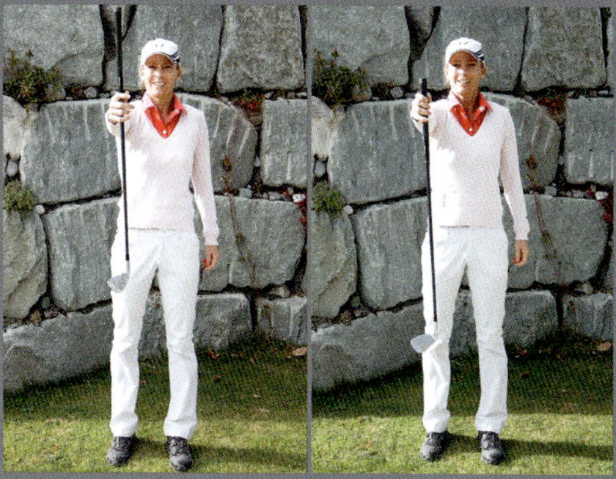

- Arme strecken
- Finger bewegen sich am Griff hoch und runter
- Schnell Hand öffnen und schließen, sobald der Schläger runterfällt, Aufwärmen der Unterarm- und Handgreifmuskeln

↻ 10/10

Ganzkörperrotation – Oberkörper und Hüfte

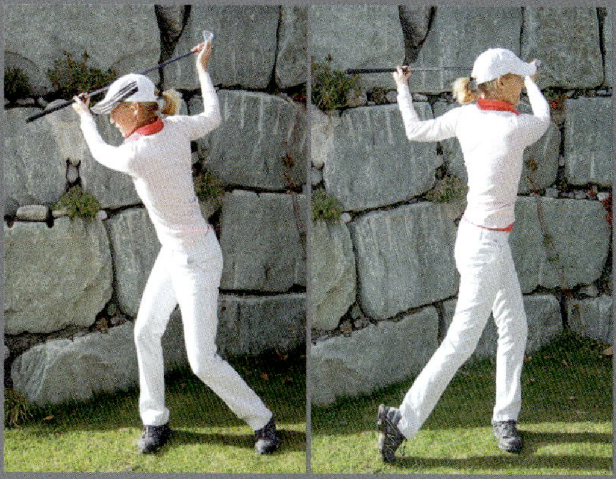

- Füße schulterbreit
- Schläger mit beiden Händen anheben
- Eine Ganzkörperrotation durchführen, indem ein kompletter Schwung nachgeahmt wird

↻ 10/10

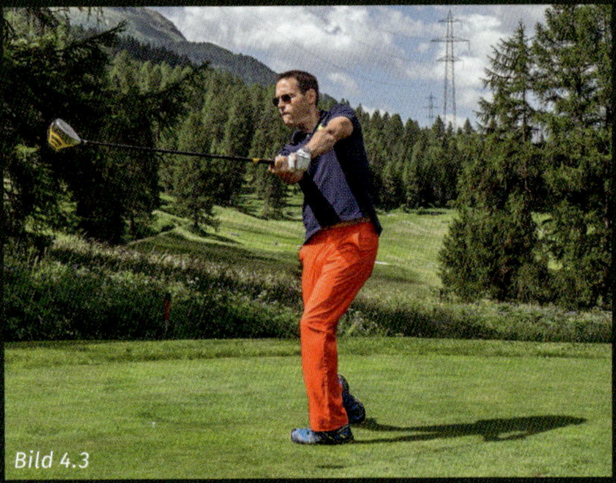

Bild 4.3

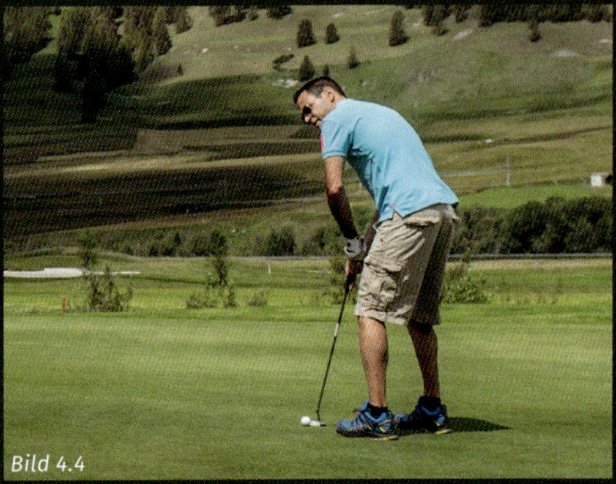

Bild 4.4

Verschiedene Schläge auf der Driving Range probieren

DIE DRIVING RANGE

Die Driving Range ist nicht nur dafür da, um mit dem Driver zu üben. Wenn das Aufwärmen auf der Driving Range zu schnell durchgeführt wird, kann es mehrere Löcher dauern, bis man sein Spiel wieder gefunden hat. Es wird mindestens 25–30 Minuten Zeit zum Aufwärmen und zum Üben von verschiedenen Schlägen benötigt.

Nach einem guten dynamischen Aufwärmen sollte man 10–15 Minuten lang das kurze Spiel üben und ein Gefühl dafür bekommen. Es sollte nicht nur bei idealen Verhältnissen sondern auch bei schlechten oder schwierigen Bedingungen geübt werden. Auch schwierige Schläge müssen trainiert werden: das sind die Schläge, die sehr wahrscheinlich auf dem Platz vorkommen. Es sollte auch eine Mischung aus Chips, Pitches und Sandbunkerschläge durchgeführt werden.

Danach wird am kompletten Schwung gearbeitet und Bälle mit mehr Kraft und Zielgenauigkeit geschlagen. Die Schläge sollten wenn möglich sehr variiert werden, um das Training unvorhersehbar zu machen und den Fokus auf dem Schwung zu behalten. Es können verschiedene Schläger benutzt und der Schwung und die Ziele variiert werden, genau so wie es auf dem Platz auch passiert. Der gleiche Schlag sollte nie zweimal nacheinander ausgeführt werden. Wird ein Schlag nicht zufriedenstellend ausgeführt, ist es besser, andere Schläge zu üben und später zu dem Schlag zurückzukehren.

Ein paar Schläge sollten das erste Loch auf dem Platz widerspiegeln. Mit dem Driver wird die Routine vor dem Schlag durchgespielt, danach wird die Art von Schlag geschlagen, die vom ersten Tee gespielt werden soll. Dann wird der Schläger genommen, der wahrscheinlich für den zweiten Schlag gebraucht wird. Danach wird der Annäherungsschlag mit einem kurzen Eisen oder einem Wedge gespielt, um die Routine abzuschließen. Dies wird 2- bis 3-mal wiederholt, um für das erste Loch physisch, technisch und mental vorbereitet zu sein. Ist keine Driving Range vorhanden, kann man mit einem schweren

Schläger, einem Schläger mit einer Gewichtsmanschette oder zwei Schlägern gleichzeitig den Schwung üben, um das Gefühl für die Rotation zu gewinnen. Danach hilft es, zu pendeln und den Boden zu streifen, „abzuteen" oder Lochbälle zu spielen, in der Reihenfolge wie in der Routine oben, um für das erste Loch vorbereitet zu sein. Das Vorrundentraining kann mit Putten auf dem Übungsgreen abgerundet werden. Das Putten wird mit einem Ball geübt und das Ziel ist es, den Ball mit jedem Putt ins Loch zu bringen. Sobald der Ball im Loch ist, kann man aus einer anderen Entfernung oder einer anderen Lage putten und dann das Gleiche wiederholen.

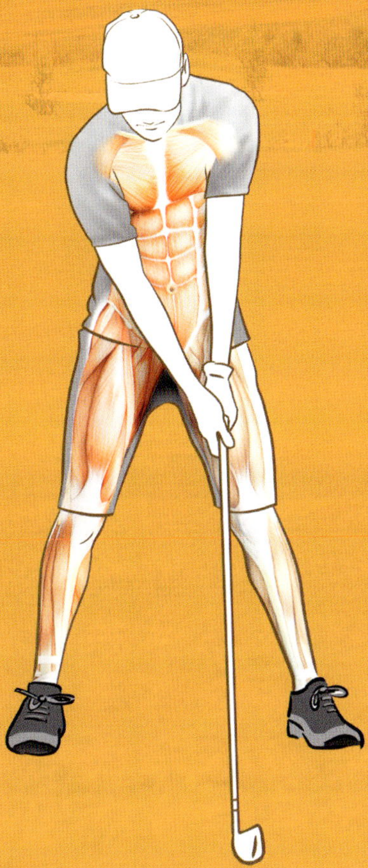

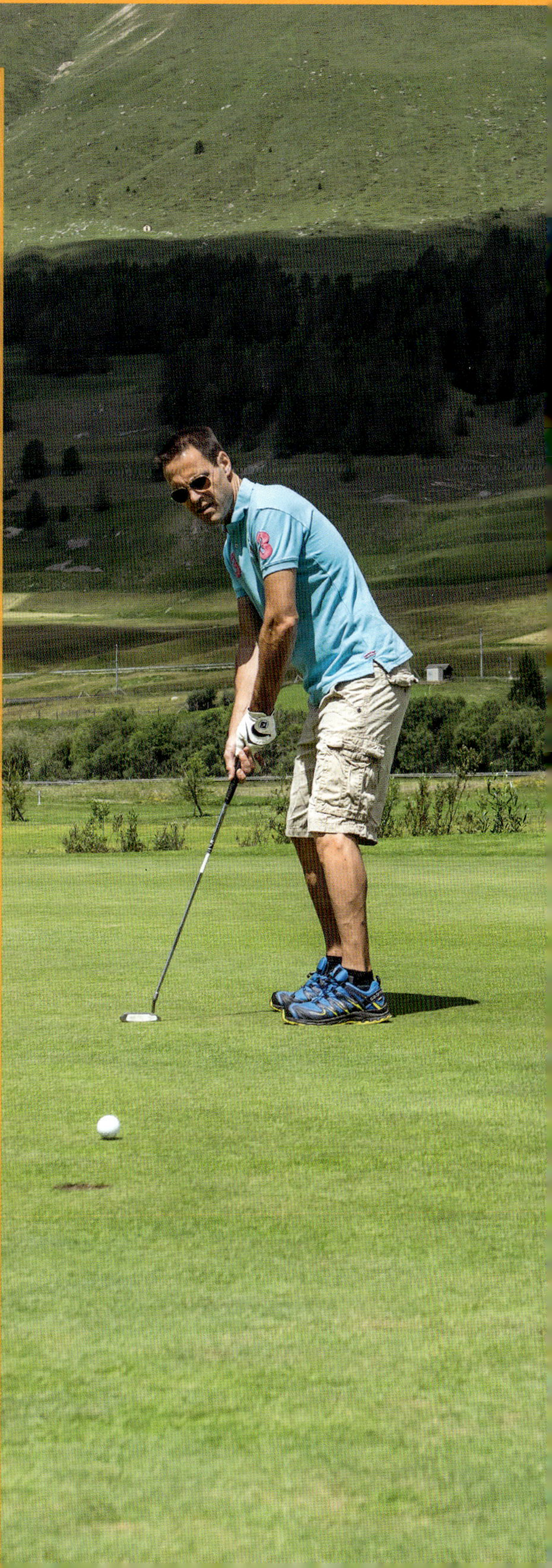

Golfspezifisches Aufwärmen auf dem Platz

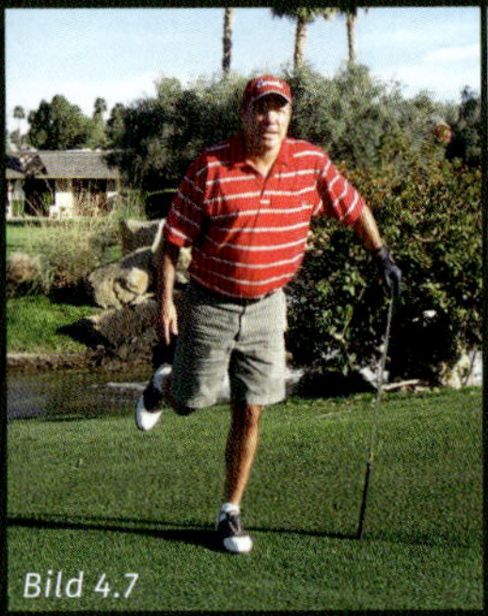
Bild 4.7

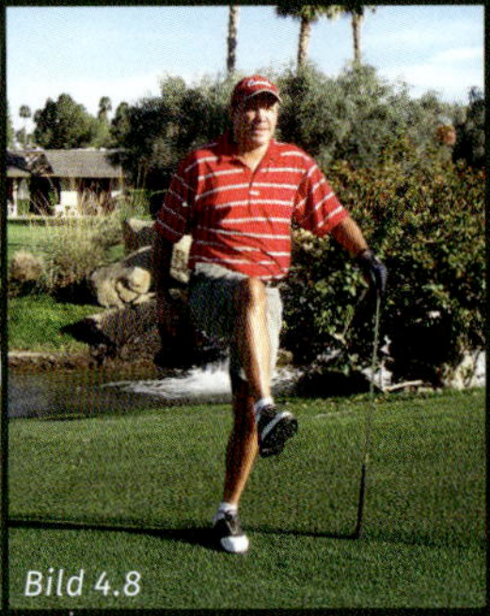
Bild 4.8

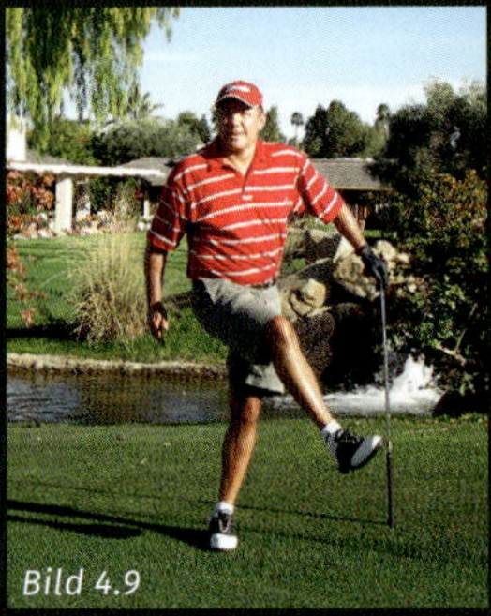
Bild 4.9

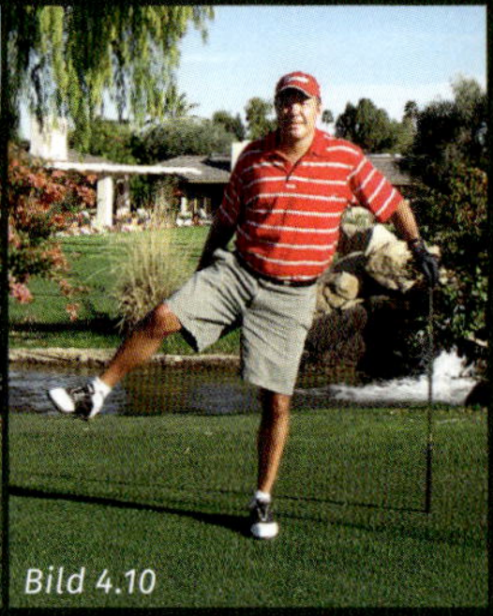
Bild 4.10

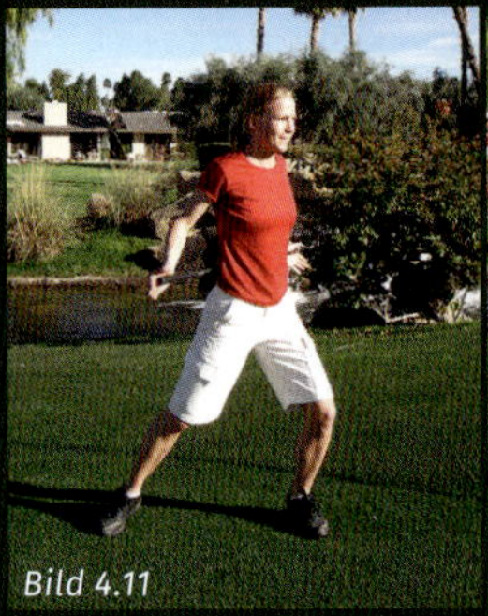
Bild 4.11

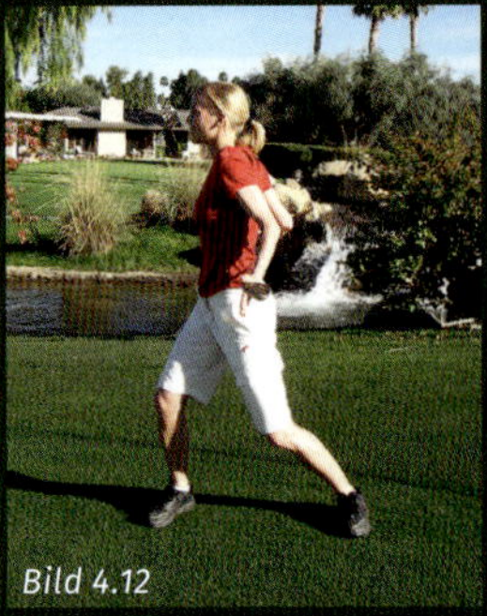
Bild 4.12

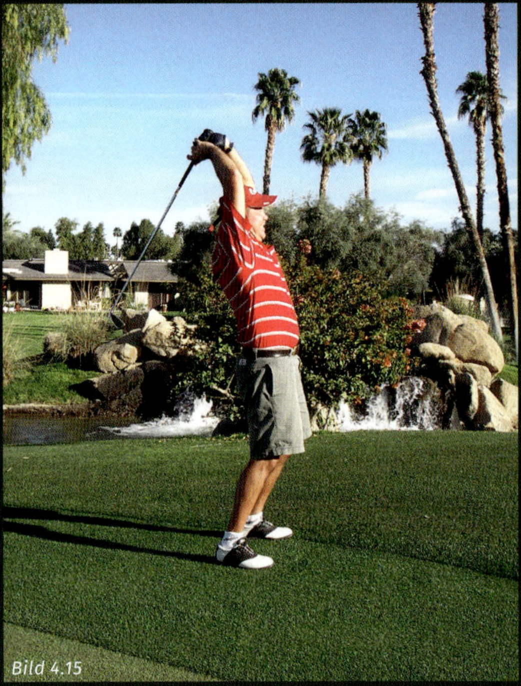
Bild 4.15

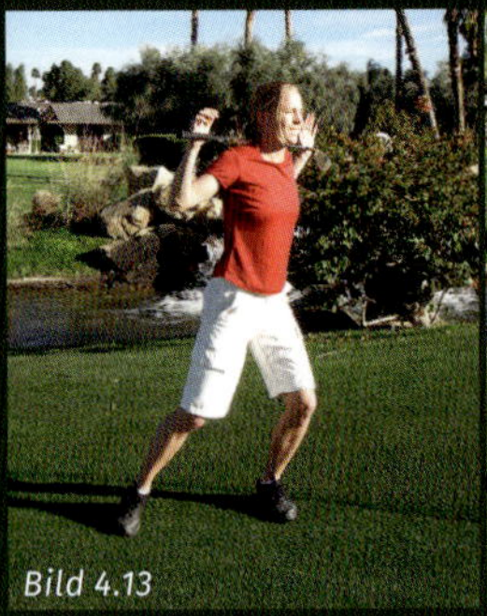
Bild 4.13

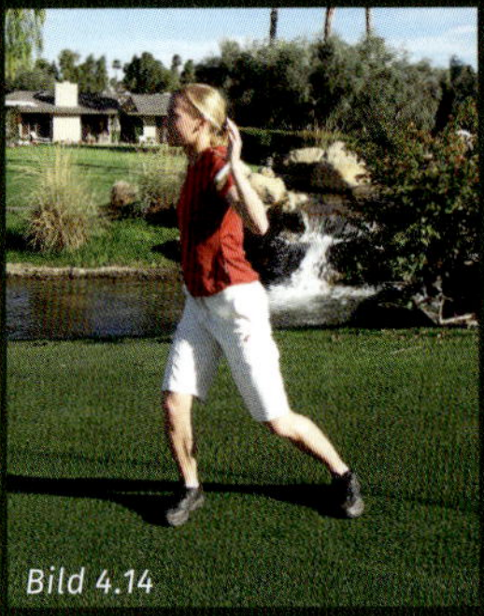
Bild 4.14

8–12 MINUTEN AUFWÄRMPROGRAMM

Mit Beinschwüngen wird die Hüfte aufgewärmt, das Gleichgewicht gefördert und die Rumpfmuskulatur aktiviert. 2 Sätze je 10 Wiederholungen mit Beinschwüngen nach vorne und nach hinten. Danach 2 Sätze mit je 10 Beinschwüngen von Seite zu Seite. Siehe Bild 4.7 / 4.8/4.9/4.10.

Jetzt werden ein paar Oberkörperrotationen durchgeführt, um den Oberkörper aufzuwärmen und die Rotation und Separation zu üben. Dann 2 Sätze mit je 10 Wiederholungen mit einem Schläger auf den Hüften und 2 Sätze mit je 10 Wiederholungen mit dem Schläger auf den Schultern. Siehe Bild 4.11/ 4.12/4.13/4.14. Danach werden die Hüften mit 2 Sätzen mit je 10 Rückenbeugen nach hinten aufgewärmt. Es sollte langsam und schonend begonnen werden, damit der untere Rücken nicht blockiert wird. Siehe Bild 4.15.

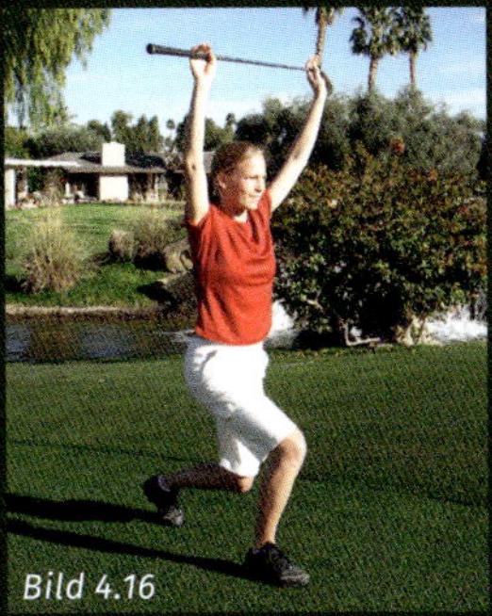
Bild 4.16

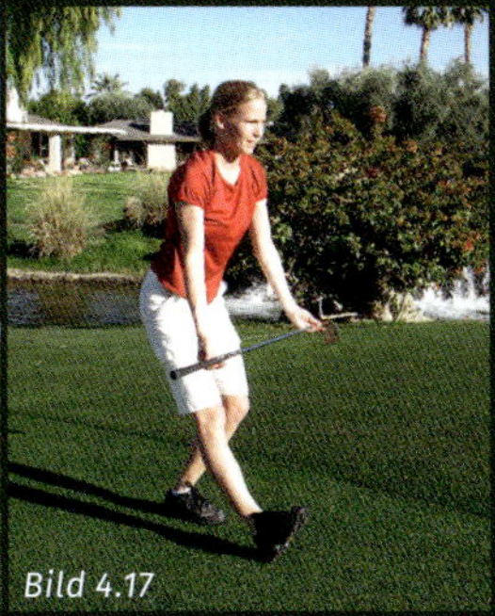
Bild 4.17

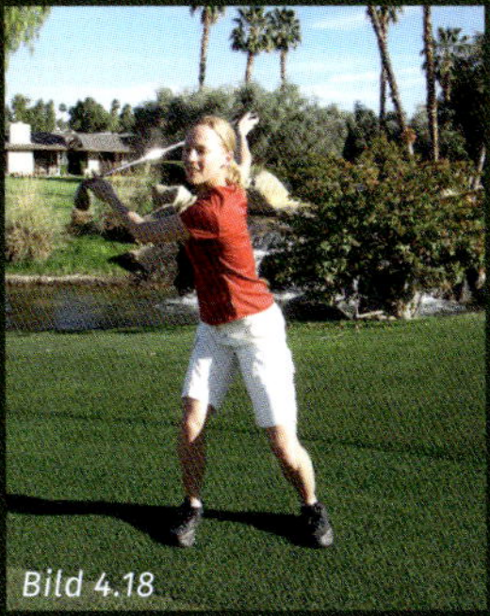
Bild 4.18

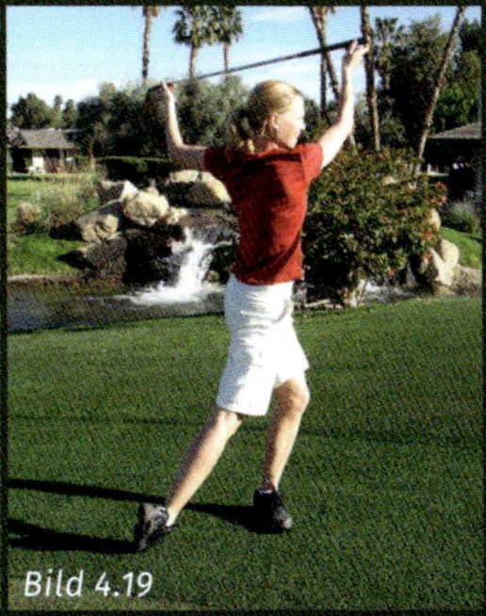
Bild 4.19

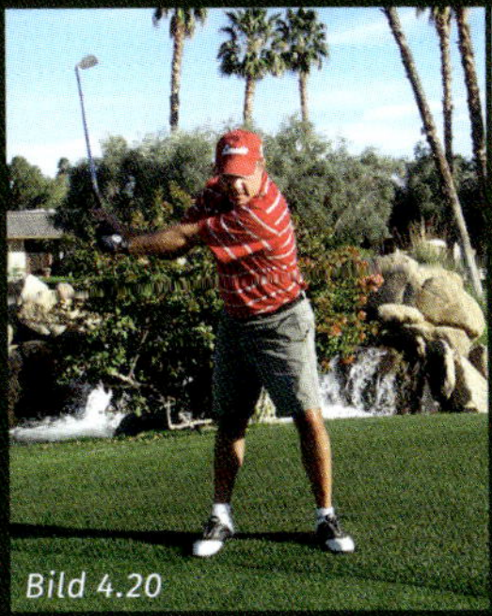
Bild 4.20

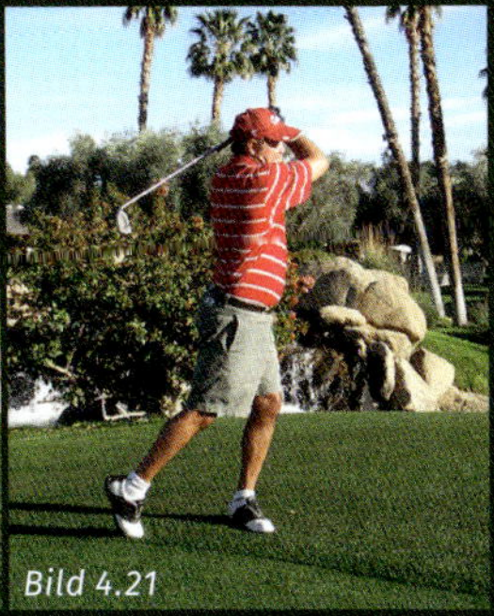
Bild 4.21

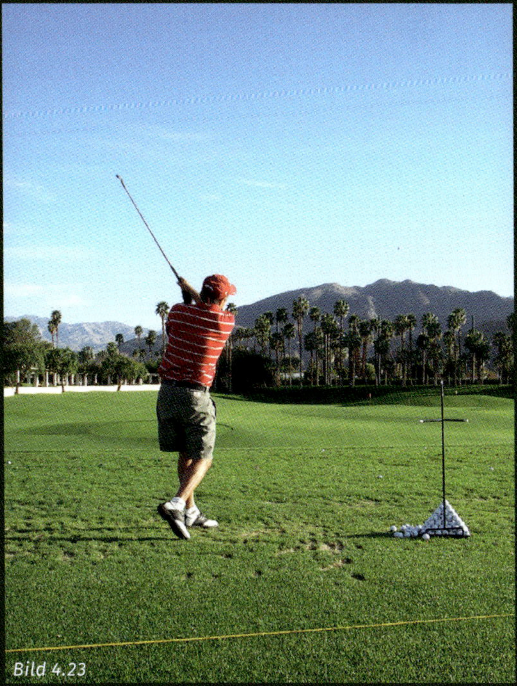
Bild 4.23

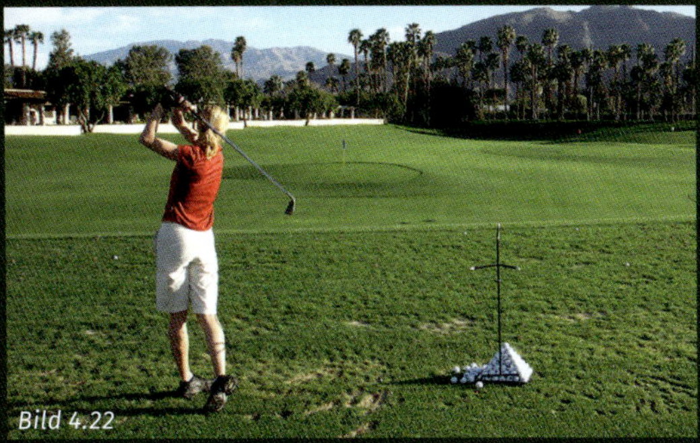
Bild 4.22

Als nächstes werden 2 Sätze mit je 10 Wiederholungen Kniebeugen auf einem Bein und Armstrecken in Kombination durchgeführt, um die untere und obere Rumpfmuskulatur zu verbinden. Jetzt werden die Hüften noch mehr geöffnet, indem der Oberkörper mit einem Schläger über den Kopf gedreht wird. Siehe Bild 4.16/4.17/4.18/4.19.

Das Aufwärmen wird durch Übungsschwünge mit 2 Sätzen mit je 10 Wiederholungen abgeschlossen. Der Schwung wird zuerst als ½- bis ½-Schwung ausgeführt, entwickelt sich zu einem ½- bis ¾-Schwung und einem kompletten Ausschwung, bis zum Schluss ein kompletter Schwung durchgeführt wird. Siehe Bild 4.20/4.21/4.22/4.23.

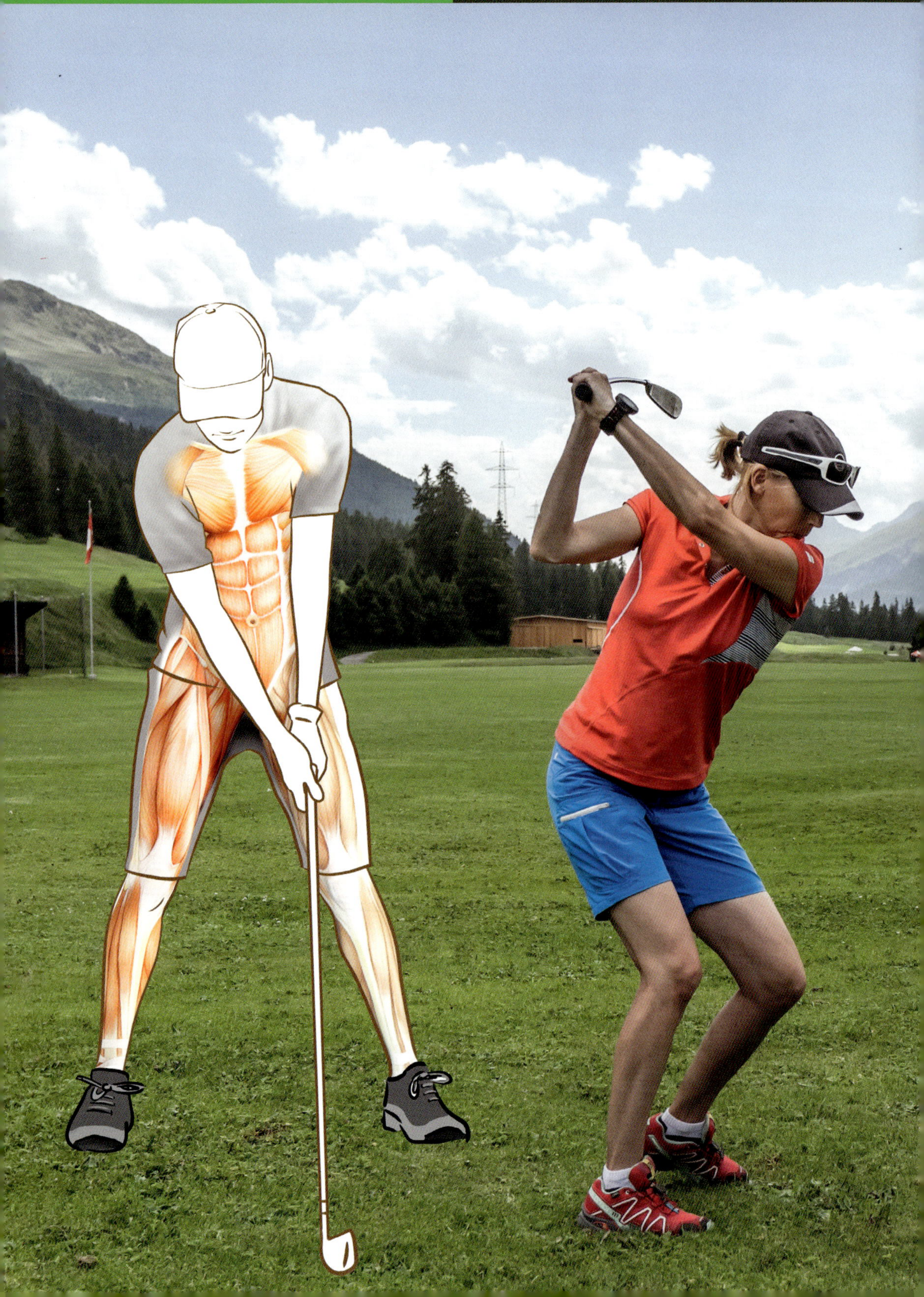

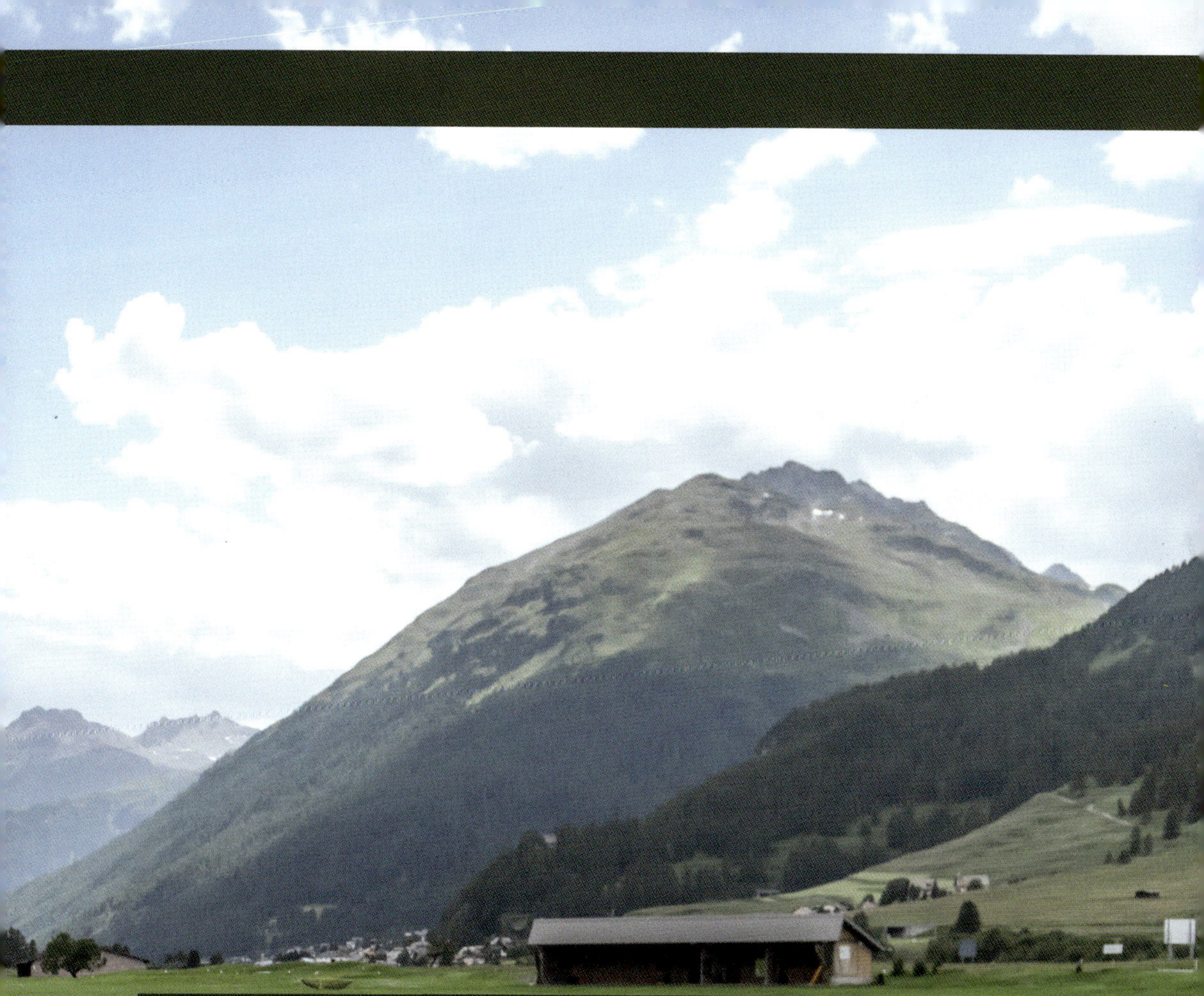

Kapitel 5

Eine starke und stabile Plattform = Ein besserer Schwung

Für einen besseren und gleichmäßigeren Schwung brauchen Golfer eine starke und stabile Plattform, die den Unter- und Oberkörper verbindet.

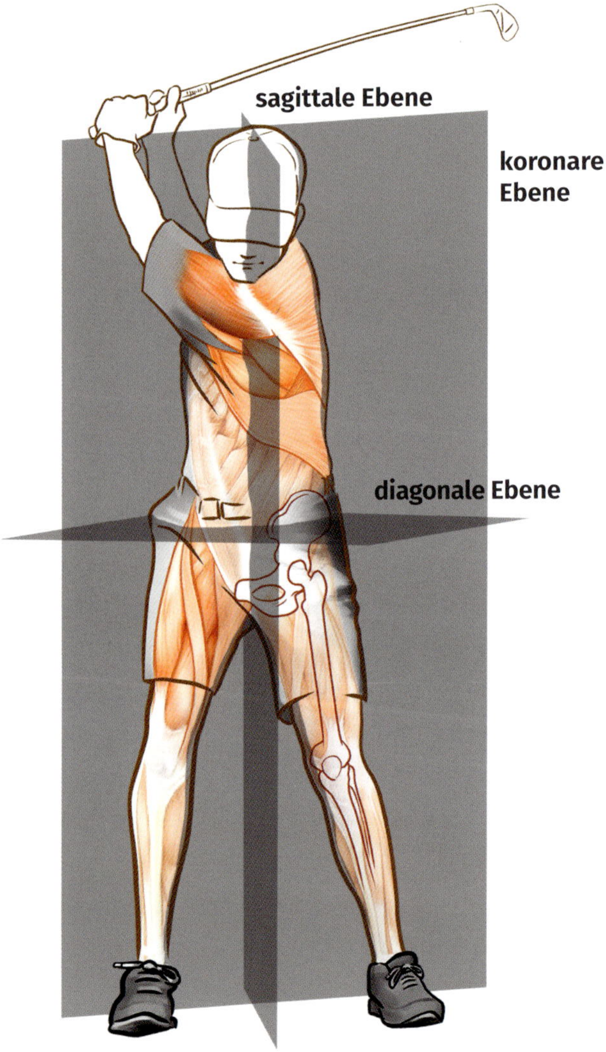

Bild 5.1
Der Körper bewegt sich in drei Ebenen, in der Rotation (diagonale Ebene), von vorne nach hinten (koronare Ebene) und von Seite zu Seite (sagittale Ebene). Der Hauptteil des Schwungs findet in der diagonalen Ebene statt. Leider fehlt bei Kraftgeräten oft die Möglichkeit, diese Bewegungsebene ausreichend zu trainieren. Effiziente Ballschläger müssen beim vollen Schwung den Unter- und Oberkörper separat bewegen können.

Eine starke und stabile Plattform = Ein besserer Schwung

Um den Rücken zu schützen und einen besseren Schwung auszuführen, ist eine starke und stabile Plattform mit einer vollständigen Rumpfstabilität notwendig. Auch ein technisch perfekter Schwung kann die ganze Wirbelsäule, einschließlich Nacken, Brustbereich und Lenden, belasten. Die Rumpfmuskulatur fungiert als starke und stabile Plattform, aus der heraus die oberen und unteren Extremitäten arbeiten können. Diese Plattform hilft auch bei der Energieübertragung während der Rotation und der Gewichtsverlagerung von den Beinen in den Rumpf und weiter in den Oberkörper und in die Arme. Für Rotationssportarten wie Golf ist dies besonders wichtig. Der Golfschwung findet auf

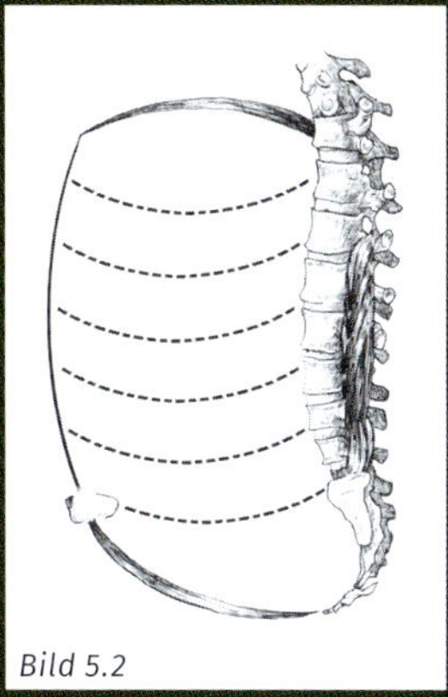

Bild 5.2

Schematische Darstellung des inneren Rumpfzylinders (nach Lee, 1999)

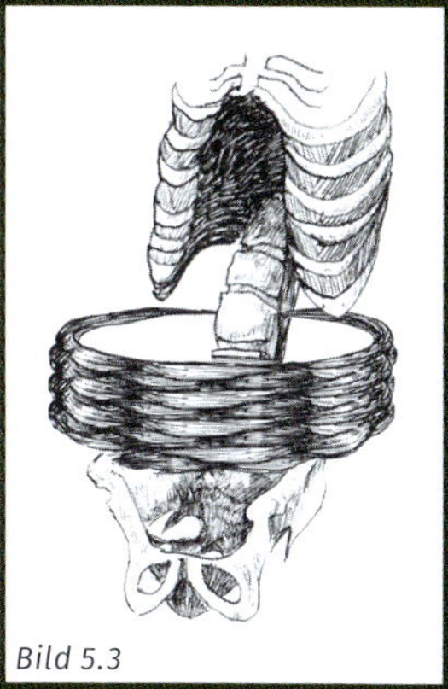

Bild 5.3

Schematische Darstellung des „Transversus abdominis" (querverlaufender Bauchmuskel) (nach Celebrini, 2001)

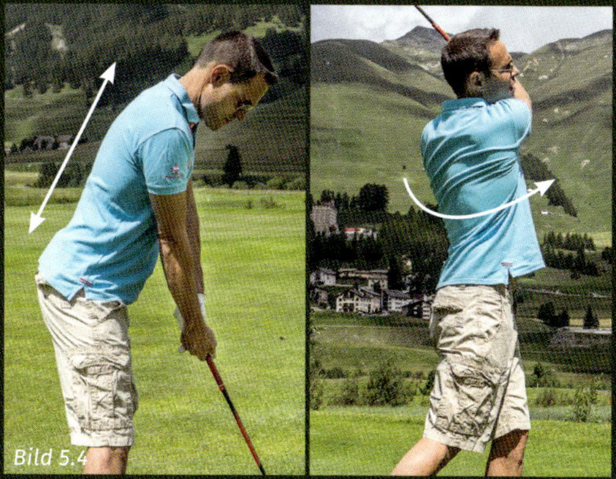

Bild 5.4

Bei der Schwungrotation und Gewichtsverlagerung ist eine stabile Rumpfplattform notwendig.

vielen Bewegungsebenen statt und ist ein komplexes Zusammenspiel von Muskeln und Gelenken, die sich auf drei verschiedenen Ebenen kürzen, verlängern, stabilisieren und eine optimale Funktion bereitstellen. Siehe Bild 5.1.

Die Rumpfmuskulatur ist ein stabiler Grundträger des Körpers. Die inneren Rumpfmuskeln bestehen aus vier Hauptmuskeln: „die innere Einheit" (Richardson et al., 1999) – transversus abdominis (TA) (die untere Bauchmuskeln), Musculi multifidi (tiefer, kleiner Muskel im Rücken), die Beckenbodenmuskulatur und das Zwerchfell. Zusammen bilden diese Muskeln einen tragenden, korsettähnlichen Zylinder für den Rücken und das Becken aus (Lee, 1999). Sie arbeiten zusammen, um den Rücken und das Becken zu unterstützen. Es ist wichtig, den Rumpf „aktivieren" zu können – so wie der Dimmer für eine Lampe aufgedreht wird. Siehe Bild 5.2.

Abhängig vom Land, der Region, Fitnesscentern oder Gesundheitsexperten und Trainern werden verschiedene Theorien vertreten bezüglich „Rumpfstabilität", das heißt auch, wie die Muskulatur trainiert und aktiviert werden kann. In diesem Buch verwenden wir den Begriff „Aktivieren der Rumpfmuskulatur" (Petersen und Sirdevan, 2006). Wenn man an das Aktivieren der Rumpfmuskulatur denkt, wird das Verbinden der oberen und unteren Rumpfmuskulatur durch die Mitte zur „inneren Einheit". Die Rumpfmuskulatur wird auf einem niedrigeren Niveau aktiviert – so wie man den Dimmer einer Lichtquelle hochdreht.

DIE BEDEUTUNG DES TRANSVERSUS ABDOMINIS

Der Transversus-abdominis-Muskel (TA) ist der tiefstgelegene Bauchmuskel. Er ist mit der Wirbelsäule im Rücken verbunden und wickelt sich um den Torso bis zu seinem Pendant an der Vorderseite. Die Verbindung erstreckt sich über sechs Rippen und die gesamte Oberkante des Beckenbodens. Wenn sich der Transversus-abdominis-Muskel zusammenzieht, wird die Taille leicht verengt und der untere Bauch nach innen gezogen. Die Wirbelsäule wird vor Arm- und Beinbewegungen steif und das Becken stabilisiert. Wer korrekte Stabilitätsstrategien verwendet, wird den ganzen Tag den Transversus-abdominis-Muskel auf einem niedrigen Niveau aktiviert halten. Siehe Bild 5.3.

Brückenübungen auf vier Beinen, in der Bauchlage, in der Rückenlage, auf der Seite und im Sitzen trainieren die inneren Rumpfmuskeln und den Muskelstrang, der diagonal von den Hüften bis zu den Schultern reicht, und stärken und stabilisieren somit die oberen und unteren Rumpfmuskeln. Die folgenden Übungen dienen dazu, die Rumpfmuskulatur zu entwickeln und die spezifischen, größeren Muskeln dynamisch und funktionell zu stärken. Sie sind funktionell und entsprechen den aktuellen Ratschlägen der Wissenschaft darüber, wie die Muskeln und das Gewebe zusammenarbeiten, um mit Systemen aus Muskelschlingen den oberen und unteren Rumpf zu verbinden. Sie sind praktisch, vielseitig und können überall mit minimaler Ausrüstung von Golfspielern jeder Altersstufe durchgeführt werden.

Jeder Golfer kann eine der unten aufgeführten Trainingseinheiten entsprechend seiner aktuellen Bedürfnisse auswählen. Dabei sollte er:

- Immer mit einem guten dynamischen Aufwärmen beginnen (Kapitel 3 „Richtlinien für ein dynamisches Warm-up und Cool-down")
- Langsam anfangen und schrittweise steigern
- Bei Brückenübungen immer eine normale Wirbelsäulenposition beibehalten
- Auf die richtige Technik achten (bei Unsicherheit einen sachkundigen Fitness- oder Gesundheitsexperten konsultieren)
- Die Übungen kontrolliert durchführen
- 2–3 Übungen aus jedem Programm für jede Trainingseinheit auswählen und regelmäßig abwechseln
- Zu Beginn 1–2 Sätze mit je 5–10 Wiederholungen und auf 2–3 Sätze mit je 10–15 Wiederholungen erhöhen, wenn der Körper stärker und stabiler wird.

Rumpfmuskulatur aktivieren

Um die Rumpfmuskulatur effizient zu aktivieren, muss vor jeder Übung folgendes beachtet werden:

- Beckenbodenmuskulatur anspannen.
- Transversus abdominis (untere Bauchmuskeln) auf einem niedrigen Niveau aktivieren.
- Die Anspannung sollte langsam und kontrolliert sein (als ob man einen Dimmer bedient), ohne viel Mühe sollte eine leichte Anspannung erzeugt werden.
- Normal atmen
- Elastische Knie im Stand (leicht gebeugt)

VARIATION IST EIN ERFOLGSSCHLÜSSEL FÜR EIN INTELLIGENTES GOLF-TRAININGSPROGRAMM. WIRD ES LANGWEILIG, KÖNNEN DIE ÜBUNGEN ALLE PAAR WOCHEN ABGEWECHSELT WERDEN.

Vorsichtsmaßnahmen

VORSICHTSMASSNAHMEN BEZÜGLICH DES ÜBUNGS-/GYMNASTIKBALLS

- Anfänger sollten einen Arzt konsultieren, bevor sie mit diesen oder sonstigen Trainingsprogrammen beginnen.
- Vor jeder Verwendung den Ball auf Fehler kontrollieren.
- Den Ball nicht neben Hitzequellen oder in die Sonne stellen.
- Scharfe Objekte oder Schmuck vermeiden.
- Langsam beginnen und ein Gefühl für den Ball bekommen, bevor das Training gesteigert wird.

VORSICHTSMASSNAHMEN BEZÜGLICH DES FITNESSBANDS

- Fitnessbänder müssen qualitativ hochwertig sein.
- Die Fitnessbänder nicht neben Hitzequellen oder in die Sonne stellen.
- Scharfe Objekte oder Schmuck vermeiden.
- Langsam beginnen und ein Gefühl für die Bänder bekommen, bevor das Training gesteigert und der Zug erhöht werden.
- Die Bänder regelmäßig auf Abnutzungen und Schwächen kontrollieren und wenn nötig ersetzen.
- Die Bänder müssen vor der Anwendung sicher befestigt sein oder von einem vertrauenswürdigen Partner festgehalten werden.

Hinweis

Seitstützübungen müssen mit Vorsicht durchgeführt werden. Wer Schulter- oder Rückenprobleme hat, sollte die Übungen komplett vermeiden und einen Gesundheitsexperten konsultieren.

Beim Vierfüßlerstand müssen die Hände in einer Linie mit den Schultern sein, die Ellenbogen entspannt (leicht gebeugt) und die Knie in einer Linie mit den Hüften. Wer Handgelenkprobleme hat, kann eine Faust machen, die Hände auf aufgerollten Handtüchern platzieren oder eine Kurzhantel in die Hand nehmen. Wer immer noch Schmerzen hat, sollte einen Gesundheitsexperten konsultieren.

Übungen zur Verbesserung der Basis und Brücke A

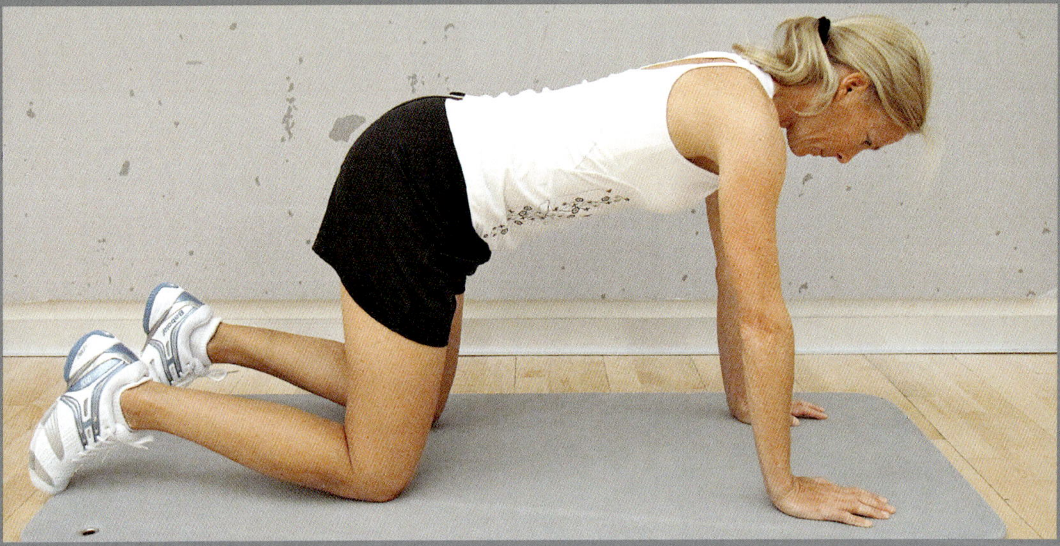

Beinstrecken in Rückenlage

5-10
1-2
5-0-5

Start

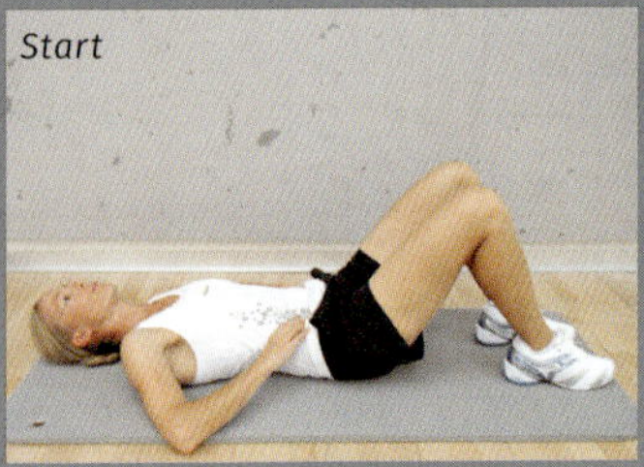

Stopp

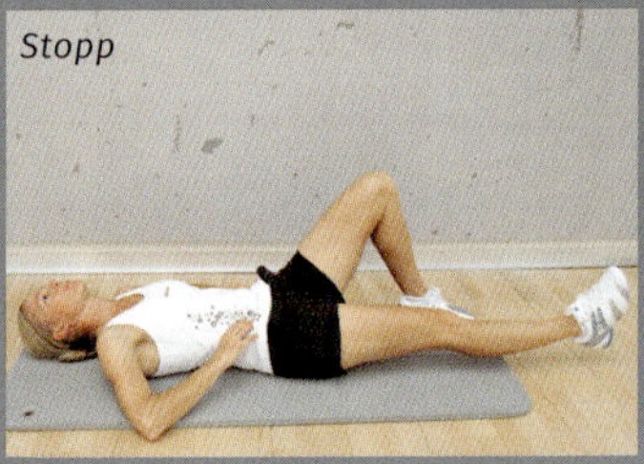

- Ausgangsposition: auf dem Rücken liegend, gebeugte Knie
- Rumpfmuskulatur aktivieren
- Langsam mit einer Ferse nach vorne gleiten, bis das Bein gestreckt ist, dann wieder zurück zur Ausgangsposition gleiten lassen

Beinkippen in Rückenlage

5-10
1-2
5-0-5

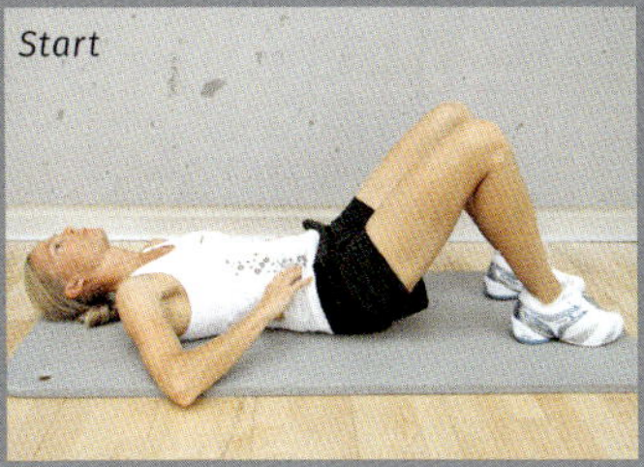

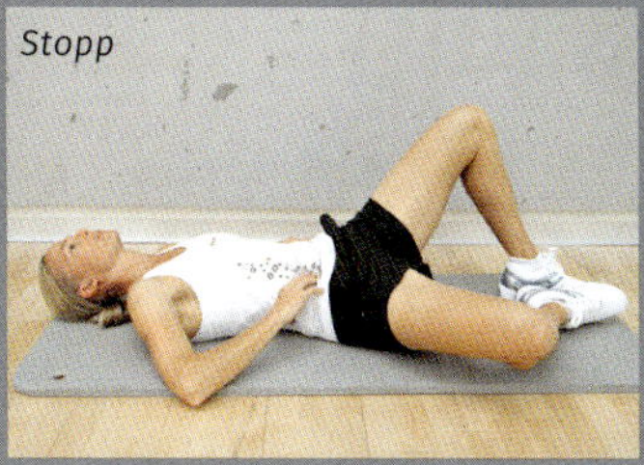

- Ausgangsposition: auf dem Rücken liegend, die Knie sind gebeugt
- Rumpfmuskulatur aktivieren
- Langsam ein Bein zur Seite fallen lassen, dann zurück zur Ausgangsposition

---

Zurückziehen der Schulterblätter in Rückenlage

5-10
1-2
1-1-1

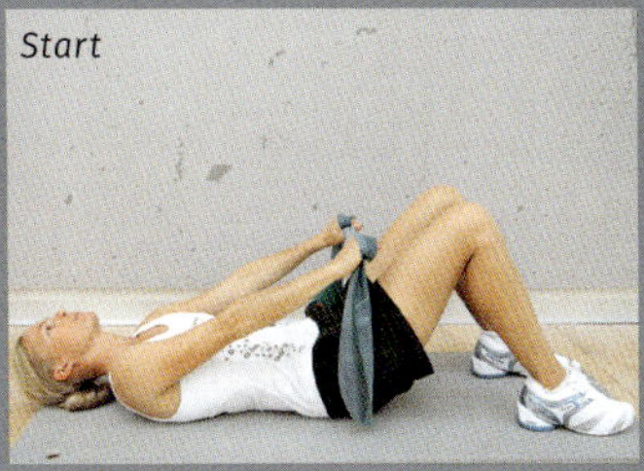

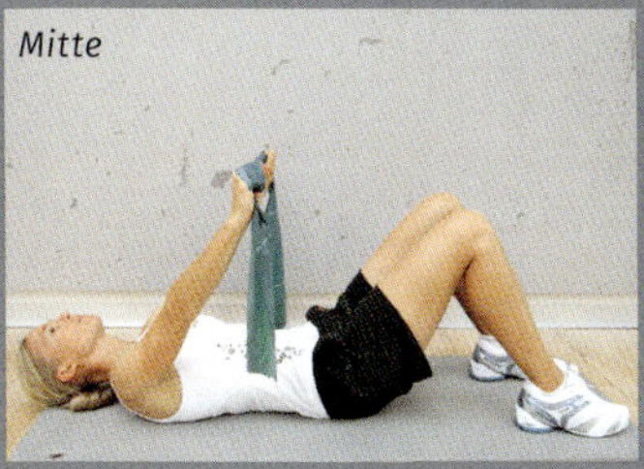

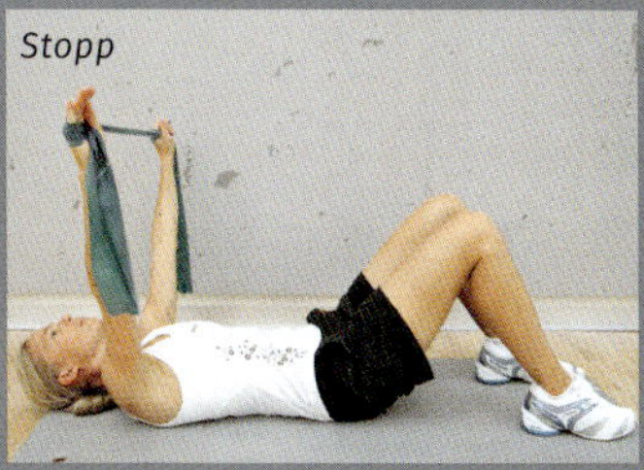

- Ausgangsposition: auf dem Rücken liegend, gebeugte Knie
- Rumpfmuskulatur aktivieren
- Ein elastisches Band in 3 verschiedenen Positionen auseinanderziehen

Hüftabduktion in der Seitenlage

5-10-15
1-2
2-2-1

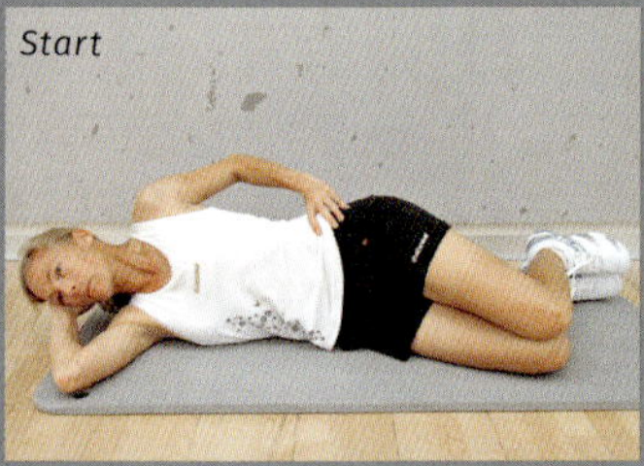
Start

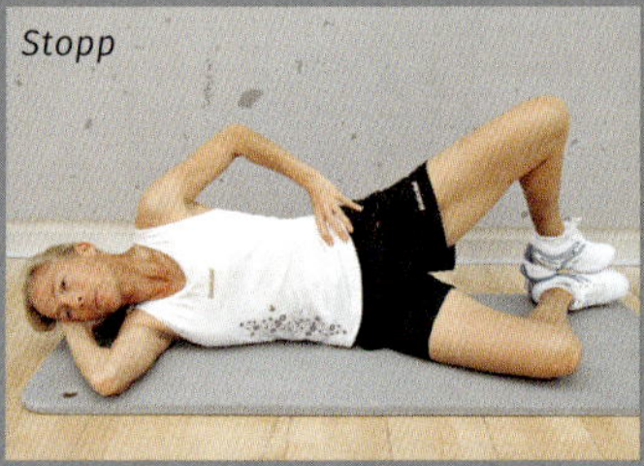
Stopp

- Ausgangsposition: auf der Seite liegend, angewinkelte Knie
- Rumpfmuskulatur aktivieren und ein Knie anheben, wie eine Muschelschale, die sich öffnet, die Füße bleiben zusammen
- 2 Sekunden halten, langsam zurück in die Ausgangsposition, 2 Sekunden halten
- Diese Übung kann durch ein Fitnessband oder Gewicht erschwert werden

---

Hüftadduktion in der Seitenlage

5-10-15
1-2
1-2-1

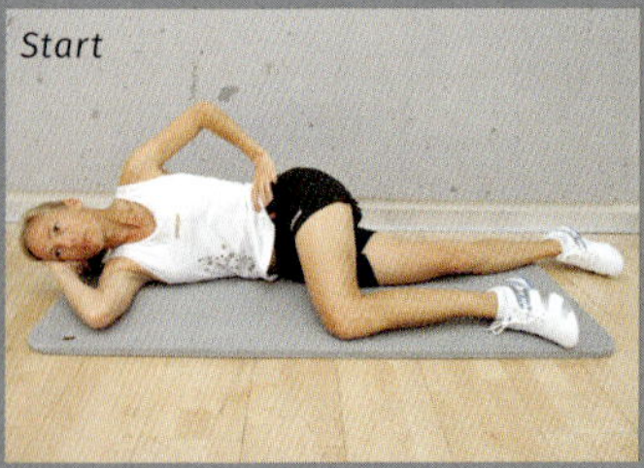
Start

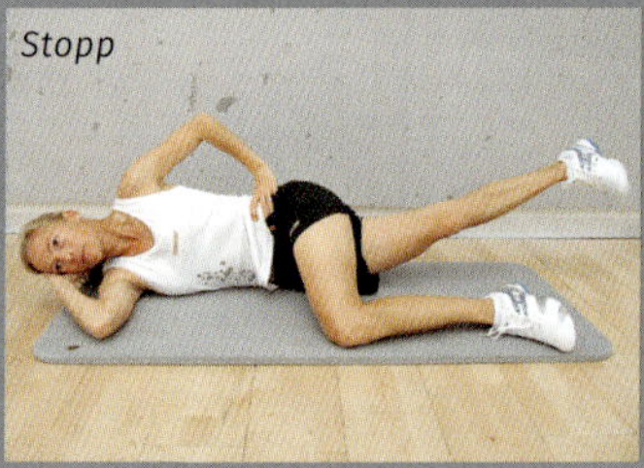
Stopp

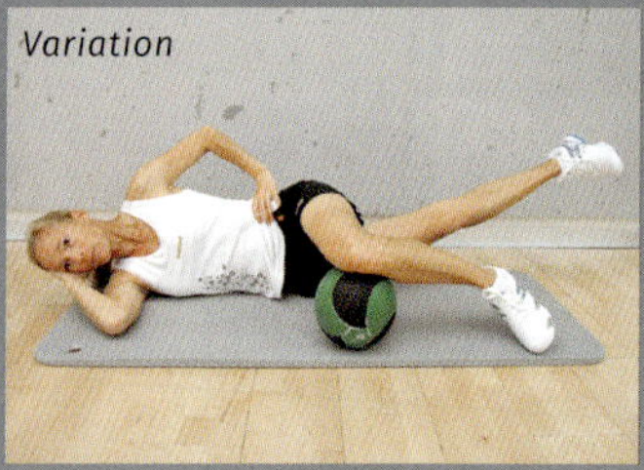
Variation

- Ausgangsposition: auf der Seite liegend, das oberes Knie ist gebeugt und liegt auf dem Boden, einem Ball oder einem kleinen Hocker
- Das untere Knie bleibt gerade
- Rumpfmuskulatur aktivieren und das untere Bein anheben
- 2 Sekunden halten, langsam in die Ausgangslage zurück, 2 Sekunden halten
- Diese Übung kann durch ein Gewicht um das Fußgelenk oder den Fuß erschwert werden

Brücke in der Rückenlage

5-10
1-2
1-4-1

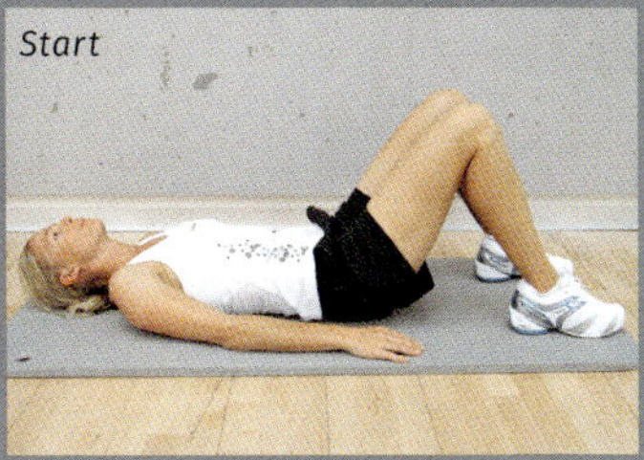
Start

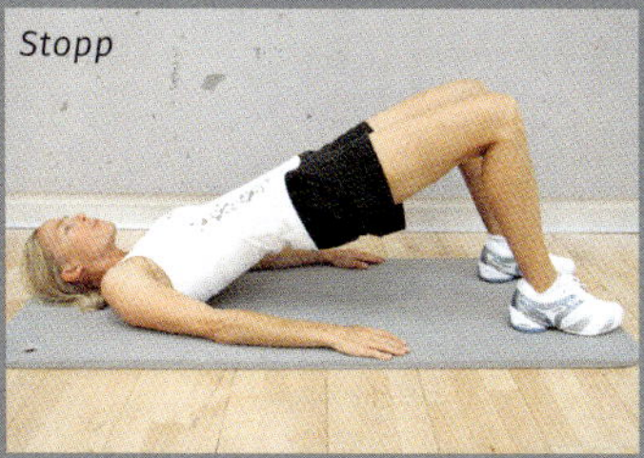
Stopp

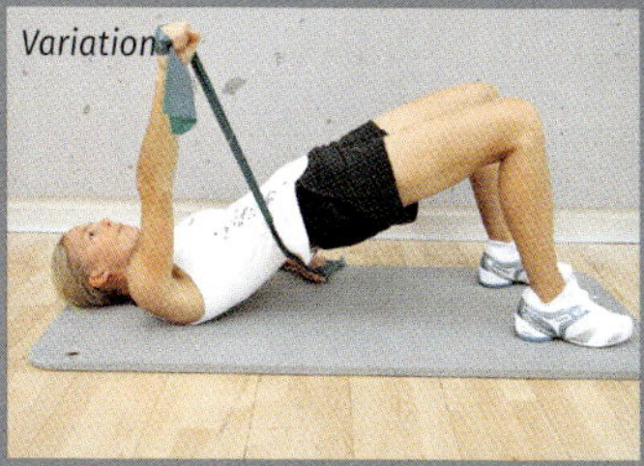
Variation

- Ausgangsposition: auf dem Rücken liegend, die Knie sind gebeugt
- Rumpfmuskulatur aktivieren und Hüfte anheben
- 4 Sekunden halten, dann mit dem unteren Rücken zurück in die Ausgangslage
- Durchführung mit a) hüftbreit auseinanderstehenden und b) dicht nebeneinanderstehenden Füßen und Knien
- Diese Übung kann mit einem Fitnessband erschwert werden, das unter dem Rücken platziert ist. Mit einer Hand wird das Band gehalten und der andere Arm angehoben

---

Brücke im Vierfüßlerstand

5-10
1-2
1-4-1

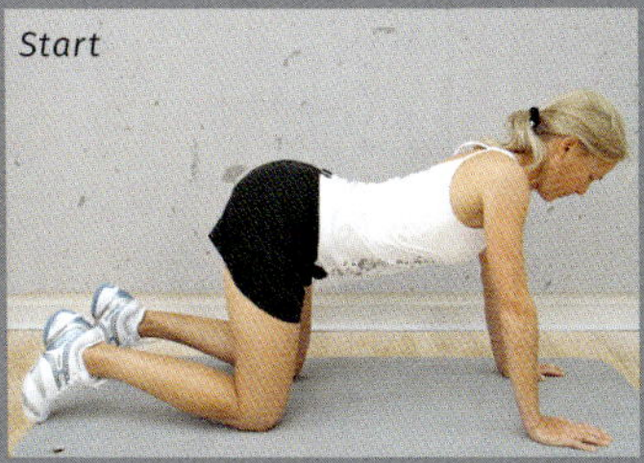
Start

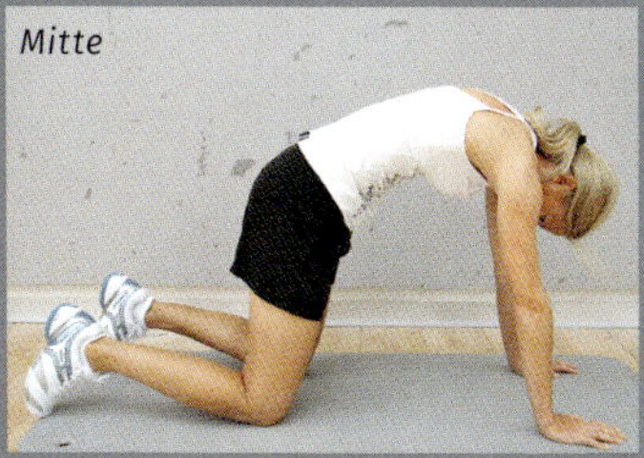
Mitte

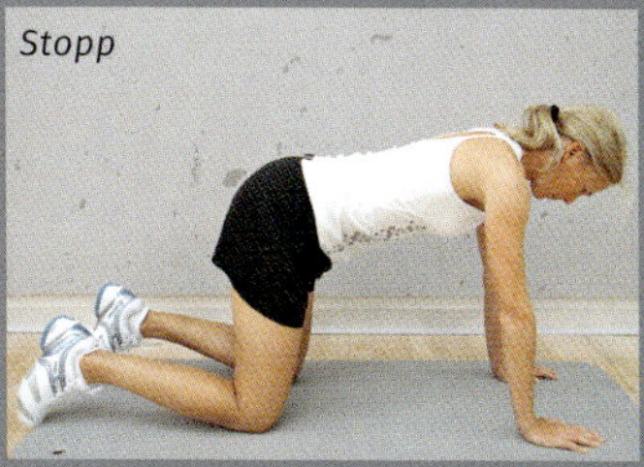
Stopp

- Ausgangsposition: Vierfüßlerstand, der Rücken ist nach unten gebeugt
- Bauchnabel wird in Richtung Wirbelsäule eingezogen
- Den Rücken nach oben krümmen, wie ein Katzenbuckel
- Danach neutrale Position mit flachem Rücken einnehmen und für 4 Sekunden halten

Vierfüßlerstand & Armheben

5-10
1-2
1-2-1

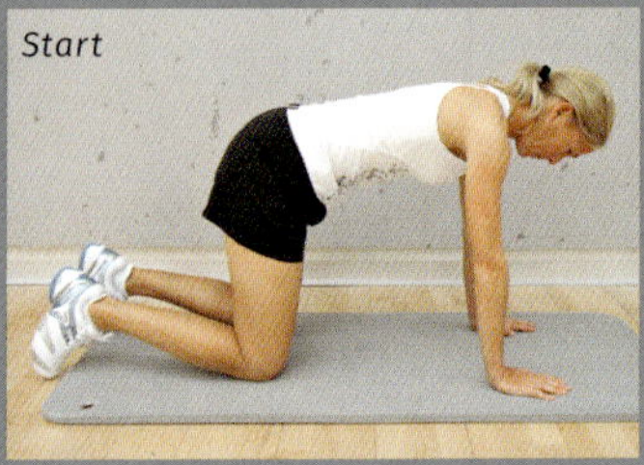

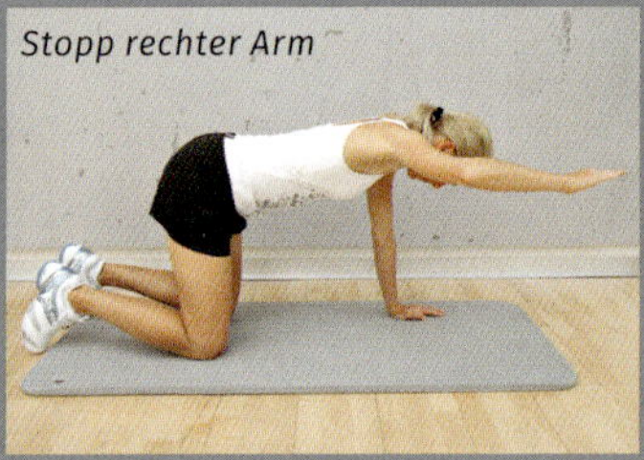

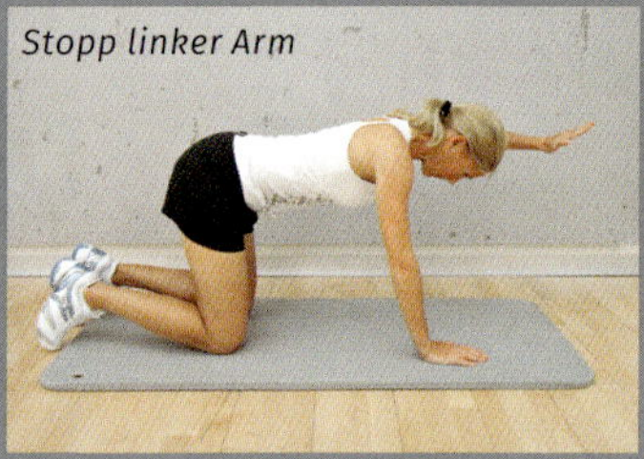

- Ausgangsposition: Vierfüßlerstand in neutraler Position mit flachem Rücken
- Rumpfmuskulatur aktivieren
- Einen Arm anheben und 2 Sekunden halten
- Auf beiden Seiten wiederholen
- Diese Übung kann durch ein Gewicht in der Hand erschwert werden

---

Vierfüßlerstand & Beinheben

5-10
1-2
1-2-1

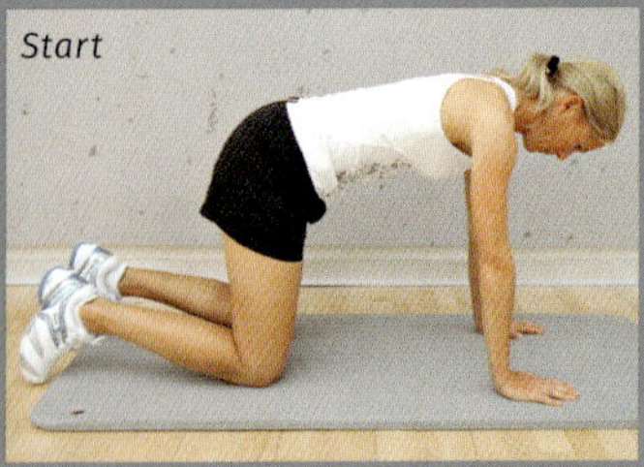

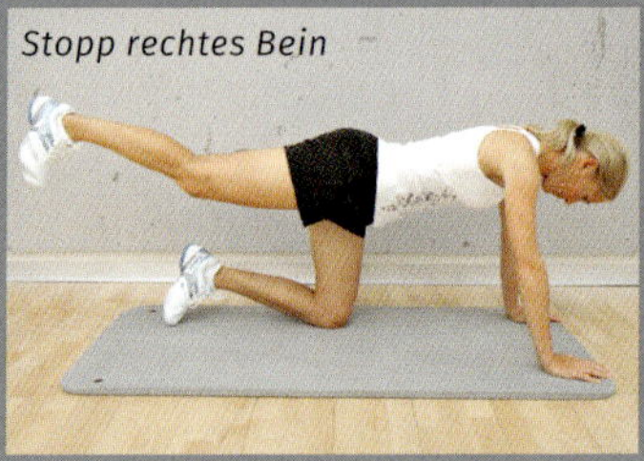

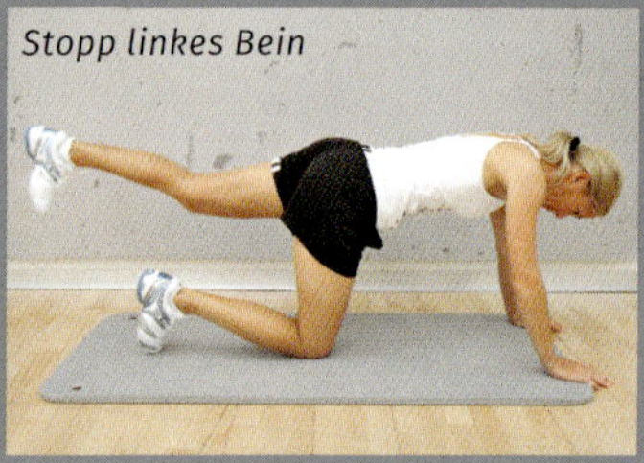

- Ausgangsposition: Vierfüßlerstand in neutraler Position mit flachem Rücken
- Rumpfmuskulatur aktivieren
- Ein Bein anheben und halten
- Auf beiden Seiten wiederholen
- Diese Übung kann durch einen Widerstand am Fußgelenk/Fuß erschwert werden

Unterarmstütz & Hüft-Twist

5-10
1-2
1-3-1

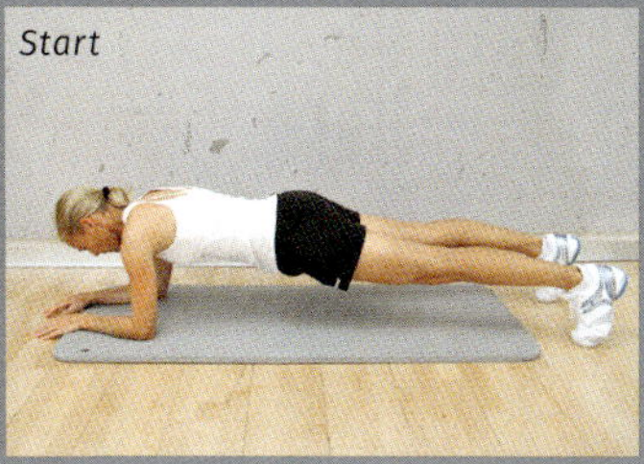

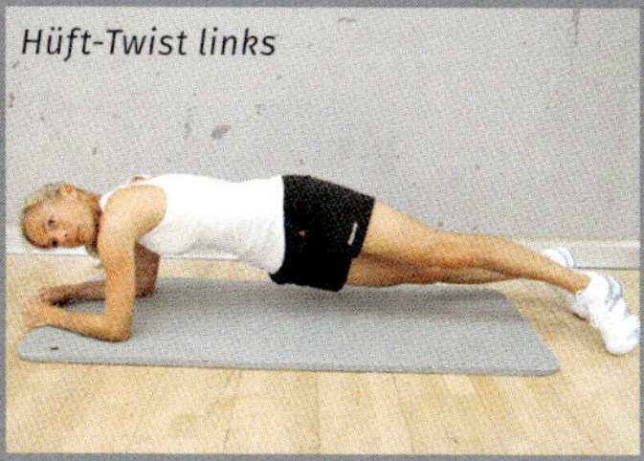

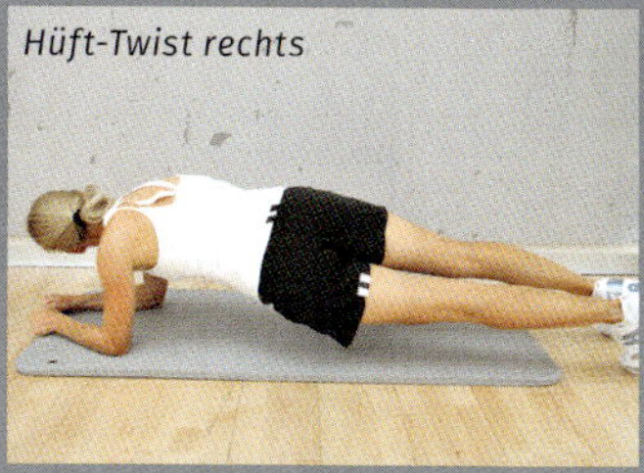

- Ausgangsposition: in der Brückenposition auf Unterarmen und Zehen
- Rumpfmuskulatur aktivieren
- Danach eine Seite der Hüfte nach oben drehen und halten

Seitstütz

5-10
1-2
1-2-1

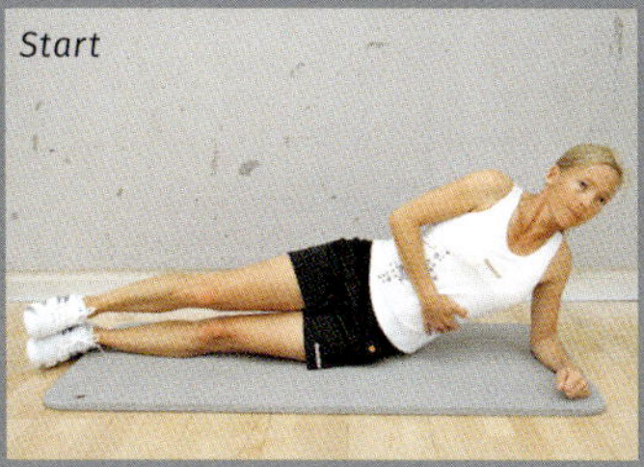

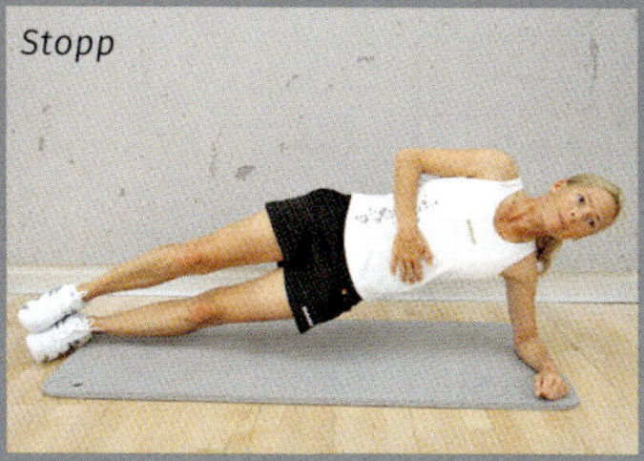

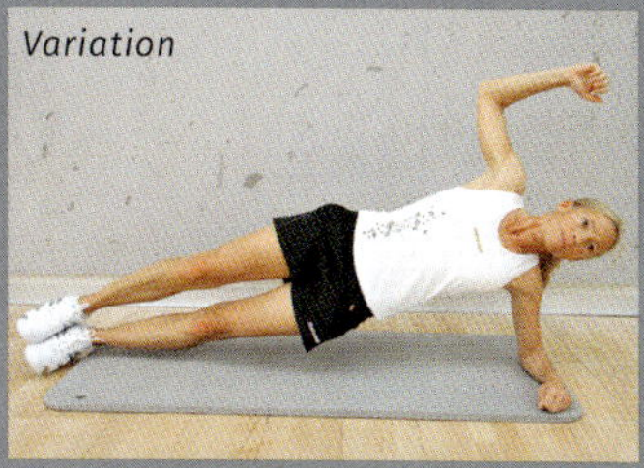

- In der Seitenlage Rumpfmuskulatur aktivieren und die Hüfte hochdrücken
- Zuerst sollte die Seitstützposition nur bis zu den Knien gehen, bis man genug Kraft hat sich mit den Füßen abdrücken zu können
- Diese Übung kann durch die Ausführung mit einem Arm erschwert werden

(Vorsicht bei Ellenbogen- oder Schulterproblemen)

Übungen zur Verbesserung der Basis und Brücke B

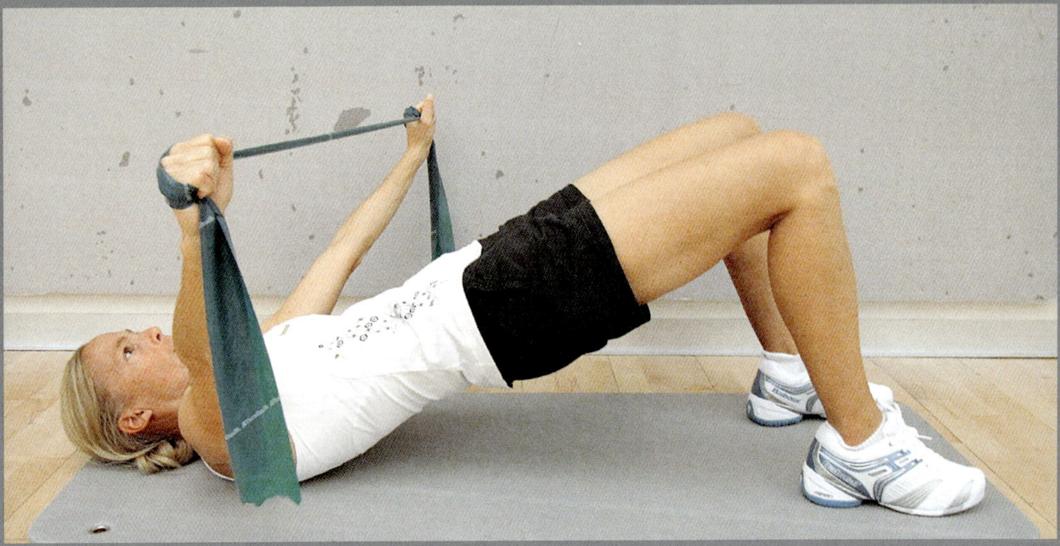

Marschieren in der Rückenlage

5-10

1-2

10 Sek. marschieren

Start

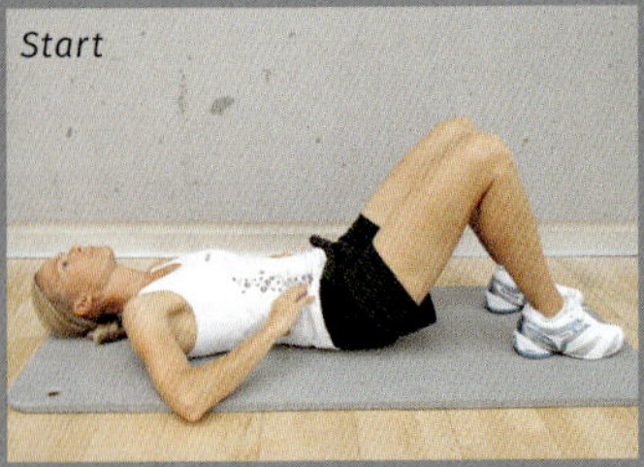

rechtes Bein marschiert

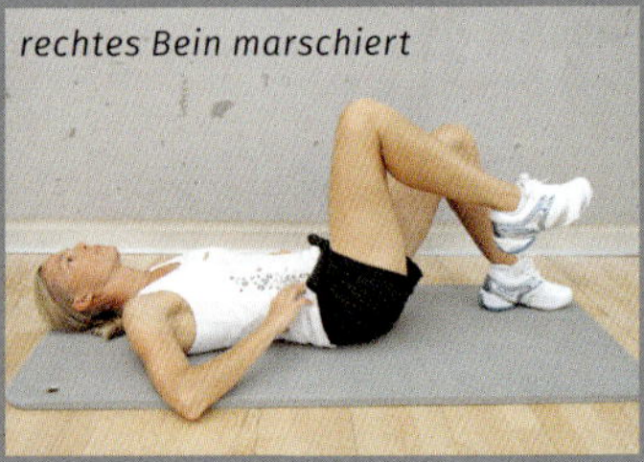

linkes Bein marschiert

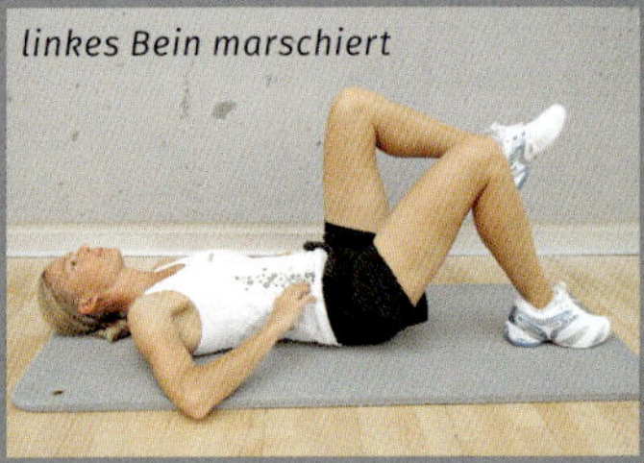

- Ausgangsposition: auf dem Rücken liegend, Knie gebeugt
- Rumpfmuskulatur aktivieren
- Langsam die Füße anheben und absetzen, so als ob man marschiert

Mit den Armen & Beinen marschieren in der Rückenlage

- 5-10
- 1-2
- 10 Sek. marschieren

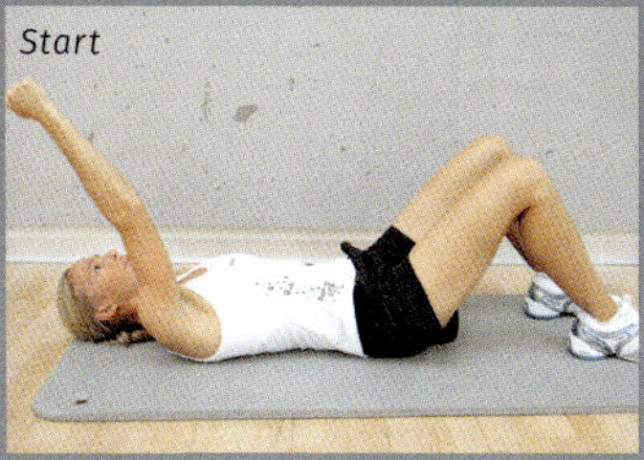
Start

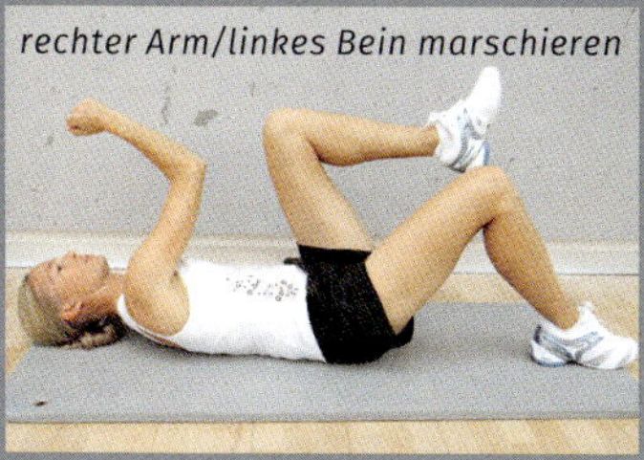
rechter Arm/linkes Bein marschieren

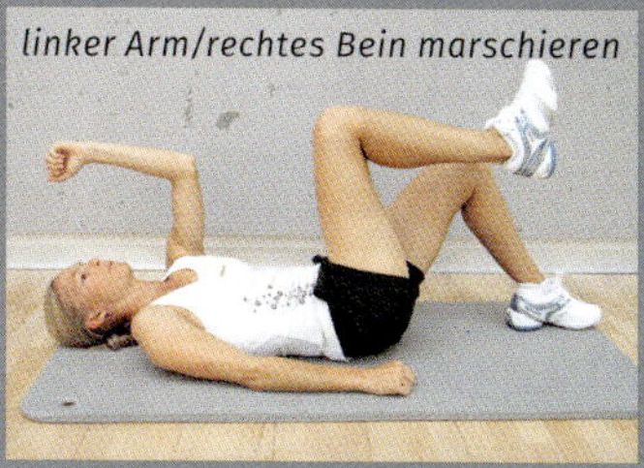
linker Arm/rechtes Bein marschieren

- Ausgangsposition: auf dem Rücken liegend, Knie gebeugt, Arme angehoben
- Rumpfmuskulatur aktivieren
- Langsam rechten Arm und linkes Bein aufeinander zu bewegen
- Mit dem linken Arm und rechten Bein wiederholen
- Das Gleiche kann mit dem rechten Arm und rechten Bein sowie dem linken Arm und linkem Bein probiert werden

---

Hüftabduktion in der Seitenlage

- 5-10-15
- 1-2
- 1-2-1

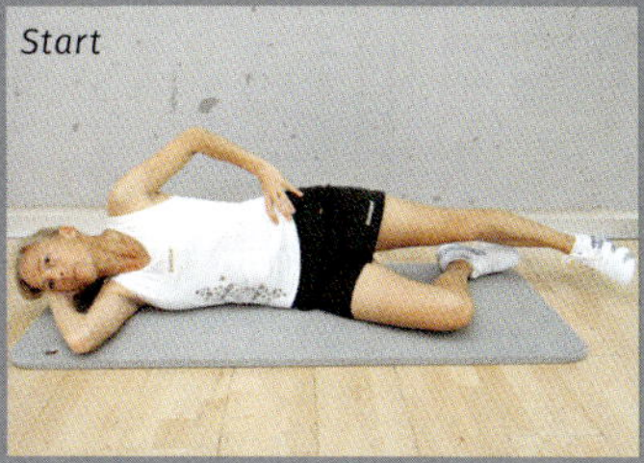
Start

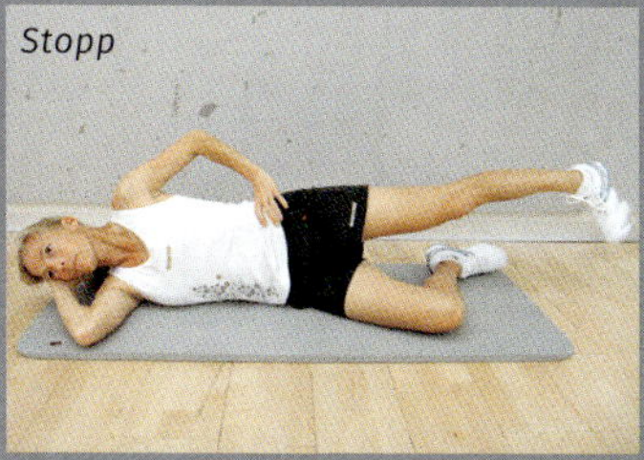
Stopp

- Ausgangsposition: auf der Seite liegend, das untere Knie ist gebeugt, das obere Knie gestreckt
- Rumpfmuskulatur aktivieren
- Bei dem oberen Bein zeigen die Zehen nach unten, langsam das Bein senken und anheben
- Jeweils 2 Sekunden halten und nach 2 Sekunden langsam wieder senken
- Diese Übung kann durch ein Gewicht am Fußgelenk oder auf dem Fuß erschwert werden

Brücke in der Rückenlage & Balldrücken

5-10
1-2
1-4-1

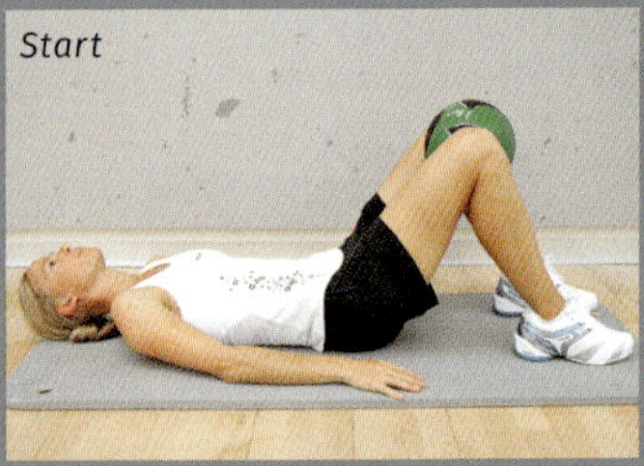

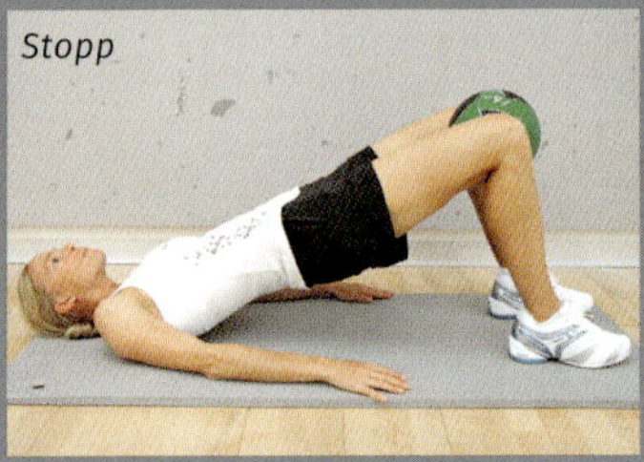

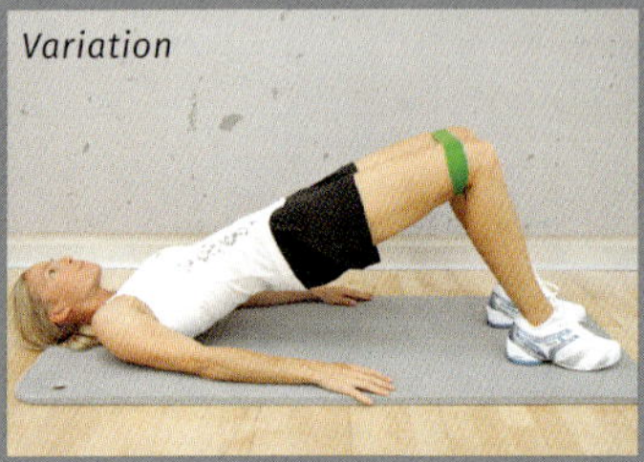

- Ausgangsposition: auf dem Rücken liegend mit einem Ball zwischen den Knien
- Rumpfmuskulatur aktivieren, den Ball leicht zusammendrücken und die Hüfte nach oben heben
- 4 Sekunden halten und den Rücken wieder in die Ausgangslage bringen
- Diese Übung kann auch mit einem Fitnessband um die Knie durchgeführt werden, dabei werden die Knie auseinandergezogen
- Diese Übung kann erschwert werden, wenn ein Bein gestreckt ist

---

Brücke in der Rückenlage & Schulterblatt zusammenziehen

5-10
1-2
1-4-1

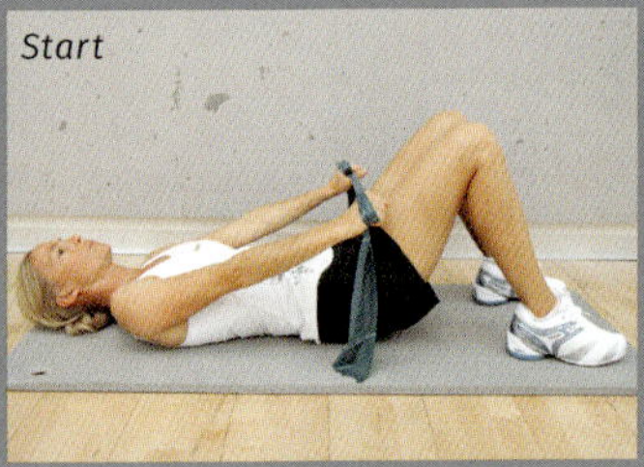

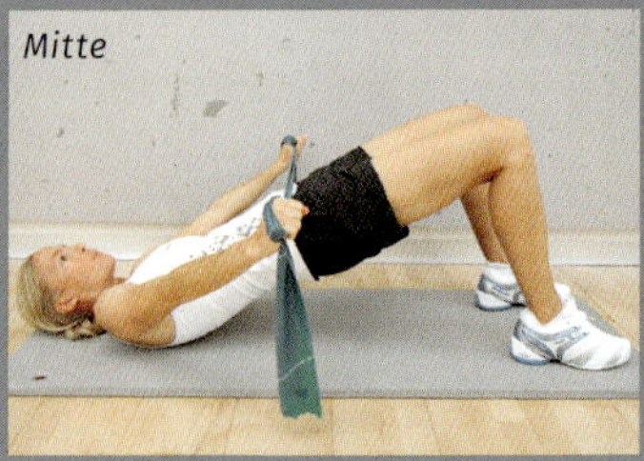

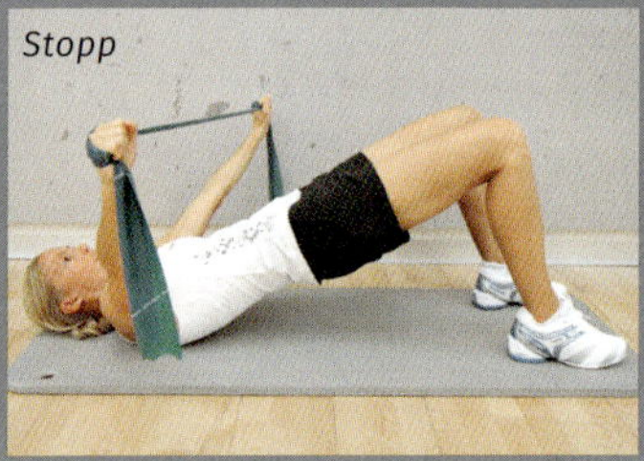

- Ausgangsposition: auf dem Rücken liegend, die Knie sind gebeugt, das Fitnessband wird mit beiden Händen gehalten
- Rumpfmuskulatur aktivieren, Hüfte anheben und Fitnessband horizontal und diagonal auseinanderziehen
- Rumpfmuskulatur aktivieren, Hüfte anheben und 4 Sekunden halten
- Rücken wieder in die Ausgangslage bewegen

Vierfüßlerstand mit schaukelnden Bewegungen

5-10
1-2
1-0-1 langsam

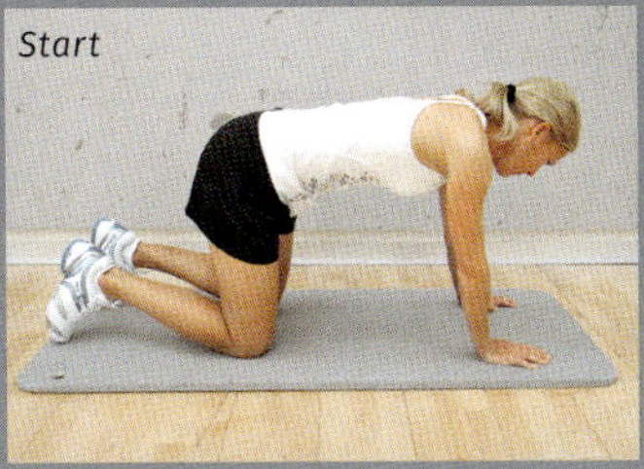
Start

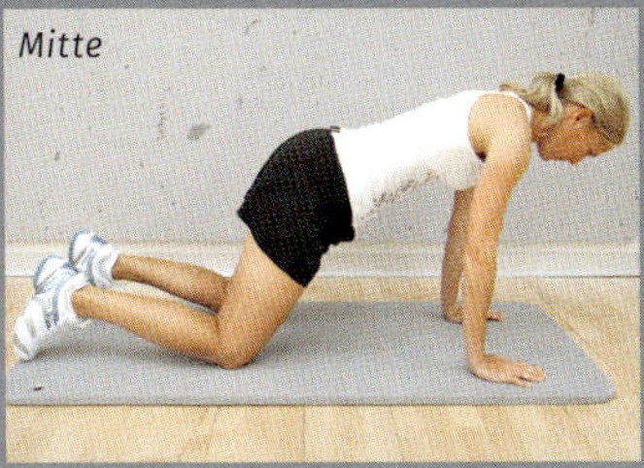
Mitte

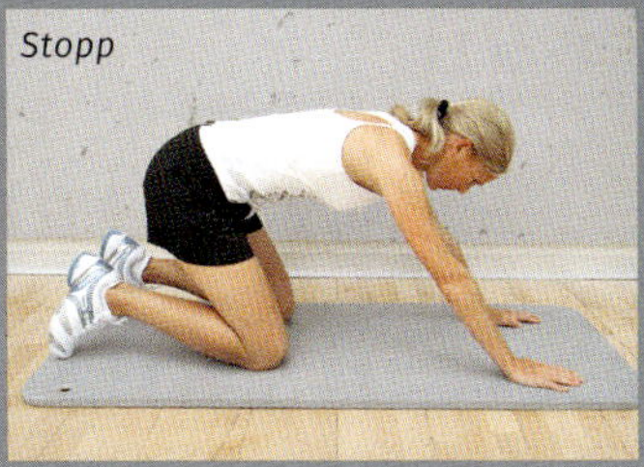
Stopp

- Ausgangsposition: Vierfüßlerstand in neutraler Position mit flachem Rücken
- Rumpfmuskulatur aktivieren
- In verschiedene Richtungen schaukeln: nach vorne und nach hinten, von Seite zu Seite, diagonal, kreisen oder in Form einer Acht

---

Vierfüßlerstand & Oberkörperdrehung

5-10
1-2
1-2-1

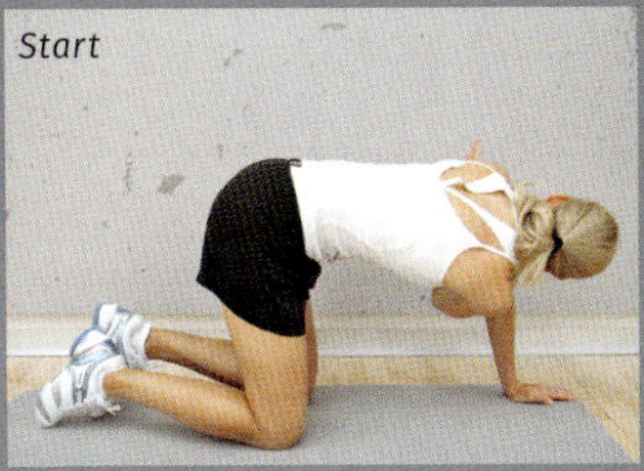
Start

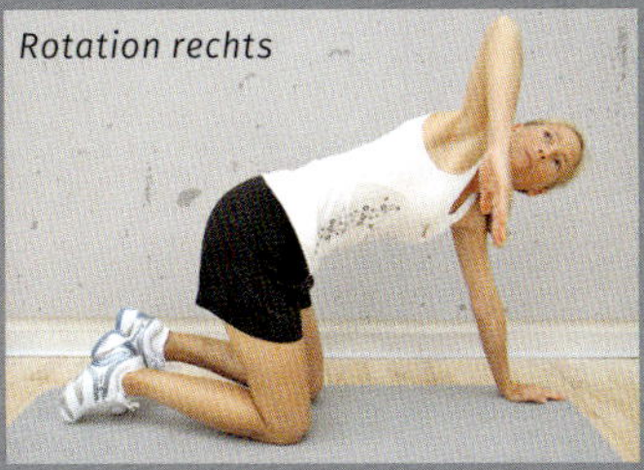
Rotation rechts

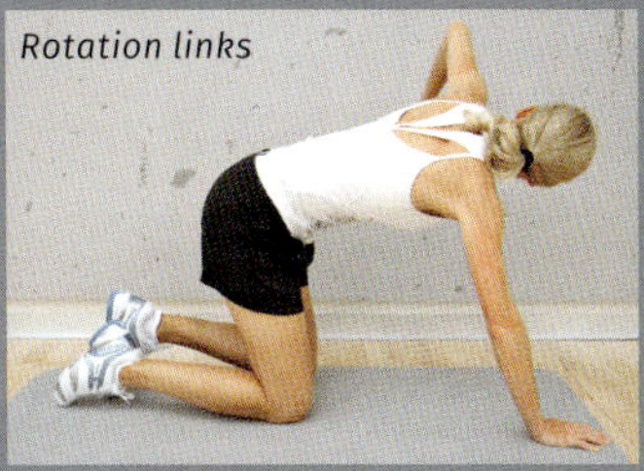
Rotation links

- Ausgangsposition: Vierfüßlerstand in neutraler Position mit flachem Rücken
- Rumpfmuskulatur aktivieren
- Einen Arm unter dem anderen Arm einfädeln, den Oberkörper rotieren
- Oberkörper nach oben drehen, indem der Arm mit gebeugtem Ellenbogen und nach hinten gezogener Schulter nach oben geführt wird
- Mit dem anderen Arm wiederholen

Unterarmstütz auf Knien

5-10
1-2
1-5-1 oder 1-10-1 oder 1-20-1

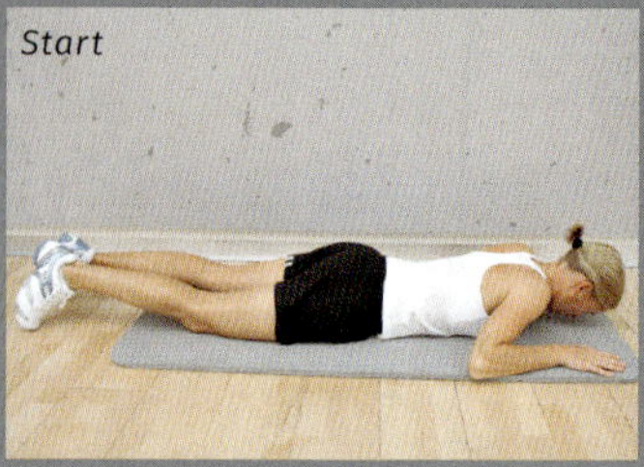
Start

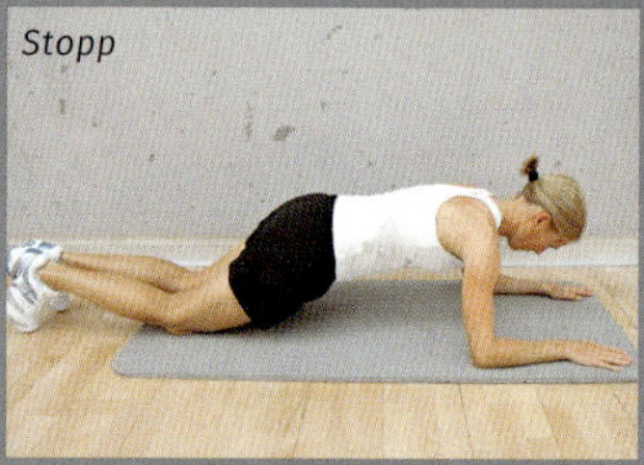
Stopp

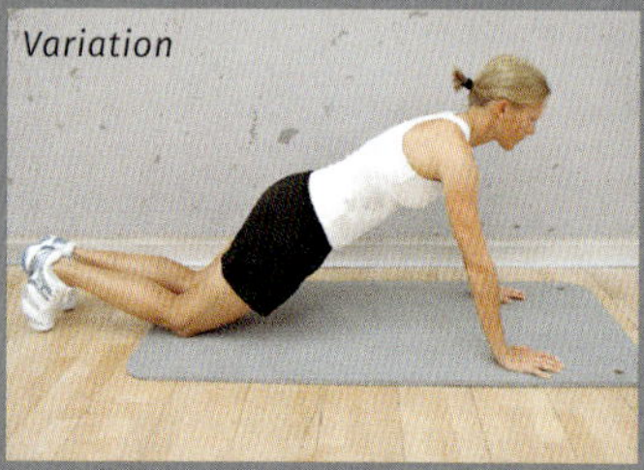
Variation

- Ausgangsposition: auf dem Bauch liegend
- Auf Knie und Unterarme aufstützen
- Rumpfmuskulatur aktivieren und neutrale Position mit flachem Rücken finden
- 5 – 10 – 20 Sekunden halten
- Diese Übung kann erschwert werden, indem man die Arme durchstreckt oder sich mit Füßen und Armen in die Liegestützposition hochdrückt

---

Unterarmstütz & Armheben

5-10
1-2
1-3-1 oder 1-5-1 oder 1-10-1

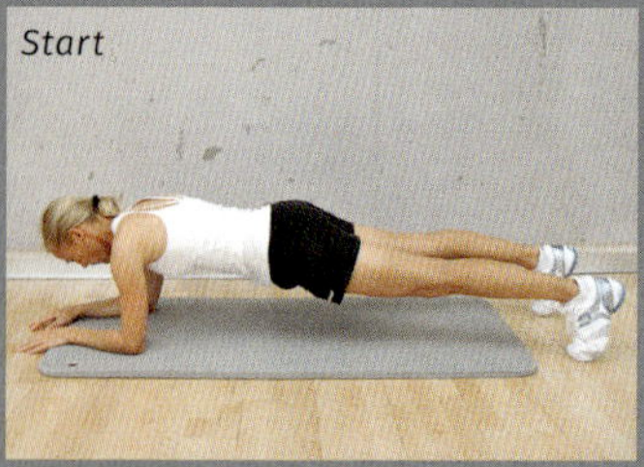
Start

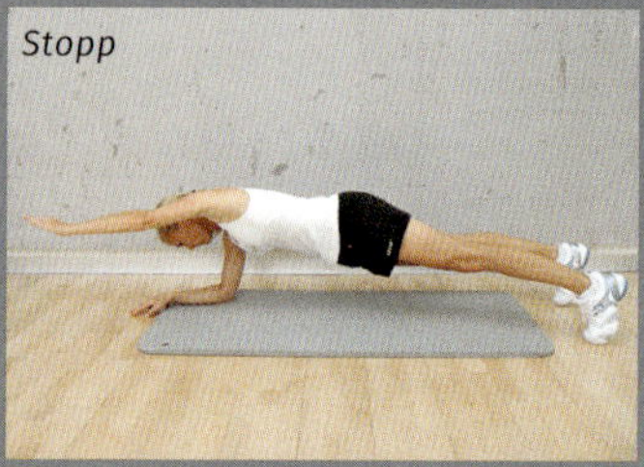
Stopp

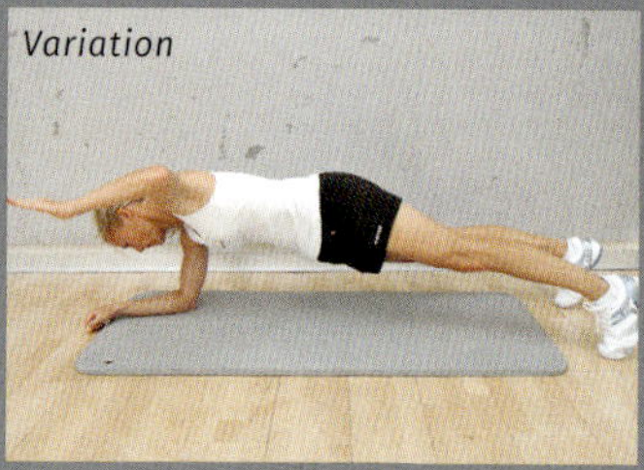
Variation

- Ausgangsposition: Brückenposition auf den Unterarmen und Zehen
- Rumpfmuskulatur aktivieren
- Einen Arm anheben und halten
- Diese Übung ist einfacher durchzuführen, wenn ein Arm leicht gebeugt ist

Brücke in der Bauchlage & Beinheben

5-10
1-2
1-3-1 oder 1-5-1 oder 1-10-1

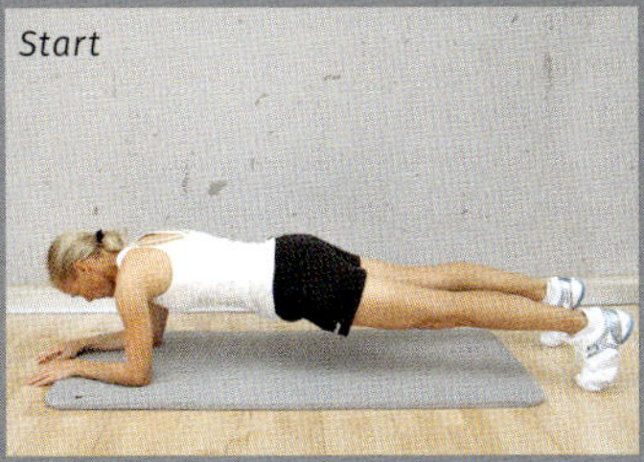
Start

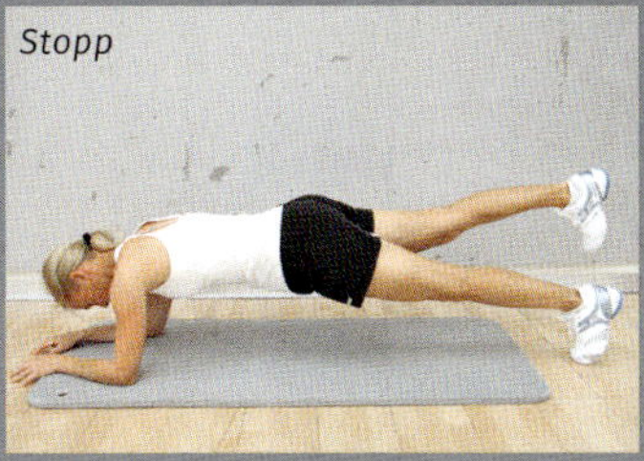
Stopp

- Ausgangsposition: Brückenposition auf den Unterarmen und Zehen
- Rumpfmuskulatur aktivieren
- Ein Bein anheben und halten
- Diese Übung kann durch einen Widerstand am Fußgelenk erschwert werden

Seitstütz mit Hüftheben

5-10
1-2
1-2-1

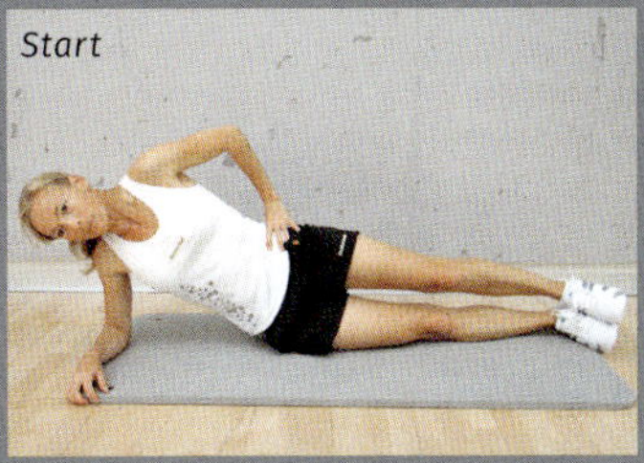
Start

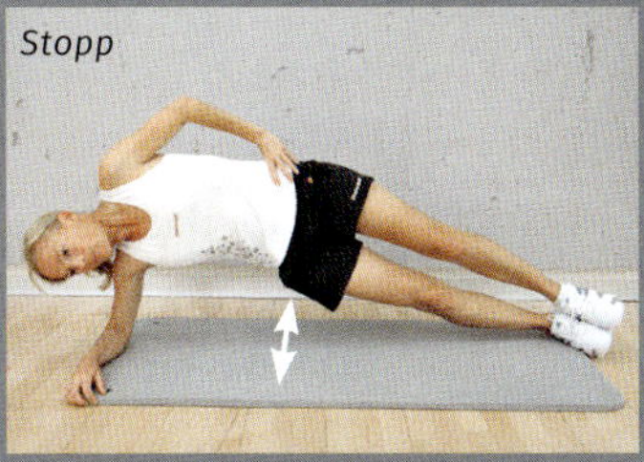
Stopp

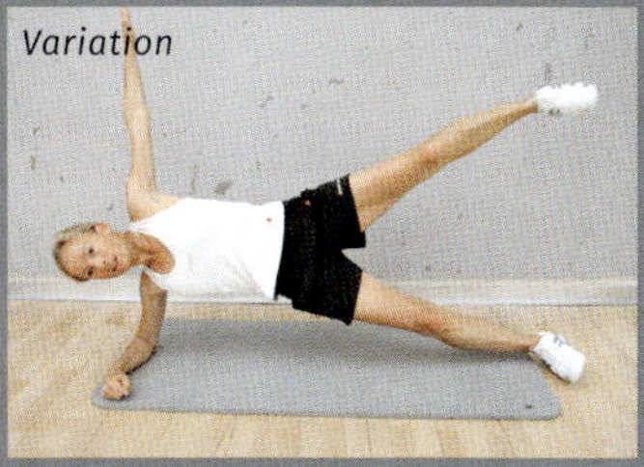
Variation

- Auf der Seite liegen und Rumpfmuskulatur aktivieren
- Zu Beginn sollte man die Seitstützposition von den Knien aus einnehmen, später wenn man mehr Kraft hat, kann die Seitstütze von den Füßen durchgeführt werden
- Diese Übung kann erschwert werden, indem ein Arm oder Bein oder beides gleichzeitig angehoben wird

(Vorsicht bei Ellenbogen- oder Schulterbeschwerden)

Übungen zur Verbesserung der Basis und Brücke C

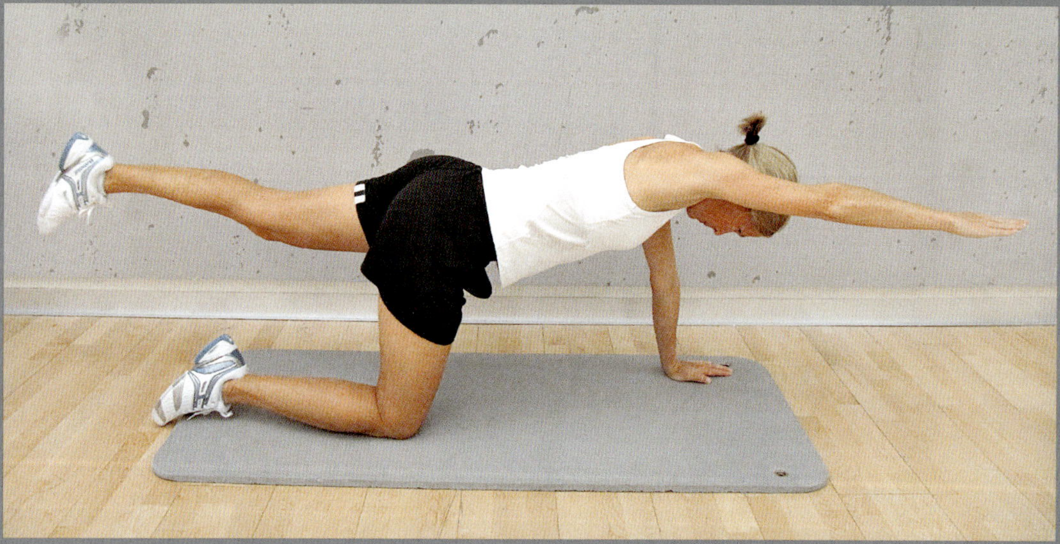

Schulterblätter zusammenziehen in Rückenlage

5-10
1-2
1-1-1

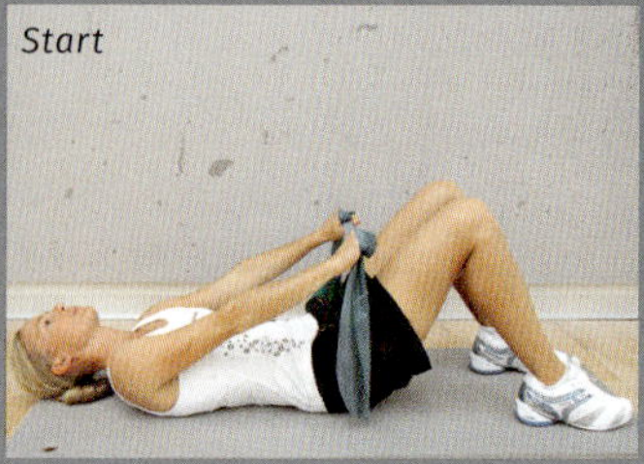

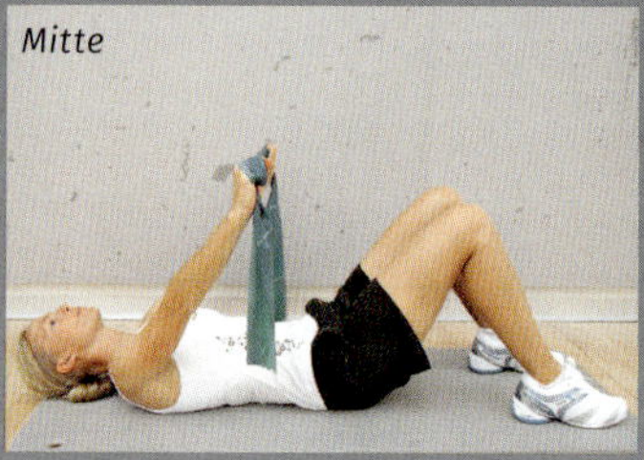

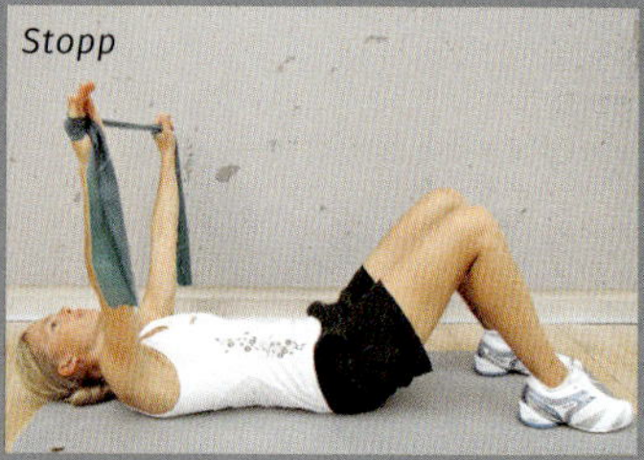

- Ausgangsposition: auf dem Rücken liegend, Knie gebeugt
- Rumpfmuskulatur aktivieren
- Ein elastisches Band in 3 verschiedenen Positionen auseinanderziehen

Brücke in Rückenlage & diagonales Armziehen

5-10
1-2
1-4-1

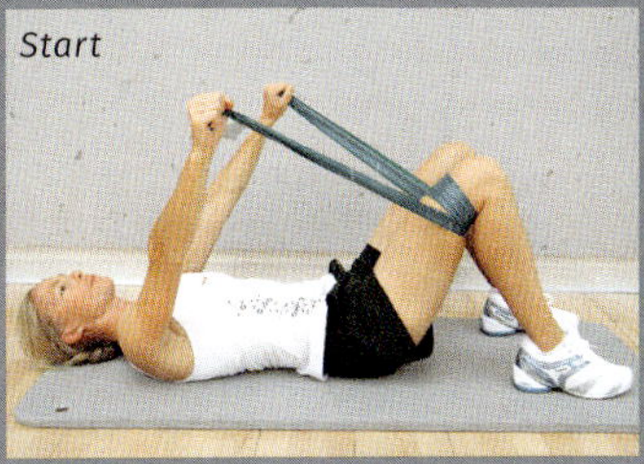

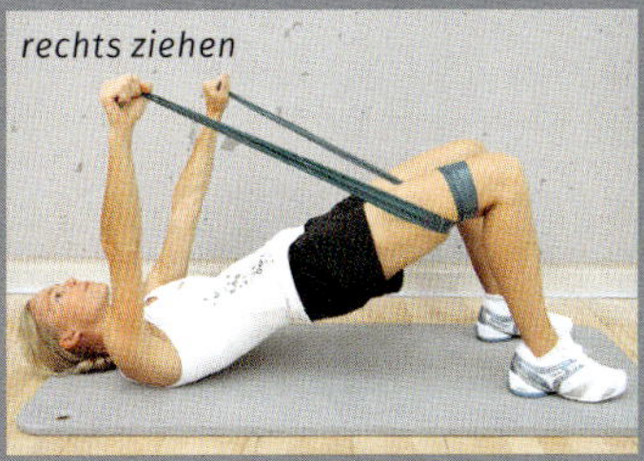

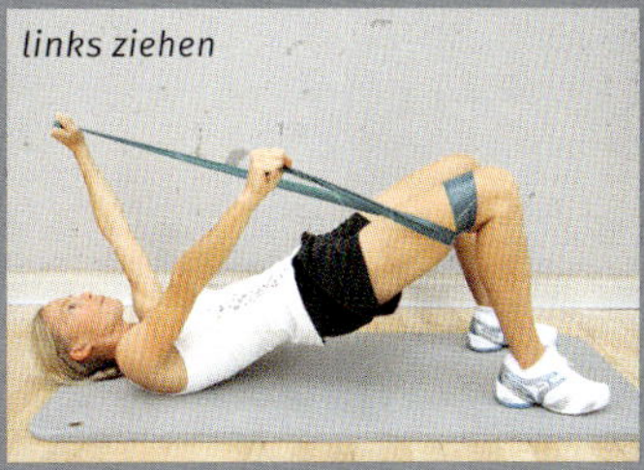

- Ausgangsposition: auf dem Rücken liegend, Knie gebeugt, ein langes Fitnessband um die Knie
- Rumpfmuskulatur aktivieren, Hüfte anheben und das Fitnessband mit beiden Armen diagonal über den Kopf ziehen
- 4 Sekunden halten und dann wieder mit dem Rücken in die Ausgangslage zurück

Vierfüßlerstand & Kniekreisen

5-10
1-2
langsam

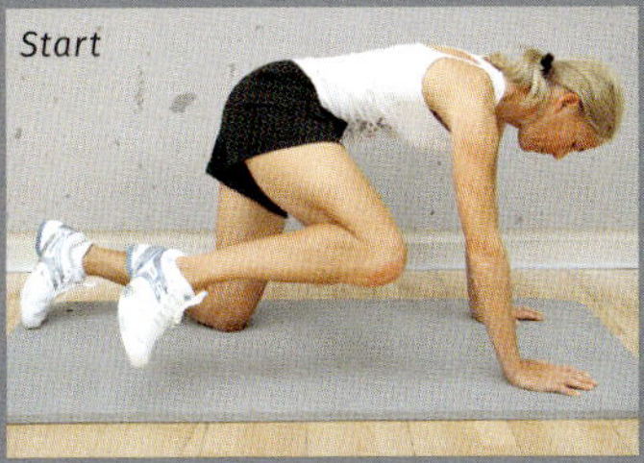

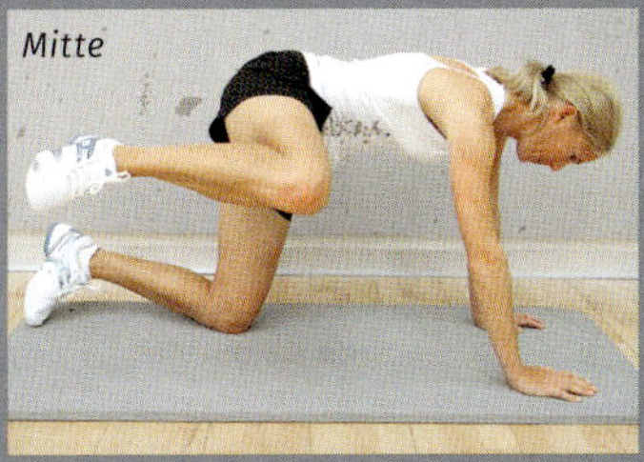

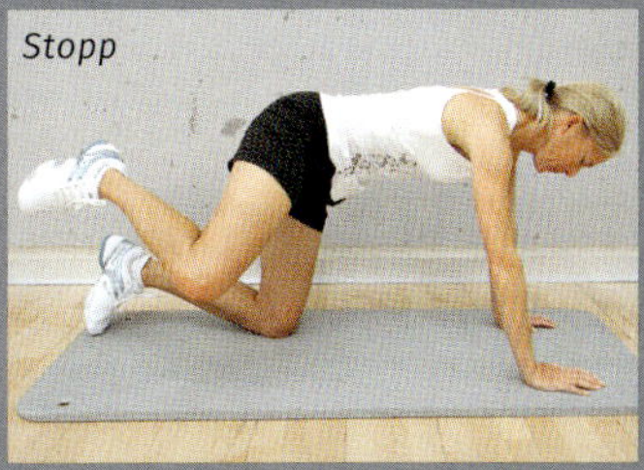

- Ausgangsposition: Vierfüßlerstand in neutraler Position mit flachem Rücken
- Rumpfmuskulatur aktivieren
- Ein Bein anheben und mit dem Knie kleine Kreise ausführen

Vierfüßlerstand mit Arm- & Beinheben

5-10
1-2
1-2-1

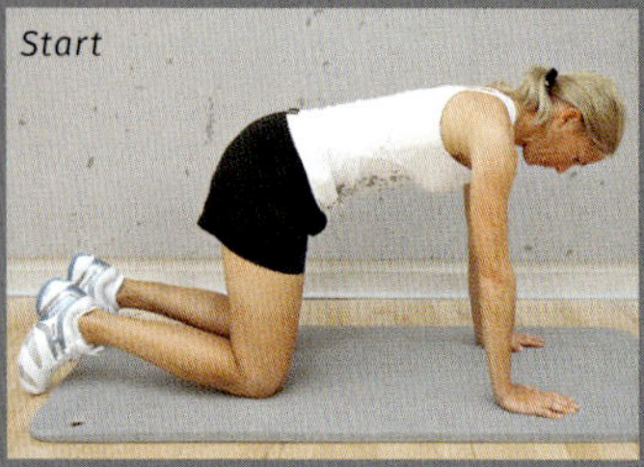
Start

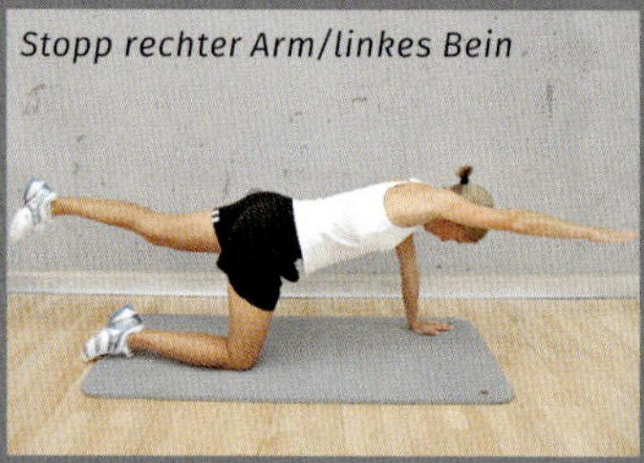
Stopp rechter Arm/linkes Bein

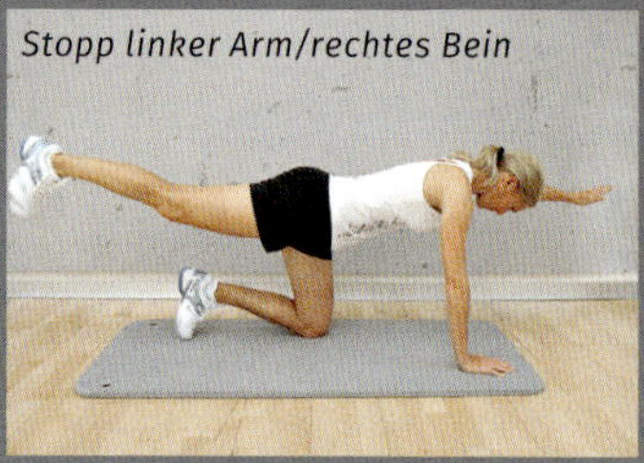
Stopp linker Arm/rechtes Bein

- Ausgangsposition: Vierfüßlerstand in neutraler Position mit flachem Rücken
- Rumpfmuskulatur aktivieren
- Ein Arm und das gegenüberliegende Bein anheben und 2 Sekunden halten
- Mit dem anderen Arm/Bein wiederholen

Vierfüßlerstand mit Oberkörperrotation & Fitnessband

5-10
1-2
1-2-1

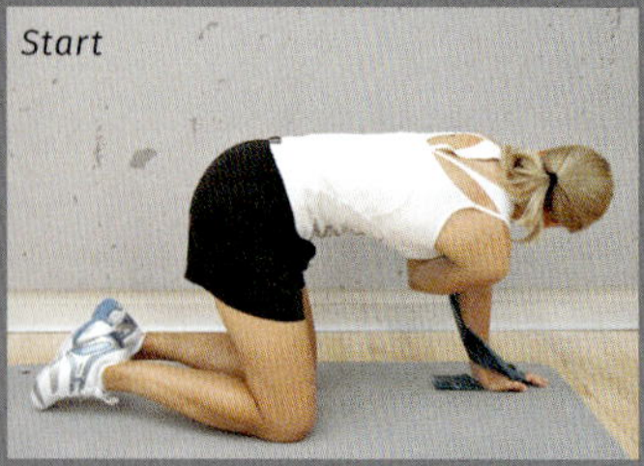
Start

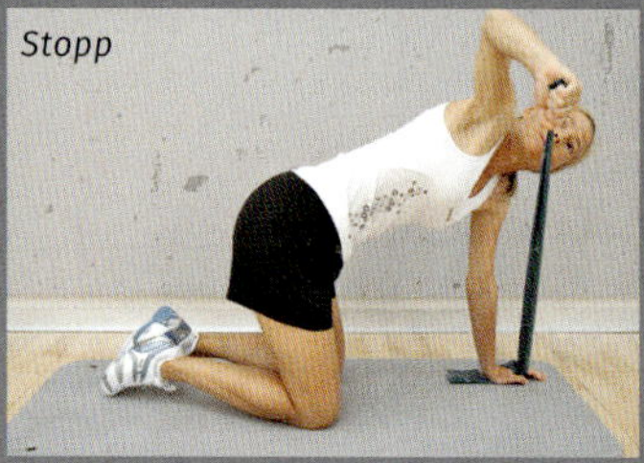
Stopp

- Ausgangsposition: Vierfüßlerstand in neutraler Position mit flachem Rücken
- Fitnessband mit beiden Händen halten
- Rumpfmuskulatur aktivieren
- Einen Arm unter dem anderen Arm einfädeln, den Oberkörper rotieren
- Jetzt den Oberkörper nach oben rotieren, indem der Arm mit gebeugten Ellbogen und nach hinten gezogener Schulter angehoben wird, das Fitnessband als Widerstand benutzen
- Mit dem anderen Arm wiederholen

Unterarmstütz

5-10
1-2
1-5-1 oder 1-10-1 oder 1-20-1

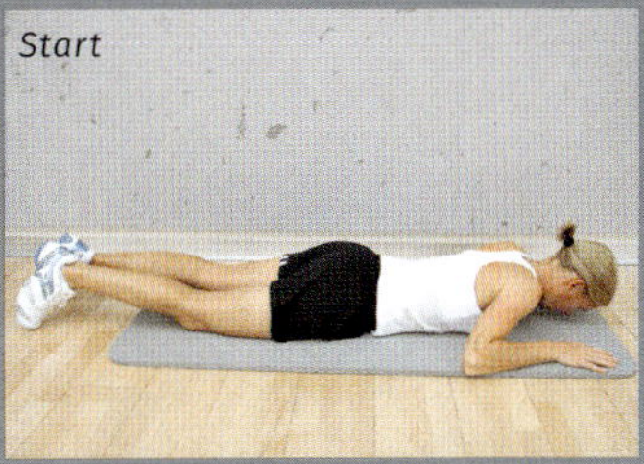

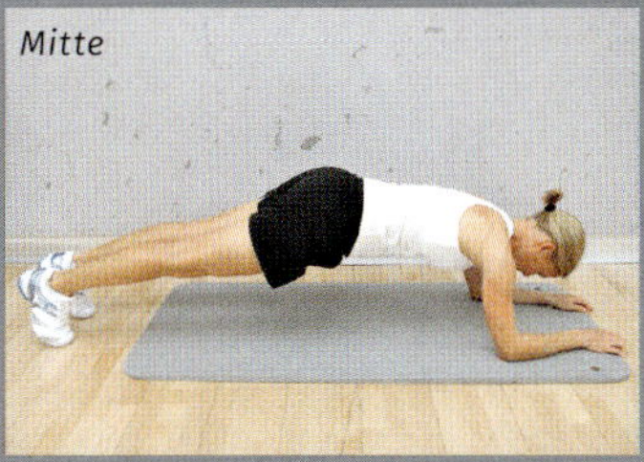

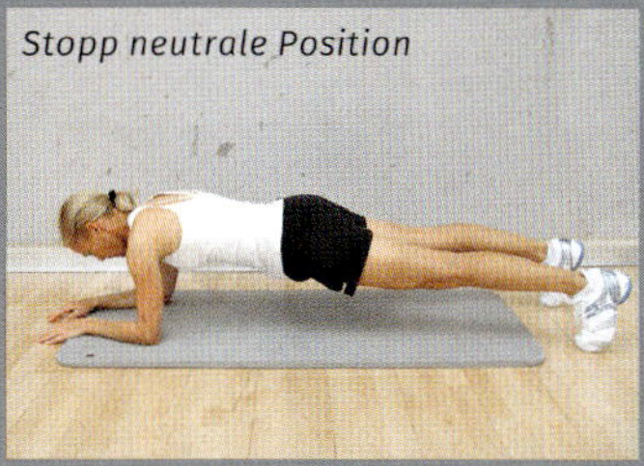

- Ausgangsposition: auf dem Bauch liegend
- In die Brückenposition hochdrücken, auf den Zehen und Unterarme stützen
- Rumpfmuskulatur aktivieren und neutrale Position mit flachem Rücken finden
- 5 – 10 – 20 Sekunden halten

Unterarmstütz mit Arm- & Beinheben

5-10
1-2
1-3-1 oder 1-5-1 oder 1-10-1

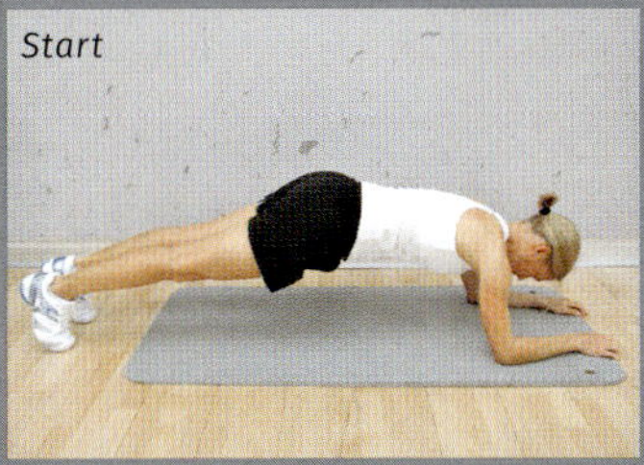

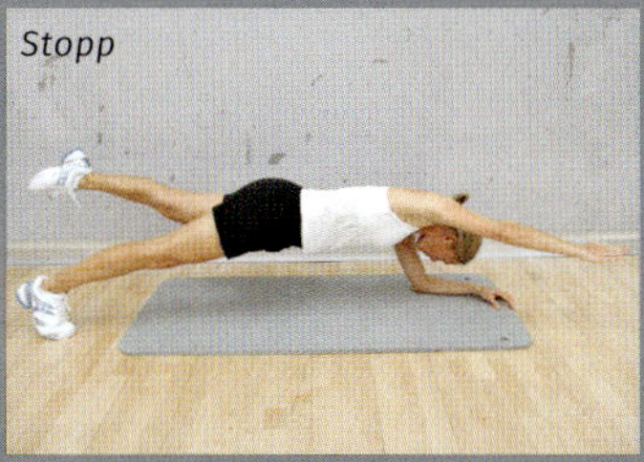

- Ausgangsposition: Brückenposition auf Unterarmen und Zehen
- Rumpfmuskulatur aktivieren
- Einen Arm und das gegenüberliegende Bein anheben und halten
- Auf der anderen Seite wiederholen

Unterarmstütz mit Oberkörperrotation & Armheben

5-10
1-2
1-3-1

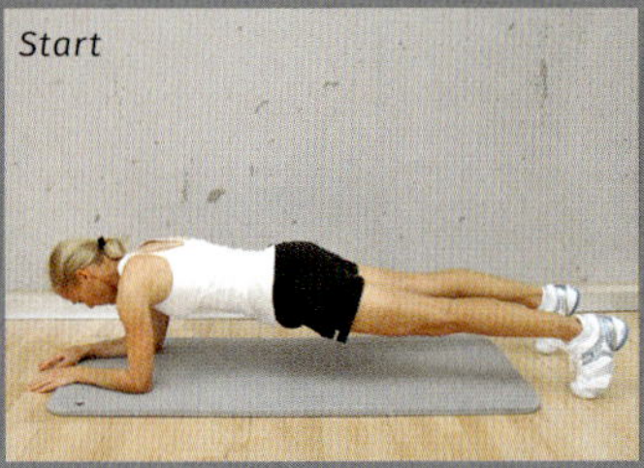
Start

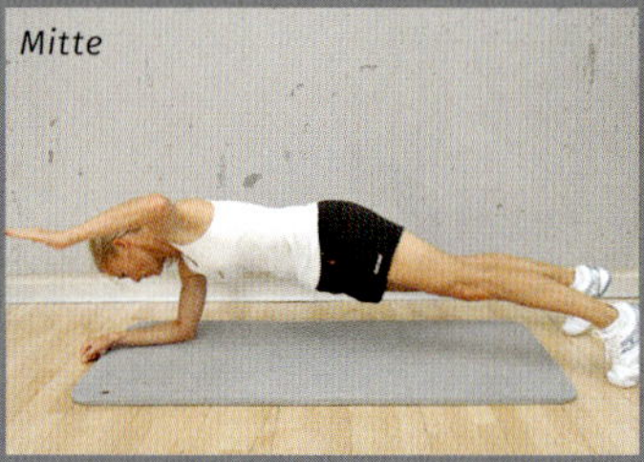
Mitte

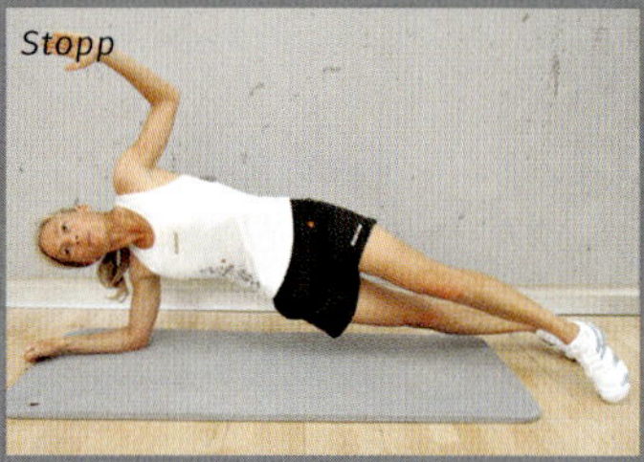
Stopp

- Ausgangsposition: Brückenposition auf Unterarmen und Zehen
- Rumpfmuskulatur aktivieren
- Oberkörper rotieren, einen Arm anheben und halten

(Vorsicht bei Ellenbogen- oder Schulterbeschwerden)

Seitstütz mit Kniebeugen & Armstrecken

5-10
1-2
1-5-1 oder 1-10-1

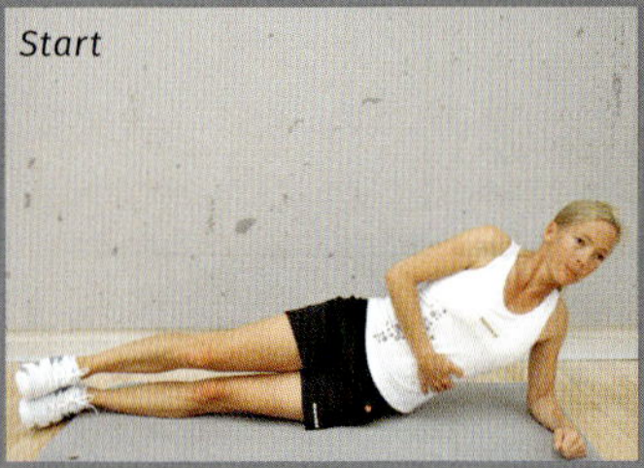
Start

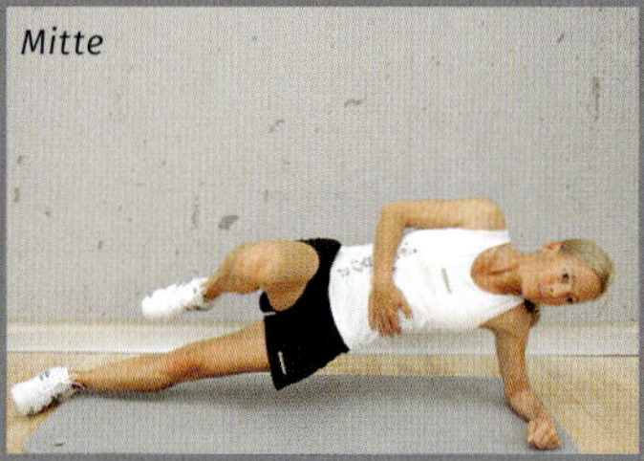
Mitte

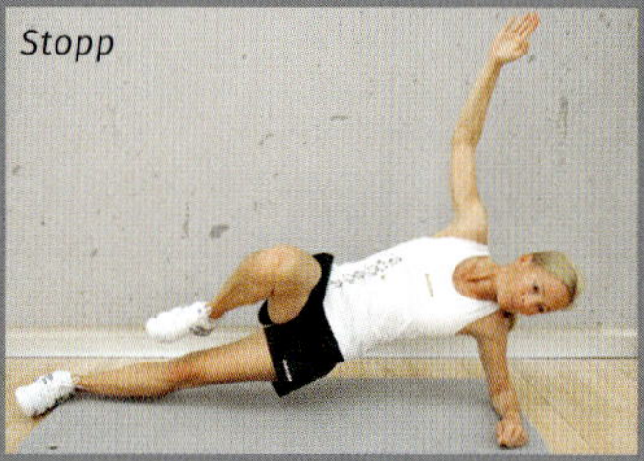
Stopp

- Auf der Seite liegend, ein Unterarm ist auf der Matte abgestützt
- Rumpfmuskulatur aktivieren
- Hüfte anheben und danach ein Knie beugen und halten
- Gleichzeitig kann der Arm nach oben gestreckt werden

(Vorsicht bei Ellenbogen- oder Schulterbeschwerden)

Seitstütz mit Arm- & Beinstrecken

5-10
1-2
1-5-1 oder 1-10-1

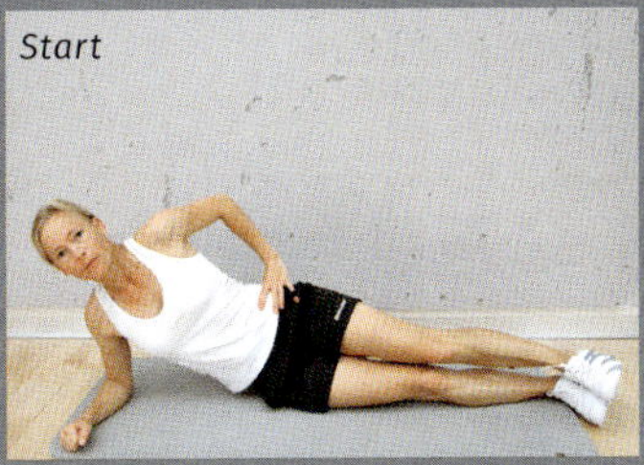

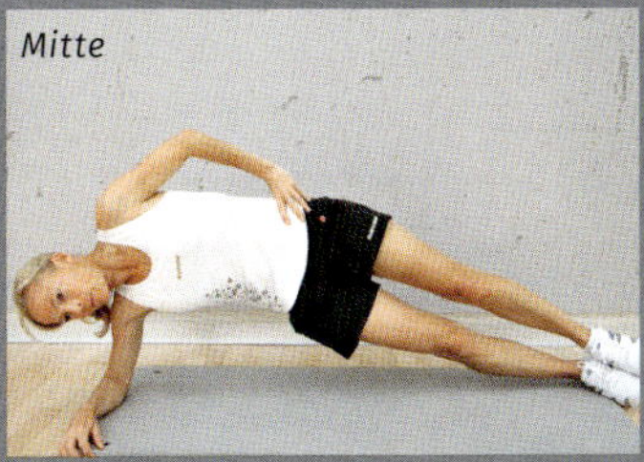

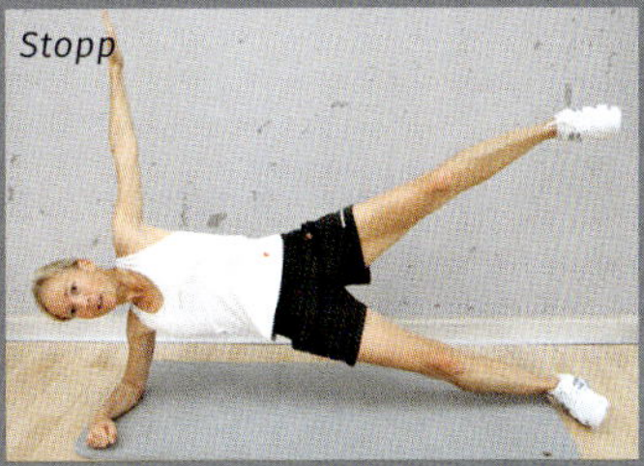

- Auf der Seite liegend, ein Unterarm ist auf der Matte abgestützt
- Rumpfmuskulatur aktivieren
- Hüfte anheben und danach ein Bein und einen Arm strecken und halten

(Vorsicht bei Ellenbogen- oder Schulterbeschwerden)

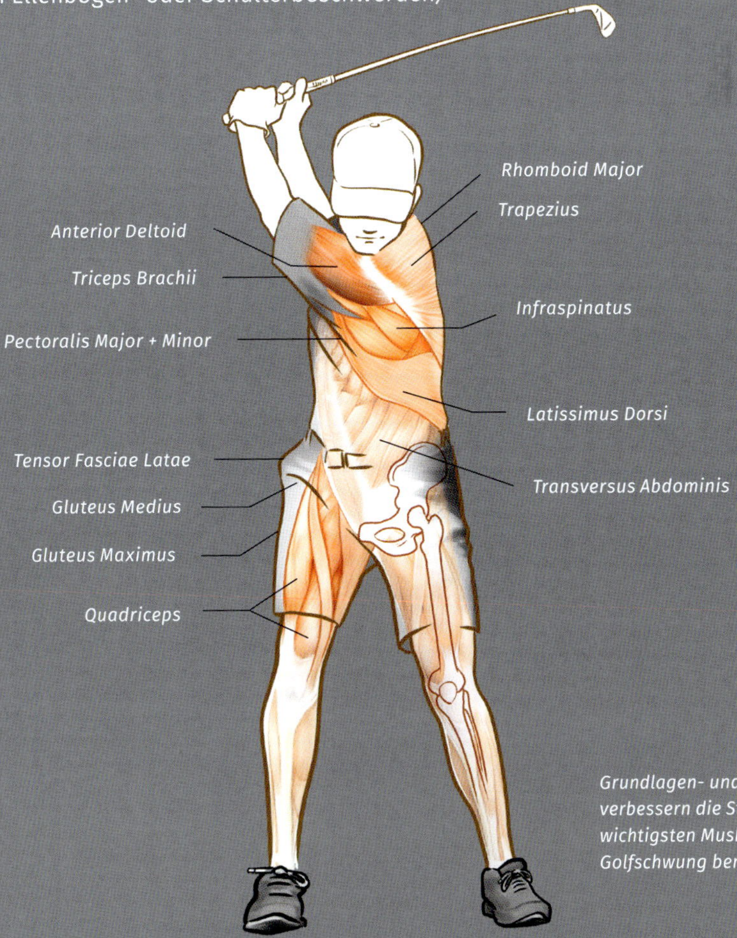

Grundlagen- und Brückenübungen verbessern die Stabilität der wichtigsten Muskeln, die man für einen Golfschwung benötigt.

Übungen mit Bällen, Bändern & Gleichgewicht in unterschiedlichen Brückenpositionen A

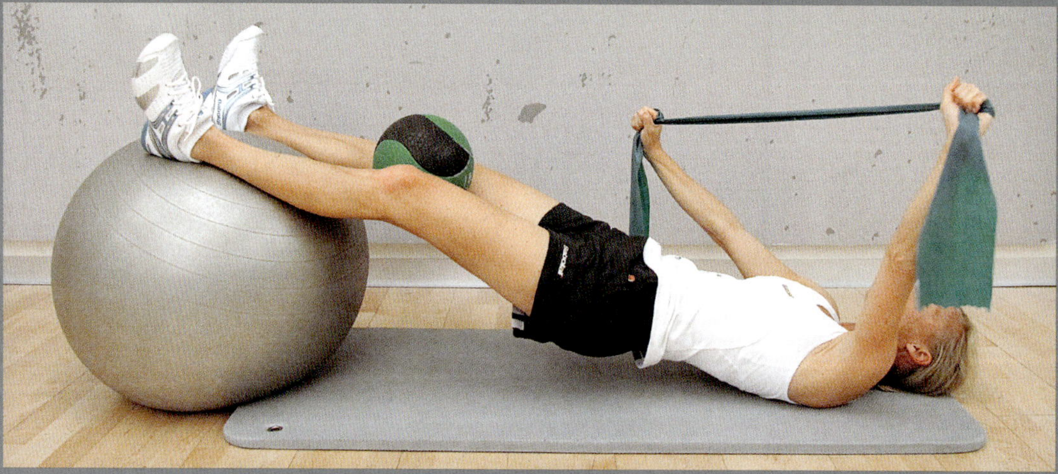

Vierfüßlerstand mit einem Wackelbrett/instabiler Unterlage

5-10

1-2

1-5-1 oder 1-10-1 oder 1-20-1

Start

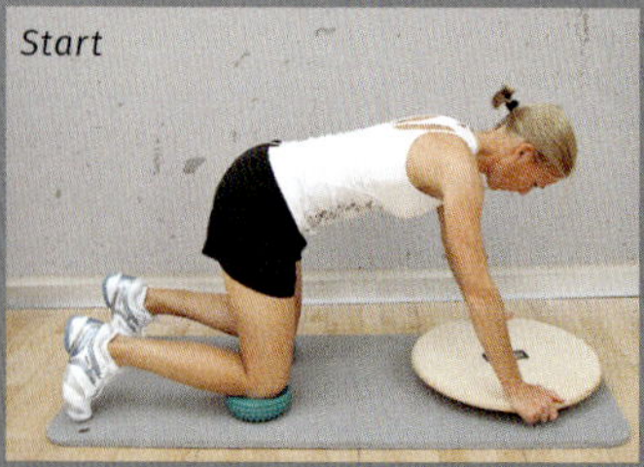

Mitte

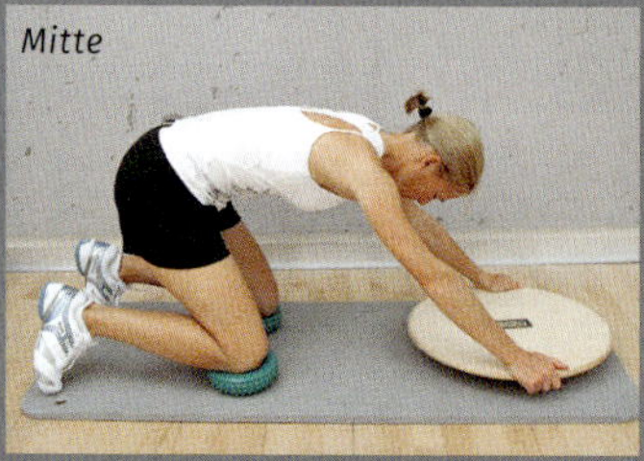

Stopp

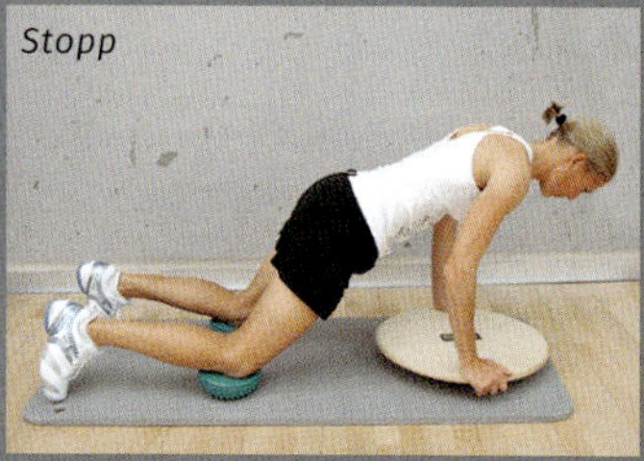

- Ausgangsposition: Vierfüßlerstand mit den Händen auf einer instabilen Unterlage
- Knie und Hände auf dem Boden oder auf einer instabilen Unterlage
- Neutrale Position mit flachem Rücken finden
- Rumpfmuskulatur aktivieren
- 5–20 Sekunden nach hinten und nach vorne schaukeln

Unterarmstütz auf einem BOSU®-Ball

5-10
1-2
1-3-1 oder 1-5-1 oder 1-10-1

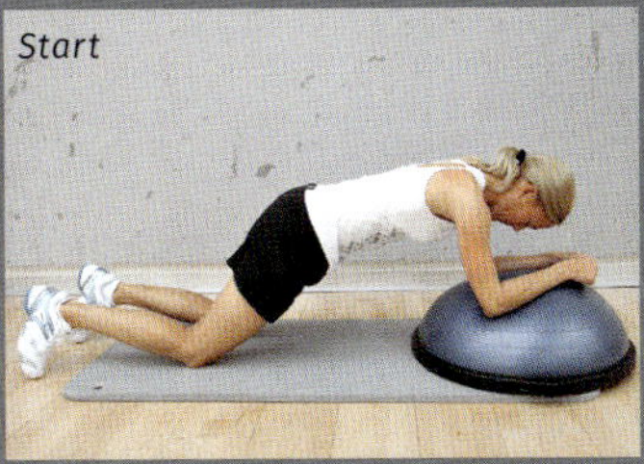
Start

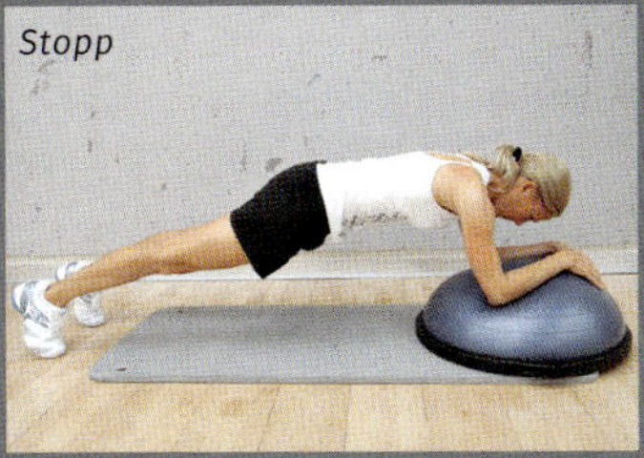
Stopp

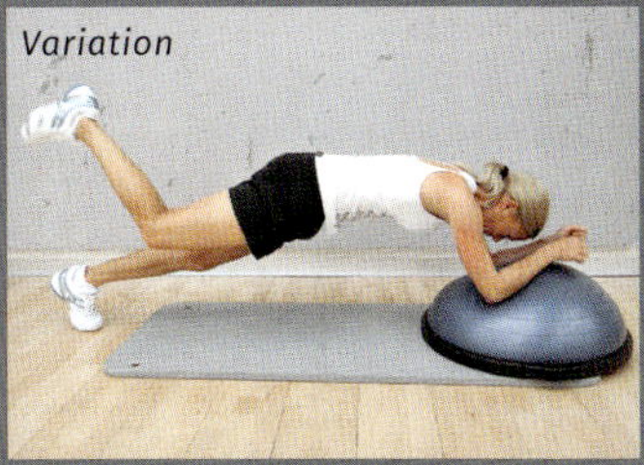
Variation

- Ausgangsposition: Unterarmstütz auf einem BOSU®-Ball oder einer anderen instabilen Unterlage
- Rumpfmuskulatur aktivieren
- Knie anheben und auf Zehen stützen, halten
- Diese Übung kann erschwert werden, indem man ein Knie beugt und anhebt

Unterarmstütz auf einem BOSU®-Ball & Knie nach vorne ziehen

5-10
1-2
1-3-1 oder 1-5-1 oder 1-10-1

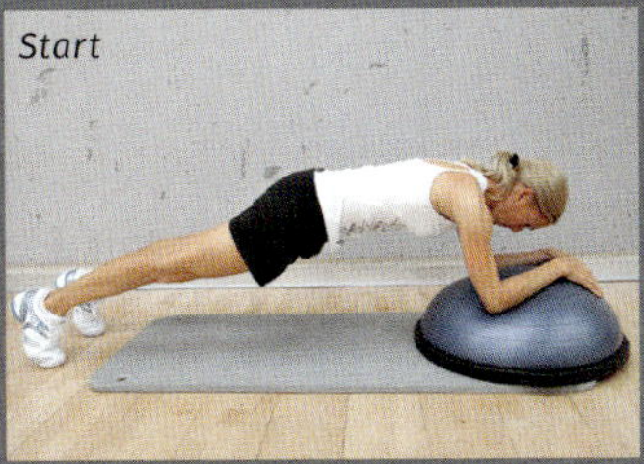
Start

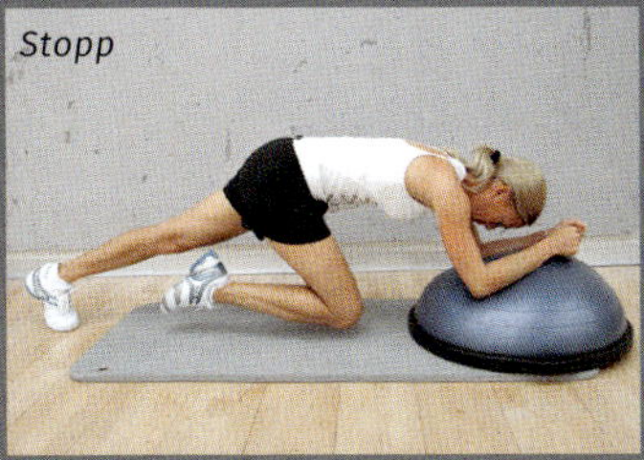
Stopp

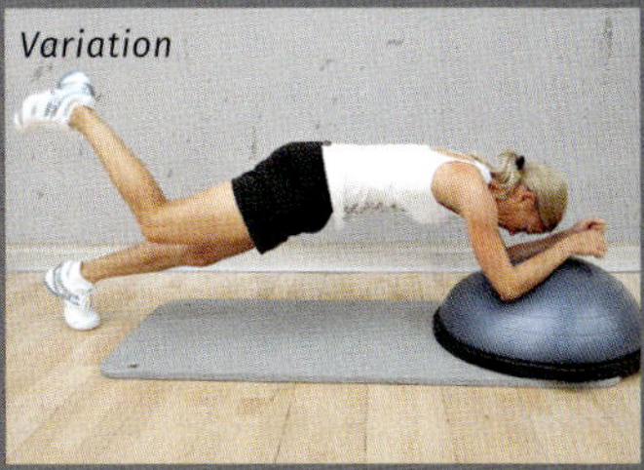
Variation

- Ausgangsposition: Unterarmstütz auf einem BOSU®-Ball oder einer anderen instabilen Unterlage
- Rumpfmuskulatur aktivieren
- Ein Knie nach vorne in Richtung der Arme ziehen und halten
- Diese Übung kann erschwert werden, indem das gebeugte Bein nach hinten und nach vorne bewegt wird

Brücke in Rückenlage & Balldrücken auf einer instabilen Unterlage

5-10
1-2
1-4-1

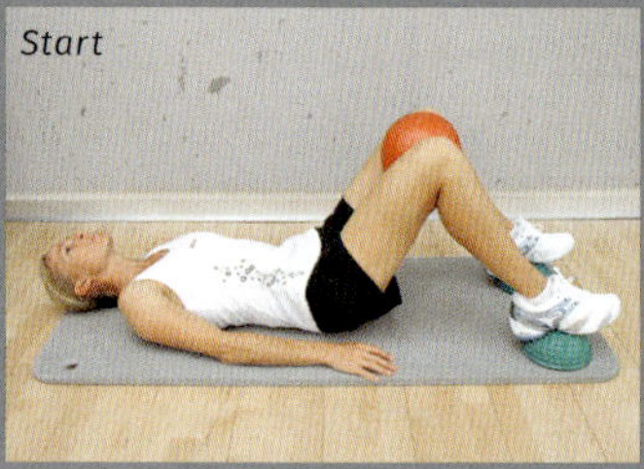
Start

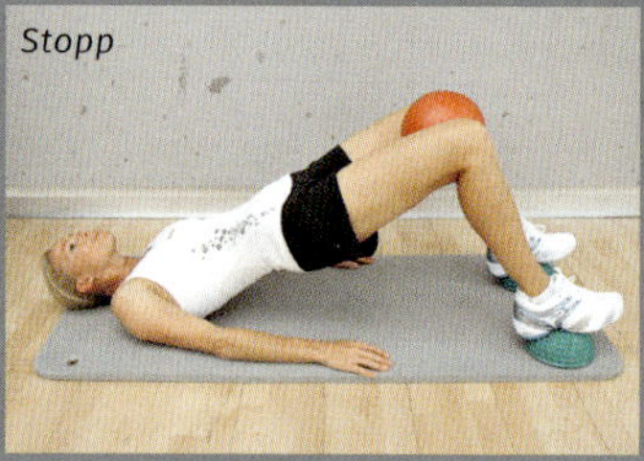
Stopp

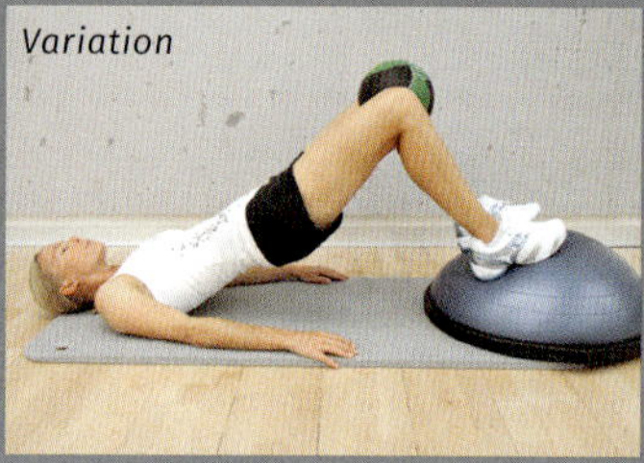
Variation

- Ausgangsposition: in Rückenlage, die Füße sind auf einer instabilen Unterlage, ein Ball zwischen den Knien, Ball leicht zusammen drücken
- Rumpfmuskulatur aktivieren
- Hüfte anheben und halten

Seitstütz auf instabiler Unterlage

5-10
1-2
1-2-1

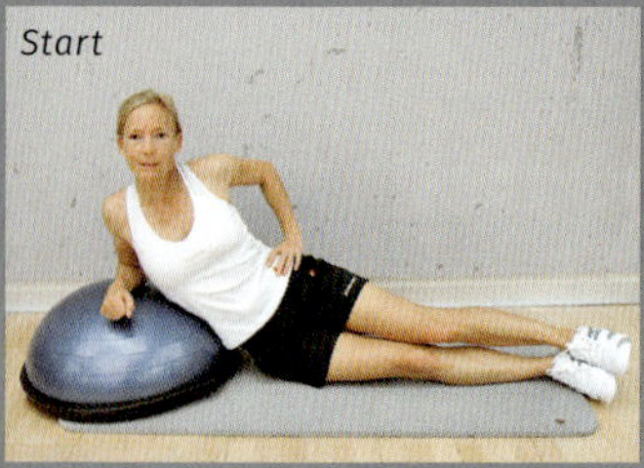
Start

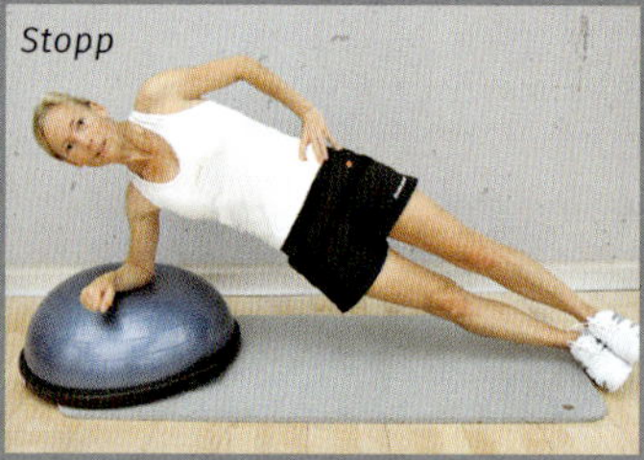
Stopp

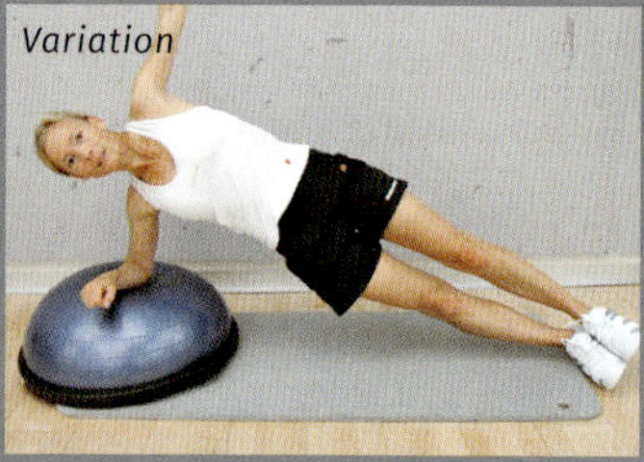
Variation

- Ausgangsposition: in Seitenlage mit dem Unterarm auf einem BOSU®-Ball oder einer anderen instabilen Unterlage
- Rumpfmuskulatur aktivieren
- Hüfte bis zu einer neutralen Wirbelsäulenstellung anheben und halten
- Diese Übung kann durch die Streckung eines Arms erschwert werden

(Vorsicht bei Ellenbogen- oder Schulterbeschwerden)

Seitstütz auf einer instabilen Unterlage mit Beinheben

5-10
1-2
1-5-1 oder 1-10-1

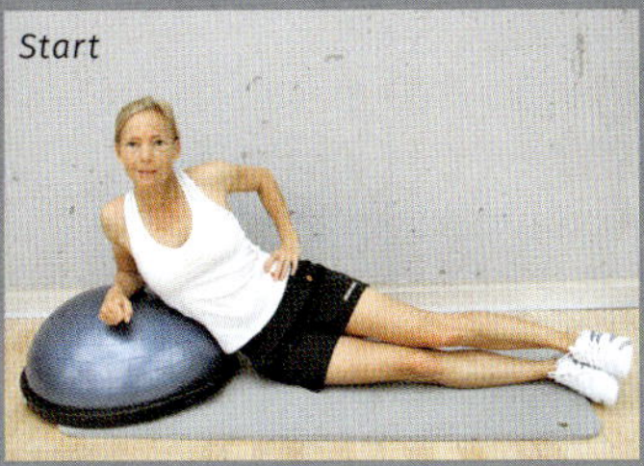

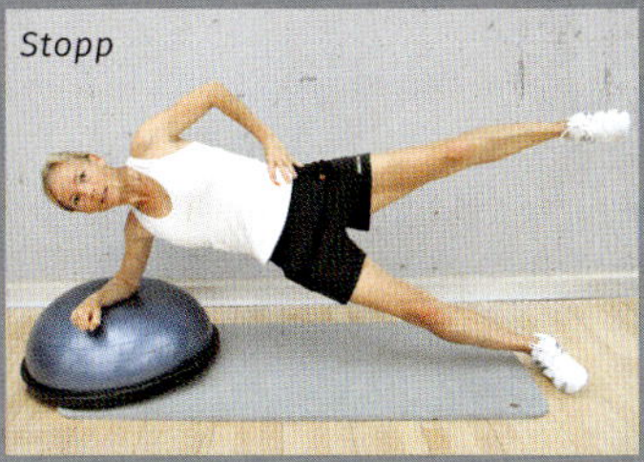

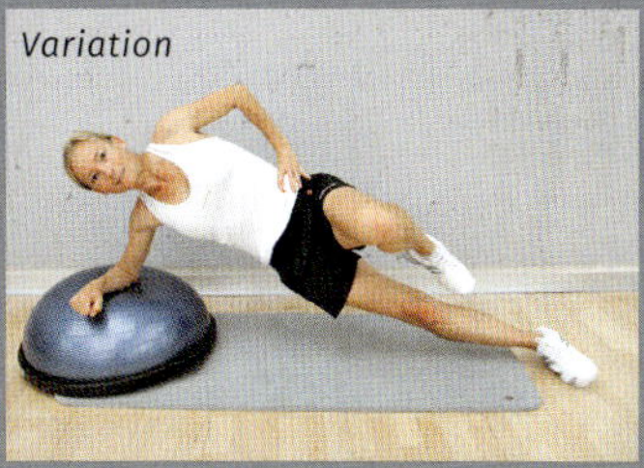

- Ausgangsposition: in Seitenlage mit dem Unterarm auf einem BOSU®-Ball oder einer anderen instabilen Unterlage
- Rumpfmuskulatur aktivieren
- Hüfte bis zu einer neutralen Wirbelsäulenstellung anheben und das obere Bein anheben
- Diese Übung kann auch mit einer Kniebeugung durchgeführt werden.

(Vorsicht bei Ellenbogen- oder Schulterbeschwerden)

Brücke in Rückenlage & Schulterziehen in 3 Positionen

5-10-15
1-2
1-1-1

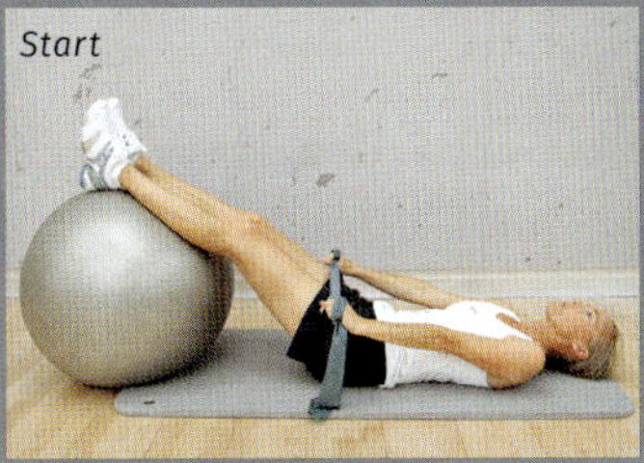

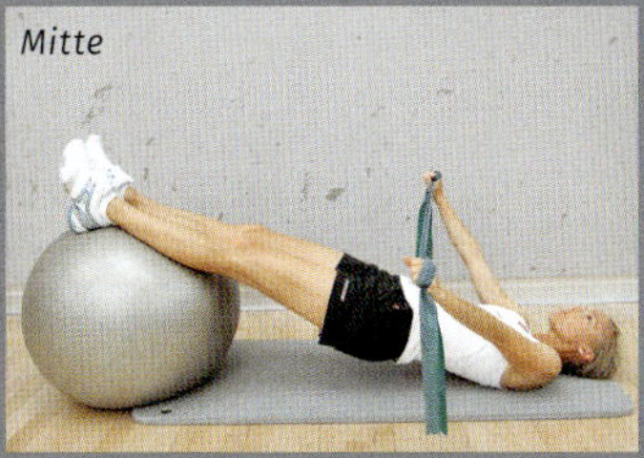

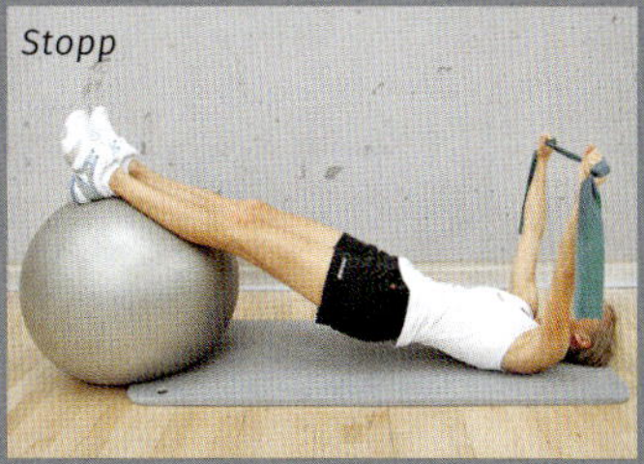

- Ausgangsposition: in Rückenlage mit den Unterschenkeln und Füßen auf einem Fitnessball
- Ein Fitnessband mit beiden Händen halten
- Rumpfmuskulatur aktivieren
- Hüfte anheben, das Fitnessband in 3 verschiedenen Positionen auseinanderziehen (Schulterblätter zusammenziehen)

Brücke in Rückenlage mit Balldrücken & diagonalem Ziehen

5-10-15
1-2
1-1-1

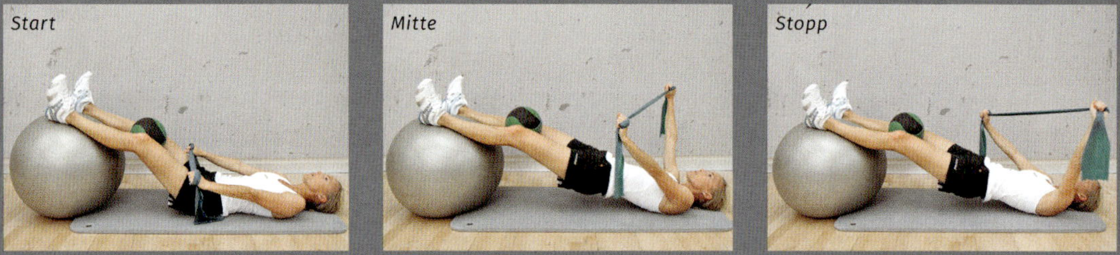

- Ausgangsposition: in Rückenlage mit den Unterschenkeln und Füßen auf einem Fitnessball
- Einen kleinen Ball zwischen den Knien platzieren und leicht zusammendrücken
- Ein Fitnessband mit beiden Händen halten
- Rumpfmuskulatur aktivieren
- Hüfte anheben und das Fitnessband diagonal auseinanderziehen

Sit-downs/exzentrische Bauchmuskelübung (abbremsende Bewegung)

8-10-12
1-2
3-0-1

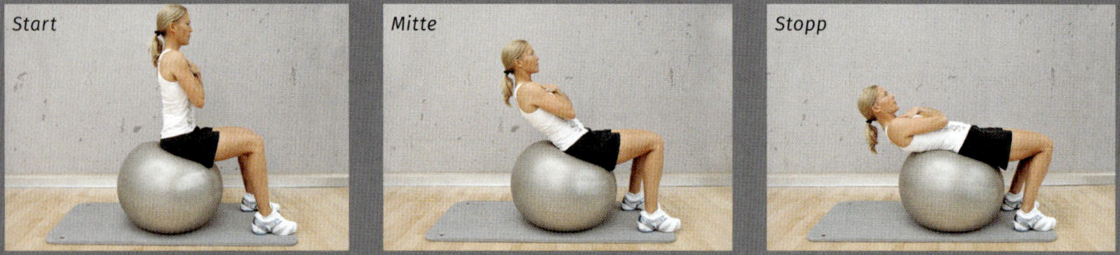

- Ausgangsposition: auf einem Fitnessball sitzen, die Knie sind dicht nebeneinander und die Füße stehen etwa hüftbreit auf dem Boden
- Rumpfmuskulatur aktivieren
- Langsam nach hinten bewegen, die Bauchmuskeln verlängern sich, in die Ausgangsposition zurückkehren

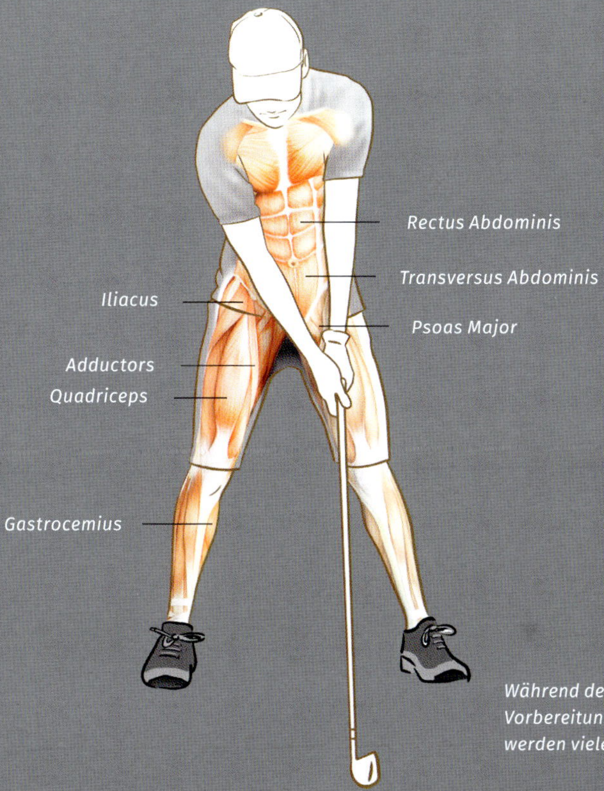

Während des Setups und der Vorbereitungs-Phase auf den Schwung werden viele Muskeln aktiviert.

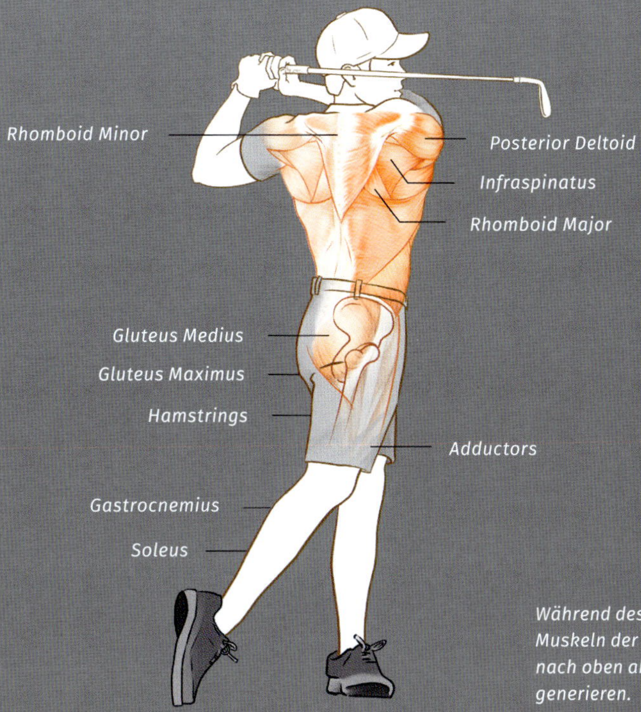

Während des Schwungs werden die Muskeln der Reihe nach von unten nach oben aktiviert, um Kraft zu generieren.

Übungen mit Bällen, Bändern & Gleichgewicht in unterschiedlichen Brückenpositionen B

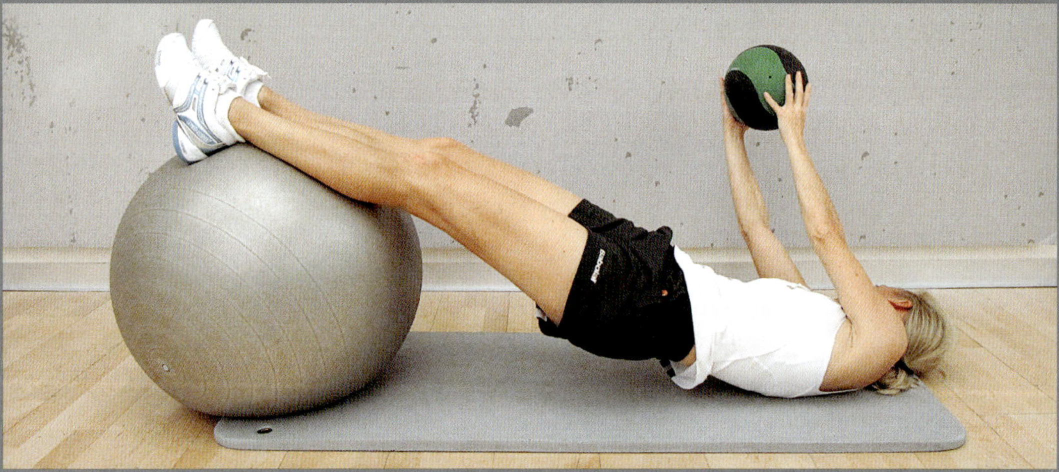

Vierfüßlerstand & Liegestütze auf einer instabilen Unterlage

5-10
1-2
1-2-1

Start

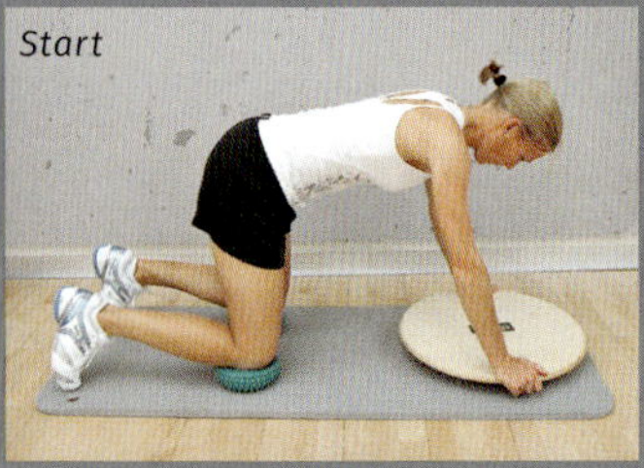

Mitte

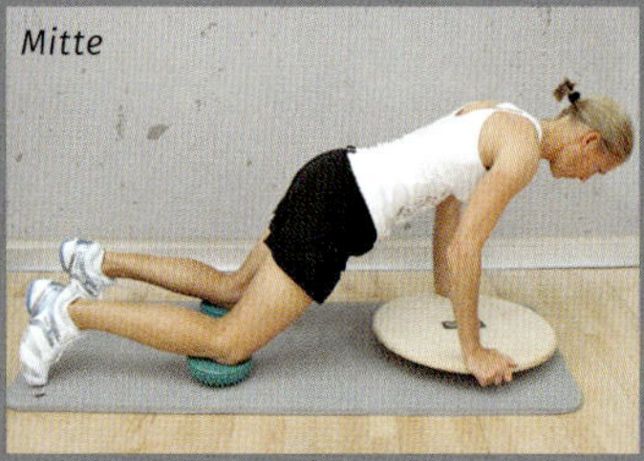

Stopp

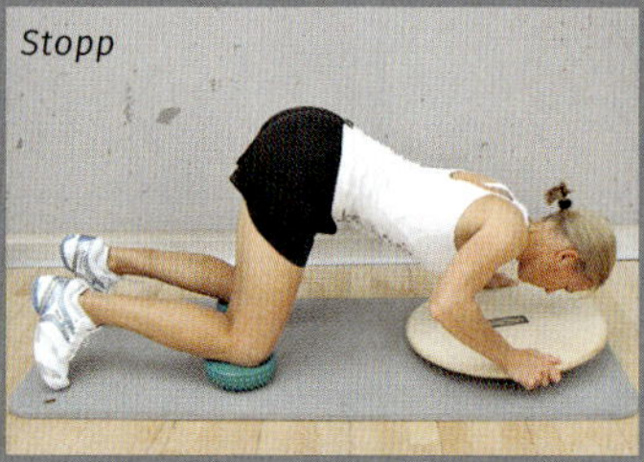

- Ausgangsposition: Vierfüßlerstand mit den Händen auf einem Wackelbrett oder einer anderer instabilen Unterlage
- Die Knie sind auf dem Boden oder ebenfalls auf einer instabilen Unterlage
- Neutrale Position mit flachem Rücken finden
- Rumpfmuskulatur aktivieren
- Liegestütze über der instabile Unterlage ausführen

Brücke in der Rückenlage mit den Füßen auf einer instabilen Unterlage

5-10
1-2
1-4-1

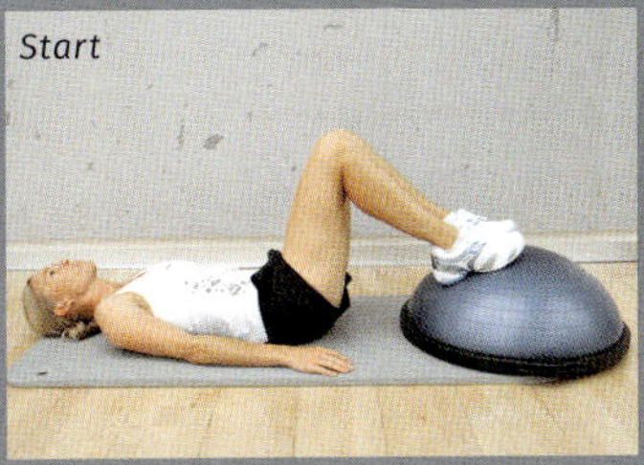

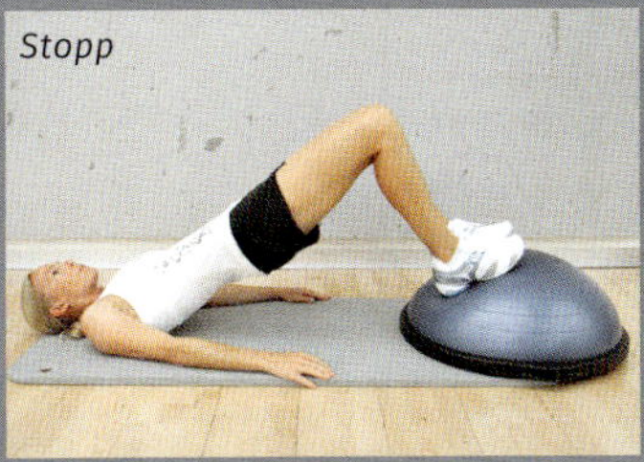

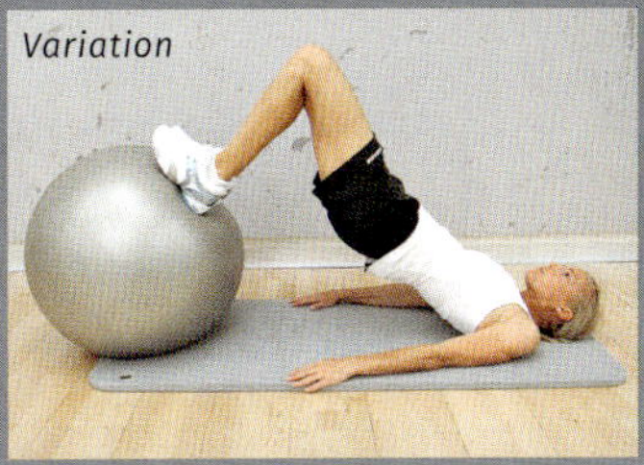

- Ausgangsposition: Rückenlage mit den Füßen auf einem BOSU®-Ball oder einer anderen instabilen Unterlage
- Rumpfmuskulatur aktivieren
- Hüfte anheben und halten

Seitstütz auf einer instabilen Unterlage mit Kniebeugen

5-10
1-2
1-5-1 oder 1-10-1

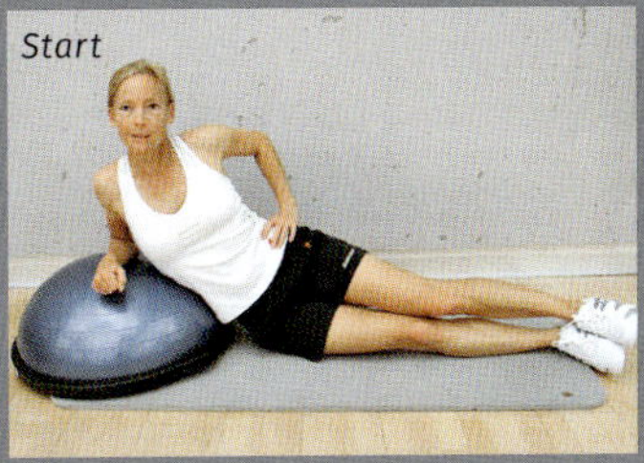

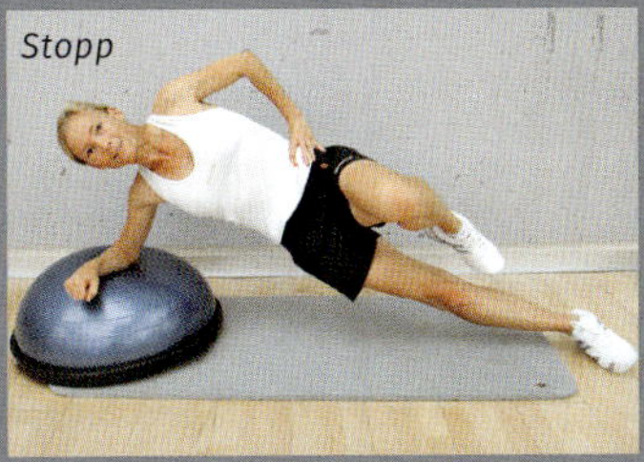

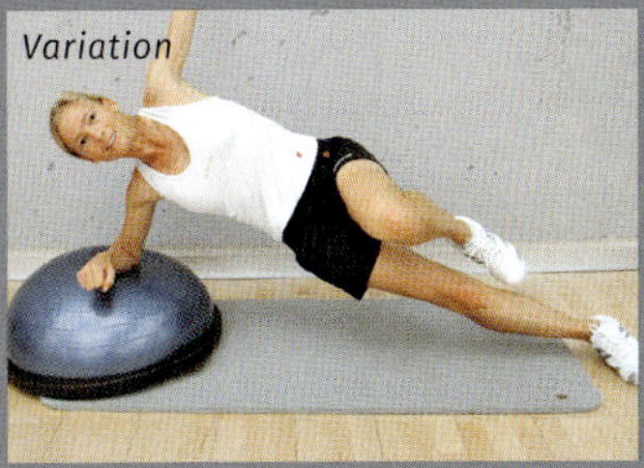

- Ausgangsposition: in Seitenlage mit dem Unterarm auf einem BOSU®-Ball
- Rumpfmuskulatur aktivieren
- Hüfte anheben und halten, das obere Knie nach vorne ziehen (bis zur Hüfte)
- Diese Übung kann durch eine zusätzliche Armstreckung erschwert werden

(Vorsicht bei Ellenbogen- oder Schulterbeschwerden)

Hüftrotation nach innen mit Widerstand

5-10
1-2
1-2-1

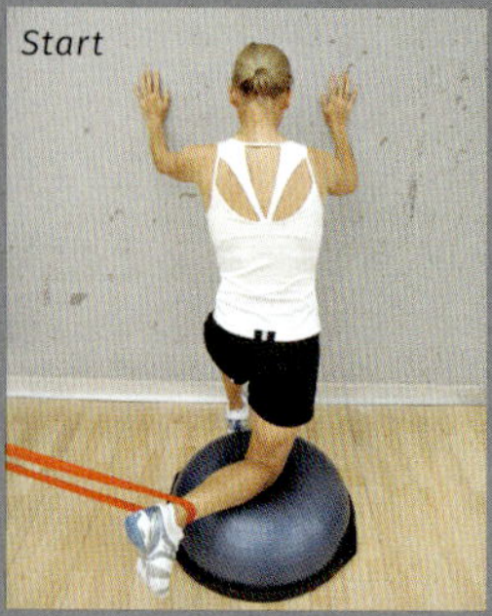

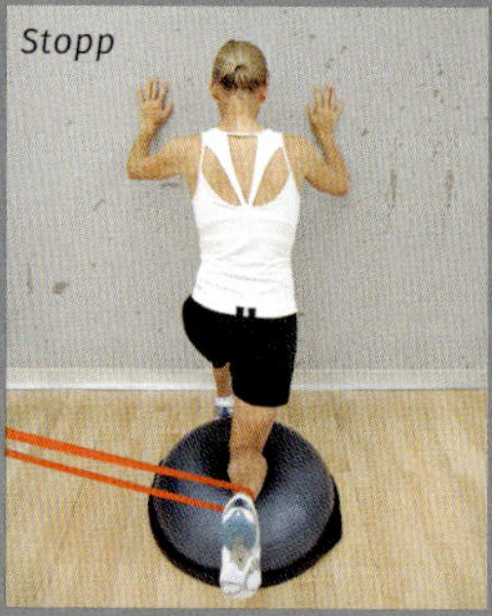

- Ausgangsposition: das äußere Knie kniet auf einem BOSU®-Ball oder einer anderen weichen Unterlage, der andere Fuß steht vorne, die Hände sind an der Wand
- Das Fitnessband ist um das hintere Fußgelenk gewickelt und an etwas Stabilem befestigt
- Rumpfmuskulatur aktivieren
- Die Hüfte nach innen gegen den Widerstand des Fitnessbands ziehen und zurück in die Startposition

---

Hüftrotation nach außen mit Widerstand

5-10
1-2
1-2-1

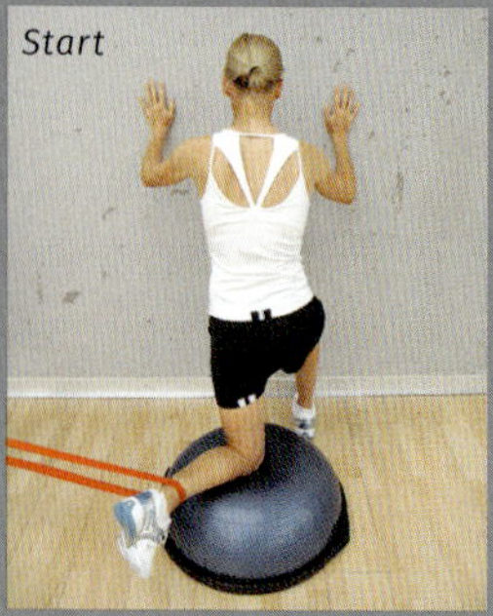

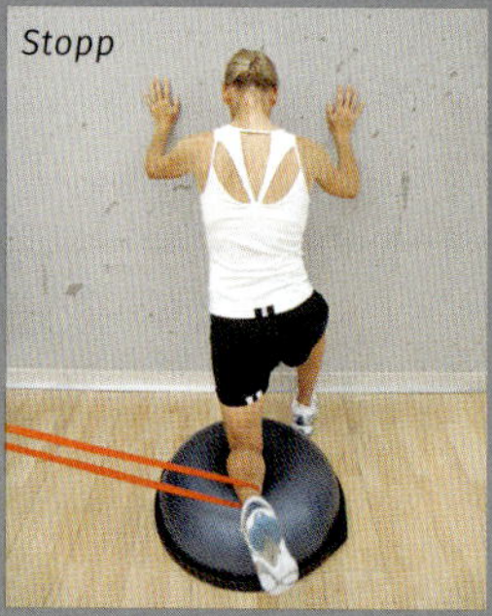

- Ausgangsposition: das innere Knie kniet auf einem BOSU®-Ball oder einer anderen weichen Unterlage, der andere Fuß steht vorne, die Hände sind an der Wand
- Das Fitnessband ist um das hintere Fußgelenk gewickelt und an etwas Stabilem befestigt
- Rumpfmuskulatur aktivieren
- Die Hüfte nach außen gegen den Widerstand des Fitnessbands ziehen und zurück in die Startposition

↻ 8-10-12
Ⓘ 1-2
◷ 1-1-1

Horizontale Oberkörper-Twists im Sitzen

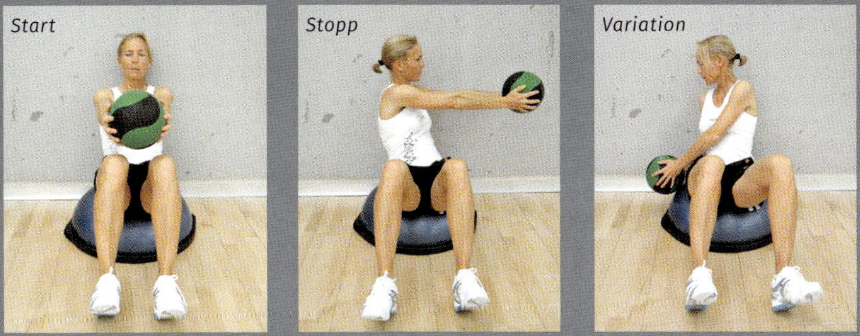

- Ausgangsposition: sitzend auf einem BOSU®-Ball oder einer anderen instabilen Unterlange
- Medizinball in den Händen mit gestreckten Armen anheben
- Rumpfmuskulatur aktivieren
- Oberkörper rotieren und die Arme horizontal zum Boden halten und wieder zurück in die Ausgangslage
- Man kann die Übung erschweren, indem man den Ball auf der Seite langsam in Richtung Boden und zurück bewegt

---

↻ 5-10
Ⓘ 1-2
◷ 2-1-1

Seitstütz & Armstrecken mit Widerstand

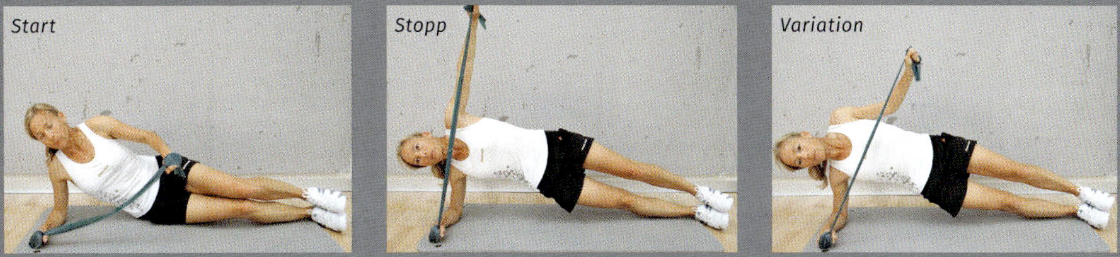

- Ausgangsposition: in Seitenlage mit dem Unterarm auf der Matte und einem Fitnessband in den Händen
- Rumpfmuskulatur aktivieren
- Die Hüfte anheben und den Oberarm mit dem Widerstand des Fitnessbands nach oben strecken
- Als Variation kann die Übung mit dem Ellenbogen dicht am Körper und einer Außenrotation durchgeführt werden

(Vorsicht bei Ellenbogen- oder Schulterbeschwerden)

Brücke in der Rückenlage & Oberkörperrotation mit einem Ball in den Händen

5-10-15
1-2
1-2-1

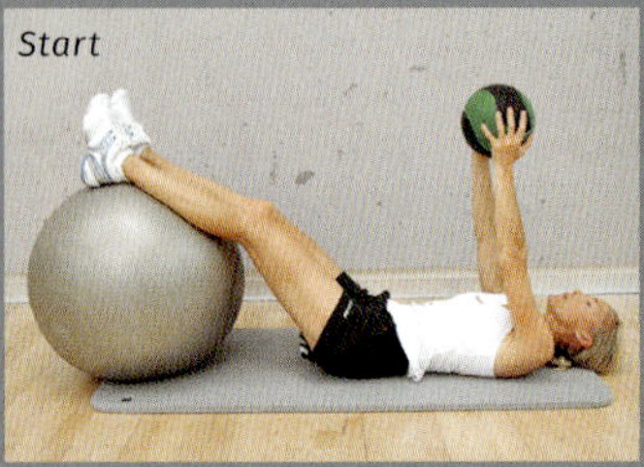
Start

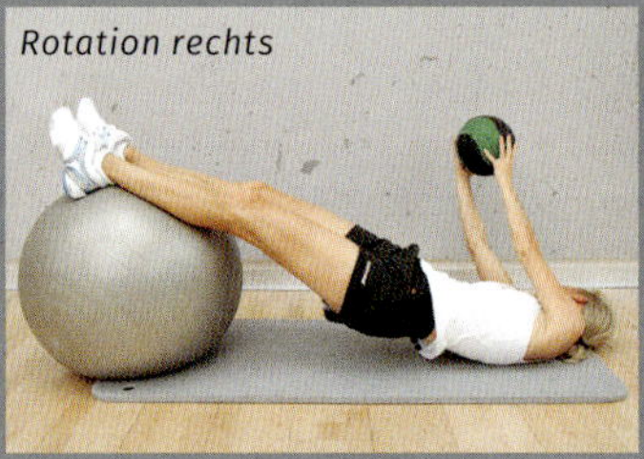
Rotation rechts

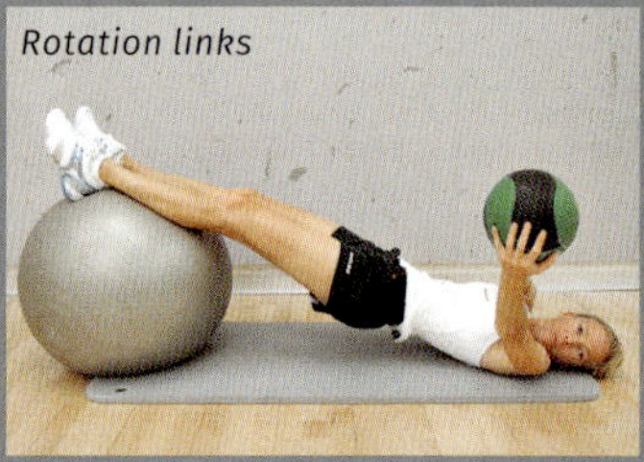
Rotation links

- Ausgangsposition: auf dem Rücken liegend, die Unterschenkel und Füße sind auf dem Fitnessball
- Rumpfmuskulatur aktivieren
- Einen Medizinball oder ein leichtes Gewicht mit gestreckten Armen über den Kopf heben
- Die Hüfte anheben und Oberkörper langsam von Seite zur Seite rotieren

---

Brücke in der Rückenlage, Hamstring-Zug mit einem Ball zwischen den Knien

5-10
1-2
1-2-1

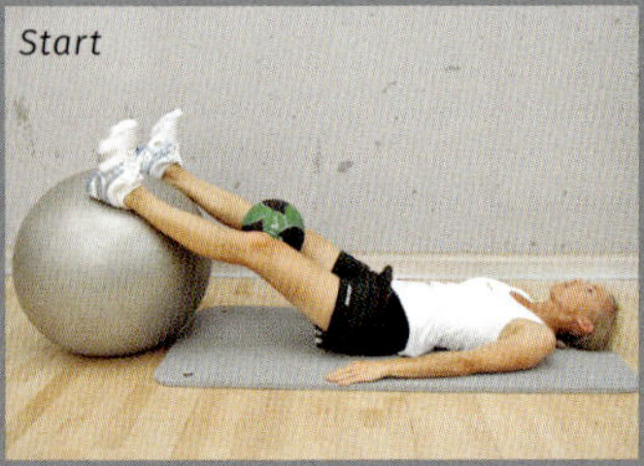
Start

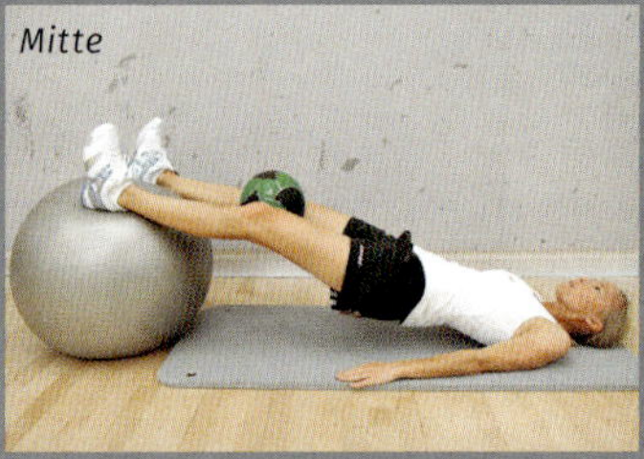
Mitte

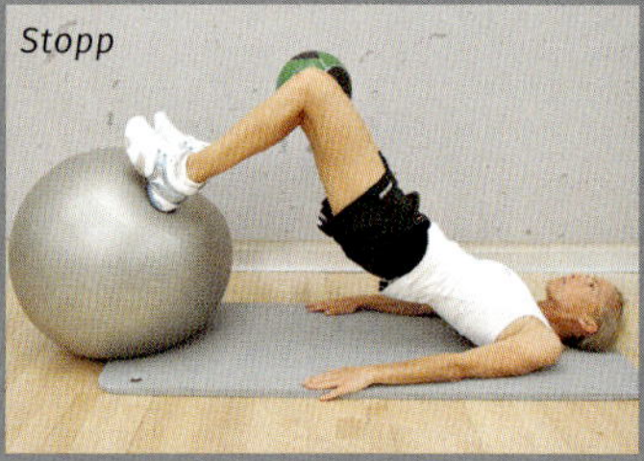
Stopp

- Ausgangsposition: auf dem Rücken liegend, die Unterschenkel und Füße sind auf dem Fitnessball
- Den Ball zwischen den Knien platzieren und leicht drücken
- Rumpfmuskulatur aktivieren
- Die Hüfte anheben und den Fitnessball in Richtung Gesäß ziehen, 2 Sekunden halten und in die Ausgangslage zurückkehren

Liegestützposition mit dem Fitnessball & Knieanziehen

5-10
1-2
1-4-1

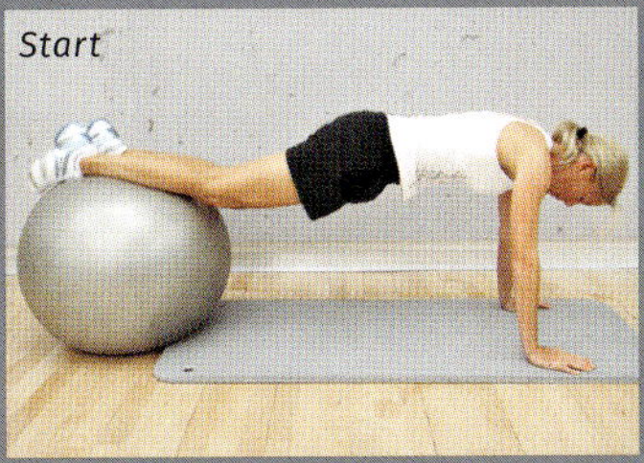
Start

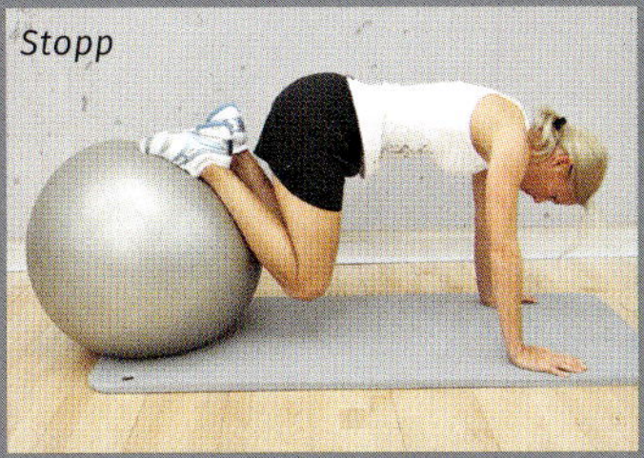
Stopp

- Ausgangsposition: Liegestützposition, die Unterschenkel sind auf einem Fitnessball und die Beine sind nach hinten ausgestreckt
- Rumpfmuskulatur aktivieren
- Den Ball mit stabilem Rumpf und einer neutralen Wirbelsäulenstellung in Richtung Hüfte ziehen

---

Seitstütz auf dem Fitnessball mit Beinstreckung

5-10
1-2
1-5-1 oder 1-10-1

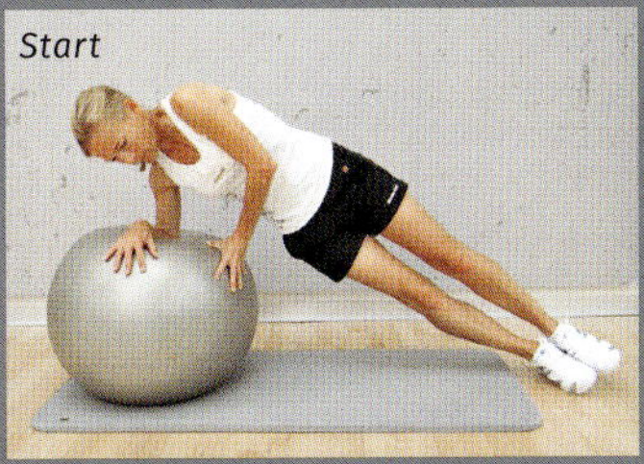
Start

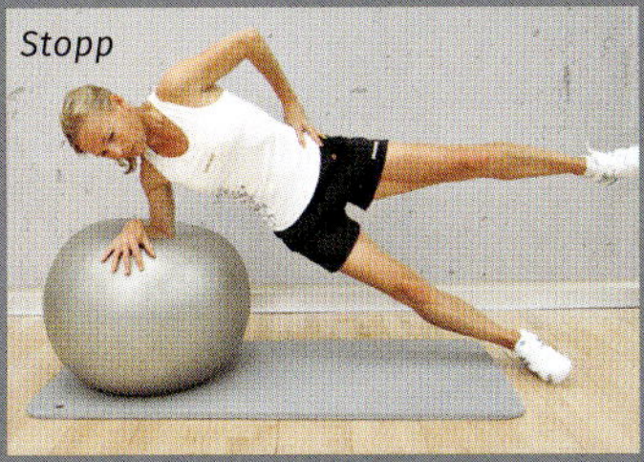
Stopp

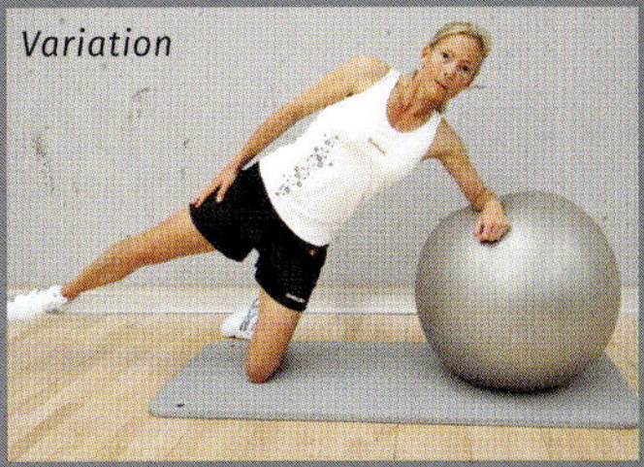
Variation

- Ausgangsposition: Seitstütz mit dem Unterarm auf einem Fitnessball, die Füße sind übereinander auf dem Boden
- Rumpfmuskulatur aktivieren
- Die obere Hand auf der Hüfte platzieren und das obere Bein anheben und halten
- Als einfachere Variante kann man auf Knien in die Seitstützposition gehen und das obere Bein anheben

(Vorsicht bei Ellenbogen- oder Schulterbeschwerden)

Übungen mit Bällen, Bändern & Gleichgewicht in unterschiedlichen Brückenpositionen C

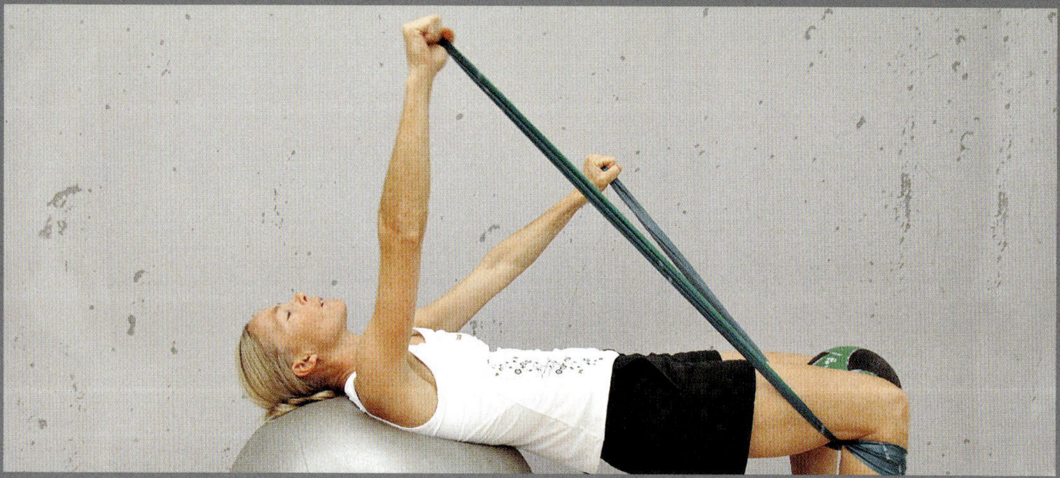

Vierfüßlerstand & Liegestütze auf einer instabilen Unterlage

5-10
1-2
2-1-1

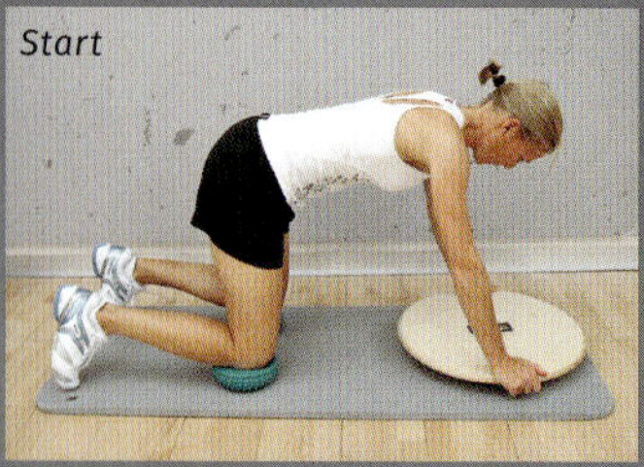
Start

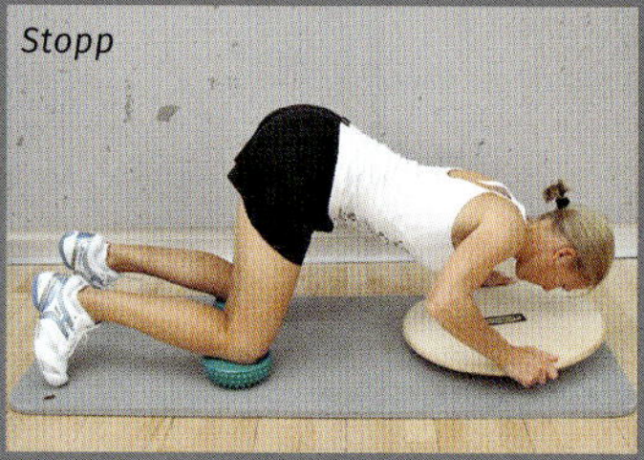
Stopp

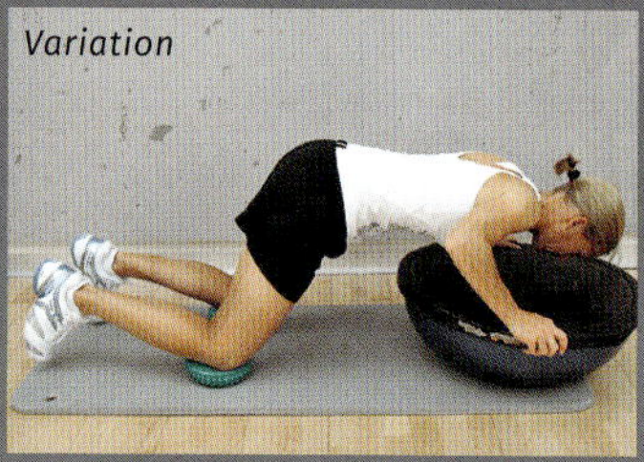
Variation

- Ausgangsposition: Vierfüßlerstand mit den Händen auf einer instabilen Unterlage
- Die Knie sind auf dem Boden oder ebenfalls auf einer instabilen Unterlage
- Neutrale Position mit flachem Rücken einnehmen
- Rumpfmuskulatur aktivieren
- Über der instabilen Unterlage Liegestütze machen

Brücke in der Rückenlage mit 2 Bällen, Fitnessband & Oberkörperrotation

5-10
1-2
1-1-1

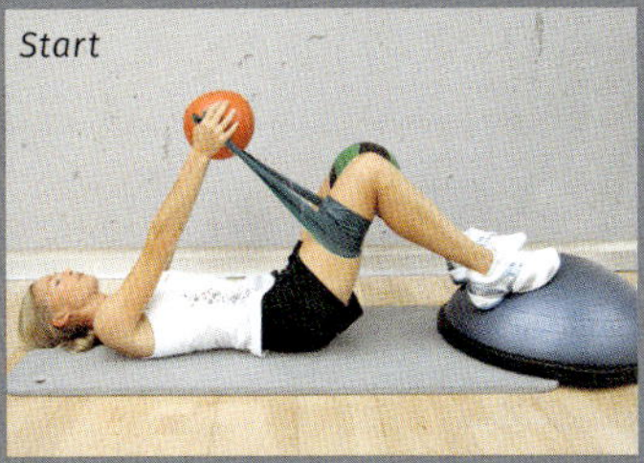
Start

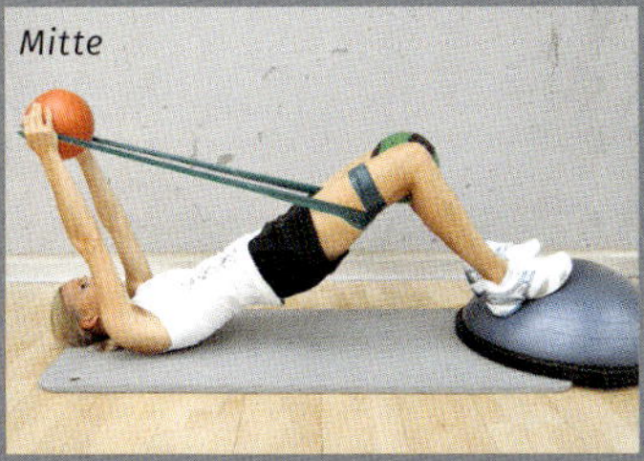
Mitte

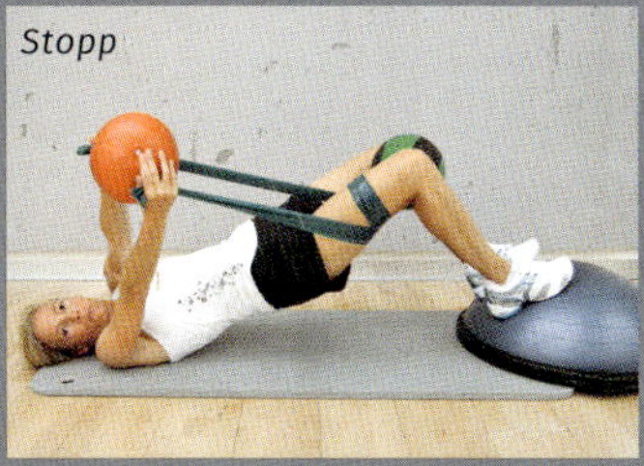
Stopp

- Ausgangsposition: in der Rückenlage, die Füße sind auf einem BOSU®-Ball
- Ein Ball wird in den Händen gehalten und ein Ball ist zwischen den Knien
- In den Händen wird ebenfalls ein langes Fitnessband gehalten, das an den Beinen befestigt ist
- Rumpfmuskulatur aktivieren
- Der Ball zwischen den Knien wird leicht gedrückt und die Hüfte angehoben
- Die Arme strecken und den Oberkörper rotieren

Seitstütz auf einer instabilen Unterlage mit Arm- & Beinstreckung

5-10
1-2
1-5-1 oder 1-10-1

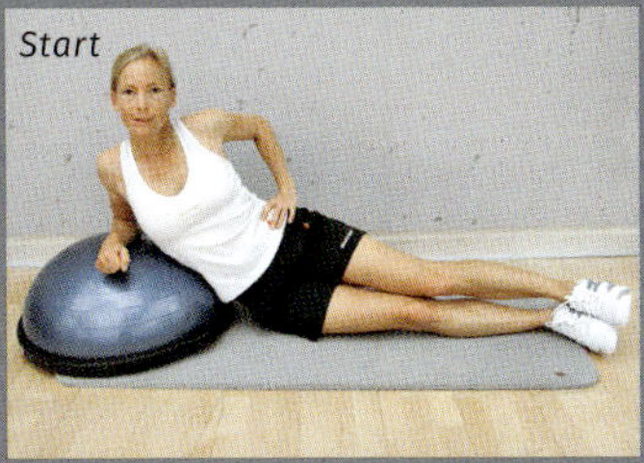
Start

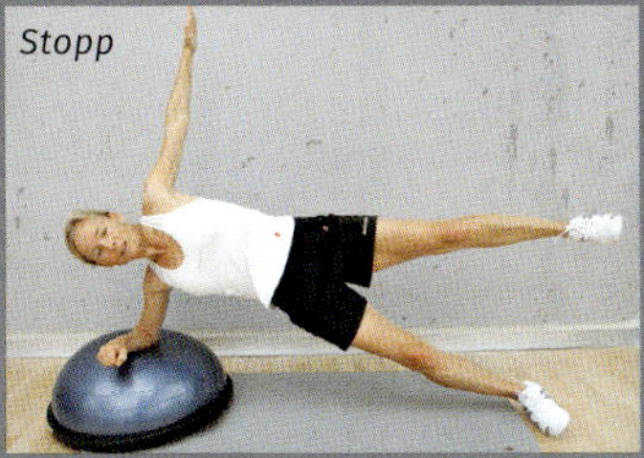
Stopp

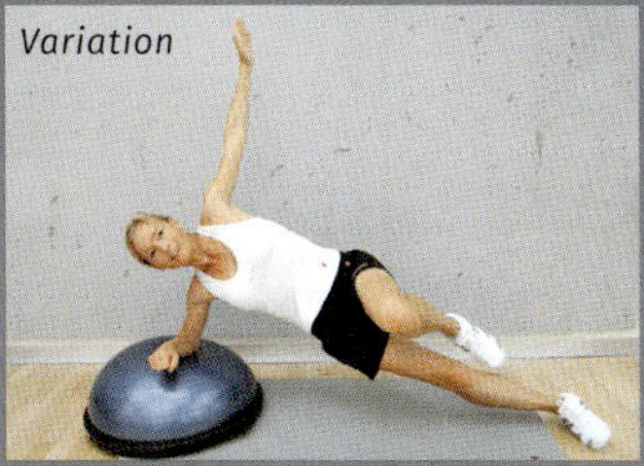
Variation

- Ausgangsposition: in der Seitenlage mit dem Unterarm auf einem BOSU®-Ball oder einer anderen instabilen Unterlage
- Rumpfmuskulatur aktivieren
- Die Hüfte lateral bis zu einer neutralen Wirbelsäulenstellung anheben, gleichzeitig den Arm nach oben strecken und Bein anheben
- Als Variante kann das obere Knie gebeugt werden

(Vorsicht bei Ellenbogen- oder Schulterbeschwerden)

Innenrotation der Hüfte & Adduktion im Sitzen

5-10
1-2
2-1-1

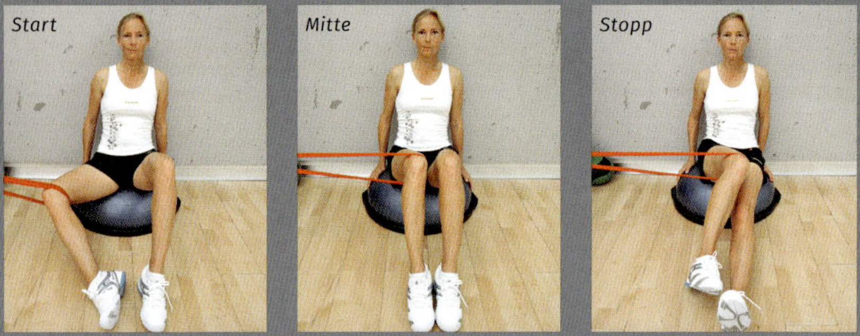

- Ausgangsposition: auf dem Boden, BOSU®-Ball oder einer anderen instabilen Unterlage sitzend
- Ein Fitnessband um die Knie legen und an der Seite fest verankern
- Rumpfmuskulatur aktivieren
- Die Hüfte gegen den Widerstand des Fitnessbands nach innen rotieren und wieder zurück in die Ausgangsposition gehen

---

Außenrotation der Hüfte & Abduktion im Sitzen

5-10
1-2
2-1-1

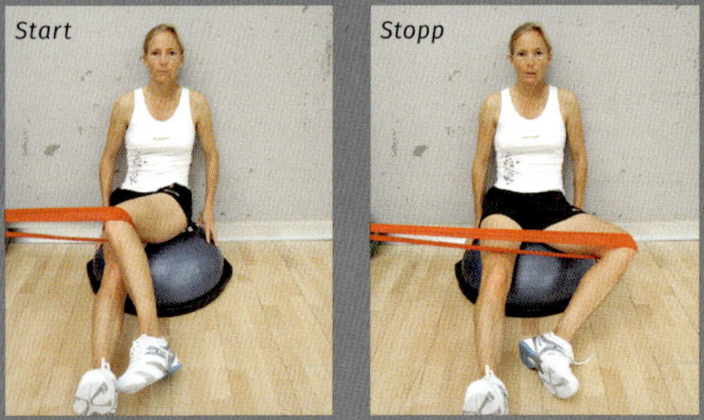

- Ausgangsposition: auf dem Boden, BOSU®-Ball oder einer anderen instabilen Unterlage sitzend
- Ein Fitnessband um die Knie legen und an der Seite fest verankern
- Rumpfmuskulatur aktivieren
- Die Hüfte gegen den Widerstand des Fitnessbands nach außen rotieren und wieder zurück in die Ausgangsposition gehen

Diagonale Oberkörper-Twists im Sitzen

8-10-12
1-2
1-1-1

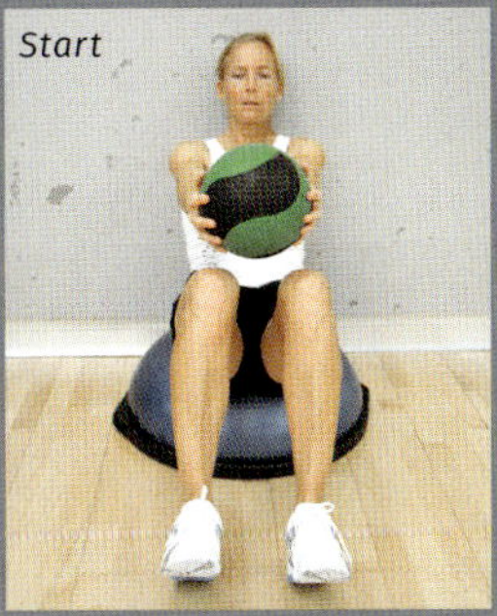
Start

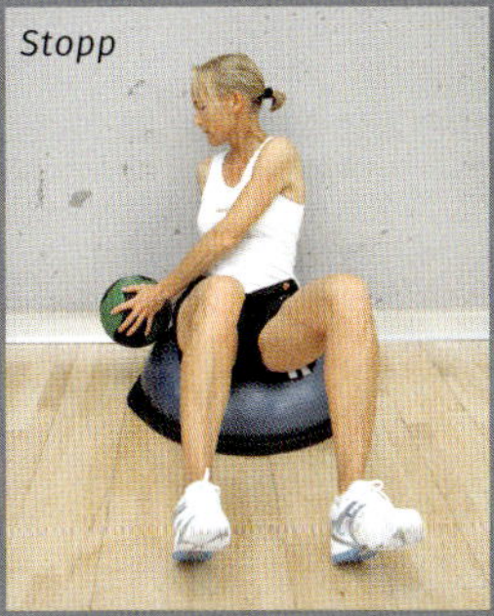
Stopp

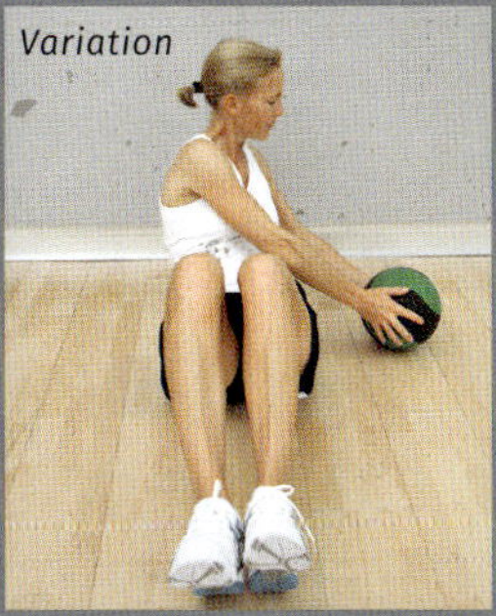
Variation

- Ausgangsposition: auf dem Boden, BOSU®-Ball oder einer anderen instabilen Unterlage sitzend
- Einen Medizinball mit gestreckten Armen in den Händen halten
- Rumpfmuskulatur aktivieren
- Den Oberkörper rotieren und mit dem Medizinball den Boden auf beiden Seiten berühren und zurück in die Ausgangsposition gehen

---

Brücke in der Rückenlage mit Balldrücken & diagonalem Armziehen

5-10-15
1-2
1-1-1

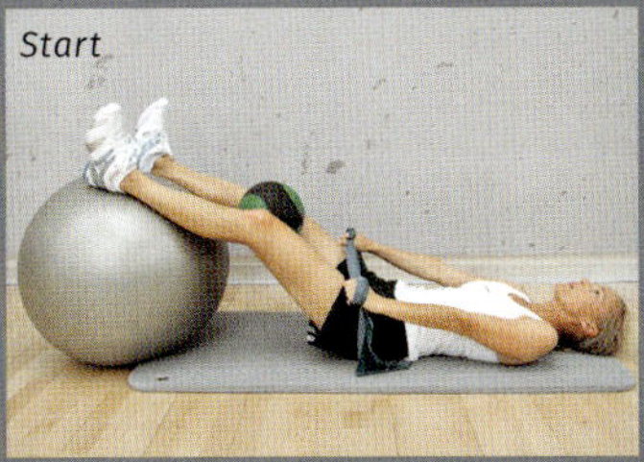
Start

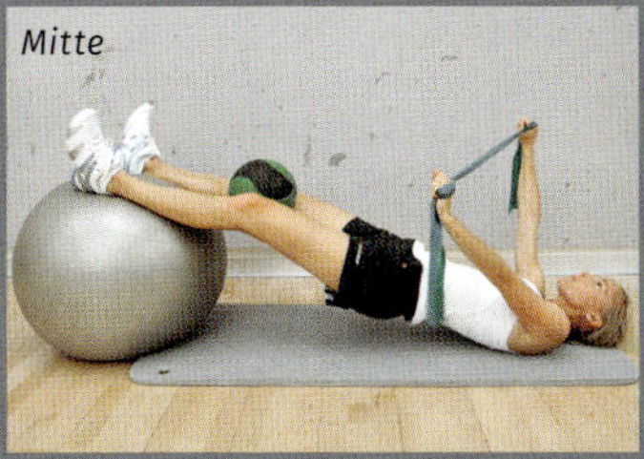
Mitte

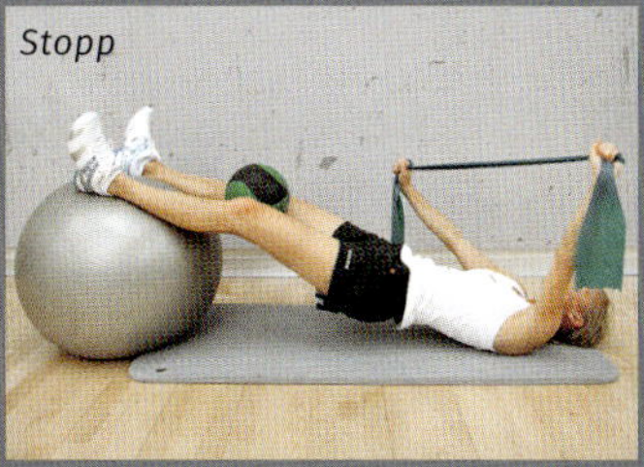
Stopp

- Ausgangsposition: in der Rückenlage mit den Unterschenkeln und Füßen auf einem Fitnessball
- Einen kleinen Ball zwischen den Knien platzieren und leicht drücken
- Ein Fitnessband mit beiden Händen halten
- Rumpfmuskulatur aktivieren
- Die Hüfte anheben und das Fitnessband diagonal auseinanderziehen

Brücke in der Rückenlage & Oberkörperrotation & Balldrücken

5-10-15
1-2
1-2-1

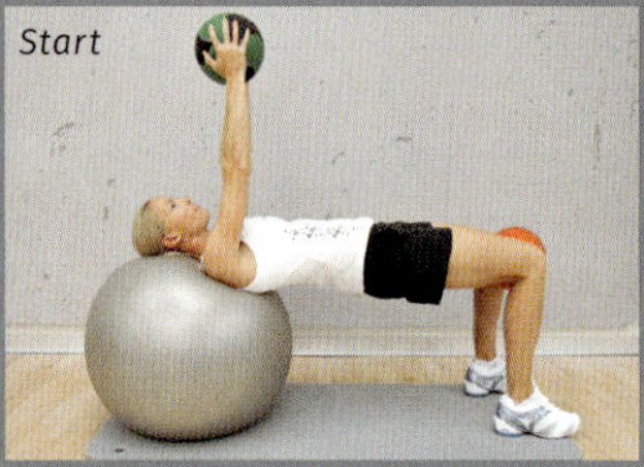

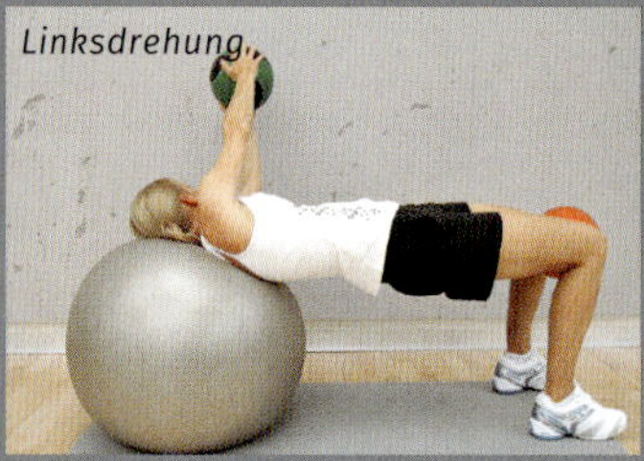

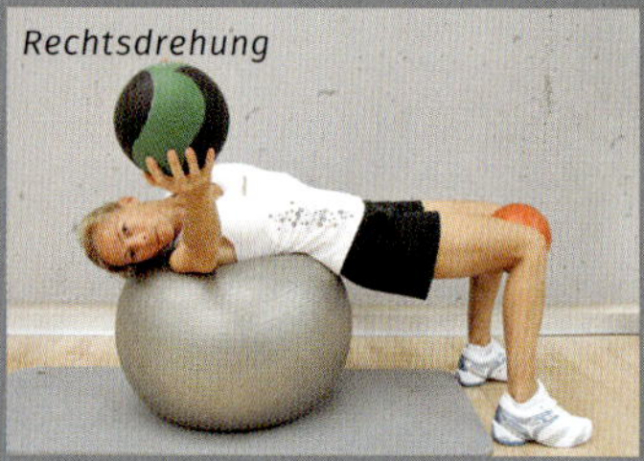

- Ausgangsposition: der obere Teil des Rückens liegt auf einem Fitnessball, die Füße stehen fest auf dem Boden
- Einen kleinen Ball zwischen den Knien platzieren und leicht drücken
- Einen Medizinball oder ein leichtes Gewicht mit den gestreckten Armen über den Kopf halten
- Rumpfmuskulatur aktivieren
- Den Oberkörper langsam von Seite zu Seite rotieren

Brücke in der Rückenlage mit diagonalem Armziehen

5-10 / Position
1-2
1-5-1 oder 1-10-1 oder 1-20-1

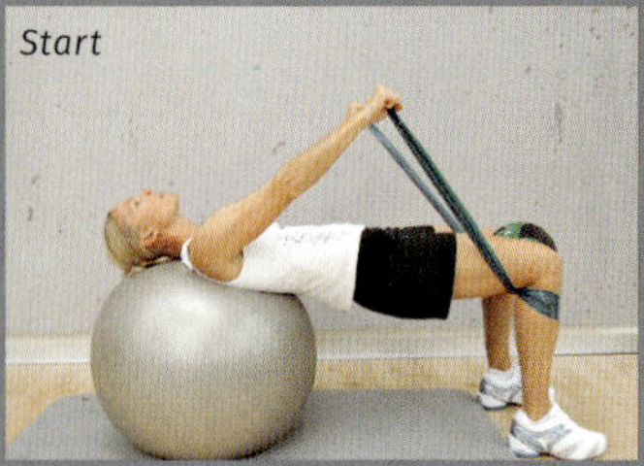

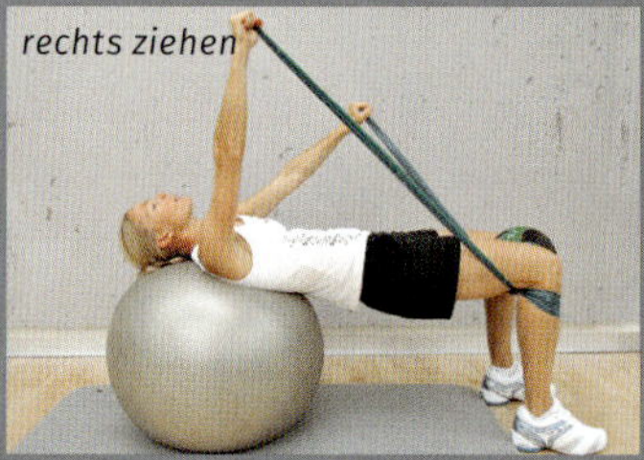

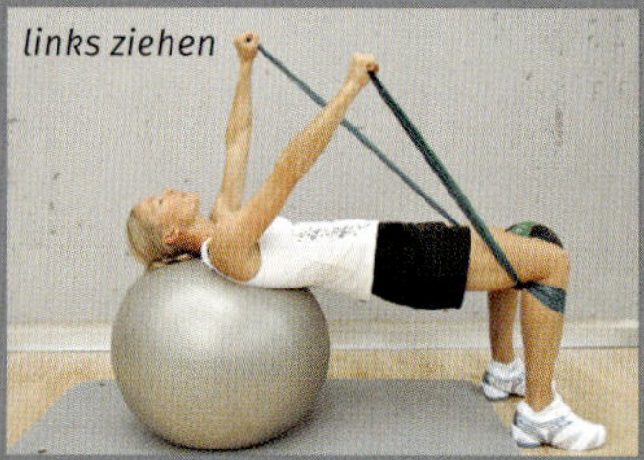

- Ausgangsposition: der obere Teil des Rückens liegt auf einem Fitnessball, die Füße stehen fest auf dem Boden
- Einen kleinen Ball zwischen den Knien platzieren und leicht drücken
- Ein Fitnessband in den Händen halten und an den Beinen verankern
- Rumpfmuskulatur aktivieren
- Die Arme diagonal gegen den Widerstand des Fitnessbandes nach oben ziehen

Brücke in der Rückenlage mit Rücken- & Armstreckung

5-10-15
1-2
3-0-1

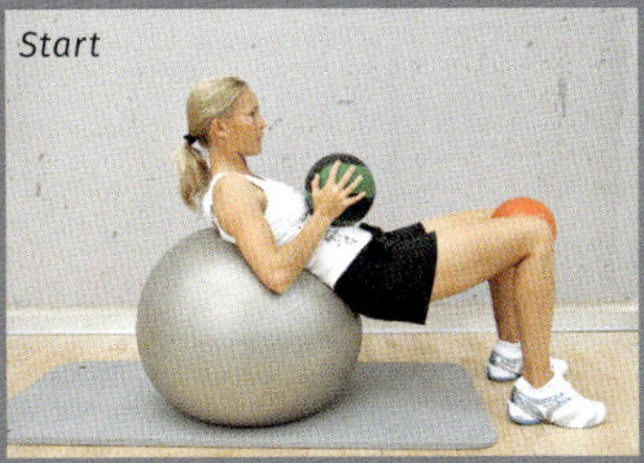

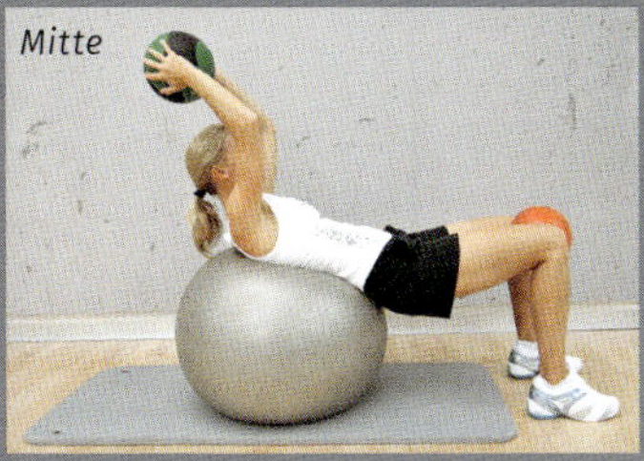

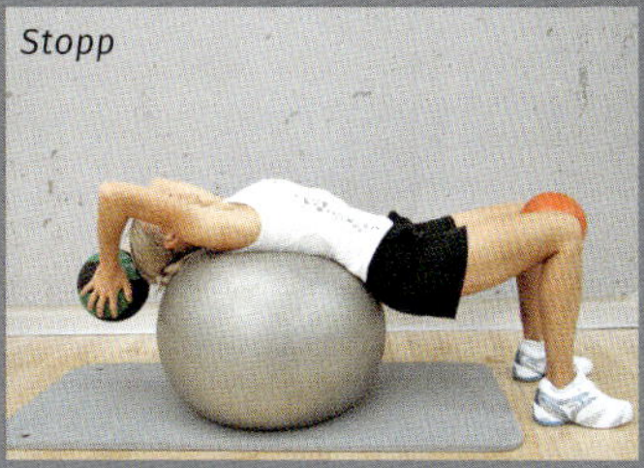

- Ausgangsposition: der obere Teil des Rückens liegt auf einem Fitnessball, die Füße stehen fest auf dem Boden
- Einen kleinen Ball zwischen den Knien platzieren und leicht drücken
- Einen Medizinball in den Händen gegen den Bauch halten
- Rumpfmuskulatur aktivieren
- Den Medizinball nach oben über den Kopf strecken, um die Bauchmuskeln in der Verlängerung zu trainieren

Sind diese Übungen nicht anstrengend/herausfordernd genug, können erfahrene Sportler oder auf Empfehlung eines Gesundheits- oder Fitnessexperten weitere Übungen hinzugefügt werden.

REGELN FÜR DAS RUMPFTRAINING

- Die obere und untere Rumpfmuskulatur sollte in irgendeiner Art täglich trainiert werden.
- Es sollte immer mit der „Rumpfmuskulatur aktivieren"-Routine begonnen werden, um die untere Bauchmuskulatur so zu konditionieren, dass sie antizipatorisch arbeitet. Das ist besonders nach einer Pause, einer Verletzung, einer Frakturfehlstellung zu empfehlen oder wenn Lenden-, Hüftschmerzen oder Muskelkater vorliegen.
- Vorsicht ist bei herkömmlichen Sit-ups geboten, da die Ellenbogen-Kniebewegung die Lenden sehr belastet.
- Rumpfübungen sollten nach dem Training oder Krafttraining durchgeführt werden, damit die Rumpfmuskeln während der Trainingseinheiten als Stabilisatoren richtig funktionieren können, und noch nicht ermüdet sind.

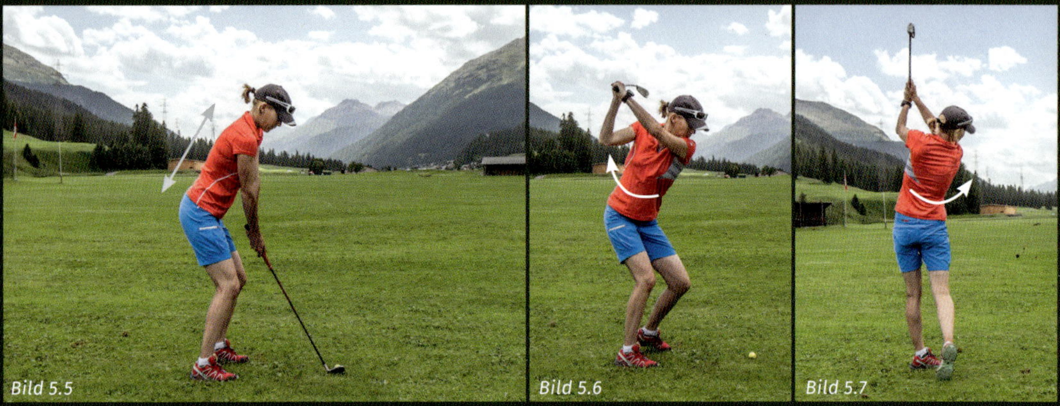

Für einen effizienten Schwung werden sowohl eine gute Haltung, als auch die obere und untere Rumpfstabilität benötigt.

Stabilität im oberen Rumpf und eine gute Haltung unterstützen die Technik

Schlechte Körperhaltungen während der Arbeit, beim Autofahren und in der Schule können oft zu Dysbalancen der Muskulatur im Schulter- und Nackenbereich und im oberen Rücken führen. Eine nach vorne gezogene Kopfhaltung und eine damit verbundene Dysfunktion des Schulterblatts („fliegende Schulterblätter“) kommen unter Golfspielern sehr häufig vor. Dies ist auf unsere vorwiegend sitzenden beruflichen Tätigkeiten und die Nutzung von Computern und mobilen Geräten zurückzuführen.

Zusätzlich werden die meisten Sportarten in einer Position ausgeübt, in der die Schultern nach vorne gezogen werden. In dieser Position ist die Schulter in jeder Schwungbewegung oder Bewegung über den Kopf verletzlicher. Die Muskeln, die die Schulter nach innen drehen (Pectoralis major, Anterior deltoid, Subscapularis und Latissimus dorsi) sind normalerweise stärker als die Rotatoren nach außen (Posterior deltoid und Infraspinatus). Dies ist besonders auf der stärkeren Körperhälfte ausgeprägt. Eine Schulterdysfunktion und Schmerzen entstehen oder werden durch diese schlechte Haltung und/ oder ein Ungleichgewicht in Muskellänge und -stärke im Schulter- und Schulterblattbereich verschlimmert. Bei einem Schwung mit einer schlechten Haltung können sich die Muskeln schlechter zusammenziehen, stabilisieren und verlängern, somit sind die korrekten Bewegungen gefährdet. Die Folge davon ist, dass sich der Schwung aus einer Reihe von Kompensationsbewegungen zusammensetzt, anstatt aus einer fließenden und korrekt ausgeführten Bewegung mit einwandfreien Gelenk- und Muskelbewegungen.

Eine kurze Einführung in die Anatomie

Die Schulter (Glenohumeralgelenk) ist ein Kugelgelenk und eine von Natur aus instabile Knochenstruktur. Die Stabilität baut auf Bändern und einer

Kapsel auf, die die Schulter umschließen und eine statische Kontrolle geben. Die dynamische Kontrolle stammt vor allem von der Rotatorenmanschette sowie von den Muskeln, die die Bewegungen der Scapula kontrollieren. Die Rotatorenmanschette besteht aus Supraspinatus, Infraspinatus, Teres minor und Subscapularis. Eine starke Rotatorenmanschette spielt eine wesentliche Rolle bei der Kraftübertragung vom Boden, durch den Oberkörper und in die Arme.

Die Muskeln, die das Schulterblatt kontrollieren, sind der Serratus anterior, Inferior trapezius und die Rautenmuskeln. Das Schulterblatt muss sich in Koordination mit dem Arm bewegen und die Schulterblattmuskeln sind genauso wichtig wie die Rotatorenmanschette, um reibungslose und effiziente Armbewegungen auszuführen. Zu wenig Kraft oder Kontrolle in einem von diesen Muskeln, kann zu einem Impingement-Syndrom in der Rotatorenmanschette führen. Das betrifft besonders die Personen, die viele Schwungbewegungen oder viele Bewegungen mit den Händen über dem Kopf machen.

Golfspielern kann man helfen eine stabile obere Rumpfplattform zu entwickeln, indem man einfache Mittel (wie z.B. Fitnessbänder) für die Stärkung der oberen Rumpfmuskulatur und der Verbesserung der Stabilität einsetzt. Auf diese Weise können sie die Kräfte erzeugen, die für einen guten Golfschwung nötig sind. Das Kinn muss leicht nach innen zeigen, um den Kopf in einer Linie mit der Wirbelsäule zu halten. Die Schulterblätter werden zusammengezogen, um einen geraden Rücken zu bekommen. Bei einem Schwung mit einem runden Rücken und nach vorne gerichteten Kopf wird man sich beim Treffen des Balls leicht strecken, was zu Fehlern führt. Andere häufige Schwungprobleme bei einer schlechten Haltung bestehen darin, dass die Hüfte sich zur Seite bewegt und dass der Rückschwung flach wird.
Die folgenden Übungen stabilisieren den Schultergürtel und stärken die Rotatorenmanschette. Sie können nach einem leichten Aufwärmen mit Armkreisen und Schwüngen oder nach einigen Minuten auf einem Crosstrainer oder Rudermaschine durchgeführt werden.

Golfspieler können die Rumpfstabilität stärken, indem sie mit freien Gewichten auf dem Boden oder mit dem Fitnessband trainieren. Diese Übungen fördern ausgeglichene Muskeln, da genau die Muskeln in den Fokus gestellt werden, die gerne übersehen werden, und sie nutzen andere Kraftvektoren des Widerstands als traditionelle Trainingsmethoden. Sie fördern zusätzlich die Stabilität in Muskelregionen, die oft wegen Überlastung im Training und Spiel schwach sind und so zu Müdigkeit, aktiven Triggerpunkten und spürbaren Spannungen im Gewebe führen.

Die Schultergürtelmuskulatur muss beschleunigen und abbremsen können, um die Kraft aus dem unteren Rumpf und den Beinen während des vollen Schwungs in die Arme zu leiten.

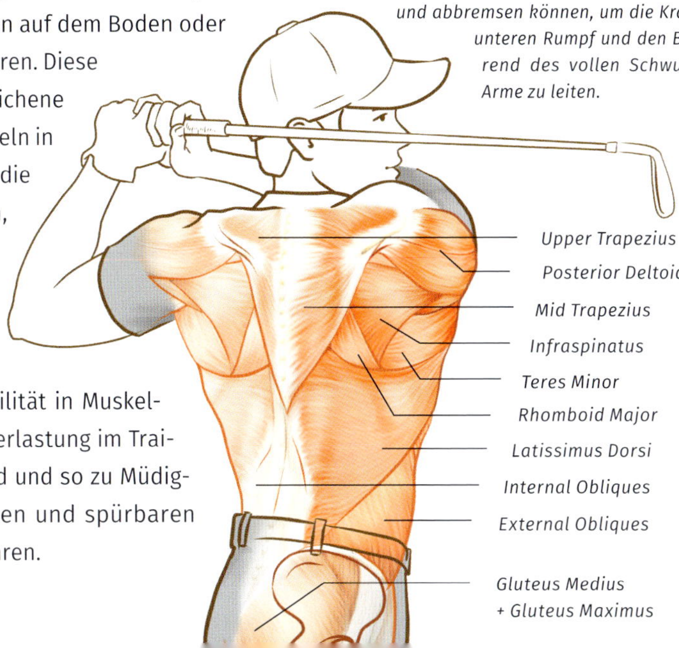

Stabilität in der oberen Rumpfmuskulatur

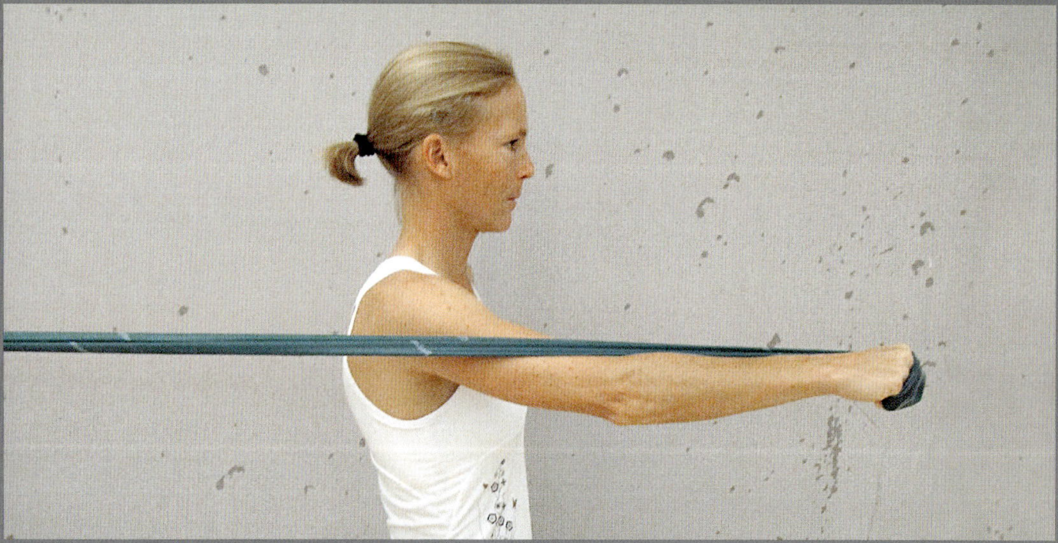

Schulterrudern

5-10-15
1-2
2-0-1

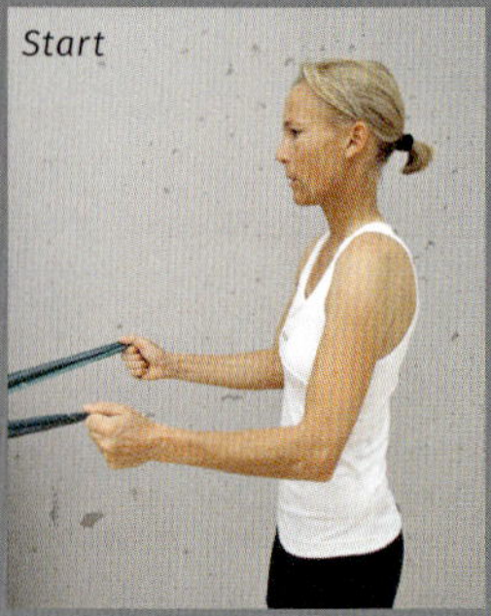

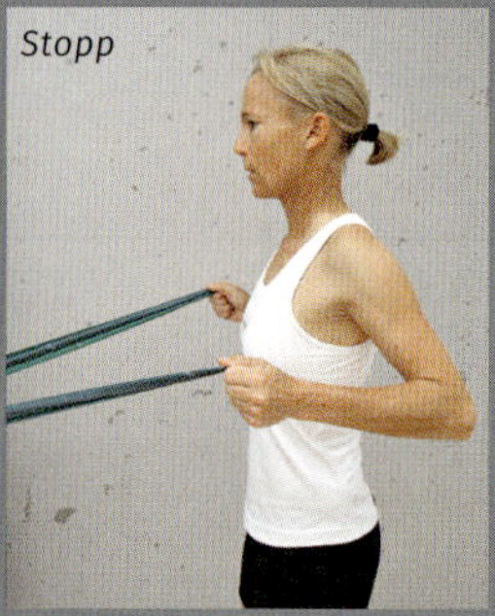

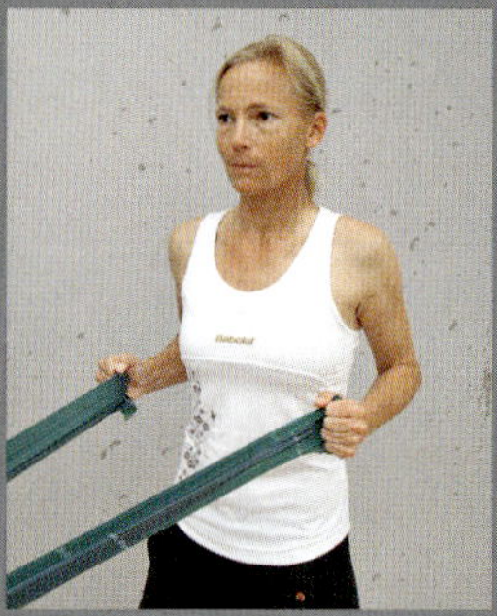

- In aufrechter Position die Enden eines Fitnessbands in den Händen halten
- Rumpfmuskulatur aktivieren
- Das Band dicht am Körper nach hinten ziehen und die Schulterblätter zusammenziehen

Schulterziehen
Der Buchstabe I

↻ 5-10-15
Ⓘ 1-2
◷ 2-0-1

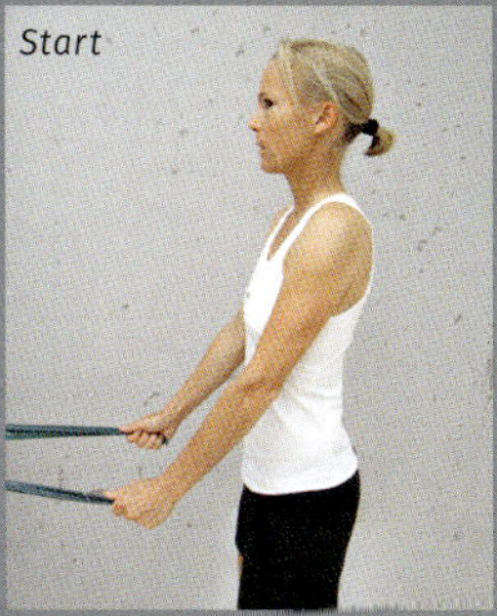

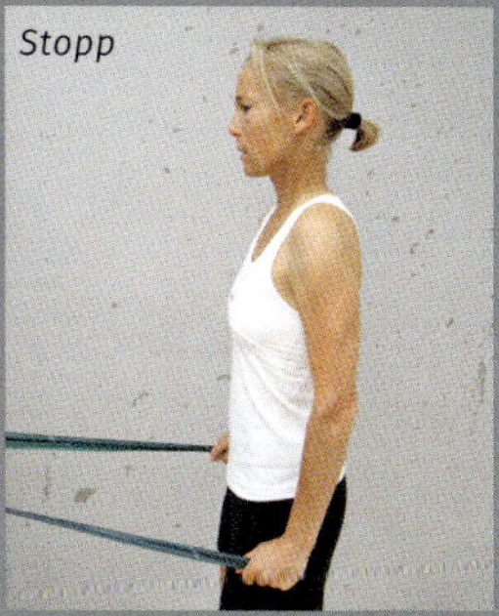

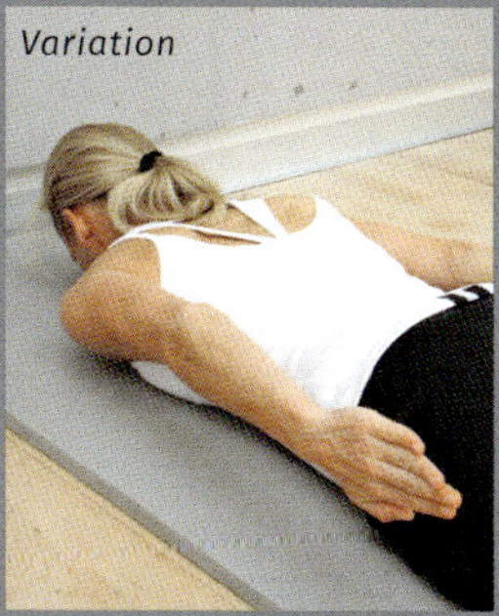

- In aufrechter Position die Enden eines Fitnessbands in den Händen halten
- Rumpfmuskulatur aktivieren
- Die Arme gerade halten und das Band dicht an der Hüfte nach hinten ziehen und die Schulterblätter zusammenziehen
- Eine einfachere Variante wäre diese Übung in Bauchlage durchzuführen

---

Schulterziehen
Der Buchstabe A

↻ 5-10-15
Ⓘ 1-2
◷ 2-0-1

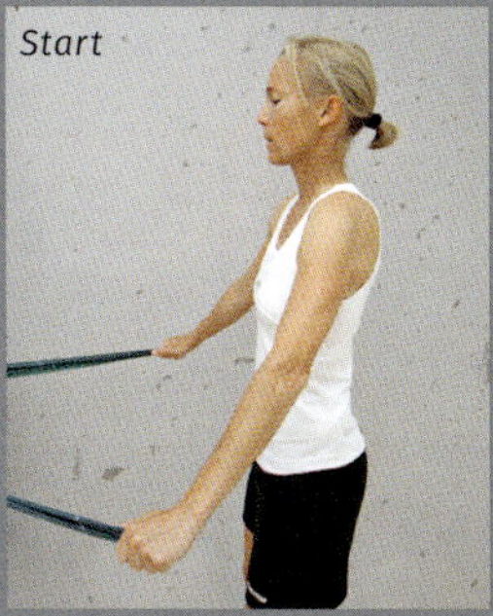

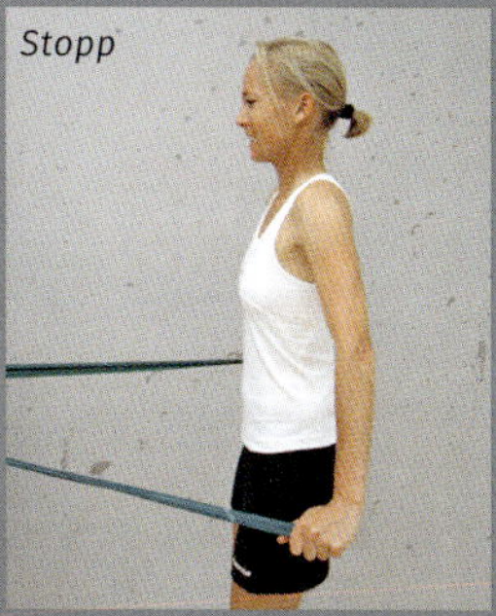

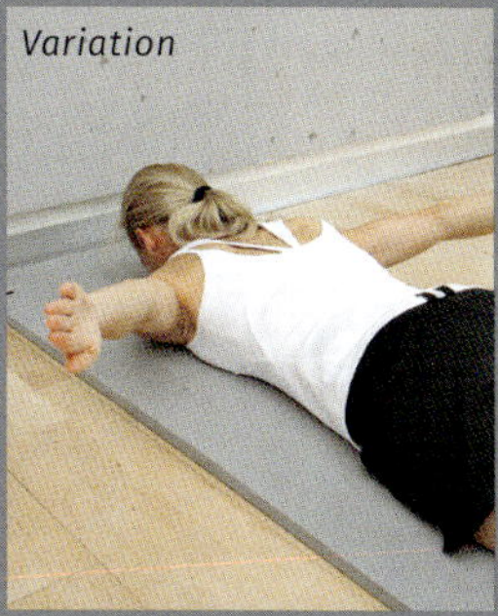

- In aufrechter Position die Enden eines Fitnessbands in den Händen halten
- Rumpfmuskulatur aktivieren
- Die Arme in einer 45-Grad-Position halten und das Band beidseitig nach hinten ziehen und die Schulterblätter zusammenziehen
- Eine einfachere Variante wäre diese Übung in Bauchlage durchzuführen

Schulterziehen
Der Buchstabe T

5-10-15
1-2
2-0-1

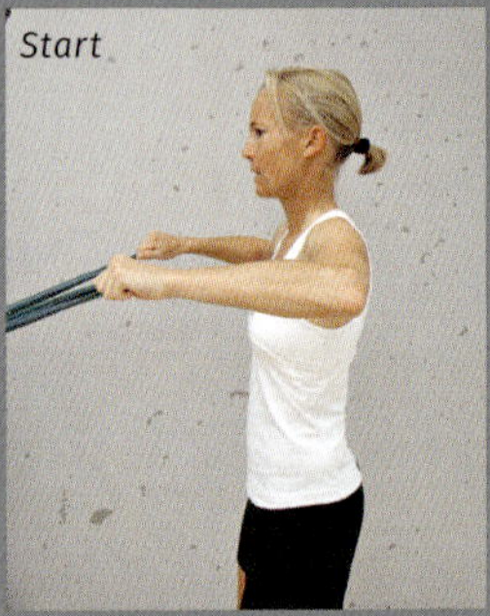

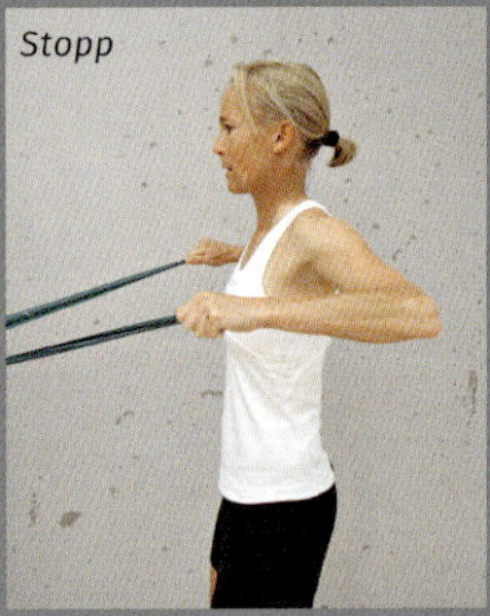

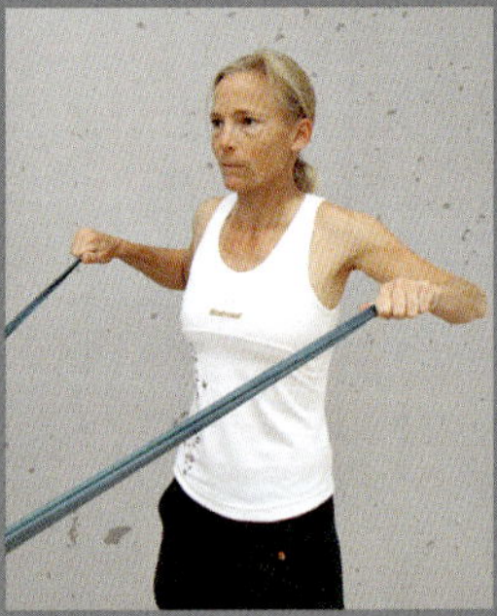

- In aufrechter Position die Enden eines Fitnessbands in den Händen halten
- Rumpfmuskulatur aktivieren
- Das Band beidseitig nach hinten ziehen, die Ellenbogen in 90-Grad-Position, die Arme bleiben etwas unterhalb der Schulterhöhe
- Schulterblätter zusammenziehen
- Zurück in die Startposition

Schulterziehen
Der Buchstabe W

5-10-15
1-2
2-0-1

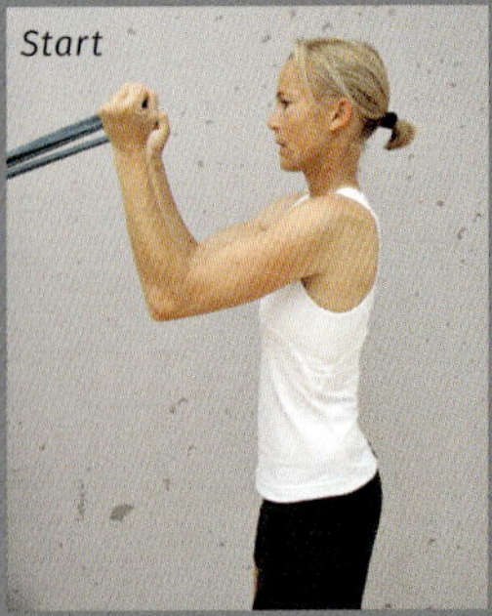

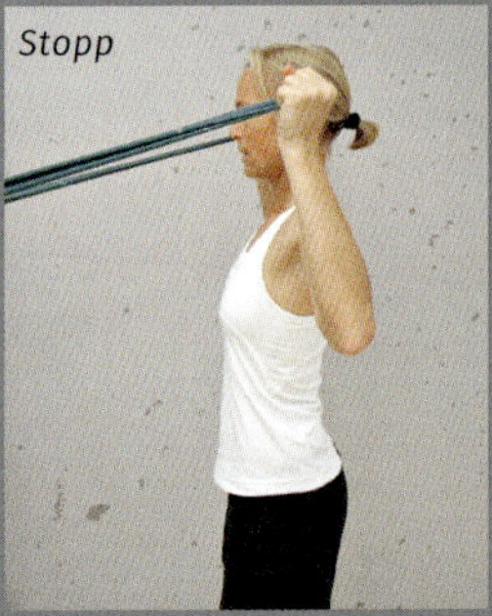

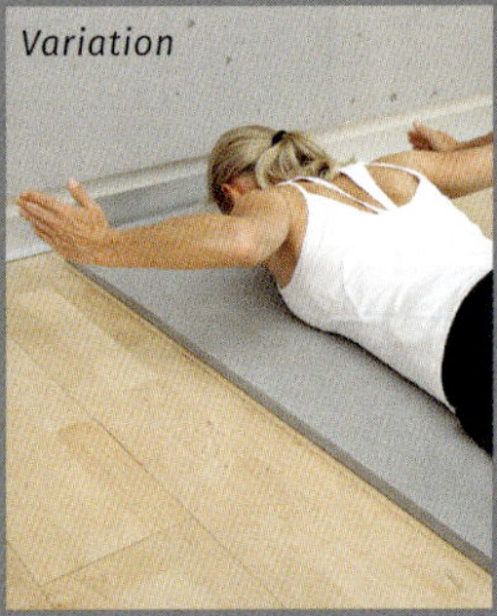

- In aufrechter Position die Enden eines Fitnessbands in den Händen halten, die Arme sind angewinkelt
- Rumpfmuskulatur aktivieren
- Das Band beidseitig nach hinten ziehen, die Ellenbogen bleiben in der 90-Grad-Position, die Arme bleiben auf Schulterhöhe
- Schulterblätter zusammenziehen
- Eine einfachere Variante wäre diese Übung in Bauchlage durchzuführen

Außenrotation der Schulter

5-10-15
1-2
2-0-1

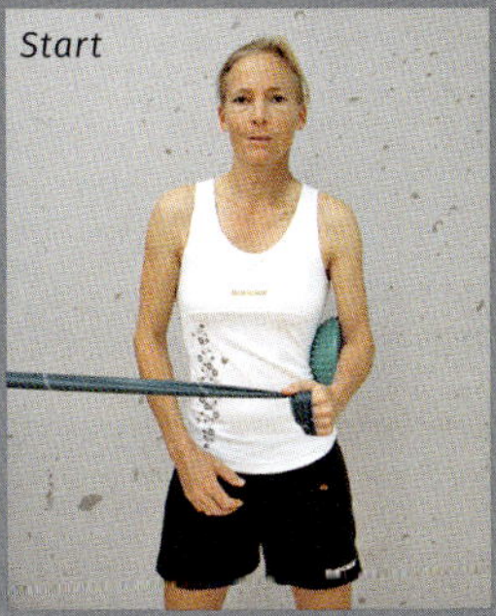
Start

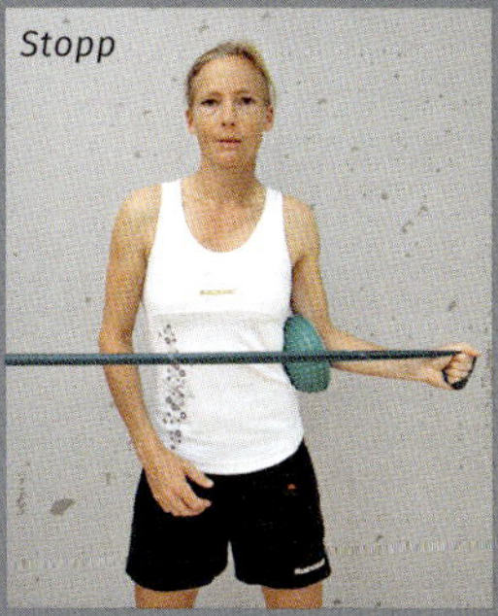
Stopp

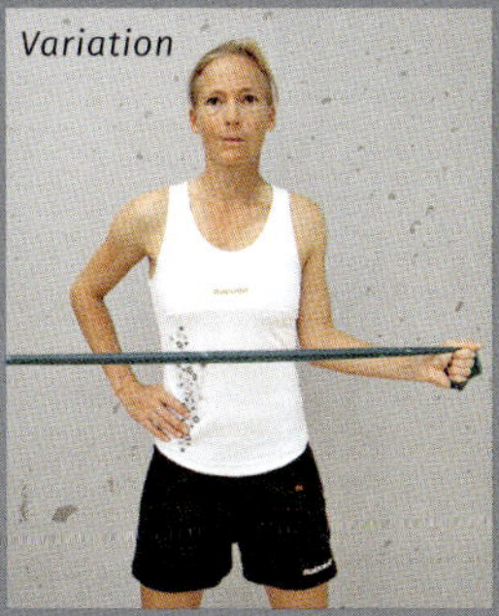
Variation

- In aufrechter Position ein Fitnessband mit einer Hand halten
- den Ellenbogen dicht am Körper halten oder einen Gegenstand/Tuch zwischen Ellenbogen und Körper einklemmen
- Rumpfmuskulatur aktivieren
- Fitnessband vom Körper wegziehen
- Zurück in die Startposition

Serratus-Schlag mit Ausfallschritt

5-10-15
1-2
2-0-1

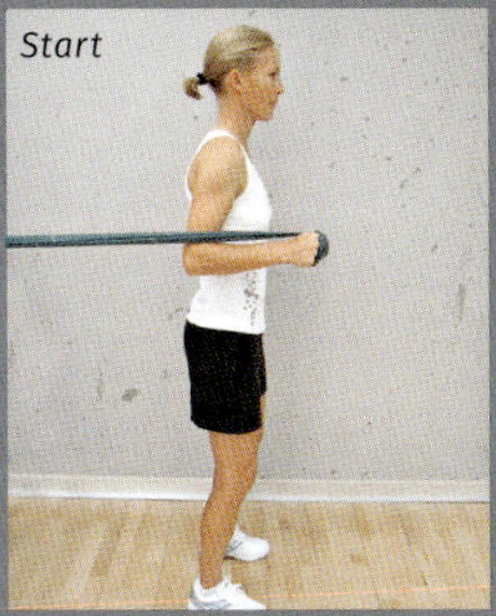
Start

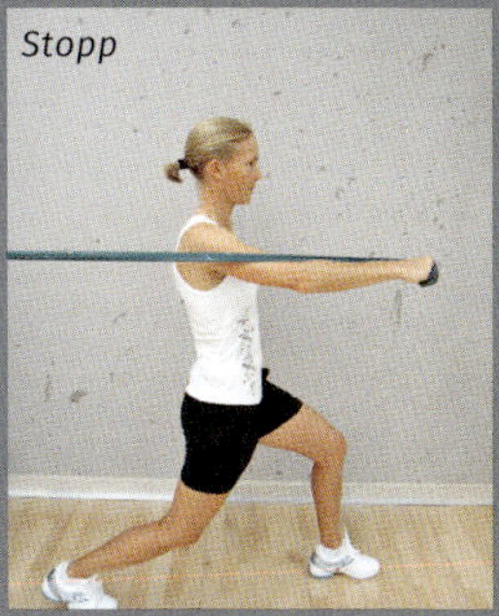
Stopp

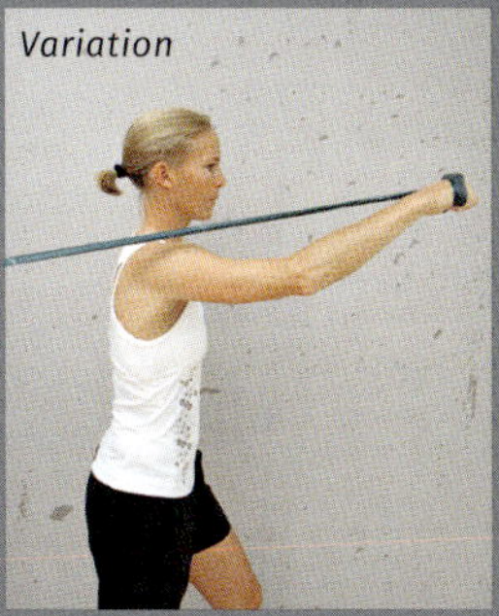
Variation

- In aufrechter Position ein Fitnessband mit einer Hand halten
- Rumpfmuskulatur aktivieren
- Mit dem Arm gegen den Widerstand des Fitnessbands nach vorne boxen, gleichzeitig mit dem gegenüberliegenden Bein einen Schritt nach vorne machen
- Mit beiden Seiten durchführen
- Zurück in die Startposition
- Eine Variation wäre, den Schlag weiter nach oben durchzuführen.

Diagonale Schulterzüge

5-10-15
1-2
2-0-1

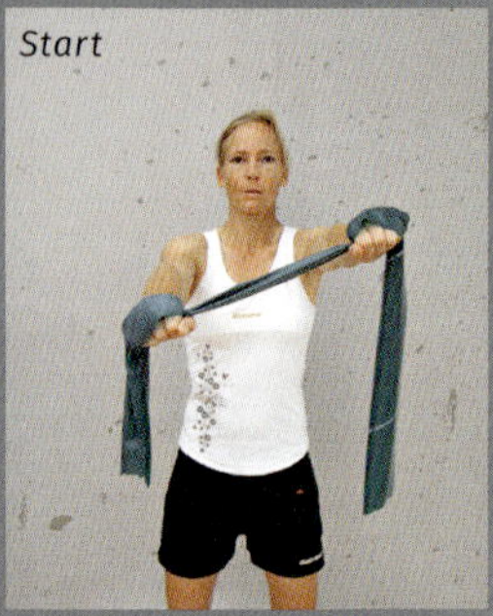
Start

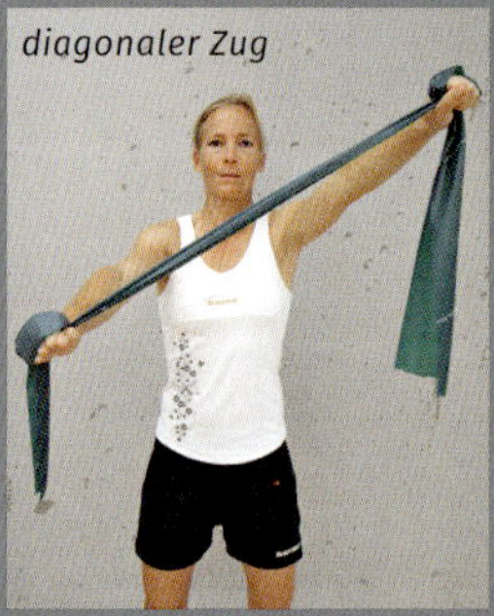
diagonaler Zug

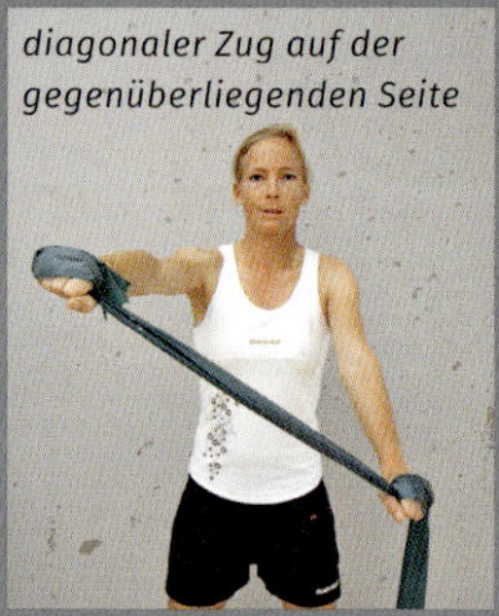
diagonaler Zug auf der gegenüberliegenden Seite

- In aufrechter Position ein Fitnessband an beiden Enden halten
- Rumpfmuskulatur aktivieren
- Diagonale Züge mit den Armen, sodass die Hände sich auseinanderbewegen, auf beiden Seiten wiederholen.

Schulterdrücken

5-10-15
1-2
2-0-1

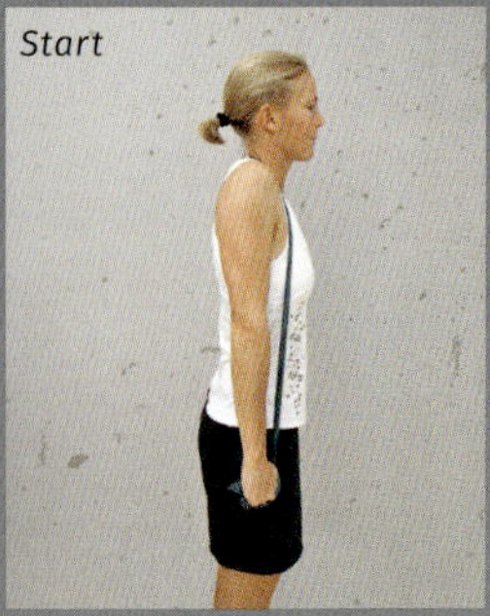
Start

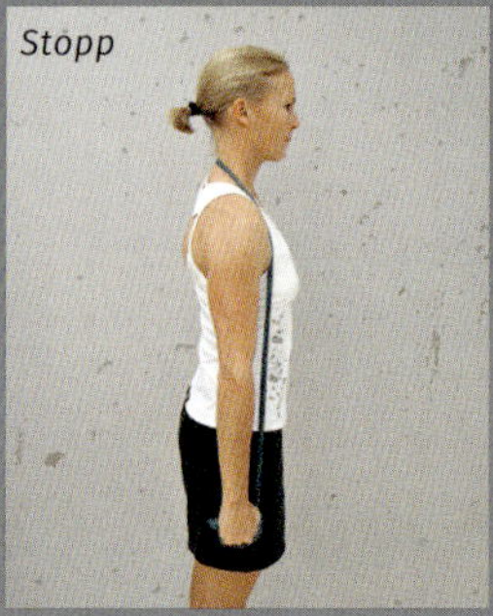
Stopp

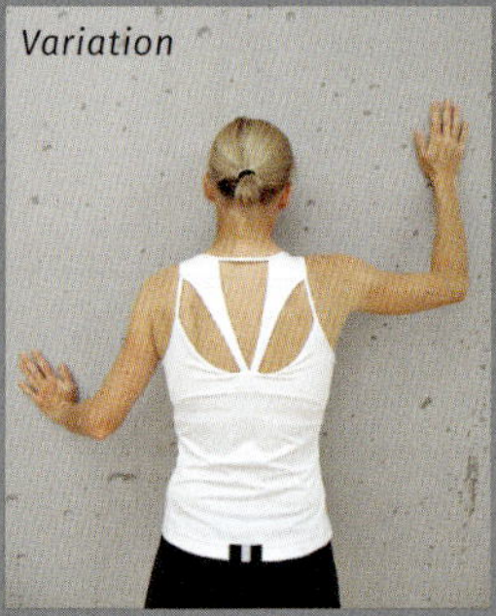
Variation

- Ein Fitnessband an beiden Enden im Stehen halten, die Schulterblätter sind hochgezogen
- Rumpfmuskulatur aktivieren
- Eine Schulter herunterdrücken, das Schulterblatt gegen den Widerstand des Fitnessbandes nach unten schieben
- In die Startposition zurückkehren und auf beiden Seiten wiederholen.
- Als Variation können Wandliegestützen in verschiedenen Positionen durchgeführt werden. Das fördert auch die Stabilität des oberen Rumpfs.

Schulterblattziehen

5-10-15
1-2
1-2-1

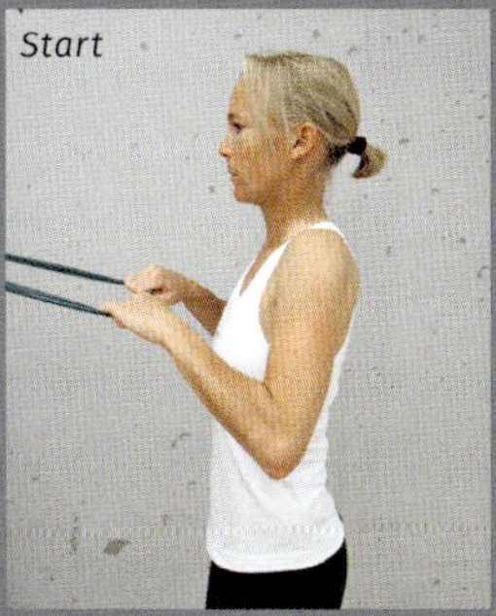

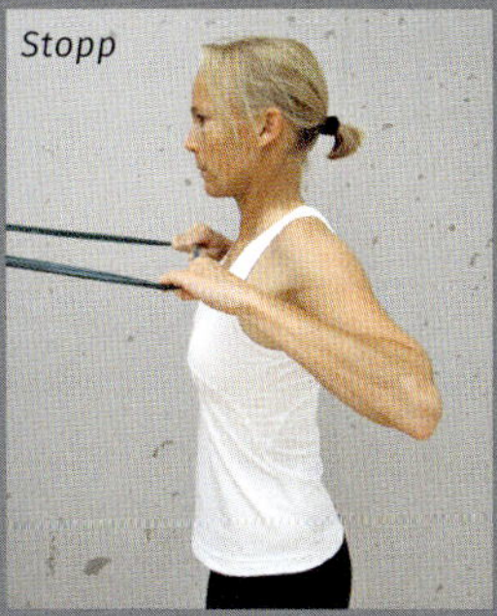

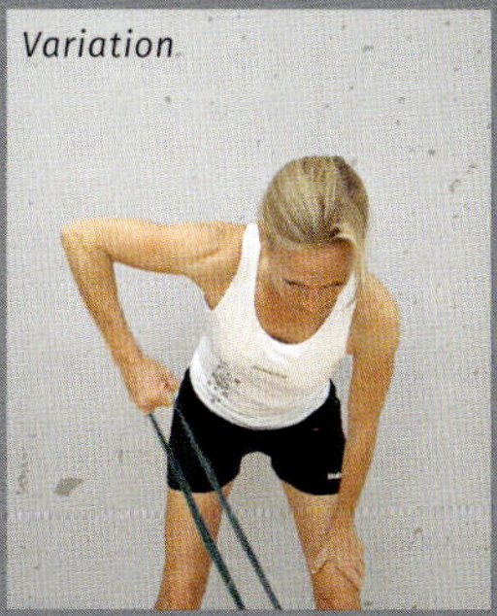

- In aufrechter Position ein Fitnessband an beiden Enden halten
- Das Fitnessband an die Brust ziehen und danach das Band auseinanderziehen, die Schulterblätter zusammenziehen und halten
- Langsam und kontrolliert zurück in die Startposition
- Eine Variante dieser Übung ist ein Schulterblattzug mit einem Arm in einer vorgebeugten Position

Mit diesen Übungen für den oberen Rumpf und zur Verbesserung der Haltung, kann eine stabilere Plattform und bessere Ausgangslage für den Schwung geschaffen werden. Mit einem flachen Rücken und einer verbesserten Haltung kann man einfacher und wiederholt die Schultern um die Wirbelsäulenachse während des Schwungs drehen und auf diese Weise einen konstanteren Kontakt und eine höhere Ballgeschwindigkeit erreichen.

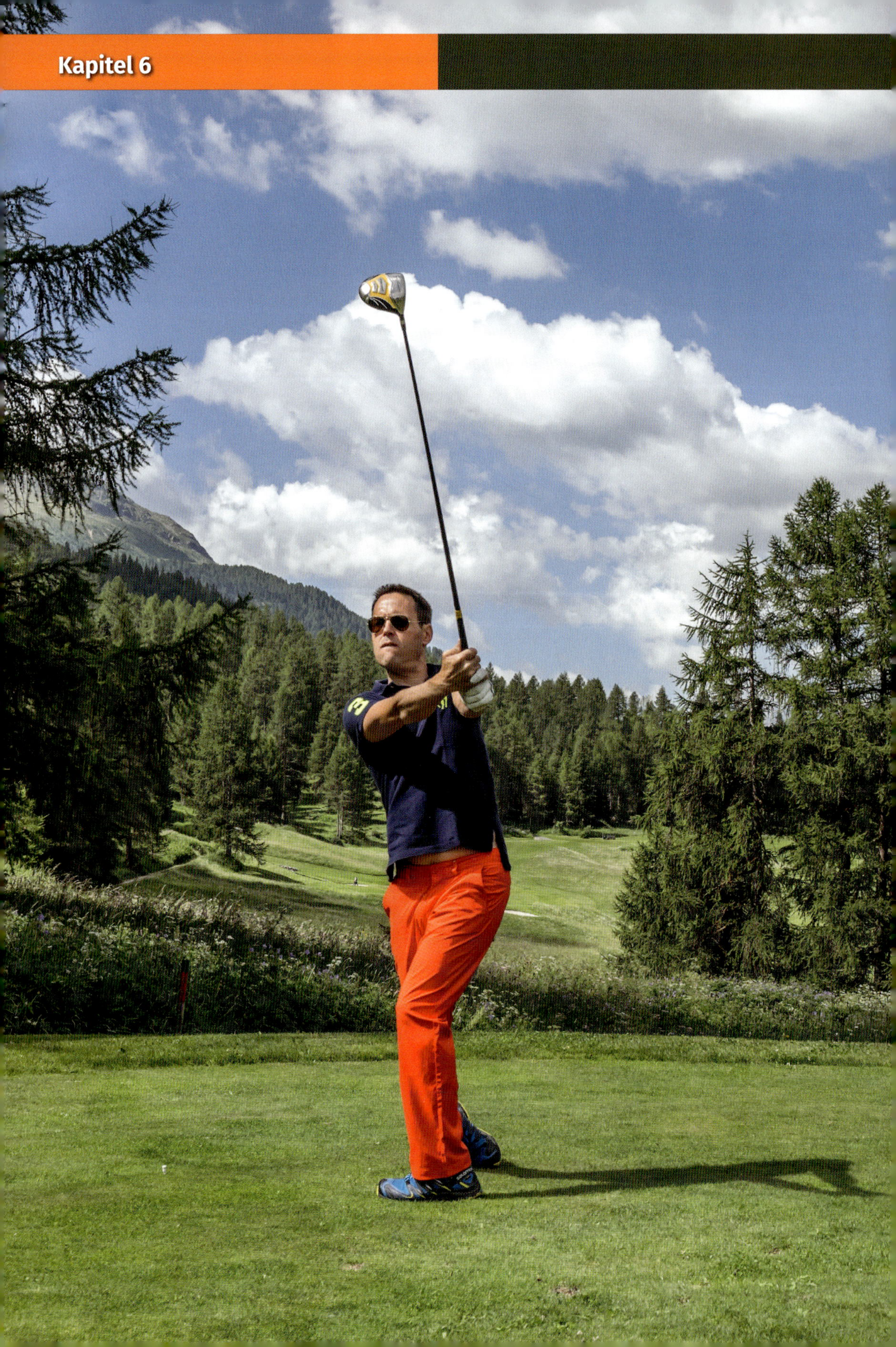

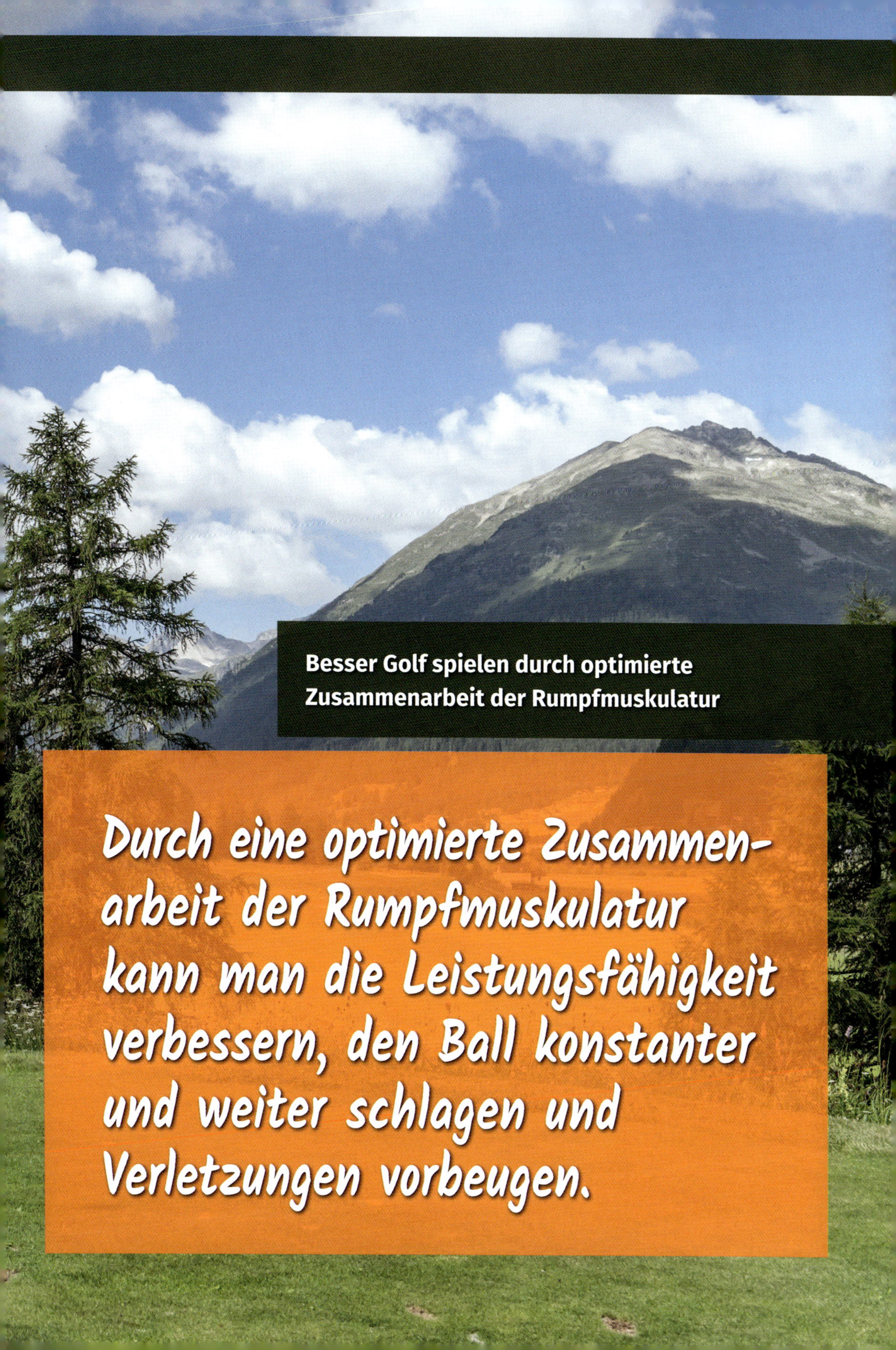

Kapitel 6

Besser Golf spielen durch optimierte Zusammenarbeit der Rumpfmuskulatur

Durch eine optimierte Zusammenarbeit der Rumpfmuskulatur kann man die Leistungsfähigkeit verbessern, den Ball konstanter und weiter schlagen und Verletzungen vorbeugen.

Besser Golf spielen durch optimierte Zusammenarbeit der Rumpfmuskulatur

Früher haben viele Golfspieler ein traditionelles Krafttraining vermieden – aus Angst, dass dieses den Schwung verlangsamen und dass der Muskelaufbau die Lockerheit auf dem Platz einschränken würde. Die Spieler von heute müssen aber stärker und leistungsfähiger sein als die Generationen vor ihnen. Aufgrund der gestiegenen Trainingsansprüche und immer mehr jüngeren Spielern, muss das Training sowohl auf junge als auch ältere Spieler abgestimmt werden.

In den letzten zwei Jahrzehnten hat sich das Kraft- und Stabilitätstraining für Golfspieler immer mehr verbreitet und ist ein wichtiger Bestandteil des jährlichen Periodisierungsplans. Ein richtig geplantes Krafttraining für die obere Rumpfmuskulatur, die Arme, die untere Rumpfmuskulatur und die Beine (Hüfte) steigert die Leistung auf dem Platz und lässt Spieler die maximale Kraft und Energie erhöhen, um das Training zu optimieren und Verletzungen vorzubeugen. Das Trainingsziel ist eine verbesserte Stabilität in allen drei Bewegungsebenen durch funktionelle Übungen.

Golf ist eine kontrollierte und methodische Sportart, die bei vielen Schlägen explosive Drehungen und Rotationen benötigt, um den Ball zu schlagen. Die durchschnittliche Anzahl von Schlägen auf der Driving Range, kann je nach Spieler zwischen 30 und 300 Schlägen variieren. Wie viele Bälle auf dem Platz gespielt werden, ist abhängig vom Handicap, wie viele Löcher gespielt werden und wie gut der Schwung ist.

Eine Runde auf dem Golfplatz kann 3,5 bis 5,5 Stunden dauern, und dabei werden ca. 5,5 bis 6,5 Kilometer auf unebenem Terrain zurückgelegt. Wenn man den Ball nicht immer geradeaus schlägt, kann noch ein Kilometer dazu kommen. Golfspieler bücken sich während einer Runde zwischen 36- und 100-mal: beim Aufteen, um nachzusehen, ob der Ball schmutzig ist, oder um ihn aus dem Loch zu holen.

Wer den Ball weiter und beständiger schlagen und schmerzfrei während und nach dem Spiel bleiben möchte, sollte einem Rumpf- und Stabilitätstraining hohe Priorität zugestehen. Alle Spieler hätten gerne kraftvolle Schläge und einen längeren Drive. Sie würden auch gern ihr kurzes Spiel verbessern, finden es aber nicht wichtig, physisch stärker zu werden, um die Schläge zu verbessern. Ein Anfänger kann von einem frühen Kraft- und Stabilitätstraining profitieren, indem eine gesunde, abgestimmte, ausbalancierte Plattform geschaffen wird, auf der die Grundlagen für einen guten, beständigen Schwung aufgebaut werden können. Diese Plattform schützt auch vor Verletzungen und Schmerzen. Für erfahrenere Spieler ist es nie zu spät, einer potenziellen physischen Dysbalance, die nach jahrelangem Training und Spielen entstanden ist, entgegenzuwirken. Ein gutes golfspezifisches Fitnesstraining verschafft auch Vorteile bei Wettkämpfen und kann dabei helfen, das Handicap zu senken.

Der Schwung beinhaltet Bewegungen auf vielen Ebenen und erzeugt Rotations- und Torsionskräfte in vielen Gelenken und Muskeln gleichzeitig. Die Schwungkraft soll vom Boden aus nach oben die dominante Seite aktivieren, die von den Beinen und der unteren Rumpfmuskulatur die

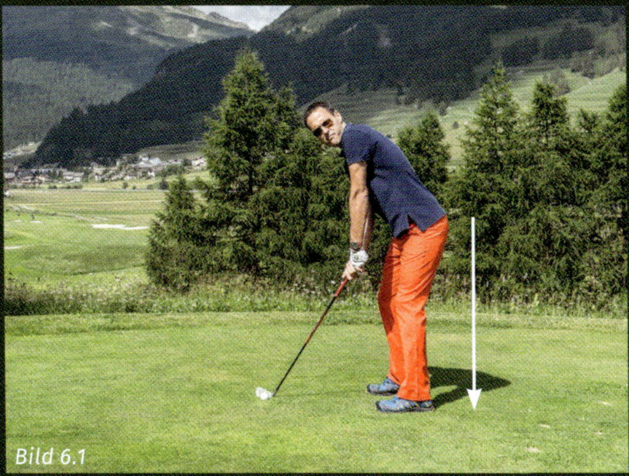

Bild 6.1

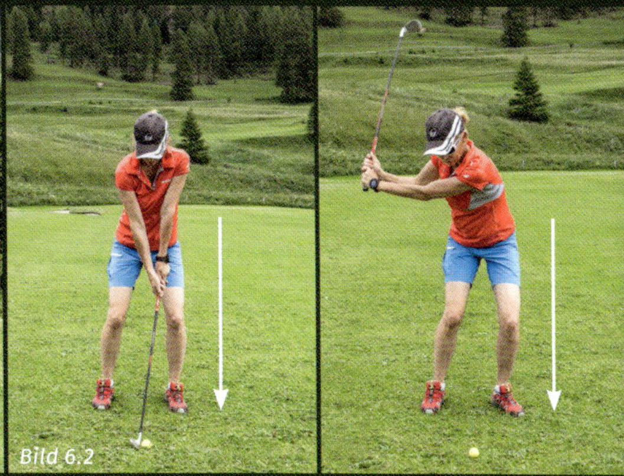

Bild 6.2

Bei der kinetischen Kette werden signifikante Kräfte von den Hüften bis zum Boden ausgeübt.

Energie und die Kraft in die obere Rumpfmuskeln und die Arme bis zum Schläger überträgt und leitet (siehe Bild 6.1/6.2). Sind Ausrichtung, Gleichgewicht, Rumpfstabilität, Abbremskraft und Hüftstabilität, die für einen guten Schwung benötigt werden, nicht optimal, ist das Risiko für den Spieler groß, sich zu verletzen. Bei Kraft- und Stabilitätstraining für Golfer müssen diese spezifische Bewegungsrichtungen und zusätzlichen Bedürfnisse beachtet werden.

VERLETZUNGSGEFAHR FÜR GOLFSPIELER

Über die Bedeutung des oberen und unteren Rumpftrainings für eine allgemeine Entwicklung, Leistung und Verletzungsprävention sind sich Physiotherapeuten, Ärzte, Trainer und Fitnesstrainer sehr bewusst. Funktionelle Daten zeigen, dass jugendliche Sportler eine schlechtere Tiefenwahrnehmung, weniger Kraft und Agilität in den Schlüsselstabilisatoren der Wirbelsäule sowie im Multifidus, Ilipsoas (Hüftbeuger) und Transversus abdominis besitzen (Alyas et al., 2007). Sehr wahrscheinlich gilt dies auch für Elitegolfer und Hobbyspieler. Wenn die stabilen Plattformen der oberen Rumpfmuskeln, der Arme, der unteren Rumpfmuskeln und den Beinen nicht richtig entwickelt sind, kann der Golfer keine optimale Leistung erbringen und riskiert, sich zu verletzen.

Golfspieler beschweren sich oft über Schmerzen im Lendenbereich. Lendenschmerzen können mit einem Ungleichgewicht in den Rumpfmuskeln (Akuthoto & Nadler, 2004) und Verletzungen in den unteren Extremitäten (Ireland et al., 2003) verbunden sein. Eine Studie hat auch aufgezeigt, dass Knieverletzungen oft mit einer Schwäche in der Hüftrotation in Verbindung gebracht werden können (Leetun et al., 2004). Kraft und Flexibilität in der Hüfte sind auch wichtig, da eine schlechte Hüftflexibilität oder -rotation oder eine schwache Abduktion bei Sportlern mit Schulterproblemen auftritt. Dies trifft auch auf Golfspieler zu.

Kraft und Stabilität in der Hüftabduktion ist wichtig für einen kraftvollen Schwung. Vor dem Treffen des Balls verlagert der Golfspieler 2- bis 3-mal sein Gewicht auf die Hüfte. Spieler mit schwachen Hüften tendieren eher zu Schwungproblemen, die die Leistung auf dem Platz beeinflussen und über längere Zeit zu Verletzungen führen können.

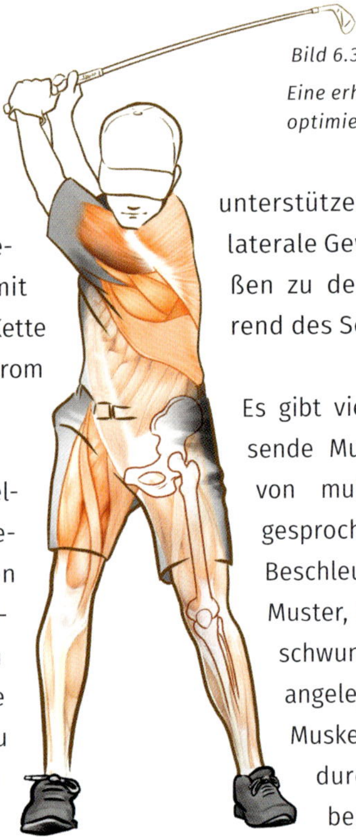

Bild 6.3

Eine erhöhte Rumpfstabilität verbessert und optimiert die Leistung.

Wenige Hobbyspieler oder Wettkampfspieler spielen eine ganze Saison, ohne Probleme mit den Lenden und dem Oberkörper zu haben oder Verletzungen in den oberen oder unteren Extremitäten zu erleiden, die mit einer Schwäche in der kinetischen Kette und/oder einem Malalignement-Syndrom in Verbindung gesetzt werden können.

Das Malalignement-Syndrom (Fehlstellung) und die dazugehörigen biomechanischen Veränderungen können aufgrund unausgeglichener Muskellängen und -stärken zu Verletzungen führen. Die darauffolgende erhöhte Spannung in den Geweben kann zu Überbelastung und Gewebeabbau führen. Sportler mit einem Malalignement-Syndrom können Schwierigkeiten haben besser zu werden, und im schlimmsten Fall müssen sie sogar aufhören (Schamberger, 2002). Das Malalignement-Syndrom kann wegen der Einseitigkeit des Golfschwungs durch die abnormale Rotations- und Abbremsbelastung auf den Körper verschlimmert werden. Spieler mit einem Malalignement-Syndrom haben ein erhöhtes Verletzungsrisiko und sobald sie sich einmal verletzt haben, brauchen sie wahrscheinlich länger, um wieder gesund zu werden.

DIE BEDEUTUNG DER RUMPFMUSKULATUR

Ausschlaggebend für die Rumpfstabilität von Golfern sind die Bauchmuskeln, weil sie eine muskuläre Verbindung zwischen den oberen und unteren Extremitäten bilden. Die Rumpfmuskulatur umfasst die Muskeln des Torsos und des Beckens, die für die Stabilität der Wirbelsäule und des Becken verantwortlich sind. Sie unterstützen die Energieentwicklung und laterale Gewichtsverlagerung von den großen zu den kleineren Körperteilen während des Schwungs.

Es gibt vier allgemein anerkannte umfassende Muskelketten, die beim Gestalten von multidimensionalen Übungen angesprochen werden sollten, die das Beschleunigen, Abbremsen, diagonale Muster, Rotation und Stabilität des Golfschwungs betreffen. Sie sind in Gruppen angelegt und erzeugen funktionelle Muskelketten aus den Hüften heraus durch den Lenden-Beckenbodenbereich (unterer Rumpf) und in den Schulterblatt-Brustrückenbereich (oberer Rumpf). In der Literatur werden vier Muskelketten beschrieben (Vleeming et al., 1995; Snijders et al., 1993): die hintere schräge Muskelkette, die vordere schräge Muskelkette, die längsverlaufende Muskelkette und die laterale Muskelkette. Diese Muskelketten unterstützen die Energieübertragung und leiten die Energie von den Beinen durch den Rumpf in den Oberkörper und in die Arme. Dies ist bei Schwungsportarten wie Golf, bei denen diagonale Bewegungsmuster mit Rotation und Abbremsen von besonderer Bedeutung sind, äußerst wichtig. Siehe Bild 6.4.

WARUM MÜSSEN DIE OBERE UND UNTERE RUMPFMUSKULATUR VERBUNDEN WERDEN UND ZUSAMMENARBEITEN?

Das Stärken der unteren und oberen Rumpfmuskulatur unterstützt eine stabile und dreidimensionale Kraftplattform, aus der die Extremitäten

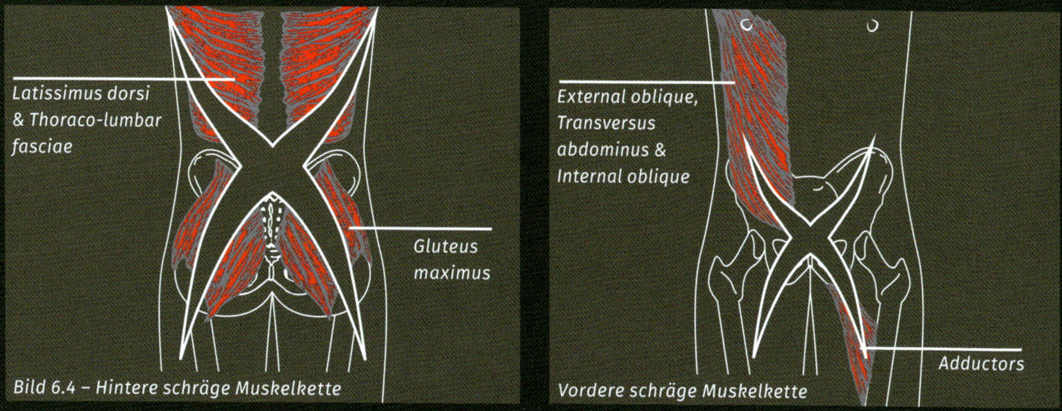

Bild 6.4 – Hintere schräge Muskelkette

Schematische Darstellung von zwei der vier allgemein anerkannten funktionellen Muskelketten (nach Vleeming et al., 1995 & Snijders et al., 1993)

während Beschleunigungs- und Abbremsaktivitäten auf mehrere Ebenen, in mehreren Gelenken und Muskeln arbeiten können (Petersen, 2005). Geschlossene oder teils geschlossene Kettenübungen mit unterschiedlichem Widerstand für eine bessere Stabilität in den hinteren und vorderen schrägen Muskelketten fördern die Fähigkeit, den Schwung vorzubereiten, zu beschleunigen und abzubremsen sowie das Gewicht lateral zu verlagern. Zusätzliche Übungen, die die lateralen und längsverlaufenden Muskelketten einbinden, verbessern die Stabilität und verbinden die Rumpfmuskulatur weiter.

Forschungsergebnisse haben gezeigt, dass die Position der unteren Extremitäten die Aktivierung der Schultermuskulatur und das muskuläre Gleichgewicht in geschlossenen Kettenübungen beeinflusst (Maenhout et al., 2009). Die Position und Bewegung des Torsos und der unteren Extremitäten beeinflussen die Schultermuskelaktivierung und das Gleichgewicht auch in offenen kinetischen Kettenübungen (De Mey et al., 2012). Eine Erklärung zu den Kettenübungen befindet sich in Kapitel 2 „Das ABC des intelligenten Trainings für Golfspieler“.

Für Mediziner, Golf- und Fitnesstrainer ist es eine große Herausforderung Rumpfmuskelübungen zusammenzustellen, die ein optimales Zusammenarbeiten des oberen und unteren Rumpfes, Gleichgewicht, Timing und die Abbremskontrolle fördern, und die den Herausforderungen des Golfspiels entsprechen. Am besten funktionieren Rotations- und Drehübungen sowie Übungen in der Schräge, die die ganze kinetische Kette miteinbeziehen. Viele Übungen im Fitnesscenter sind aber maschinengebunden und umfassen oder isolieren ein einziges Gelenk und erlauben nur eine Bewegung in einer oder zwei Bewegungsebenen, ohne die ganze kinetische Kette miteinzubeziehen. Sie vernachlässigen den Fokus auf die Haltung während der Gewichtsverlagerung durch die kinetische Kette und garantieren auch nicht immer, dass der Körper in allen drei Bewegungsebenen trainiert wird. Um einen kraftvollen Schwung zu unterstützen, müssen die obere und untere Rumpfmuskulatur in der Lage sein, sich aufzuziehen, zusammenzuziehen und sich voneinander zu lösen.

Durch das Verbinden und eine optimale Zusammenarbeit der Rumpfmuskulatur mit Stabilitätstraining für den unteren und oberen

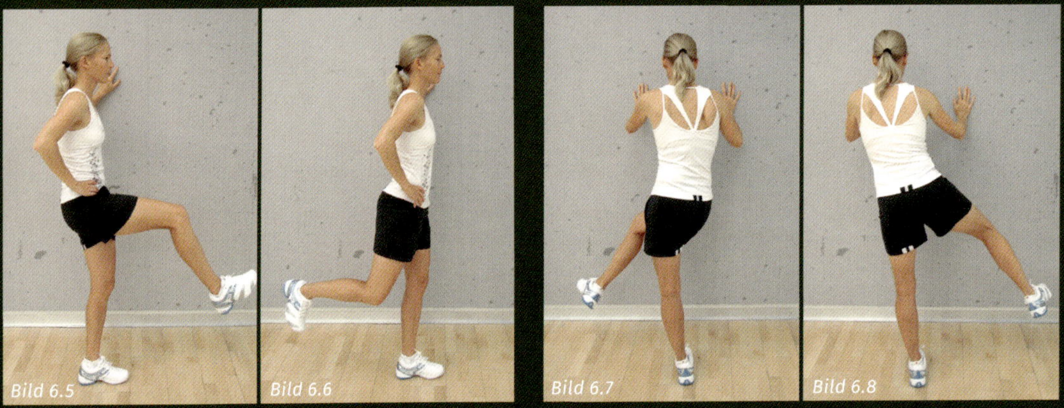

Bild 6.5 Bild 6.6 Bild 6.7 Bild 6.8

Aufwärmen: Beinschwünge nach vorne, nach hinten und von Seite zu Seite. 2 Sätze mit je 10 Wiederholungen.

Rumpfbereich in mehreren Richtungen ergeben sich intelligente Trainingsstrategien, die Golfspieler jeder Altersstufe erlernen können. Der Fokus der Rumpfübungen sollte am ABC des intelligenten Trainings ausgerichtet sein: A – Ausrichtung, B – Balance, C – „closed“, geschlossene und teils geschlossene kinetische Kettenübungen und D – „deceleration strength“, Abbremskraft , E – „extended“, gestreckte Hüftposition.

DIE VORTEILE DES STABILITÄTSTRAININGS FÜR EINE VERBESSERTE ZUSAMMENARBEIT DER RUMPFMUSKULATUR

- Die Haltung wird verbessert und eine korrekte Aufrichtung des Beckens gefördert
- Die funktionellen Muskelstränge, die den oberen und unteren Rumpf verbinden, werden gestärkt
- Verbessert die kinetische Wahrnehmung in Muskeln und Gelenken, hilft die Gelenke zu zentrieren und neutralisiert Stress
- Mehr Stabilität in der funktionellen hüftgestreckten Position
- Das Training verbessert die Fähigkeit, den oberen und unteren Torso und die Extremitäten gegen einander zu rotieren und zu lösen
- Das dynamische Gleichgewicht und die Bewegungseffizienz werden verbessert
- Herkömmliche Trainingsmethoden werden durch zusätzliche Kraftübertragungen mittels Wiederständen ergänzt
- Die Leistungsfähigkeit wird verbessert und macht den Körper reaktionsfähiger
- Das Training bietet abwechslungsreiche, praktische, mobile und günstige Übungen
- Die folgenden Übungen können nach und nach in die Trainingspläne eingefügt werden, um die Zusammenarbeit der Rumpfmuskulatur zu optimieren, die Stabilität zu erhöhen und Timing, Gleichgewicht, Beschleunigung und Treffsicherheit des Schwungs zu verbessern.

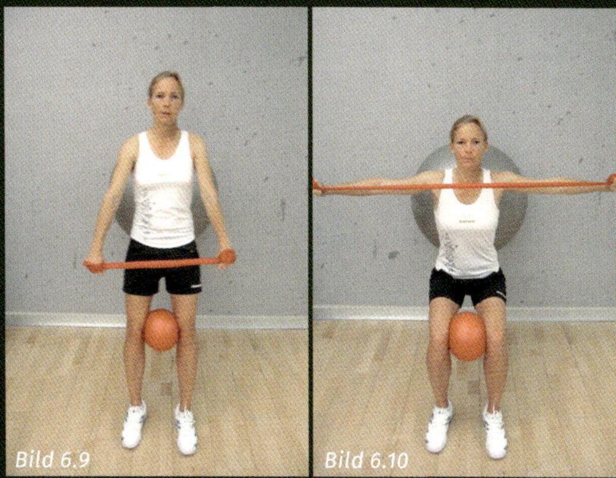

Beidbeinige Kniebeugen (Knie in einer Linie mit den Zehen) mit Schulterblattziehen. 2 Sätze mit je 10–15 Wiederholungen.

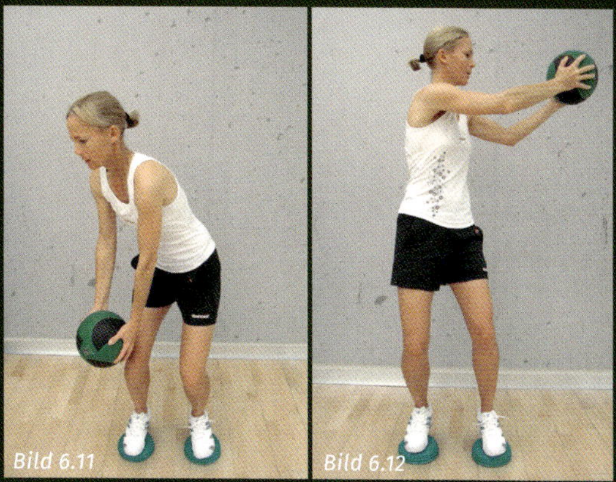

Rotierende Schwungbewegung auf einer instabilen Unterlage. Von oben nach unten und von unten nach oben ausführen. 2 Sätze mit je 10–15 Wiederholungen.

ZUERST AUFWÄRMEN

Vor jedem Übungsprogramm wird ein leichtes dynamisches Aufwärmen mit Übungen wie Beinschwüngen (siehe Bild 6.5–6.8), Knieheben und Kreuzschritten gemacht (nicht abgebildet). Es gilt immer zuerst den „Rumpf zu aktivieren" (wie einen Dimmer langsam hochdrehen) (Petersen, 2006a), um die Rumpfmuskulatur zu verbinden. Wenn man dies macht, kann man die obere und untere Rumpfmuskulatur besser durch den zentralen Rumpf, die „innere Einheit", aktivieren. Diese „innere Einheit" (Richardson et al., 1999) besteht aus vier Hauptmuskeln: Transversus abdominis (TA, d. h. untere Bauchmuskeln), Multifidus (tiefe, kleine Muskeln im Rücken), Beckenbodenmuskulatur und dem Zwerchfell.

Beidbeinige Kniebeugen mit einem großen Fitnessball im Rücken machen die Gelenke in den unteren Extremitäten warm und elastisch. Werden die Schulterblätter gleichzeitig nach hinten gezogen, können sich die Schulterblätter durch die hintere Rotatorenmanschette um den Thorax bewegen. Rotations- und Gleichgewichtselemente kommen zum Aufwärmen hinzu, wenn Oberkörperrotationen – von geringer zu starker Drehung – auf einer instabilen Unterlage ausgeführt werden. Siehe Bild 6.9–6.12.

Golfspieler können Übungen mit freien Gewichten auf dem Boden und mit dem Fitnessband durchführen, die verschiedene Schwierigkeitsstufen für das Gleichgewicht aufweisen, um die Rumpfstabilität zu aktivieren und den oberen und unteren Rumpf zu verbinden. Diese Übungen fördern eine gute Balance in den Muskeln, die oft übersehen wird.

Die vorgegebenen Programme sollten dem Alter, der Erfahrung und dem Fitnesslevel der Golfer angepasst werden. Grundsätzlich können einige (6–8) Übungen aus einem Programm oder ein Mix je nach Trainingsbedürfnis ausgewählt werden. Es sollte mit 1–2 Sätzen mit je 5–10 Wiederholungen begonnen werden, dann kann eine Steigerung auf 2–3 Sätze mit je 10–15 Wiederholungen erfolgen. Das Tempo sollte langsam sein.

Zusammenarbeit der Rumpfmuskulatur A

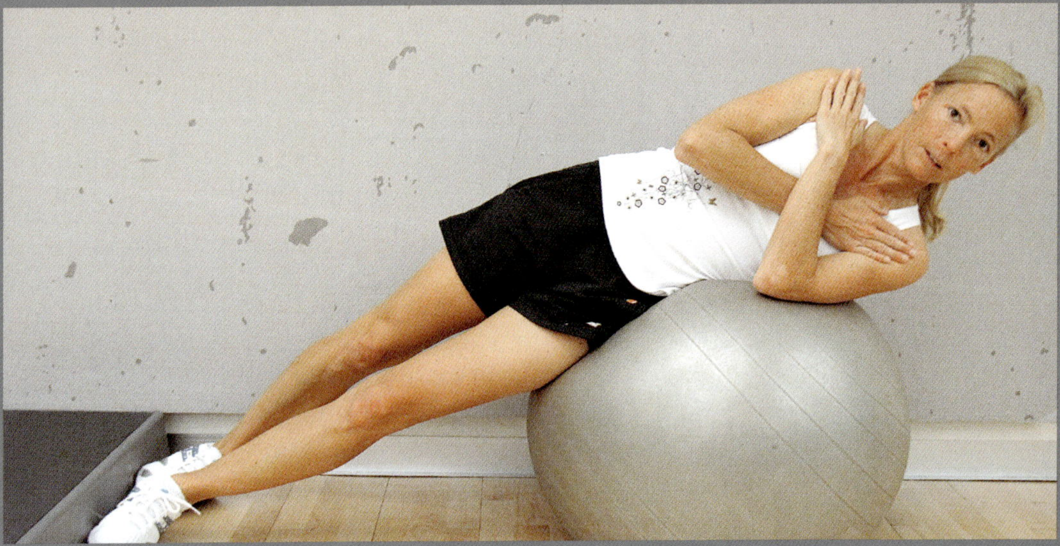

Brücke in der Rückenlage & Balldrücken mit diagonalem Zug

5-10
1-2
1-4-1

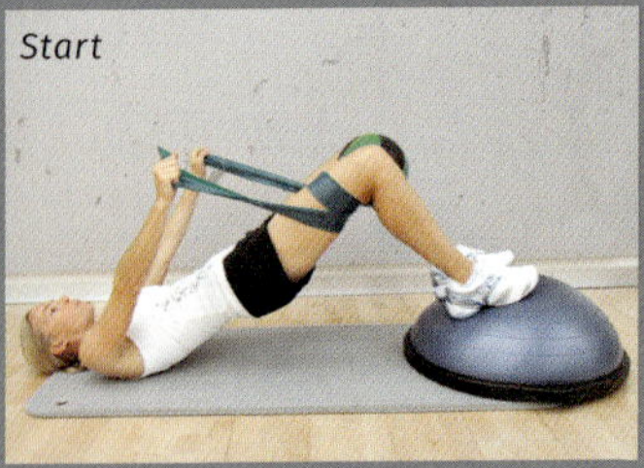
Start

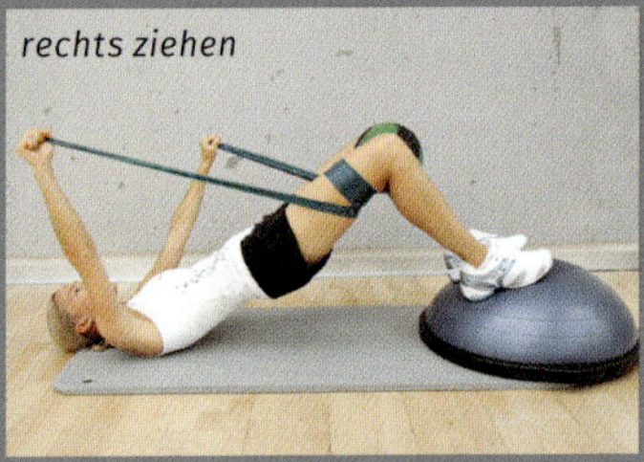
rechts ziehen

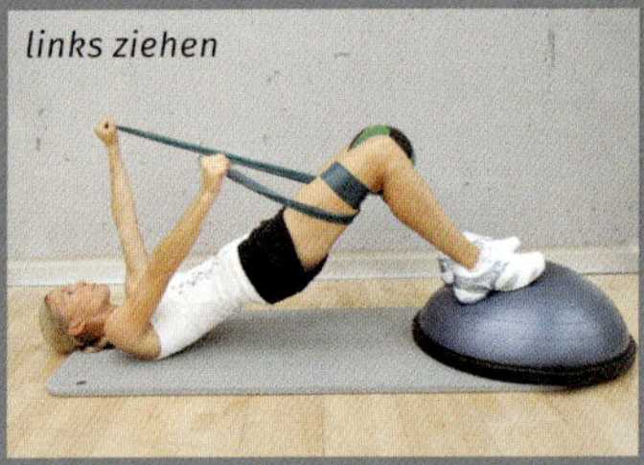
links ziehen

- Ausgangsposition: in Rückenlage mit beiden Füßen auf einem BOSU®-Ball oder einer anderen instabilen Unterlage
- Einen Ball zwischen den Knien platzieren und leicht drücken
- Ein langes Fitnessband halten und an den Beinen verankern
- Rumpfmuskulatur aktivieren
- Hüfte anheben und einen Arm gegen den Widerstand des Fitnessbandes diagonal zurückziehen

Brücke in der Rückenlage & Medizinballheben mit Fitnessband

5-10-15
1-2
1-4-1

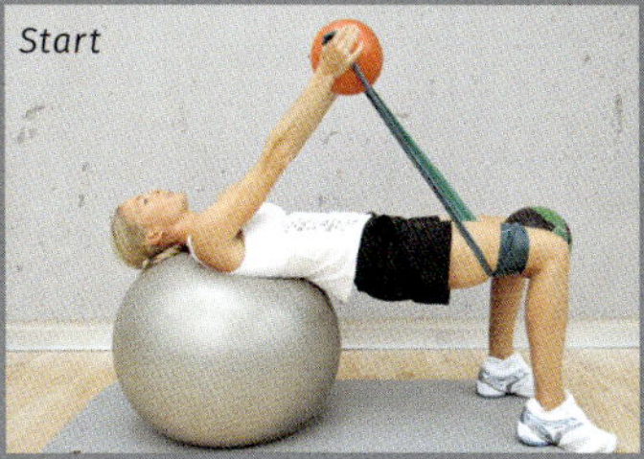

Start

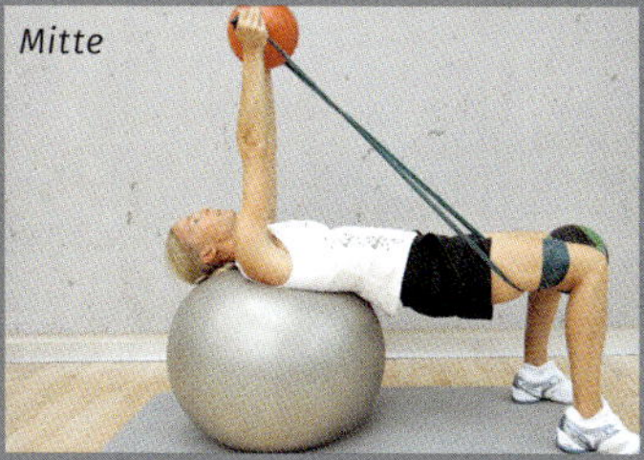

Mitte

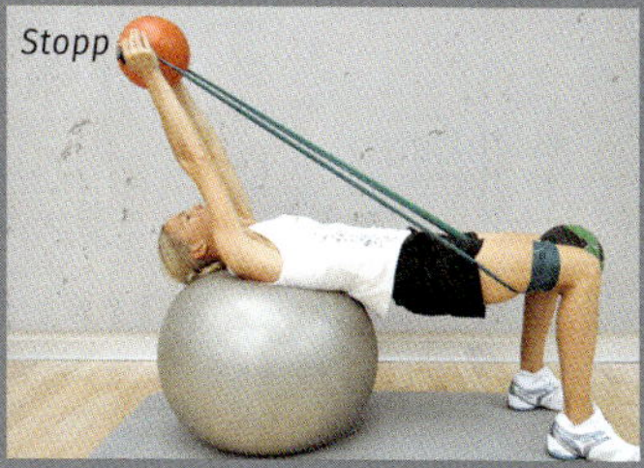

Stopp

- Ausgangsposition: der obere Rücken liegt auf einem Fitnessball, die Füße stehen fest auf dem Boden
- Einen Ball zwischen den Knien platzieren und leicht drücken
- Das Fitnessband ist an den Beinen befestigt
- Einen Medizinball und ein Fitnessband in die Hände nehmen
- Rumpfmuskulatur aktivieren
- Den Medizinball mit beiden Armen gegen den Widerstand des Fitnessbandes nach oben strecken

---

Brücke in der Rückenlage & einarmiger Zug

5-10-15
1-2
1-4-1

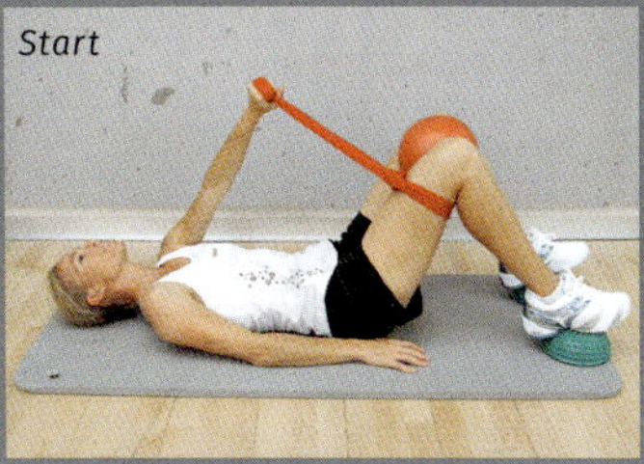

Start

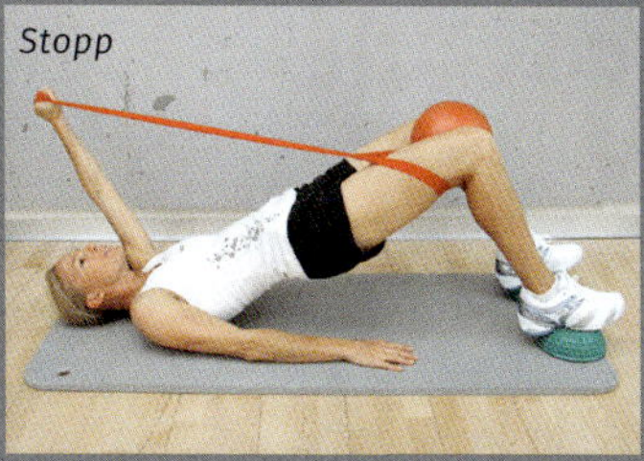

Stopp

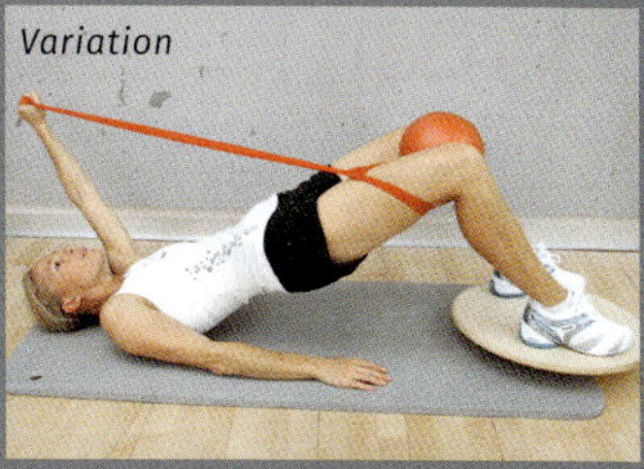

Variation

- Ausgangsposition: in der Rückenlage mit beiden Füßen auf einer instabilen Unterlage, z. B. „Balance Rocks“ oder Wackelbrett
- Ein Fitnessband mit einer Hand halten und die andere Seite an den Beinen befestigen
- Einen Ball zwischen den Knien platzieren und leicht drücken
- Rumpfmuskulatur aktivieren
- Die Hüfte anheben und einen Arm diagonal nach hinten ziehen

Vierfüßlerstand mit Armheben auf einer instabilen Unterlage

5-10
1-2
1-2-1

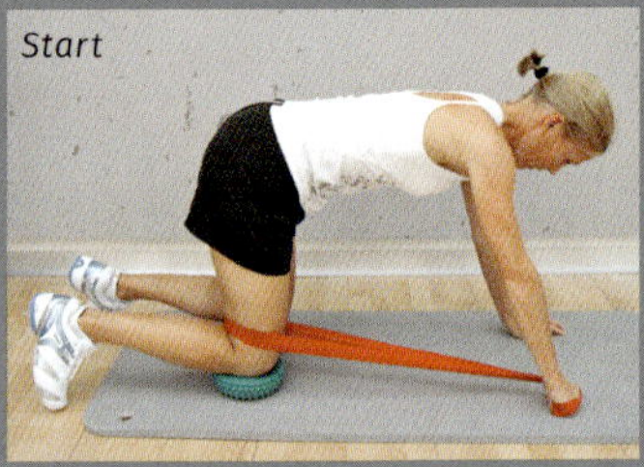

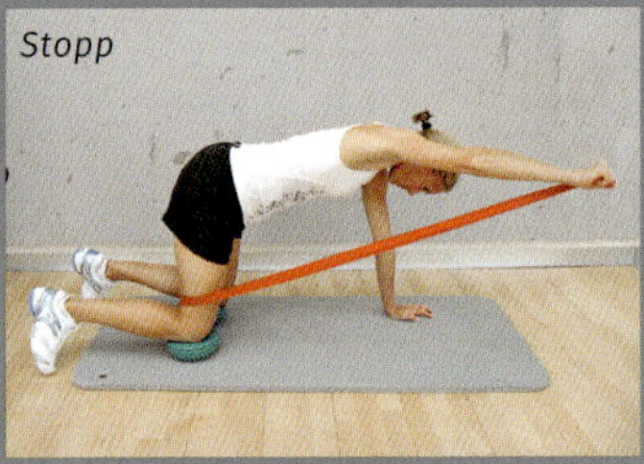

- Ausgangposition: Vierfüßlerstand, die Knie sind auf einer instabilen Unterlage, z. B. „Balance Rocks"
- Ein Fitnessband um ein Bein legen und in einer Hand halten
- Neutrale Position mit flachem Rücken einnehmen
- Rumpfmuskulatur aktivieren
- Einen Arm gegen den Widerstand des Fitnessbandes nach oben strecken und 2 Sekunden halten
- Mit beiden Armen wiederholen

Vierfüßlerstand mit Oberkörperrotation auf einer instabilen Unterlage

5-10
1-2
2-1-1

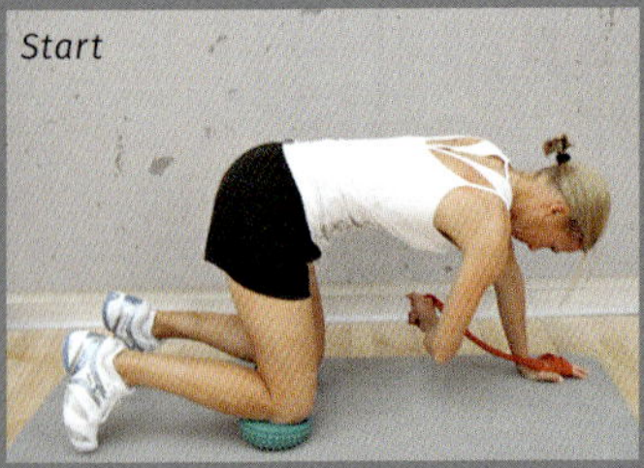

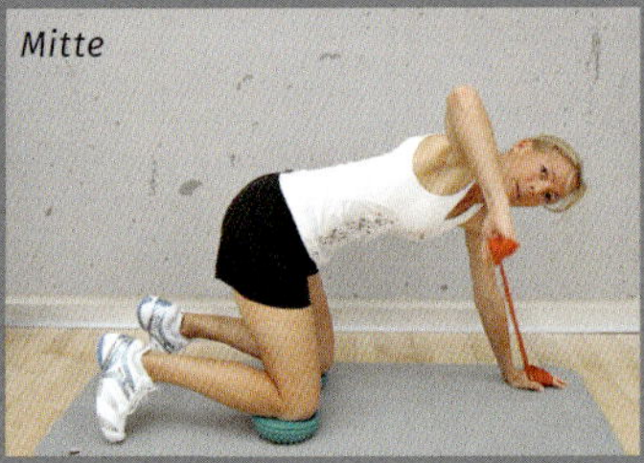

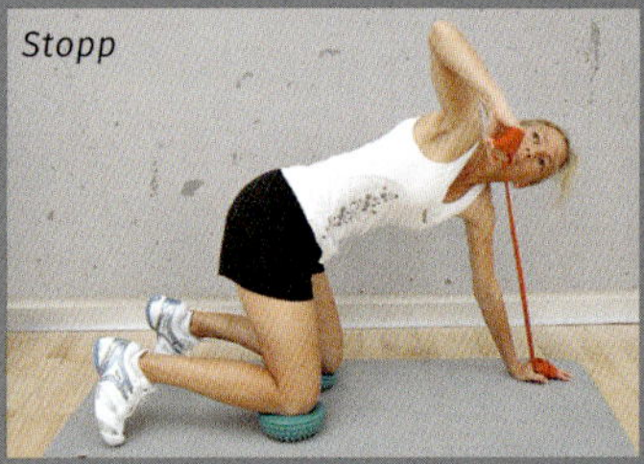

- Ausgangsposition: Vierfüßlerstand, neutrale Rückenposition einnehmen
- Ein Fitnessband an beiden Händen befestigen
- Rumpfmuskulatur aktivieren
- Einen Arm unter dem anderen Arm einfädeln und den Oberkörper rotieren
- Den Oberkörper und den Arm mit leicht gebeugtem Ellenbogen gegen den Widerstand des Fitnessbandes nach oben rotieren
- Mit dem anderen Arm wiederholen

Oberkörperrotation mit Widerstand auf einem Ball

5-10-15
1-2
1-2-1

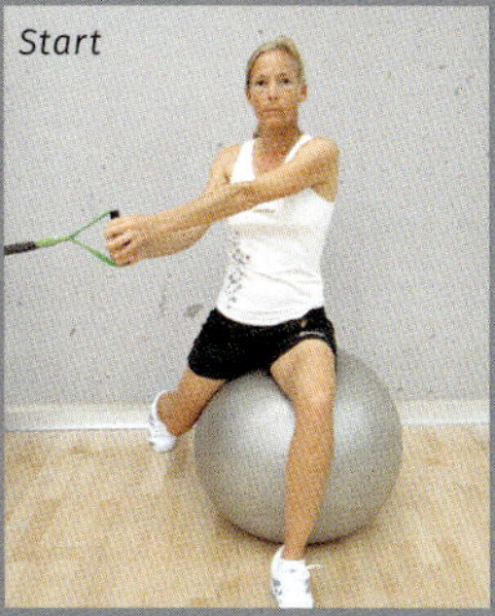
Start

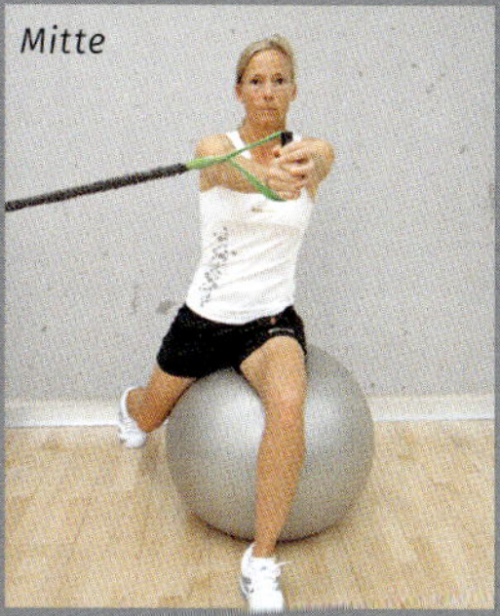
Mitte

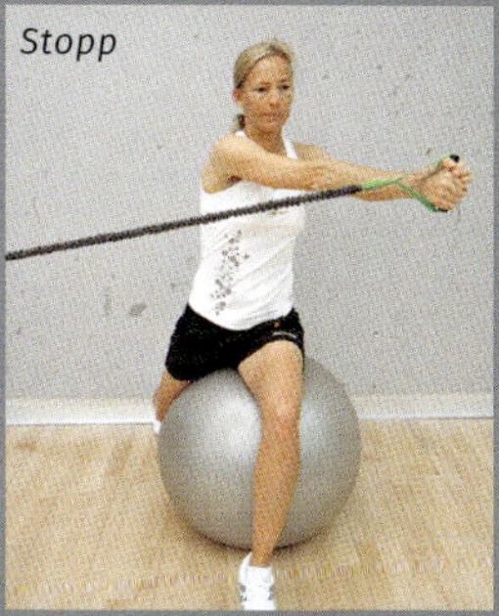
Stopp

- Ausgangsposition: im Ausfallschritt auf einem Fitnessball sitzend
- Das Fitnessband in beiden Händen halten und die Ellenbogen strecken
- Rumpfmuskulatur aktivieren
- Den Oberkörper gegen den Widerstand des Fitnessbandes rotieren und 2 Sekunden halten

---

Laterale Sit-ups auf dem Fitnessball

8-10-12
1-2
2-0-1

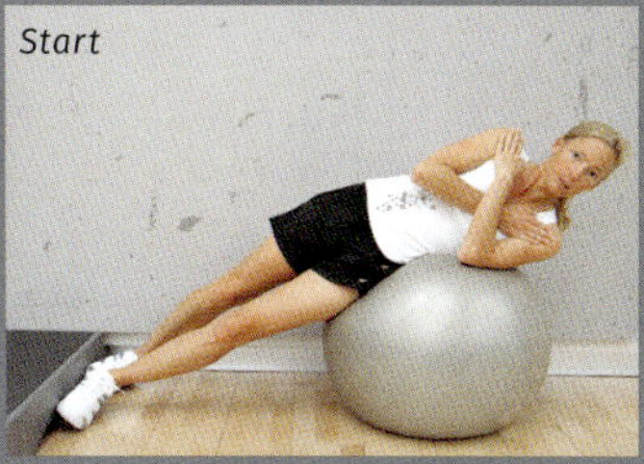
Start

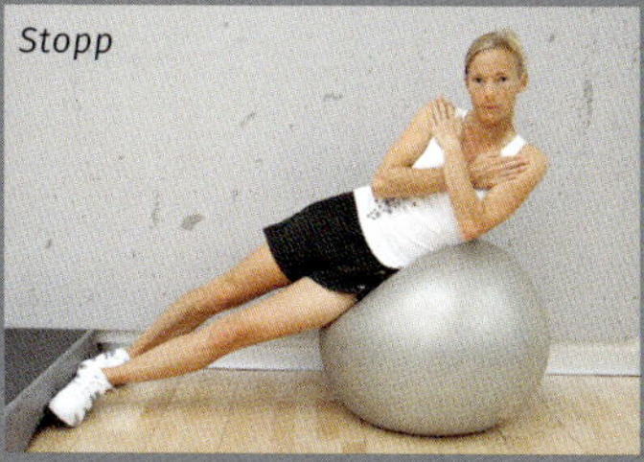
Stopp

- Ausgangsposition: in Seitenlage auf einem Fitnessball
- Die Füße gegen ein stabiles Gerät, eine Wand oder ähnliches drücken
- Rumpfmuskulatur aktivieren
- Den Oberkörper lateral anheben und langsam zurück in die Ausgangsposition gehen
- Rechts und links wiederholen

Kniebeugen mit dem Fitnessball & Schulterrotation nach außen

5-10-15
1-2
2-0-1-oder 4-0-1

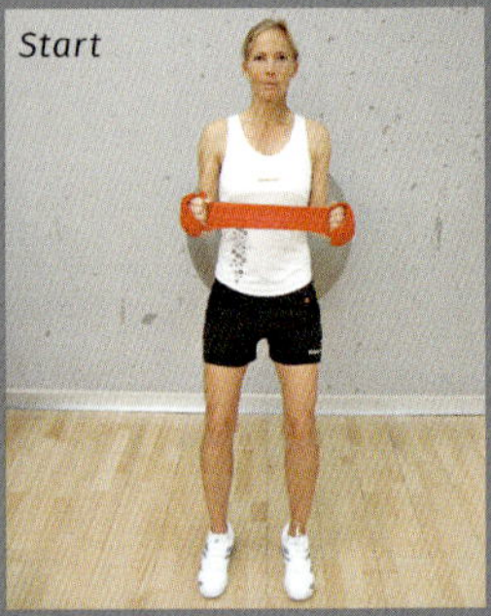

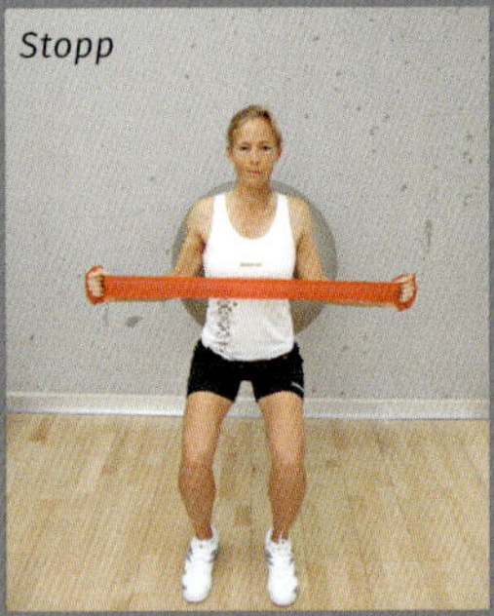

- Ausgangsposition: im Stehen mit einem Fitnessball im Rücken
- Ein Fitnessband mit beiden Händen halten und die Ellenbogen eng am Körper halten
- Rumpfmuskulatur aktivieren
- Eine Kniebeuge (die Knie bleiben über den Zehen) durchführen und die Schultern gegen den Widerstand des Fitnessbandes nach außen rotieren

---

Kniebeugen im Ausfallschritt auf einem Fitnessball mit Schulterziehen

5-10-15
1-2
2-0-1 oder 4-0-1

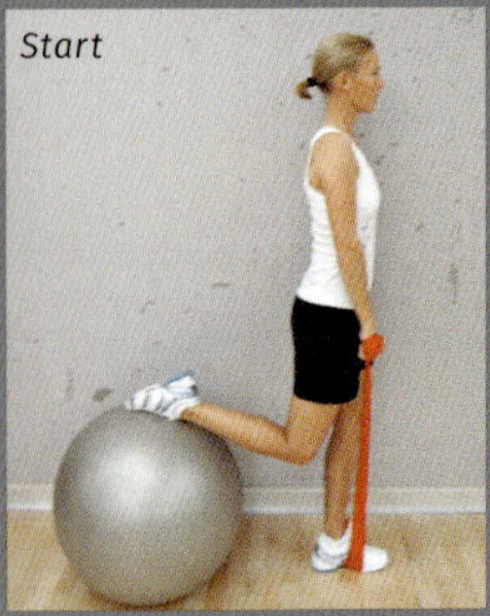

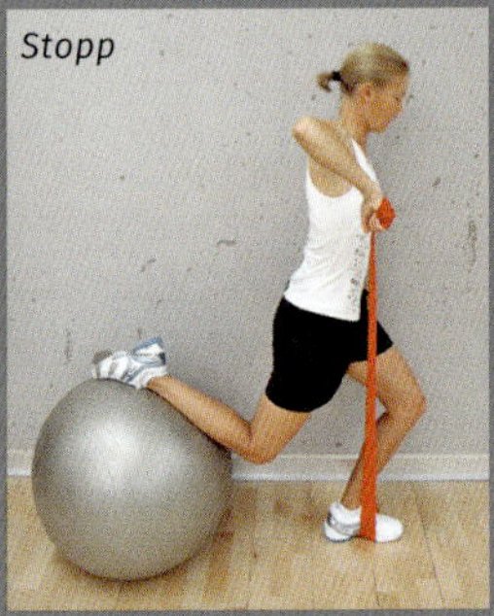

- Ausgangsposition: Ausfallschritt, der hintere Fuß ist auf dem Fitnessball
- Das Fitnessband mit einer oder beiden Händen halten, die Arme sind gerade
- Rumpfmuskulatur aktivieren
- Das vordere Bein beugen und gleichzeitig das Fitnessband nach oben ziehen

Kniebeuge & Armdrücken nach vorne

5-10-15
1-2
2-0-1 oder 4-0-1

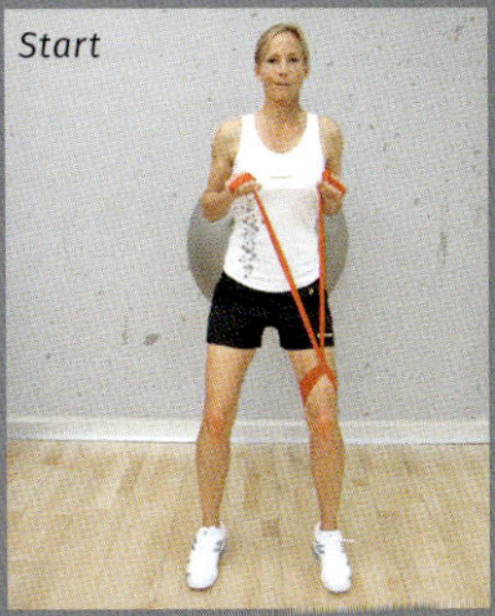

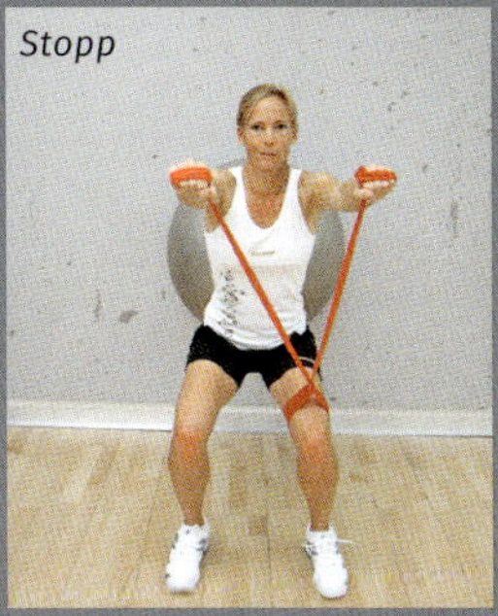

- Ausgangsposition: Kniebeugenposition mit einem Fitnessball im Rücken
- Ein Fitnessband am Oberschenkel befestigen und mit beiden Händen halten
- Rumpfmuskulatur aktivieren
- Kniebeuge ausführen und das Fitnessband nach vorne drücken

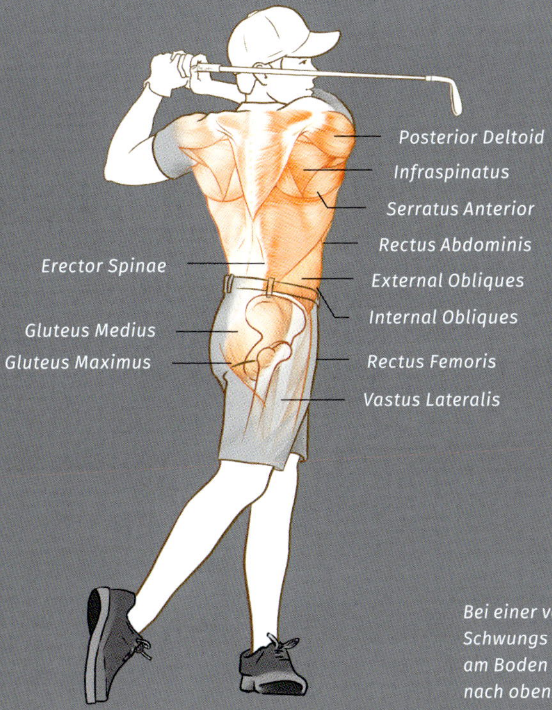

Bei einer vollen Rotation während des Schwungs beginnt die kinetische Kette am Boden und geht durch den Körper nach oben.

Zusammenarbeit der Rumpfmuskulatur B

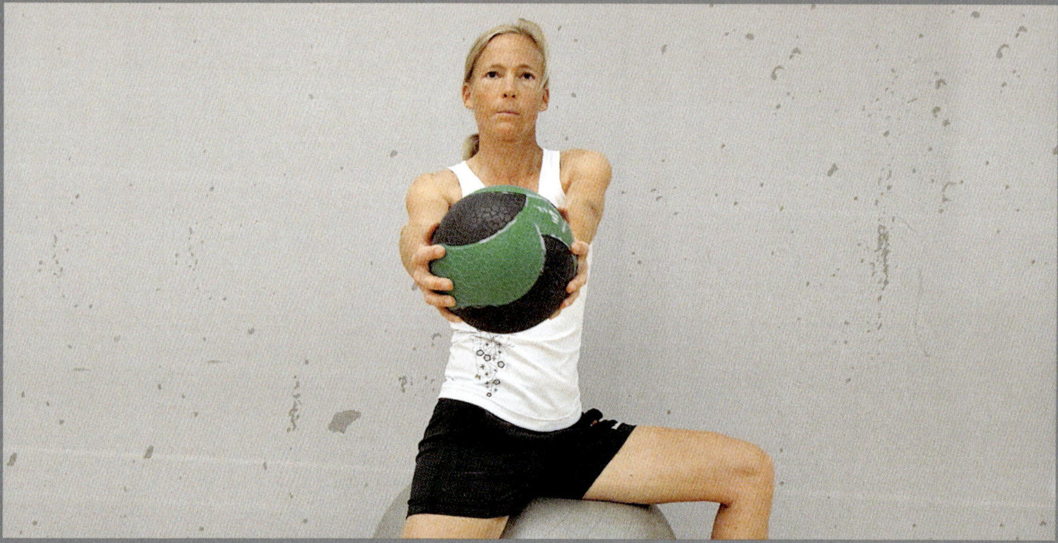

Brücke in der Rückenlage mit Balldrücken & diagonales Armziehen

5-10
1-2
1-4-1

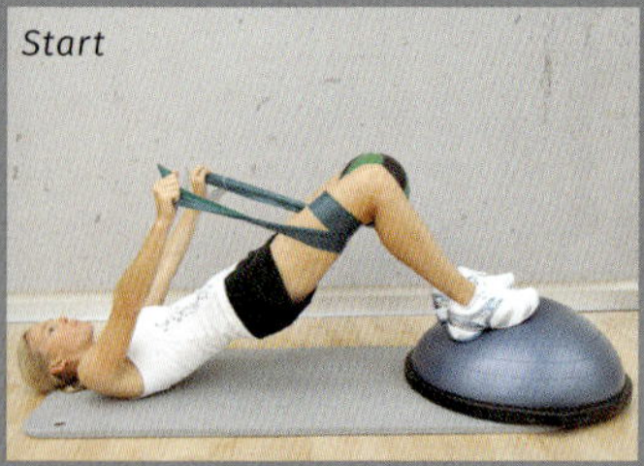

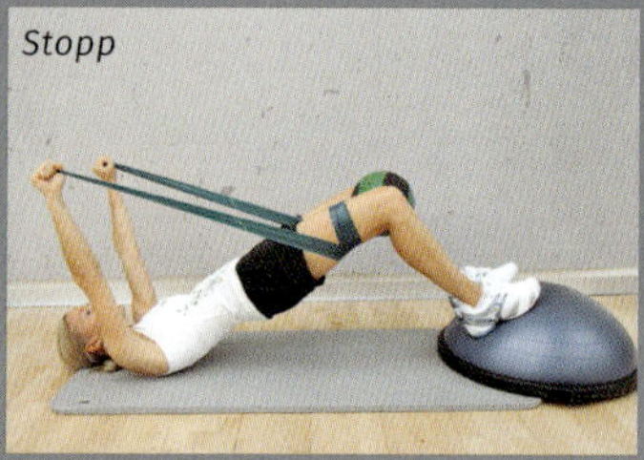

- Ausgangsposition: in der Rückenlage mit den Füßen auf einem BOSU®-Ball oder einer anderen instabilen Unterlage
- Einen Ball zwischen den Knien platzieren und leicht drücken
- Ein langes Fitnessband halten und an den Beinen befestigen
- Rumpfmuskulatur aktivieren
- Die Hüfte anheben und beide Arme diagonal gegen den Widerstand des Fitnessbandes nach hinten ziehen

Brücke in der Rückenlage auf einem Fitnessball mit Beinstreckung & diagonalem Armziehen

5-10
1-2
2-1-1

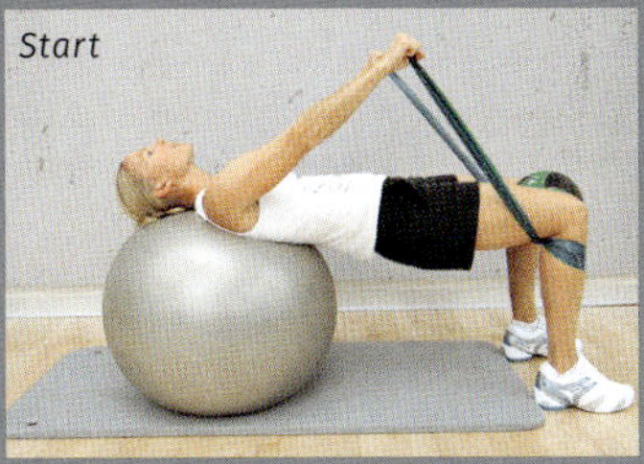

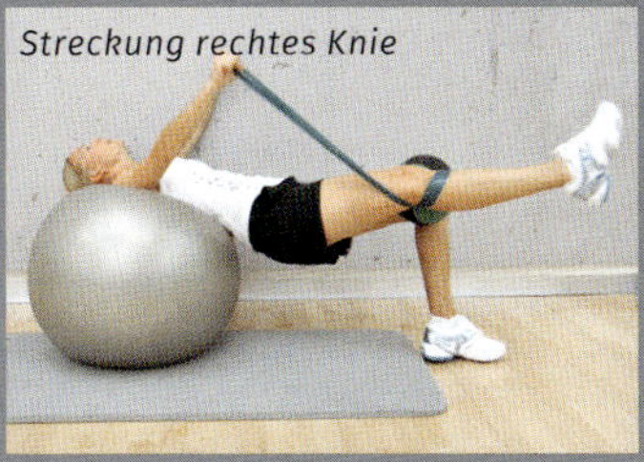

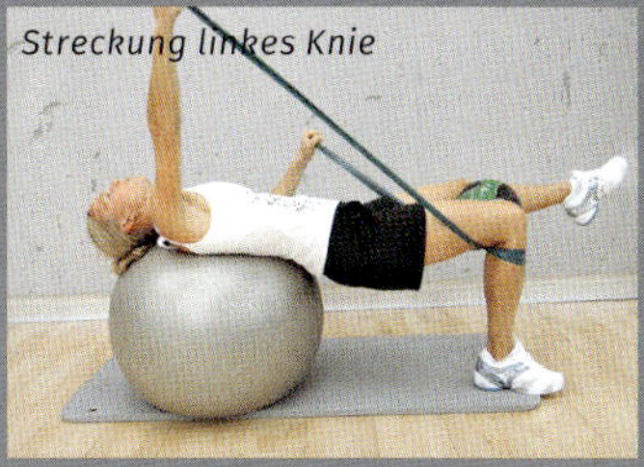

- Ausgangsposition: der obere Rücken liegt auf einem Fitnessball
- Einen kleinen Ball zwischen den Knien platzieren und leicht drücken
- Ein Fitnessband in den Händen halten und an den Beinen verankern
- Rumpfmuskulatur aktivieren
- Die Arme nach oben und diagonal gegen den Widerstand des Fitnessbandes strecken, ein Bein strecken

Liegestützposition auf einem Fitnessball & mit den Händen wandern

5-10 / Position
1-2
1-2-1

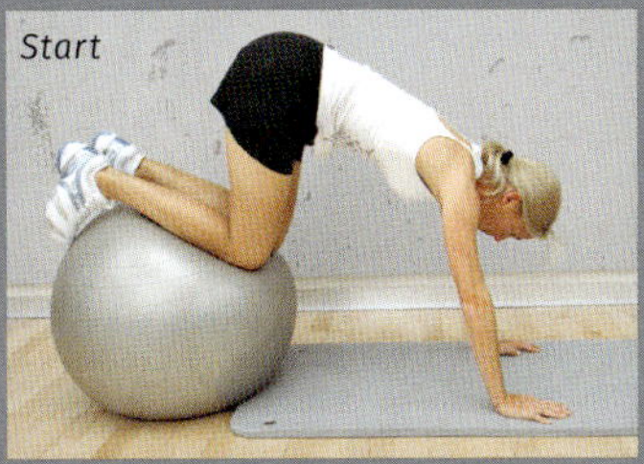

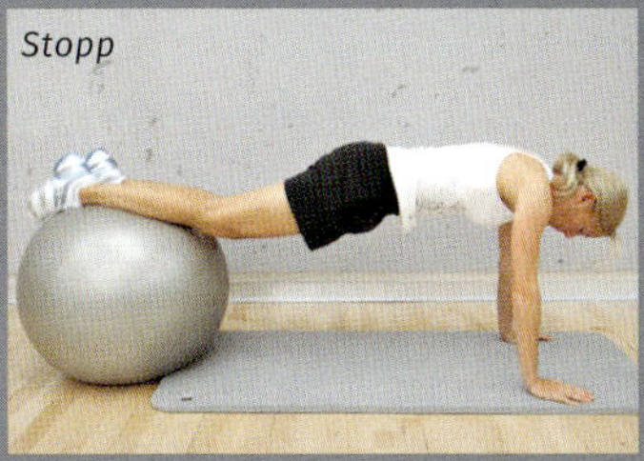

- Ausgangsposition: in Liegestützposition mit den Unterschenkeln auf einem Fitnessball, die Knie sind zum Körper gezogen
- Rumpfmuskulatur aktivieren
- Mit den Händen nach vorne wandern, bis die Beine gestreckt sind und 2 Sekunden halten. Danach zurück in die Ausgangsposition wandern

Brücke in der Rückenlage & Oberkörperrotation mit Medizinball & Fitnessband

5-10-15
1-2
1-2-1

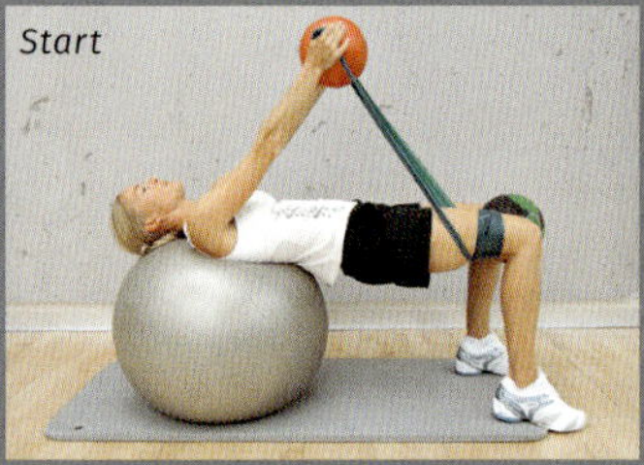
Start

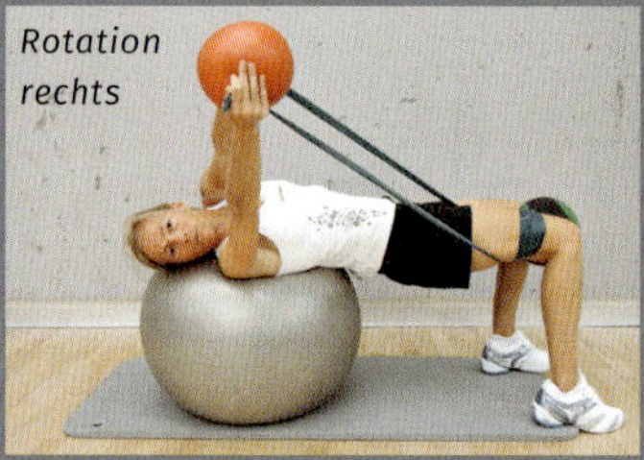
Rotation rechts

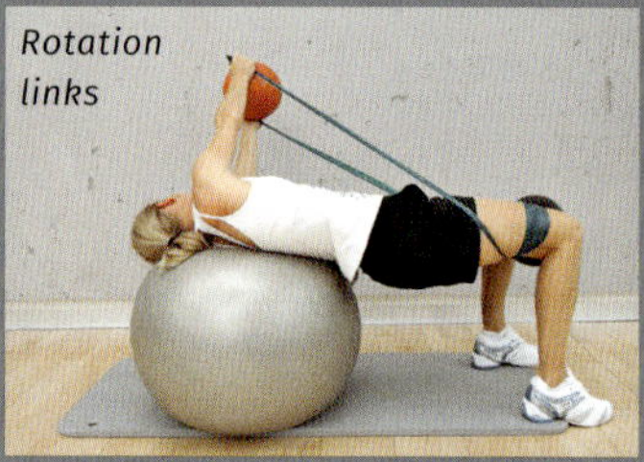
Rotation links

- Ausgangsposition: mit dem oberen Rücken auf einem Fitnessball
- Einen kleinen Ball zwischen den Knien platzieren und leicht drücken
- Einen Medizinball und ein Fitnessband in beiden Händen halten
- Rumpfmuskulatur aktivieren
- Den Medizinball über den Kopf heben und den Oberkörper langsam von Seite zu Seite rotieren

---

Ausfallschrittposition auf einem Fitnessball & Oberkörperrotation mit gestreckten Armen

5-10-15
1-2
1-1-1

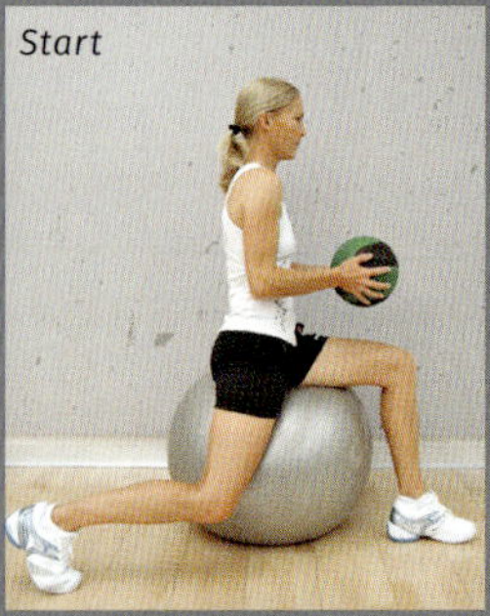
Start

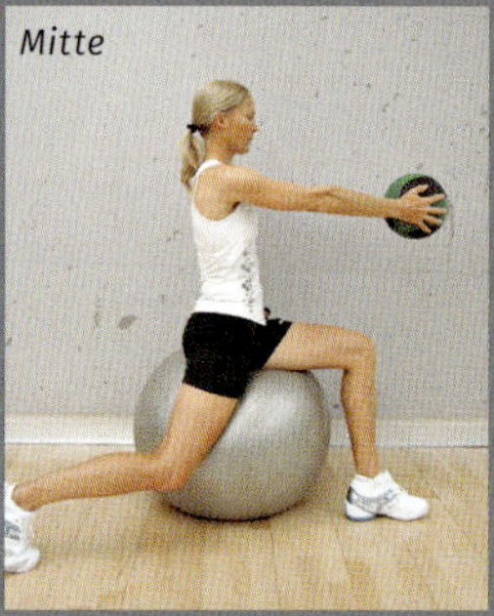
Mitte

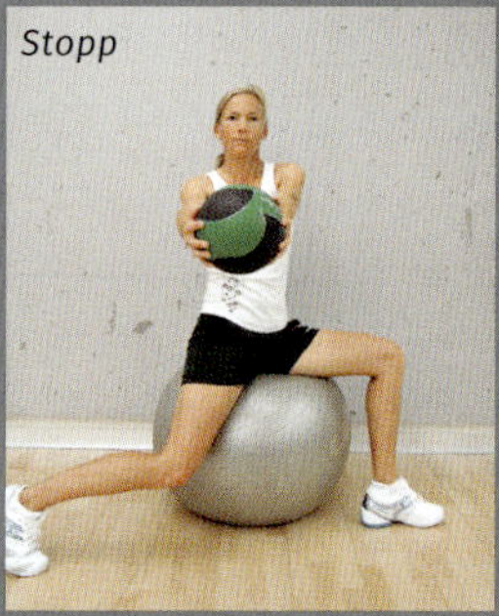
Stopp

- Ausgangsposition: auf einem Fitnessball in der Ausfallschrittposition
- Einen Medizinball in Taillenhöhe halten
- Rumpfmuskulatur aktivieren und Arme strecken
- Den Oberkörper drehen und den Medizinball nach vorne und nach hinten rotieren

Kniebeugen mit Balldrücken & Schulterrotation nach außen

5-10-15
1-2
2-0-1 oder 4-0-1

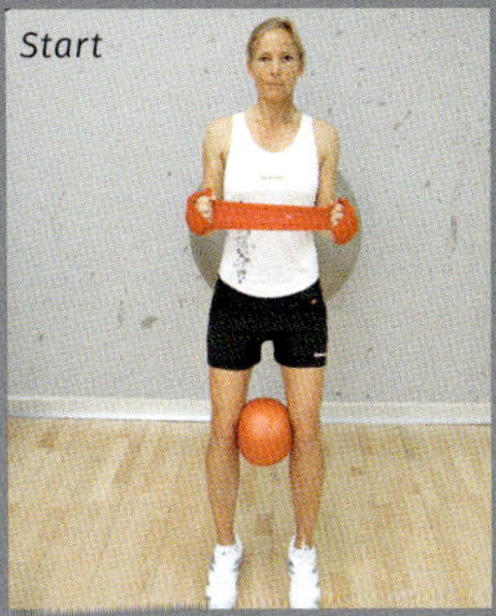

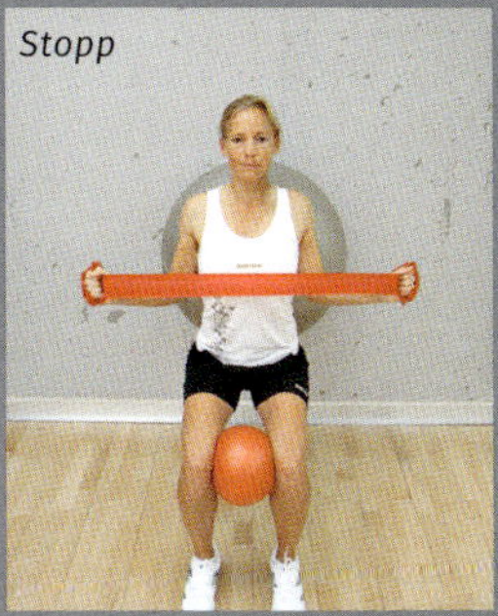

- Ausgangsposition: mit einem Fitnessball im Rücken stehen
- Das Fitnessband in beiden Händen halten, beide Ellenbogen dicht am Körper
- Rumpfmuskulatur aktivieren und eine Kniebeuge durchführen (die Knie bleiben über den Zehen)
- Bei der Kniebeuge den Ball zwischen den Knien leicht drücken und die Schultern nach außen rotieren

---

Kniebeuge in der Ausfallschrittposition & Armstrecken

5-10-15
1-2
2-0-1 oder 4-0-1

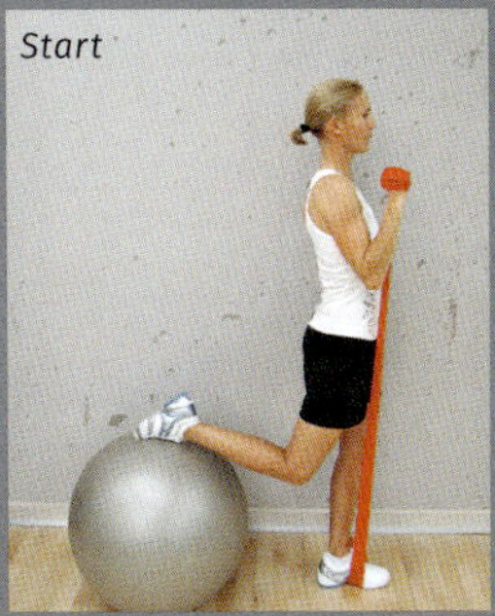

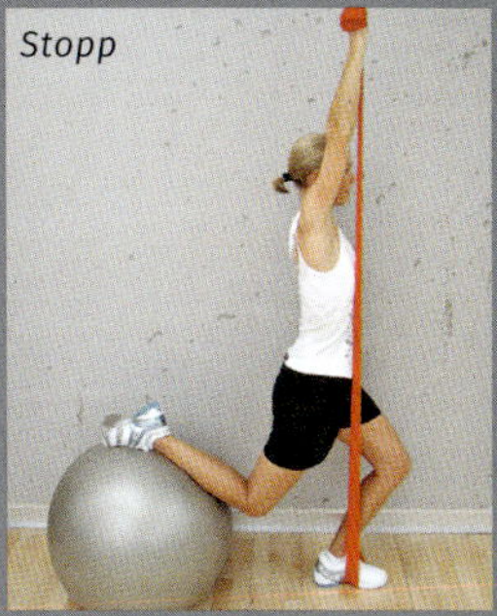

- Ausgangsposition: Ausfallschrittposition, der hintere Fuß liegt auf dem Fitnessball
- Das Fitnessband in der rechten Hand halten und das andere Ende am vorderen Fuß befestigen
- Rumpfmuskulatur aktivieren
- Eine Kniebeuge durchführen und gleichzeitig den Arm nach oben strecken

Kniebeuge in der Ausfallschrittposition & Armdrücken nach vorne

5-10-15
1-2
2-0-1 oder 4-0-1

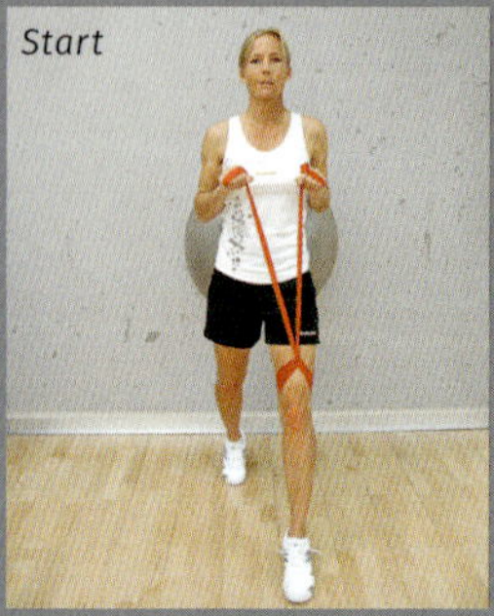

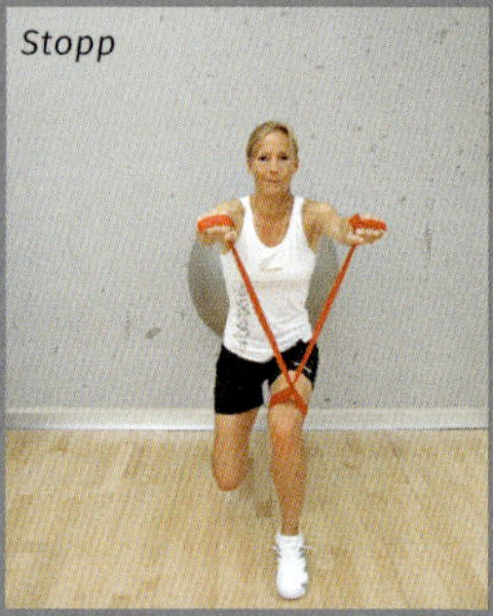

- Ausgangsposition: Ausfallschrittposition mit einem Fitnessball im Rücken
- Ein Fitnessband mit beiden Händen halten und an einem Oberschenkel befestigen
- Rumpfmuskulatur aktivieren
- Eine Kniebeuge ausführen und das Fitnessband nach vorne drücken

---

Kniebeuge mit Ball- & Armdrücken

5-10-15
1-2
2-0-1 oder 4-0-1

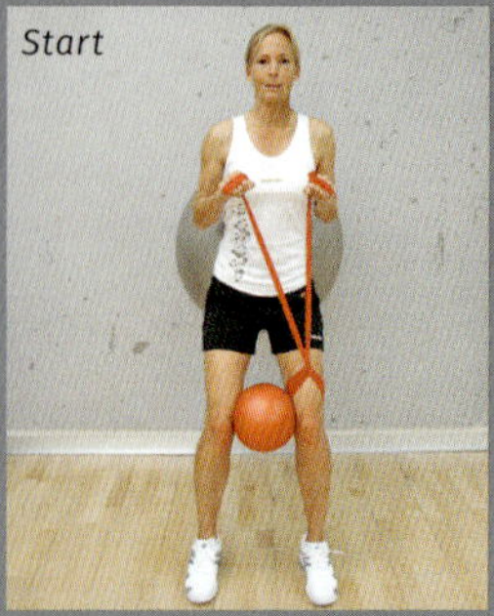

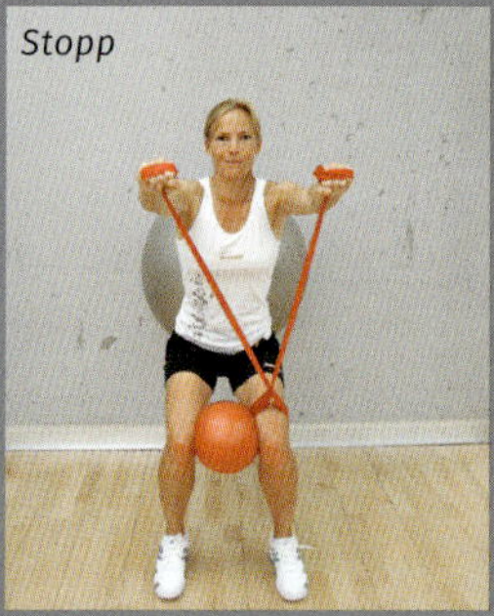

- Ausgangsposition: mit einem Fitnessball im Rücken gerade stehen
- Einen Ball zwischen den Knien platzieren
- Ein Fitnessband in beiden Händen halten, an einem Oberschenkel befestigen
- Rumpfmuskulatur aktivieren
- Eine Kniebeuge ausführen und das Fitnessband nach vorne drücken

Kniebeuge mit Balldrücken, lateralem Armstrecken & Bizeps-Curl

5-10-15
1-2
2-0-1 oder 4-0-1

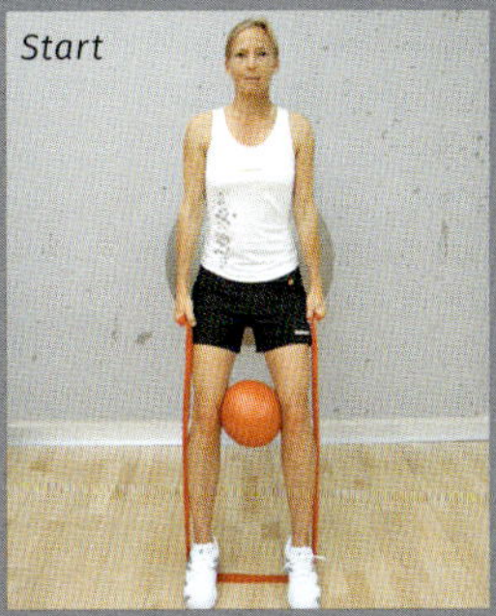

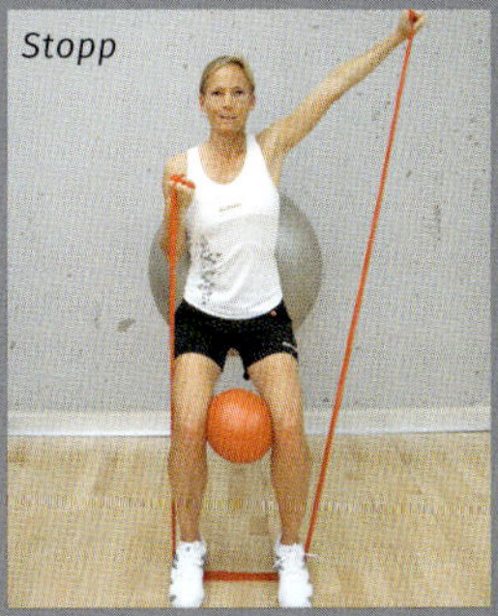

- Ausgangsposition: mit einem Fitnessball im Rücken gerade stehen
- Einen Ball zwischen den Knien platzieren
- Ein Fitnessband an den Füßen befestigen und in beiden Händen halten
- Rumpfmuskulatur aktivieren
- Eine Kniebeuge ausführen und den Ball zwischen den Knien leicht drücken
- Gleichzeitig mit einem Arm einen Bizeps-Curl ausführen und den anderen Arm anheben

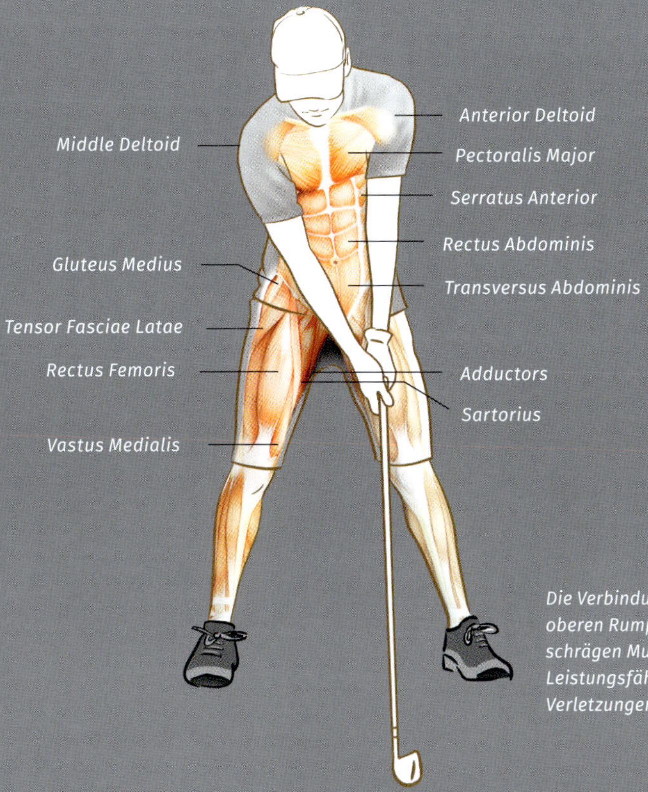

Die Verbindung des unteren und oberen Rumpfs mit den funktionellen schrägen Muskelketten fördert die Leistungsfähigkeit und schützt vor Verletzungen.

Zusammenarbeit der Rumpfmuskulatur C

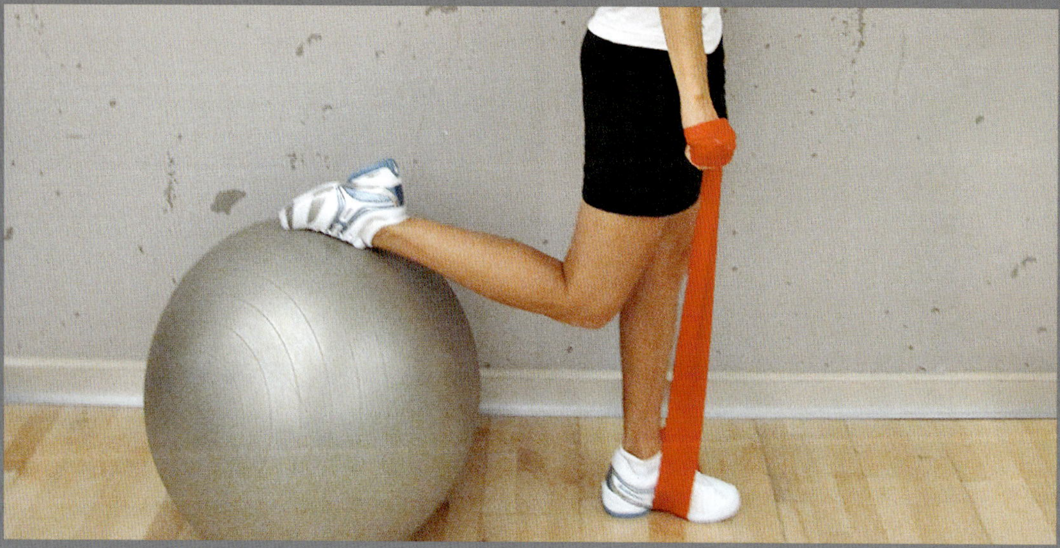

Brücke in der Rückenlage mit Hamstring-Zug & diagonalem Armziehen

5-10-15
1-2
1-2-1

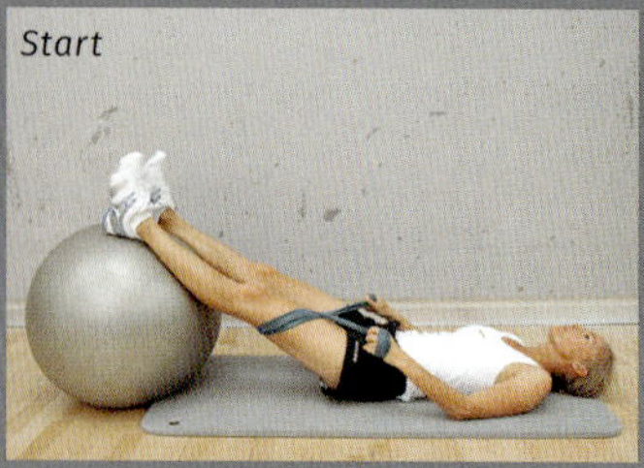

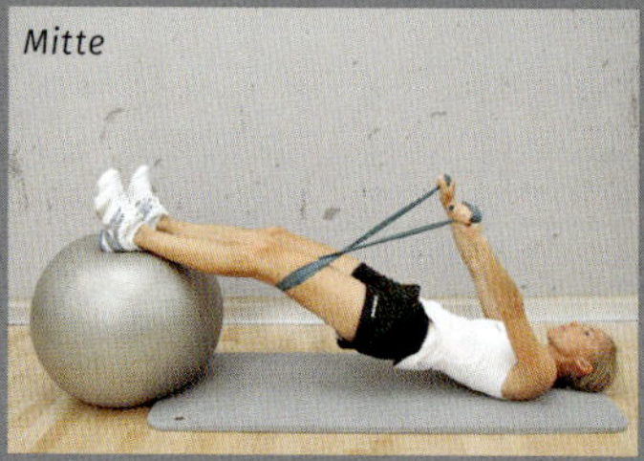

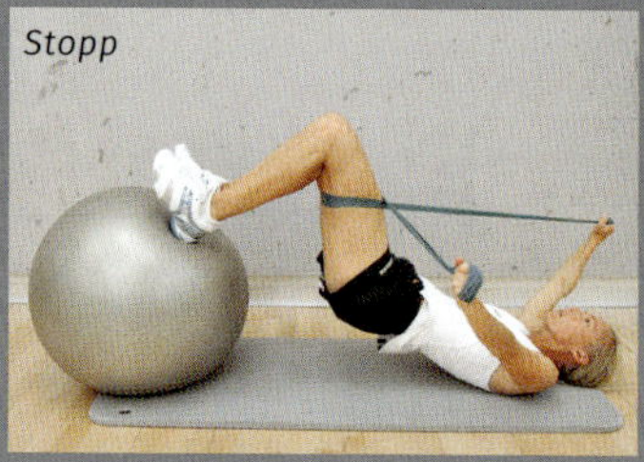

- Ausgangsposition: auf dem Rücken liegend, die Unterschenkel und Füßen sind auf dem Fitnessball
- Rumpfmuskulatur aktivieren
- Das Fitnessband mit gestreckten Armen halten
- Die Hüfte anheben, den Ball mit den Versen zum Körper rollen und das Fitnessband diagonal nach hinten ziehen

Brücke in der Rückenlage & Armziehen

5-10-15
1-2
1-4-1

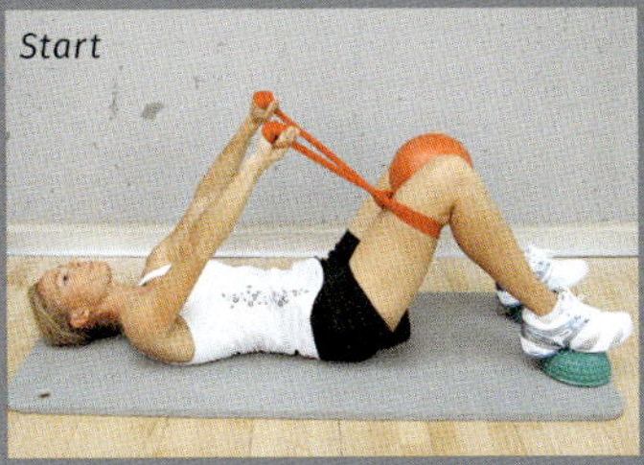

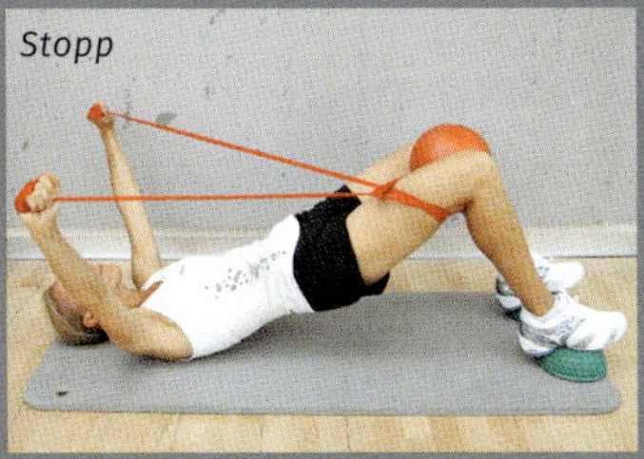

- Ausgangsposition: auf dem Rücken liegend mit beiden Füßen auf einer instabilen Unterlage, z. B. „Balance Rocks"
- Ein Fitnessband in beiden Händen halten
- Einen kleinen Ball zwischen den Knien platzieren und leicht drücken
- Rumpfmuskulatur aktivieren
- Die Hüfte anheben und die Arme diagonal gegen den Widerstand bewegen

---

Ausfallschritt auf dem Fitnessball & Oberkörperrotation

5-10-15
1-2
1-1-1

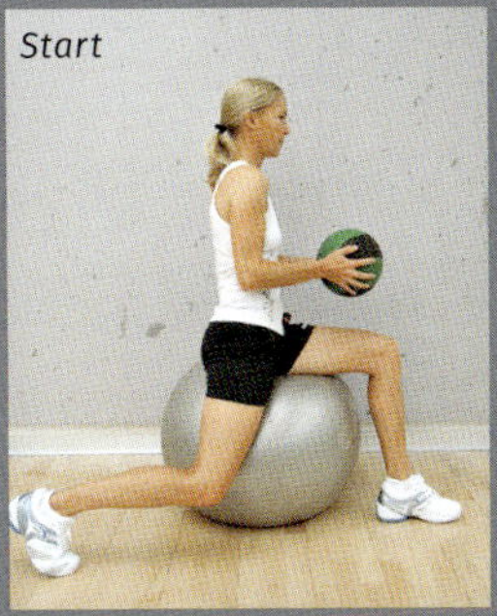

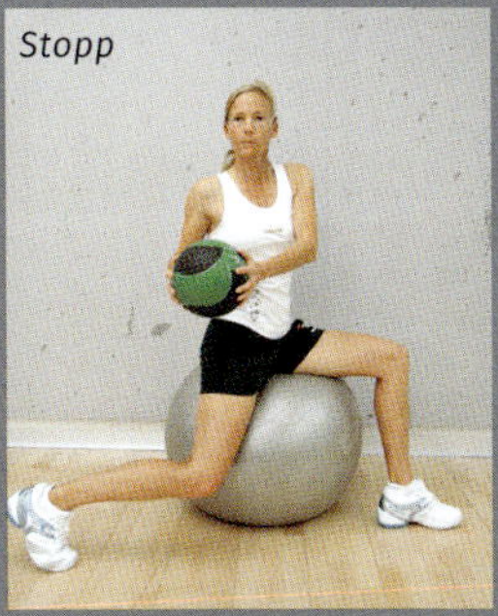

- Ausgangsposition: im der Ausfallschrittposition auf einem Fitnessball sitzen
- Einen Medizinball in den Händen halten, die Ellenbogen sind leicht gebeugt
- Rumpfmuskulatur aktivieren
- Den Oberkörper drehen und den Medizinball hin und zurück rotieren

Kniebeuge mit Balldrücken & diagonalem Schulterzug

5-10-15
1-2
2-0-1 oder 4-0-1

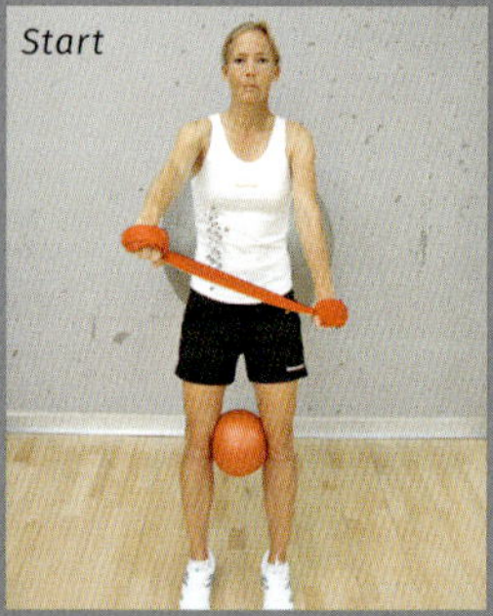
Start

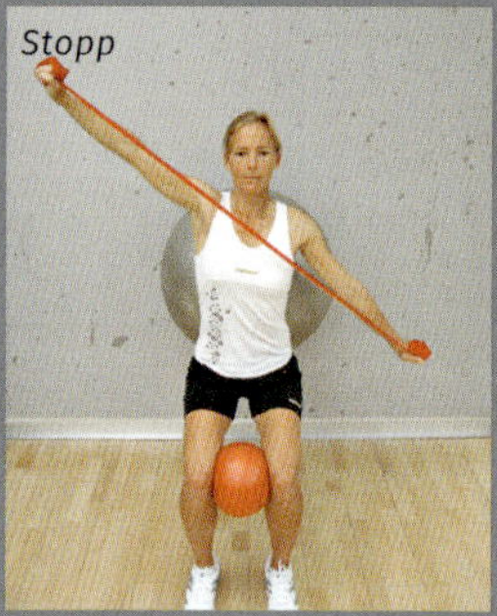
Stopp

- Ausgangsposition: mit einem Fitnessball im Rücken aufrecht stehen
- Das Fitnessband in beiden Händen halten, beide Ellenbogen dicht am Körper
- Rumpfmuskulatur aktivieren und eine Kniebeuge durchführen (die Knie bleiben über den Zehen)
- Bei der Kniebeuge den Ball zwischen den Knien leicht drücken und gleichzeitig einen diagonalen Zug ausführen

---

Kniebeuge in der Ausfallschrittposition & diagonaler Schulterzug

5-10-15
1-2
2-0-1 oder 4-0-1

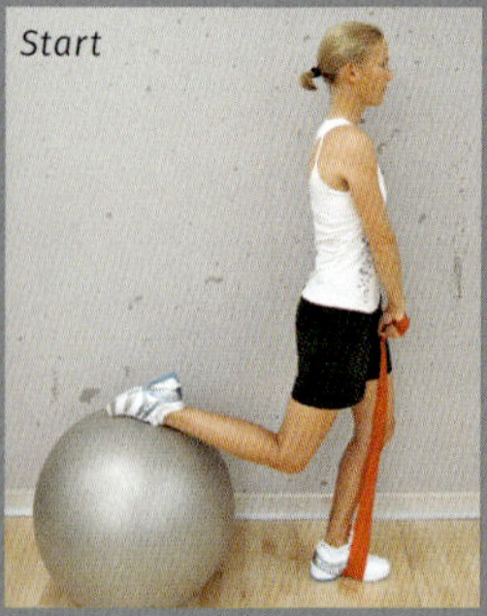
Start

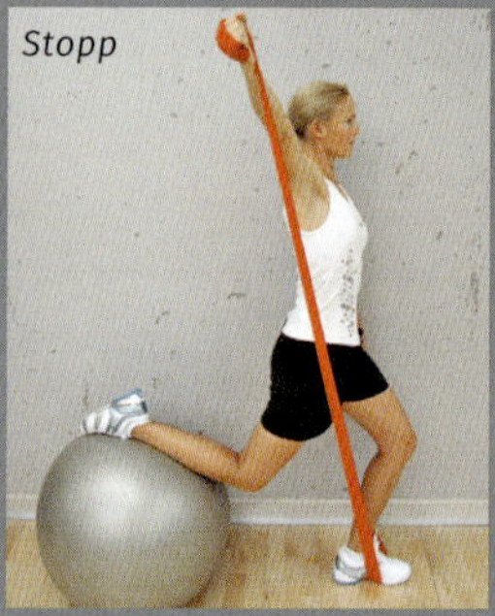
Stopp

- Ausgangsposition: in der Ausfallschrittposition, der hintere Fuß ist auf einem Fitnessball
- Ein Ende des Fitnessbandes in der rechten Hand halten, das andere Ende ist an dem linken Fuß befestigt
- Eine Kniebeuge ausführen und gleichzeitig das Fitnessband diagonal nach oben ziehen

Kniebeuge in der Ausfallschrittposition & laterales Schulterheben

5-10-15
1-2
2-0-1 oder 4-0-1

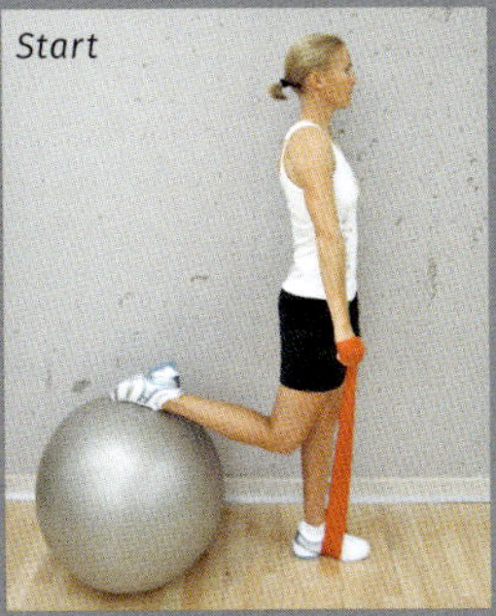
Start

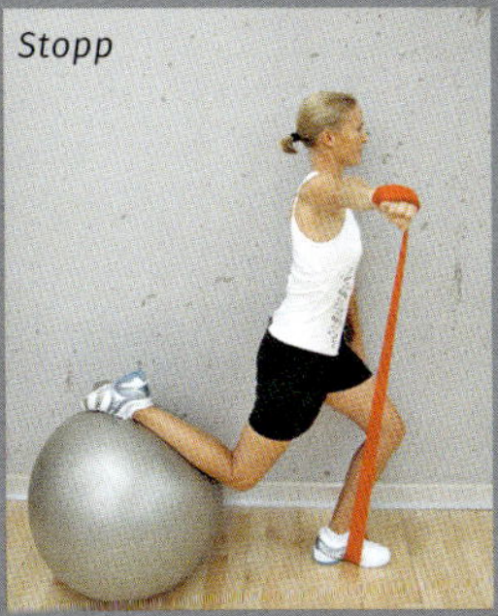
Stopp

- Ausgangsposition: in der Ausfallschrittposition, der hintere Fuß ist auf einem Fitnessball
- Ein Ende des Fitnessbandes in der rechten Hand halten, das andere Ende ist an dem linken Fuß befestigt
- Rumpfmuskulatur aktivieren
- Eine Kniebeuge ausführen und gleichzeitig das Fitnessband lateral nach oben ziehen

---

Kniebeuge in der Ausfallschrittposition & Oberkörperrotation

5-10-15
1-2
2-0-1 oder 4-0-1

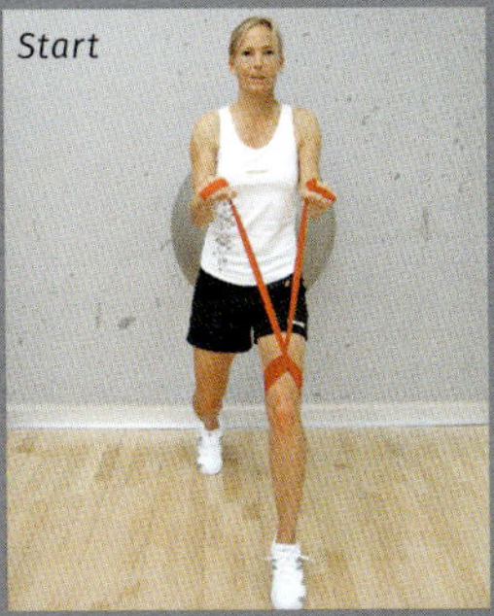
Start

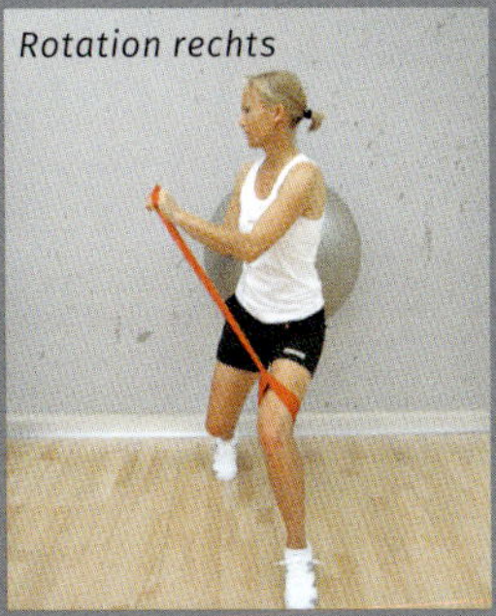
Rotation rechts

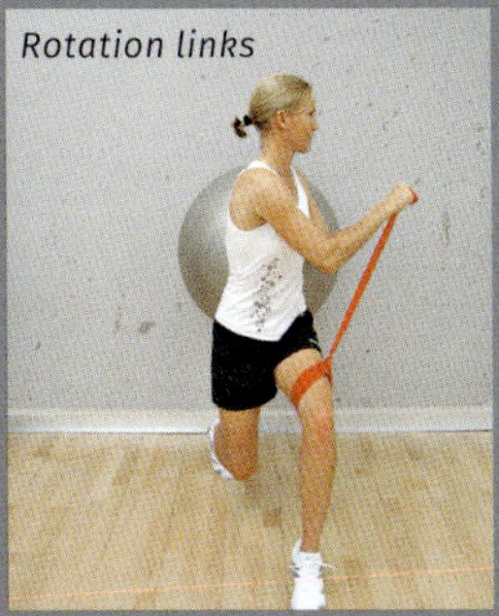
Rotation links

- Ausgangsposition: Ausfallschrittposition mit einem Fitnessball im Rücken
- Ein Fitnessband an den Oberschenkeln befestigen und mit beiden Händen halten
- Rumpfmuskulatur aktivieren
- Eine Kniebeuge ausführen, den Oberkörper und die Arme gegen den Widerstand rotieren
- Zurück in die Ausgangsposition
- Auf beiden Seiten wiederholen

Kniebeuge mit Balldrücken & Schulterheben

5-10-15
1-2
2-0-1 oder 4-0-1

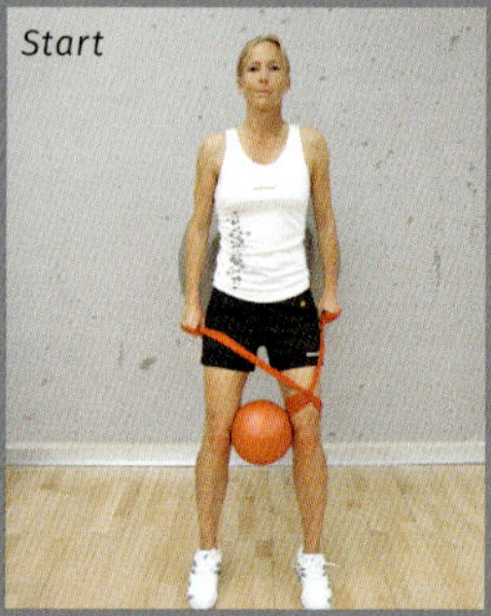
Start

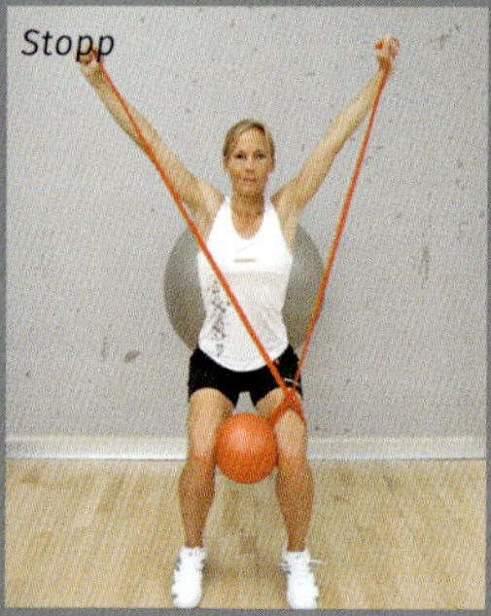
Stopp

- Ausgangsposition: in der Kniebeugeposition mit einem Fitnessball im Rücken
- Einen Ball zwischen den Knien platzieren
- Ein Fitnessband an den Oberschenkeln befestigen und mit beiden Händen halten
- Rumpfmuskulatur aktivieren
- Kniebeuge ausführen und das Fitnessband nach oben ziehen

Kniebeuge in der Ausfallschrittposition mit Schulterdrücken nach vorne

5-10-15
1-2
2-0-1 oder 4-0-1

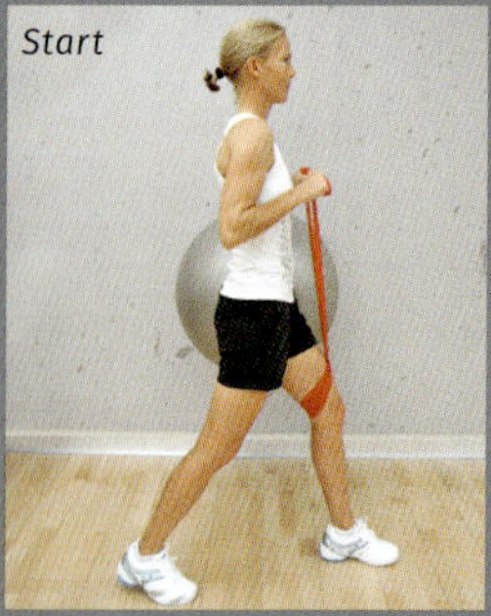
Start

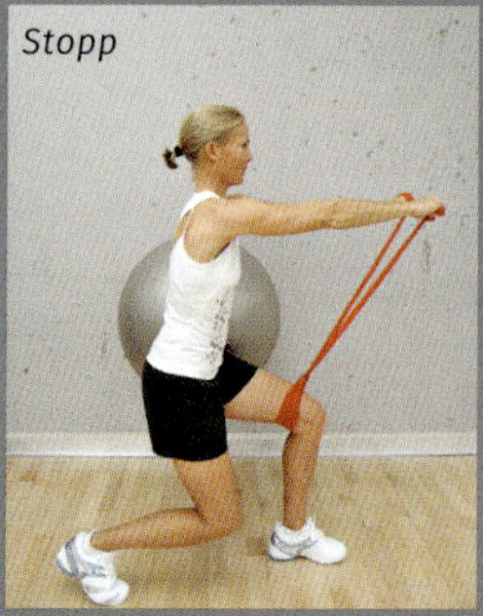
Stopp

- Ausgangsposition: in der Ausfallschrittposition mit einem Ball an der Seite
- Ein Fitnessband in beiden Händen halten
- Rumpfmuskulatur aktivieren
- Eine Kniebeuge durchführen und gleichzeitig das Fitnessband nach vorne drücken
- Zurück in die Ausgangsposition

Kniebeuge mit Balldrücken & diagonalem Armziehen

5-10-15
1-2
2-0-1 oder 4-0-1

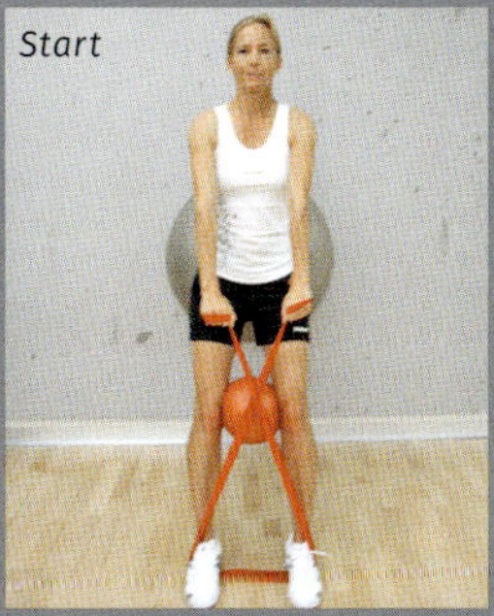

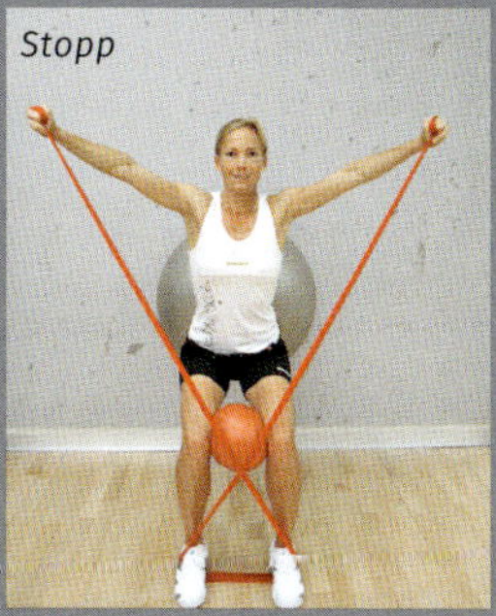

- Ausgangsposition: in der Kniebeugeposition mit einem Fitnessball im Rücken
- Einen Ball zwischen den Knien platzieren
- Ein Fitnessband unter den Füßen befestigen und mit beiden Händen halten
- Rumpfmuskulatur aktivieren
- Eine Kniebeuge ausführen und den Ball zwischen den Knien leicht drücken
- Gleichzeitig beide Arme diagonal auseinanderziehen

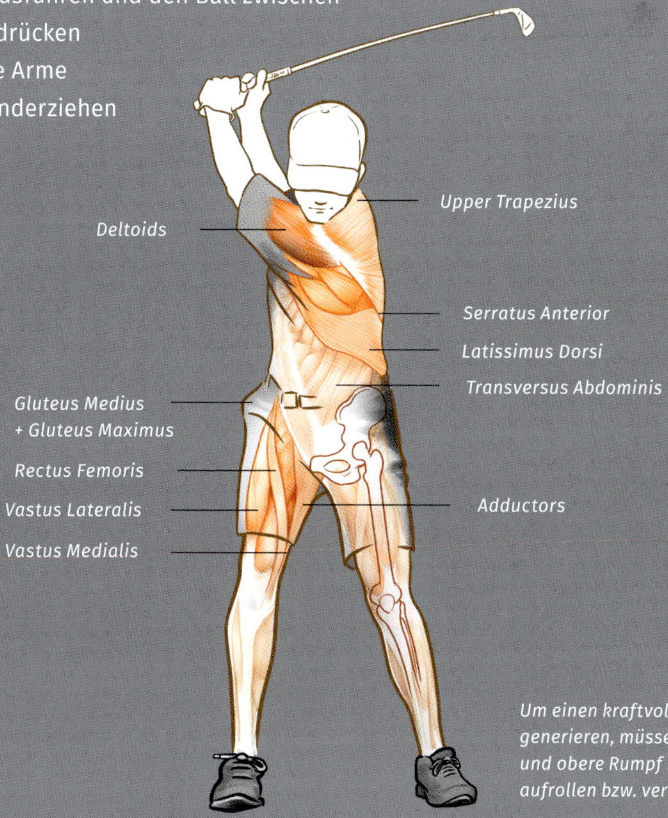

Um einen kraftvollen Schwung zu generieren, müssen sich der untere und obere Rumpf beim Rückschwung aufrollen bzw. verwringen.

Zusammenarbeit der Rumpfmuskulatur D – Kniestabilität

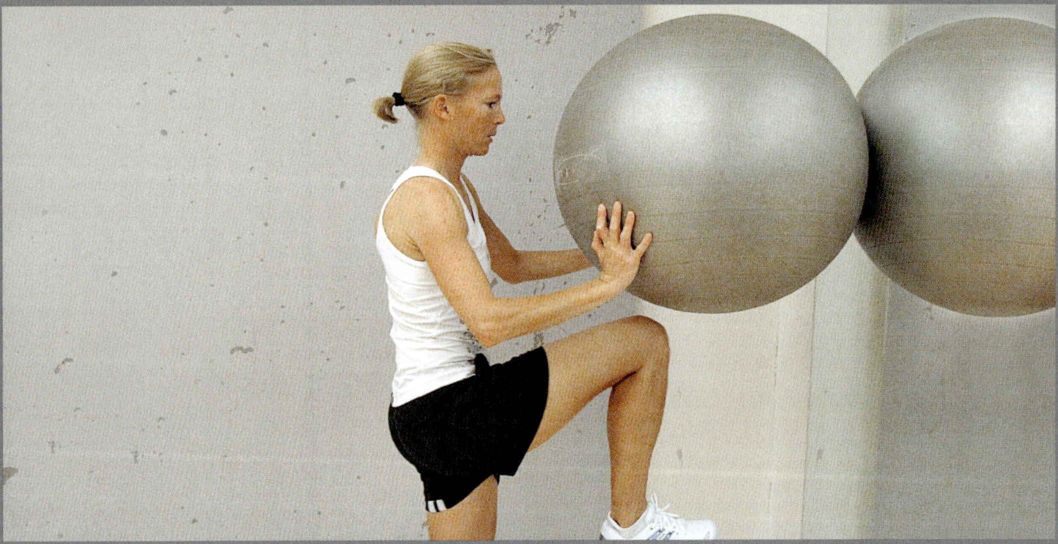

Viele Golfspieler leiden unter Knieproblemen, aber die meisten dieser Probleme sind eher durch andere Aktivitäten und nicht durch das Golfspielen entstanden. Bereits bestehende Verletzungen können durch das Laufen auf Golfplätzen mit unebenem Terrain und Hügeln verschlimmert werden.

Häufiger sind Verletzungen, die entstehen, wenn man sich bückt, in die Hocke geht, einen Ball aufnimmt oder markiert, man in ein Loch tritt oder vom Golfwagen steigt, wenn dieser noch in Bewegung ist.

Bei älteren Golfspielern kann es vorkommen, dass sie sich beim Schwung den Meniskus reißen. Meistens liegt in den Fällen aber bereits eine Gelenkdegeneration oder Arthritis vor.

Übungen zur Verbesserung der Kniefunktion sollten nie schmerzhaft sein. Sollte dies der Fall sein, muss umgehend ein Arzt, ein Physiotherapeut oder eine andere Gesundheitsfachkraft aufgesucht werden.

Hüftabduktion mit Balldrücken in der Seitenlage

5-10-15
1-2
2-0-1

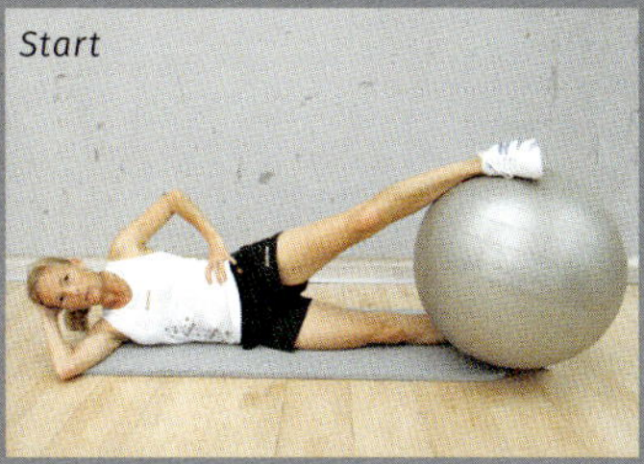
Start

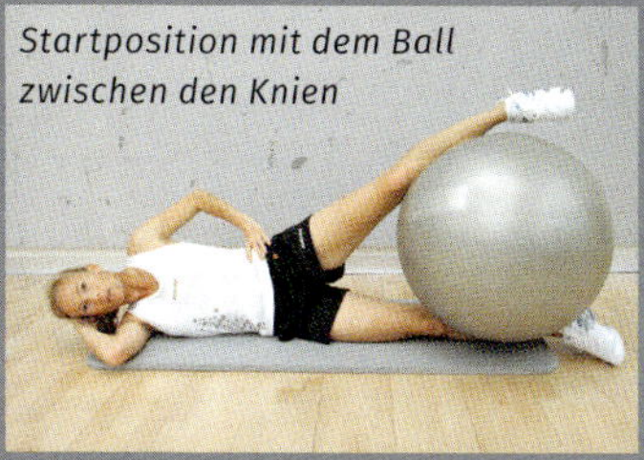
Startposition mit dem Ball zwischen den Knien

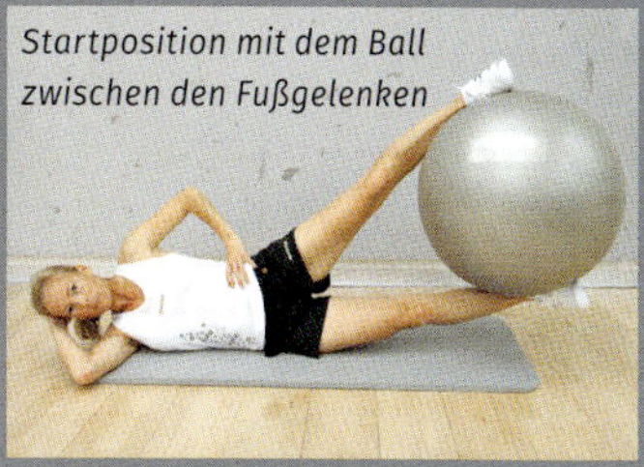
Startposition mit dem Ball zwischen den Fußgelenken

- Ausgangsposition: auf der Seite liegend mit einem großen Fitnessball zwischen den Knien oder Fußgelenken
- Rumpfmuskulatur aktivieren
- Die Beine anheben und langsam wieder senken

Brücke in der Rückenlage & Hamstring-Zug

5-10
1-2
1-2-1

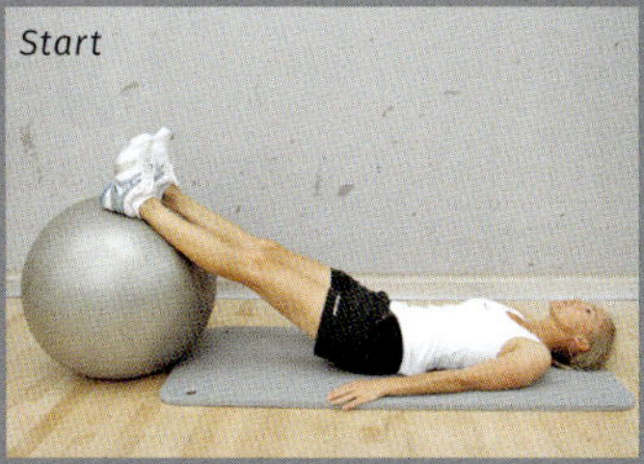
Start

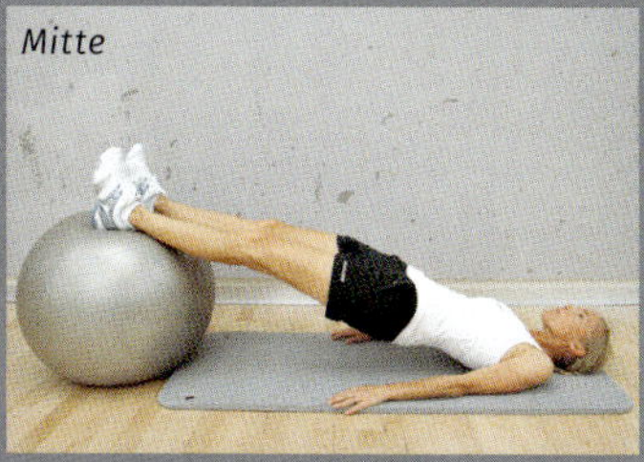
Mitte

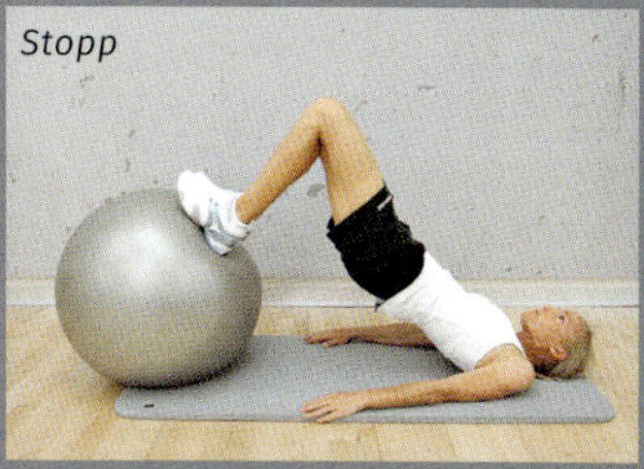
Stopp

- Ausgangsposition: auf dem Rücken liegend, die Unterschenkel und Füße liegen auf dem Fitnessball
- Rumpfmuskulatur aktivieren
- Die Hüfte anheben und den Ball in Richtung Po zurückrollen, 2 Sekunden halten und danach zurück in die Ausgangsposition

Kniebeugen mit einem Ball im Rücken

5-10-15
1-2
2-0-1 oder 4-0-1

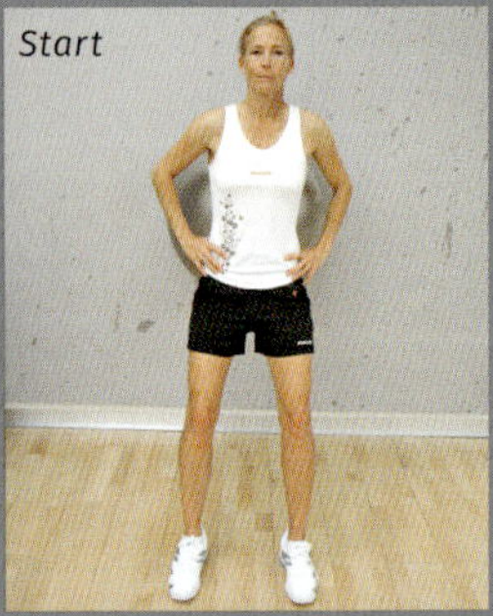
Start

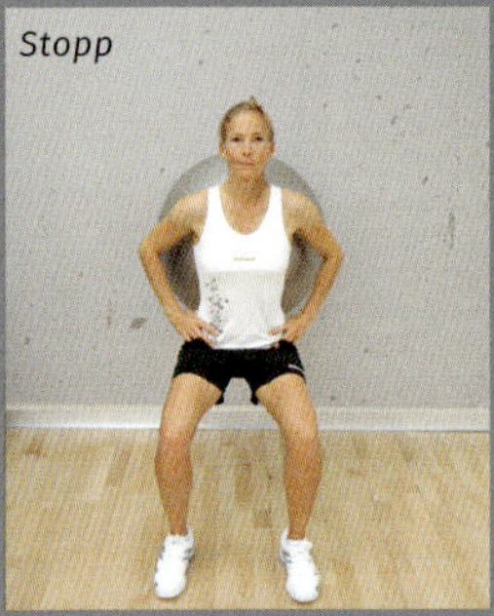
Stopp

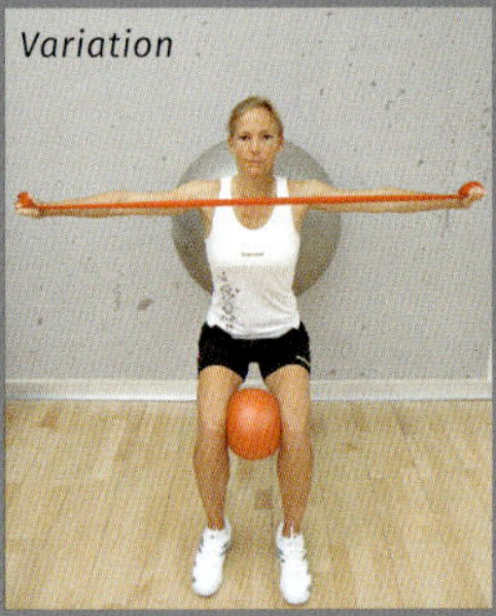
Variation

- Ausgangsposition: Aufrecht stehend mit einem Fitnessball im Rücken
- Rumpfmuskulatur aktivieren
- Langsam in die Kniebeuge gehen (die Knie bleiben über den Zehen) und danach wieder zurück in die Ausgangsposition
- Diese Übung kann erschwert werden, indem ein Ball zwischen den Knien leicht gedrückt und ein Fitnessband mit den Händen auseinandergezogen wird

---

Sumo-Kniebeugen mit einem Fitnessball im Rücken

5-10-15
1-2
2-0-1 oder 4-0-1

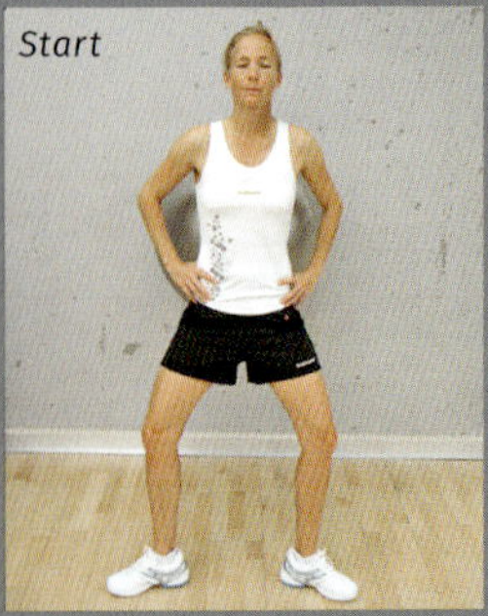
Start

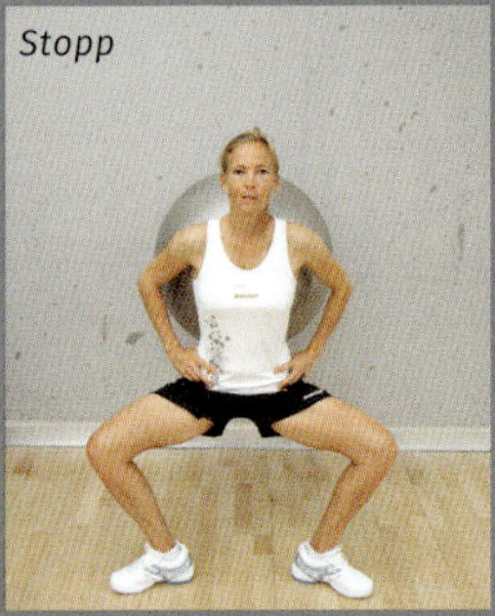
Stopp

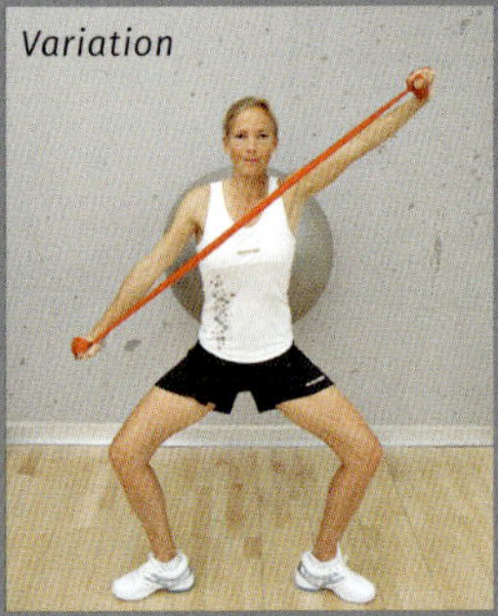
Variation

- Ausgangsposition: in der Sumo-Kniebeugeposition (die Füße und Knie zeigen nach außen) mit einem Fitnessball im Rücken
- Rumpfmuskulatur aktivieren
- Langsam die Knie beugen (die Knie bleiben über den Zehen) und danach zurück in die Ausgangsposition
- Die Übung kann durch diagonales Armziehen variiert werden

Einbeinige Kniebeugen

5-10-15
1-2
2-0-1 oder 4-0-1

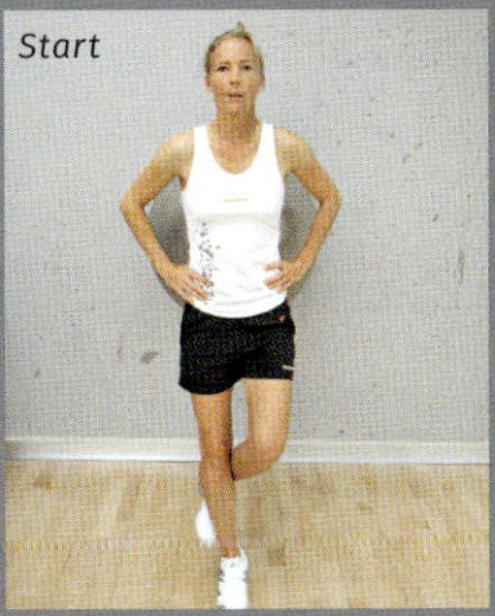
Start

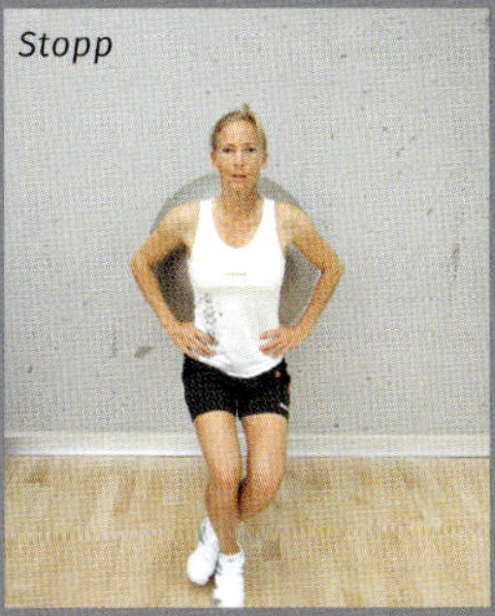
Stopp

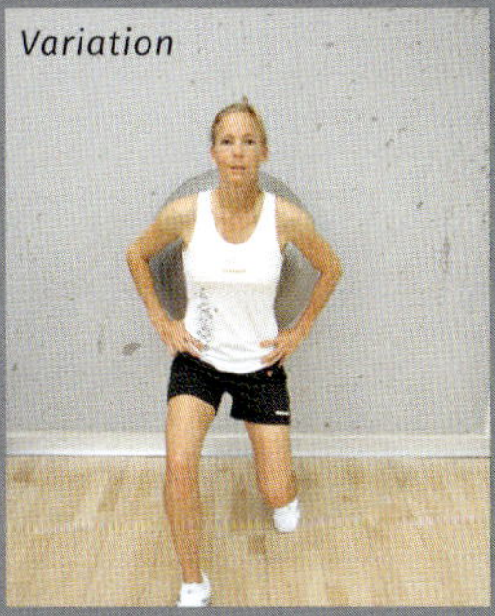
Variation

- Ausgangsposition: auf einem Bein aufrecht stehend mit dem Fitnessball im Rücken
- Rumpfmuskulatur aktivieren
- Langsam das Knie beugen (das Knie bleibt über den Zehen) und danach zurück in die Ausgangsposition
- Die Übung kann vereinfacht werden, indem die Kniebeuge in der Ausfallschrittposition durchgeführt wird

---

Dynamisches Hüftheben mit Ballrollen

5-10-15 jede Seite
1-2
2-0-1

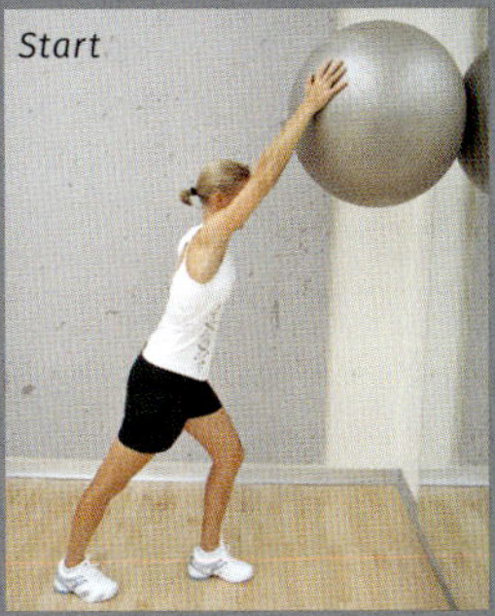
Start

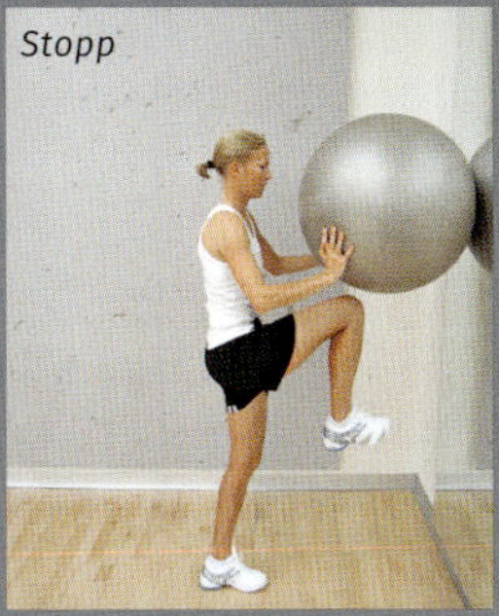
Stopp

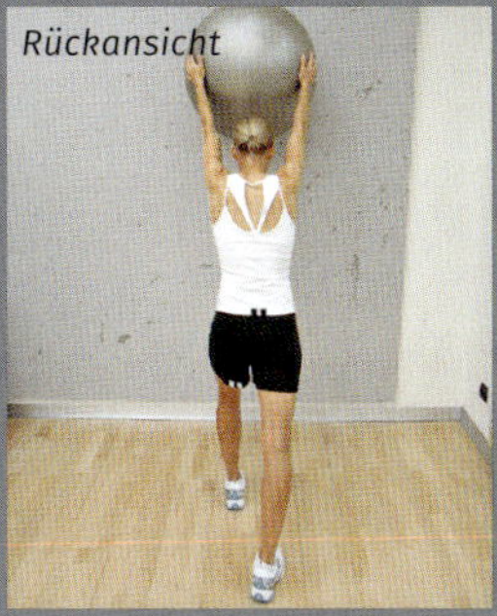
Rückansicht

- Ausgangsposition: Ausfallschrittposition, den Fitnessball mit den Händen über den Kopf halten
- Rumpfmuskulatur aktivieren
- Das hintere Knie nach vorne ziehen und gleichzeitig den Fitnessball mit den Händen zusammendrücken und nach unten rollen
- Zurück in die Ausgangsposition

Dynamisches Hüftanheben mit dem Fitnessball im Rücken

5-10-15 jede Seite
1-2
2-0-1

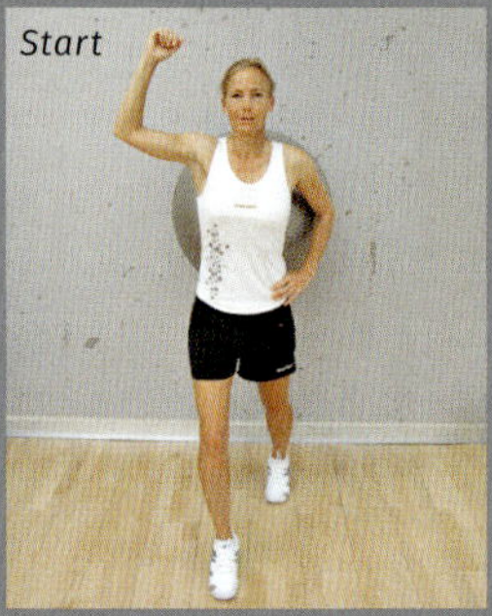

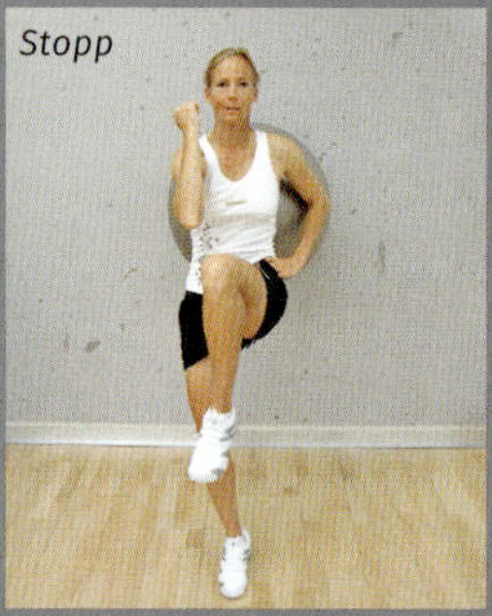

- Ausgangsposition: Ausfallschritt mit einem Fitnessball im Rücken
- Rumpfmuskulatur aktivieren
- Das hintere Knie zum gegenüberliegenden Ellenbogen führen
- Langsam wieder zurück in die Ausgangsposition

1/4 Einbeinkniebeugen mit einem Ball an der Seite

8-10-12
1-2
3-0-1

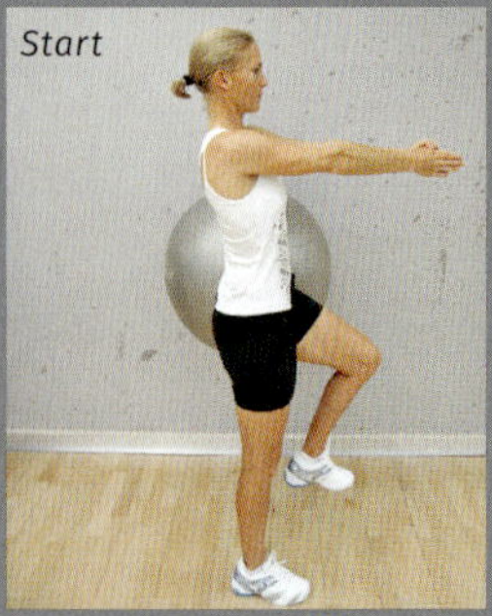

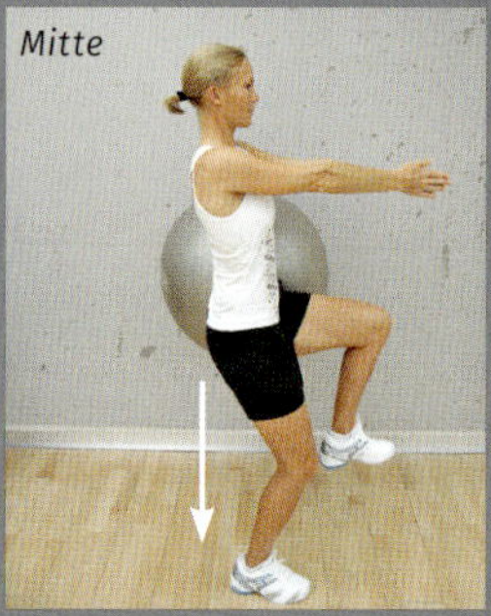

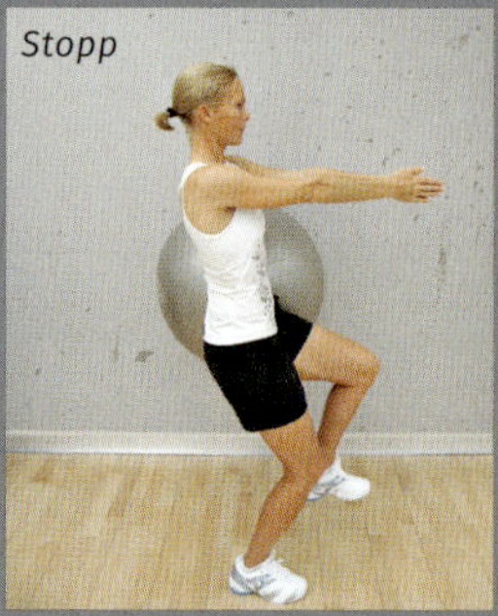

- Ausgangsposition: auf einem Bein stehend mit einem Fitnessball an der Seite
- Das innere Knie bis zur Hüfte anheben
- Rumpfmuskulatur aktivieren
- ¼-Einbeinkniebeuge
- Das Knie bleibt über den Zehen

Ausfallschritt & diagonaler Oberkörpertwist mit Ball

8-10-12
1-2
2-0-1

Start
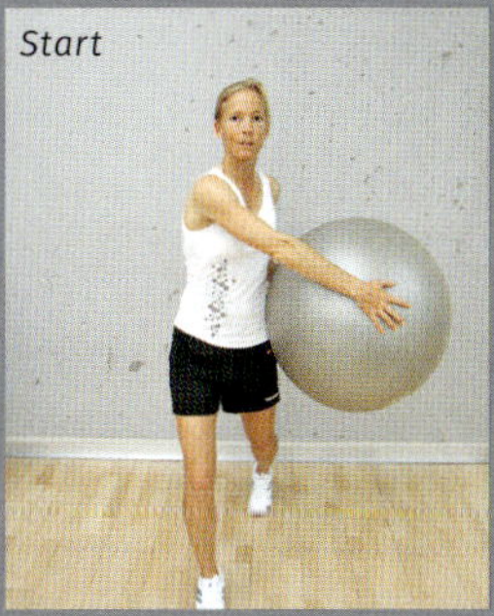
Stopp
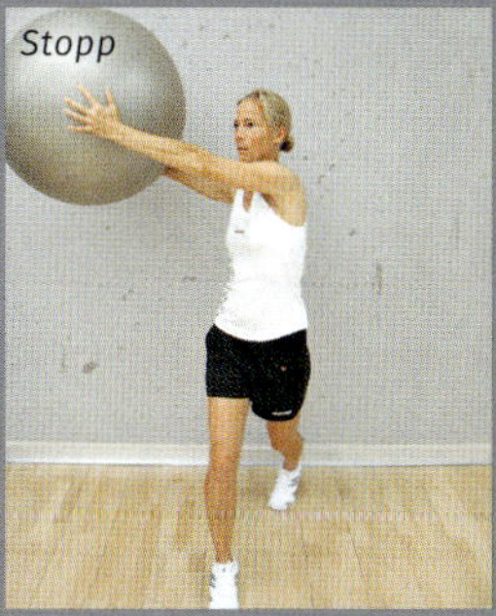
Variation
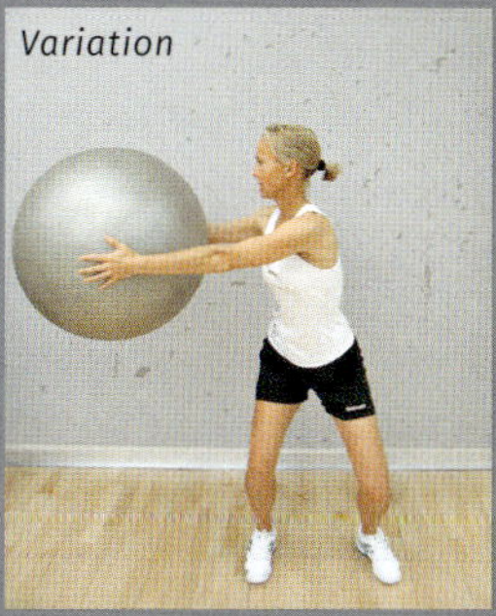

- Ausgangsposition: Ausfallschritt, einen Fitnessball in Hüfthöhe in den Händen halten
- Rumpfmuskulatur aktivieren
- Die Knie beugen und den Oberkörper rotieren
- Den Ball diagonal bis über die Schulter bewegen
- Das vorderes Knie bleibt immer über den Zehen
- Als einfachere Variante kann eine beidbeinige Kniebeuge durchgeführt werden

Ausfallschritt & diagonaler Schulterzug

5-10-15
1-2
2-0-1 oder 4-0-1

Start
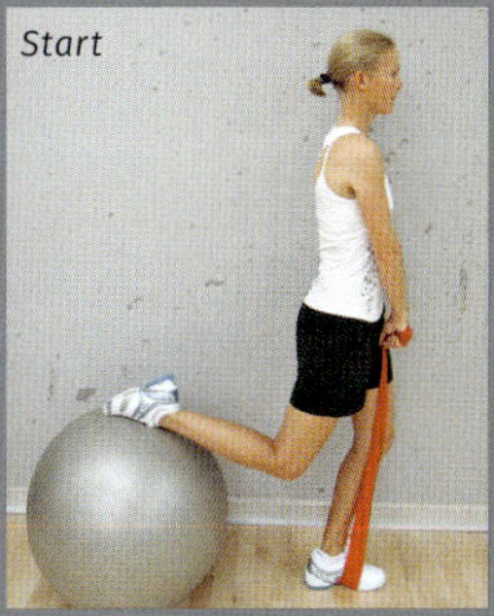
Stopp
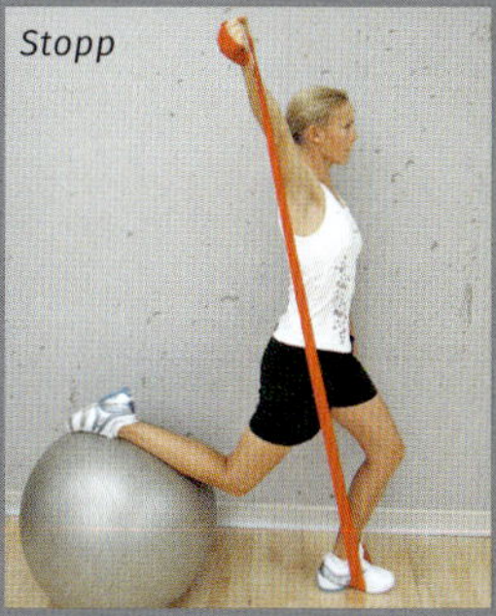
Variation
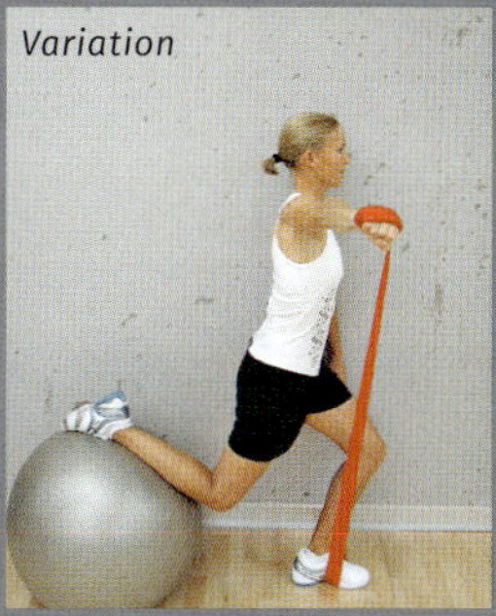

- Ausgangsposition: Ausfallschrittposition, der hintere Unterschenkel ist auf dem Fitnessball
- Ein Fitnessband in der rechten Hand halten, das andere Ende ist unter dem linken Fuß
- Rumpfmuskulatur aktivieren
- Das Knie beugen und gleichzeitig das Fitnessband diagonal nach oben ziehen
- Als Variation kann ein lateraler Schulterzug durchgeführt werden

Zusammenarbeit der Rumpfmuskulatur E – Hüftstabilität

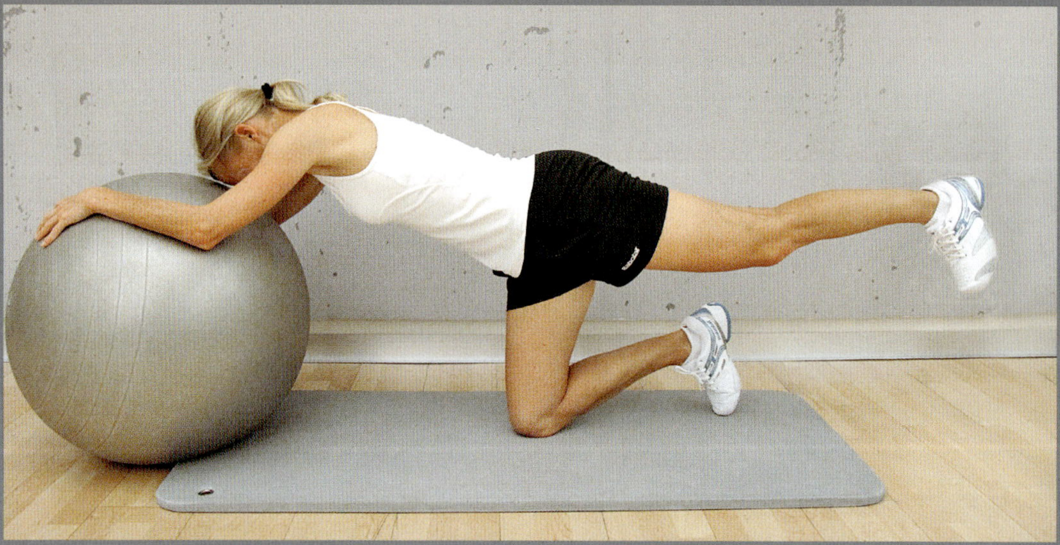

Viele Verletzungen im unteren Rumpf und in den Beinen entstehen durch verspannte oder verhärtete Hüftmuskulatur und einem Mangel an Stabilität und Kraft. Diese Probleme werden durch Inaktivität und viel Sitzen verschlimmert. Verspannte Hüftbeuger und Oberschenkelmuskeln (beide werden beim Sitzen verkürzt) führen zu Verspannungen im unteren Rücken, in den Hüften und Knien. Flexible, starke und stabile Hüften können Verletzungen vorbeugen.

Hüftabduktion „Muschelschale“

5-10-15
1-2
2-2-1

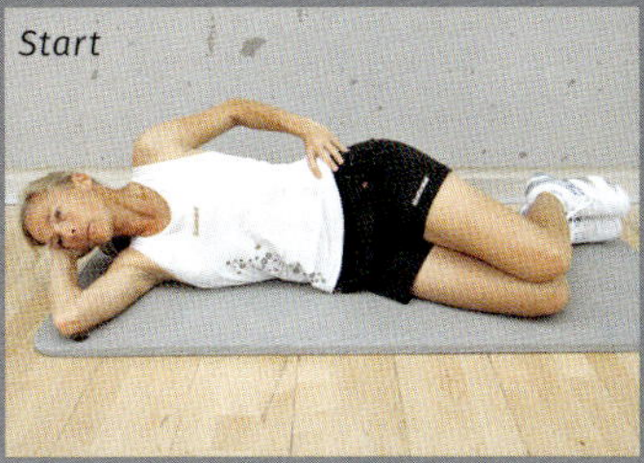
Start

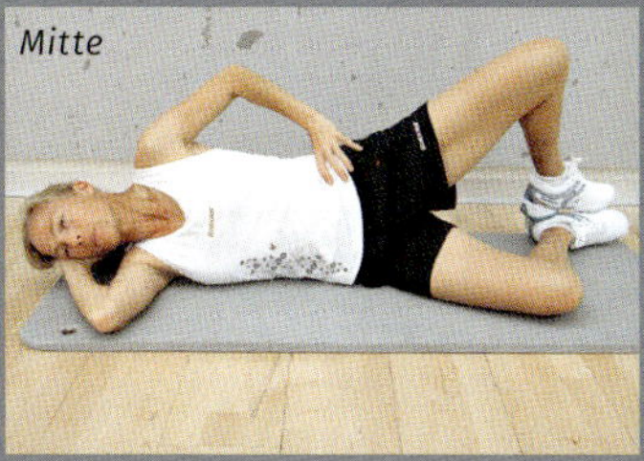
Mitte

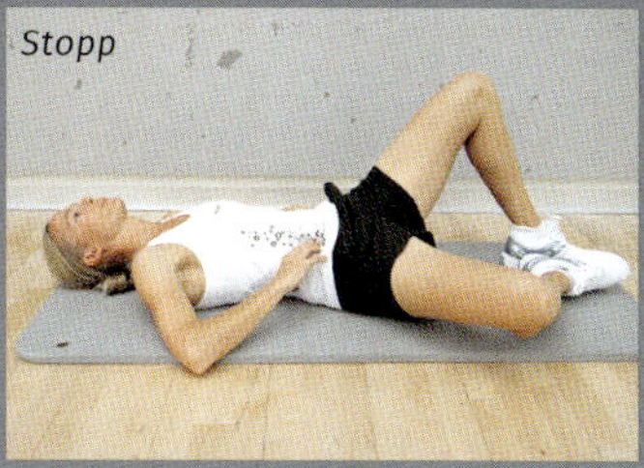
Stopp

- Ausgangsposition: Seitenlage mit gebeugten Knien
- Rumpfmuskulatur aktivieren und ein Knie anheben, die Fußgelenke zusammenhalten, wie eine Muschelschale, die sich öffnet
- 2 Sekunden halten und in 2 Sekunden langsam zurück in die Ausgangsposition
- Diese Übung kann vereinfacht werden, indem man auf dem Rücken liegt und ein Bein langsam nach außen rotiert

---

Hüftabduktion auf der Seite

5-10-15
1-2
1-2-1

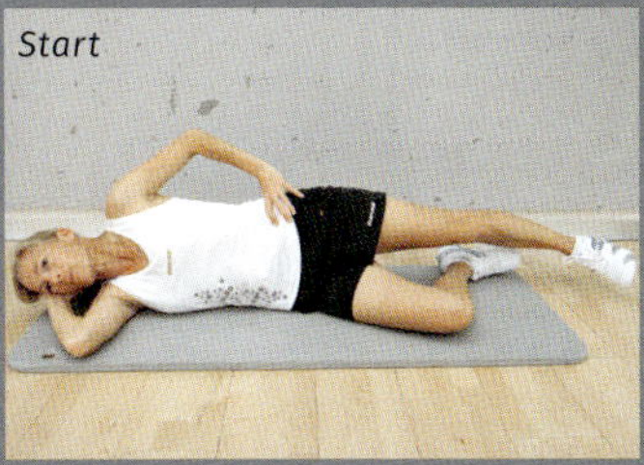
Start

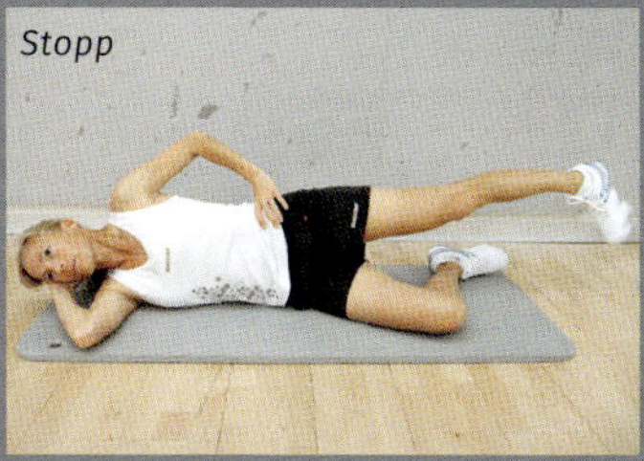
Stopp

- Ausgangsposition: Seitenlage, das untere Knie ist gebeugt und das oberen Knie gestreckt
- Rumpfmuskulatur aktivieren
- Die Zehen des oberen Beins zeigen nach unten und das Bein anheben
- 2 Sekunden halten und in 2 Sekunden langsam wieder nach unten gehen
- Als erschwerte Variante kann diese Übung mit einem Gewicht am Fußgelenk/Fuß durchgeführt werden

Hüftadduktion auf der Seite

5-10-15
1-2
1-2-1

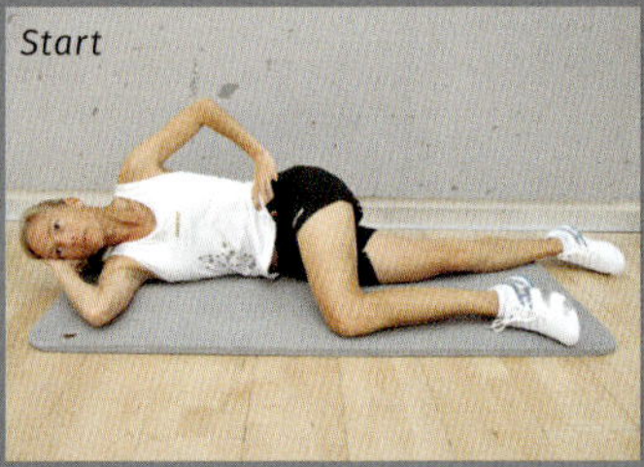
Start

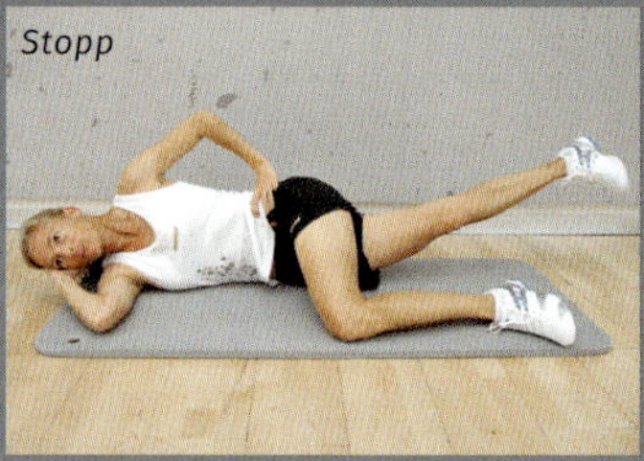
Stopp

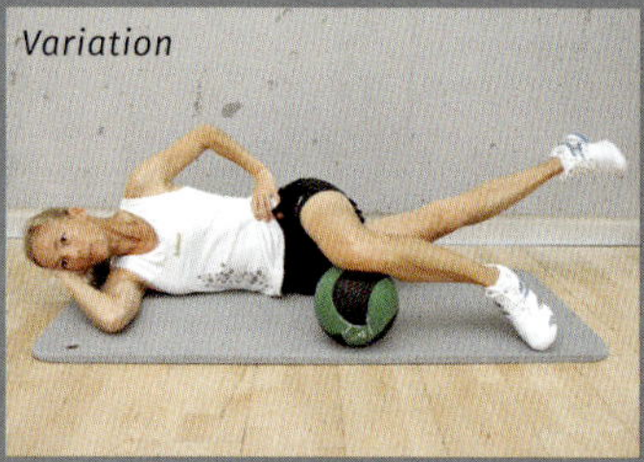
Variation

- Ausgangsposition: Seitenlage, das oberes Knie ist angewinkelt und liegt auf dem Boden, auf einem Ball oder auf einem Hocker
- Das untere Knie bleibt gestreckt
- Rumpfmuskulatur aktivieren und das untere Bein leicht anheben
- 2 Sekunden halten und in 2 Sekunden langsam wieder nach unten gehen

Vierfüßlerstand mit einem Beinstrecken auf dem Fitnessball

5-10-15
1-2
1-2-1

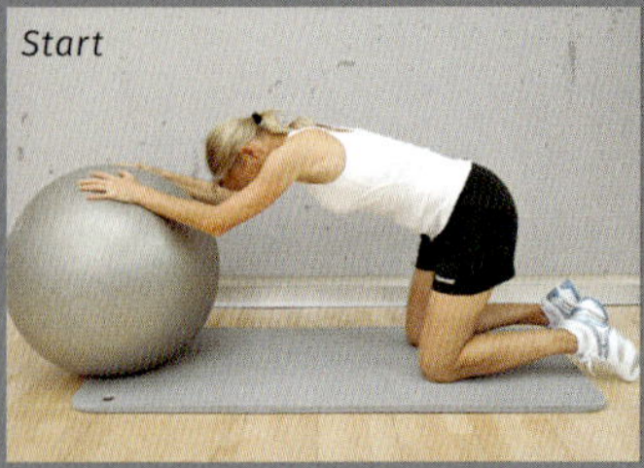
Start

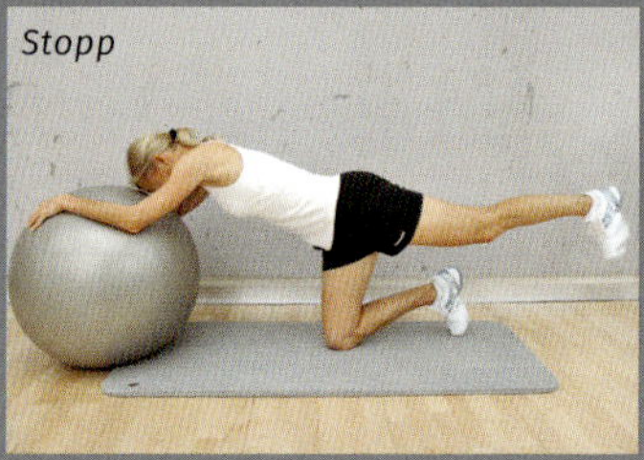
Stopp

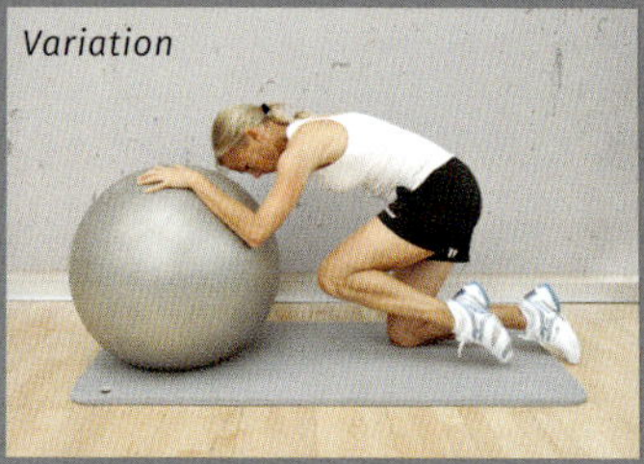
Variation

- Ausgangslage: auf dem Boden kniend, beide Unterarme sind auf einem großen Fitnessball
- Rumpfmuskulatur aktivieren
- Ein Bein strecken, anheben und halten
- Als Variation kann das Knie zuerst nach vorne zum Ball geschoben und dann gestreckt werden

Liegestützposition & mit den Händen marschieren

5-10 / Position
1-2
1-2-1

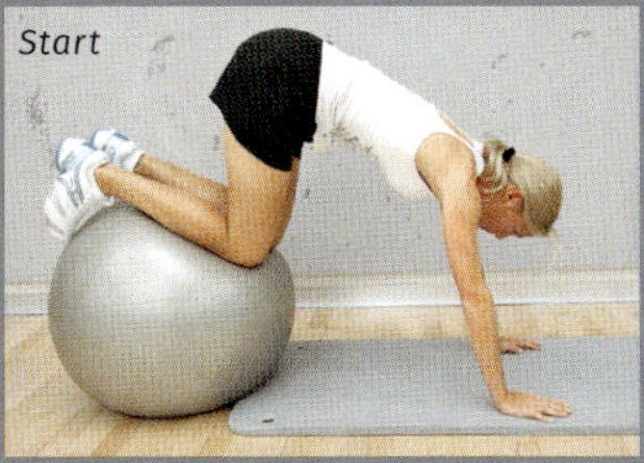
Start

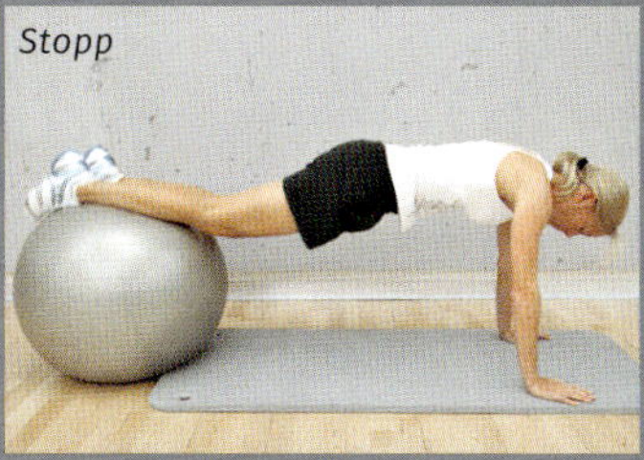
Stopp

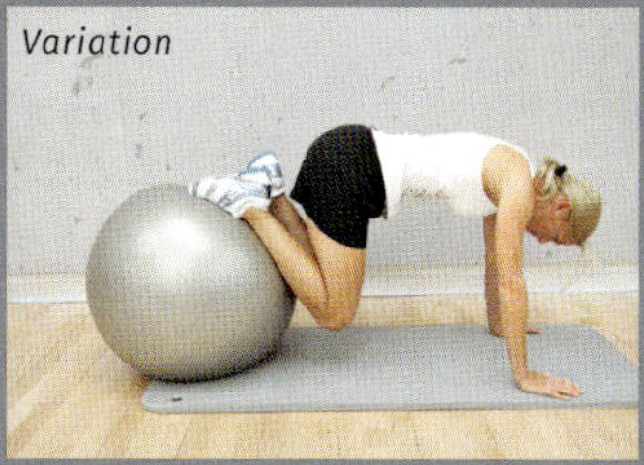
Variation

- Ausgangsposition: Liegestützposition, die Unterschenkel liegen auf einem Fitnessball
- Rumpfmuskulatur aktivieren
- Die Hände marschieren nach vorne bis die Beine gestreckt sind
- 2 Sekunden halten und danach wieder zurück in die Ausgangsposition marschieren
- Die Übung kann erschwert werden, indem man vor der Rückkehr zur Ausgangsposition den Ball mit gebeugten Knien in Richtung Brust rollt

---

Seitstütz auf dem Fitnessball

5-10
1-2
1-5-1 oder 1-10-1

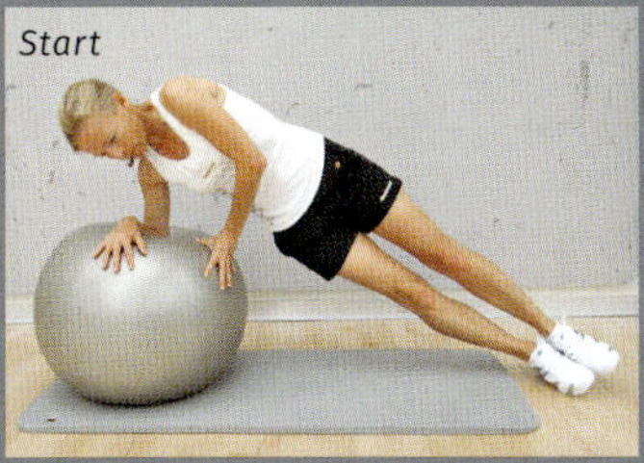
Start

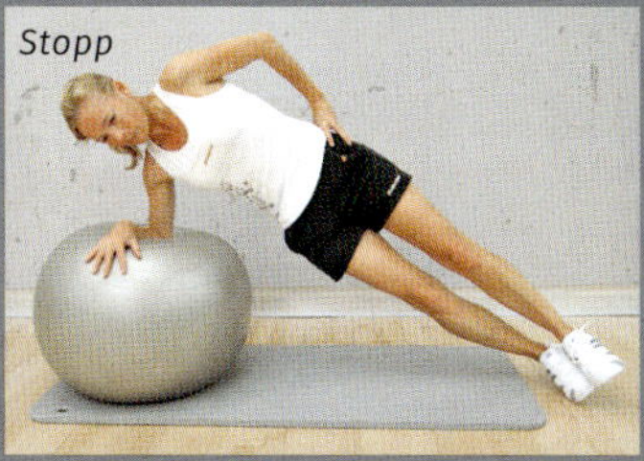
Stopp

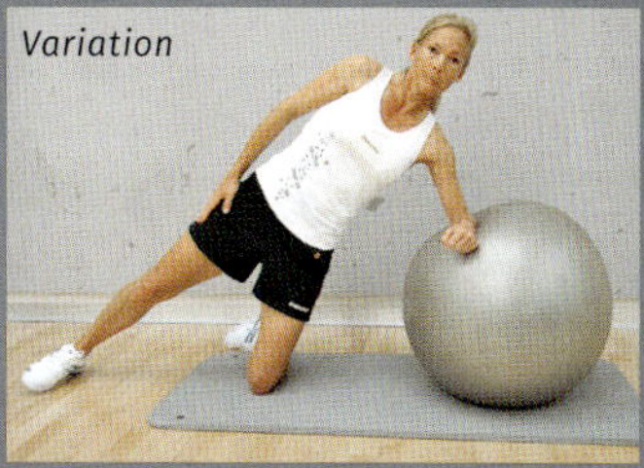
Variation

- Ausgangsposition: Seitstützposition, ein Unterarm und eine Hand sind auf dem Fitnessball, die Füße auf dem Boden
- Rumpfmuskulatur aktivieren
- Die obere Hand auf der Hüfte platzieren und 5 bis 10 Sekunden halten
- Die Übung kann vereinfacht werden, indem das untere Knie auf dem Boden ist

(Vorsicht bei Ellenbogen- oder Schulterbeschwerden)

Seitstütz auf dem Fitnessball mit Beinheben

- 5-10
- 1-2
- 1-5-1 oder 1-10-1

Start

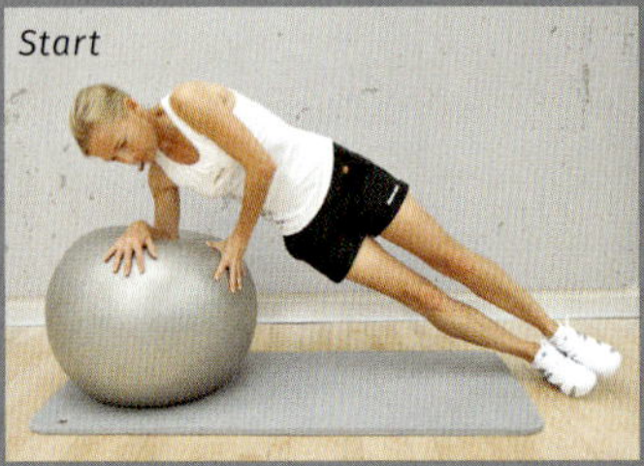

Stopp

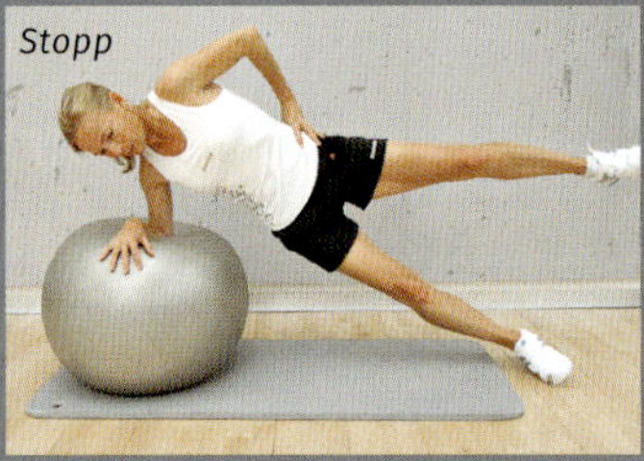

Variation

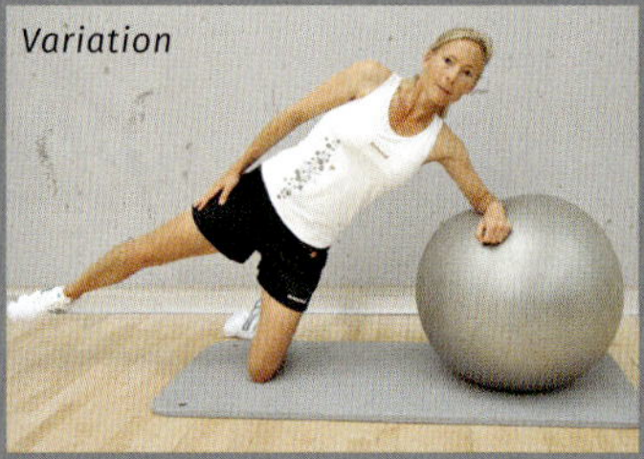

- Ausgangsposition: Seitstützposition, ein Unterarm und eine Hand sind auf dem Fitnessball, die Füße auf dem Boden
- Rumpfmuskulatur aktivieren
- Die obere Hand auf der Hüfte platzieren und das obere Bein in eine Hüftabduktion heben und halten
- Die Übung kann vereinfacht werden, indem das untere Knie auf dem Boden ist

(Vorsicht bei Ellenbogen- oder Schulterbeschwerden)

Kniebeugen in der Ausfallschrittposition

- 5-10-15
- 1-2
- 2-0-1 oder 4-0-1

Start

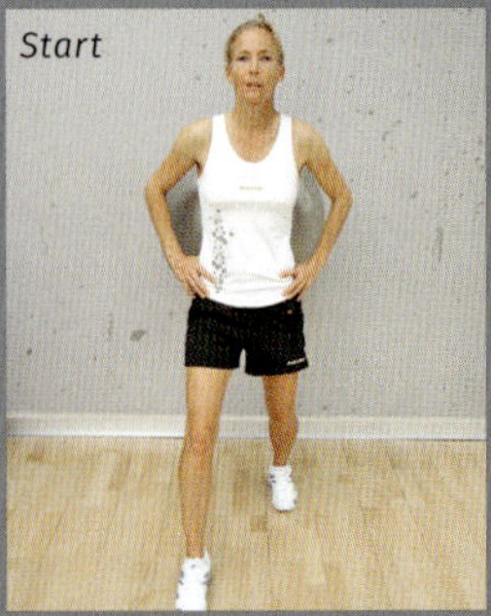

Stopp

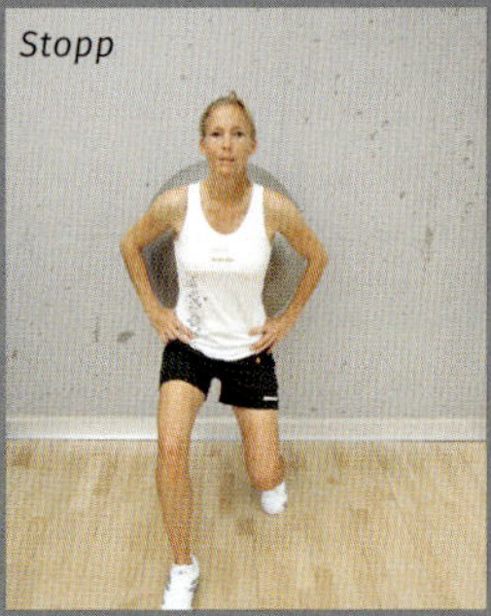

Variation

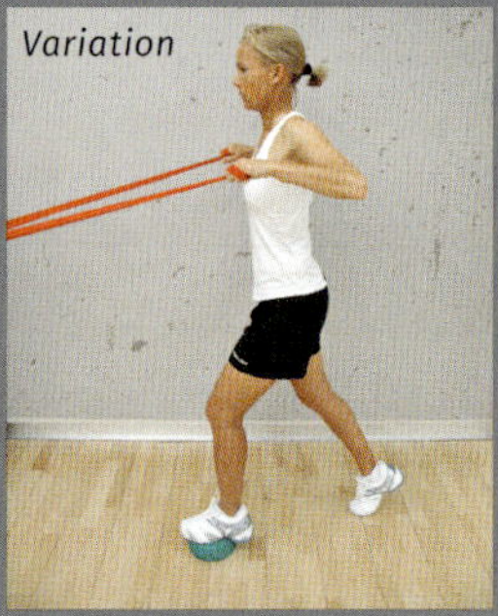

- Ausgangsposition: aufrecht in einem Ausfallschritt stehend mit einem Fitnessball im Rücken
- Rumpfmuskulatur aktivieren
- Langsam die Knie beugen (das vordere Knie bleibt über den Zehen) und danach zurück in die Ausgangsposition gehen
- Diese Übung kann erschwert werden, indem ein Fuß auf einer instabilen Unterlage steht, und Ruderbewegungen mit einem Fitnessband durchgeführt werden

Einbeinige Kniebeugen & Schulterflexion mit Widerstand

8-10-12
1-2
2-0-1

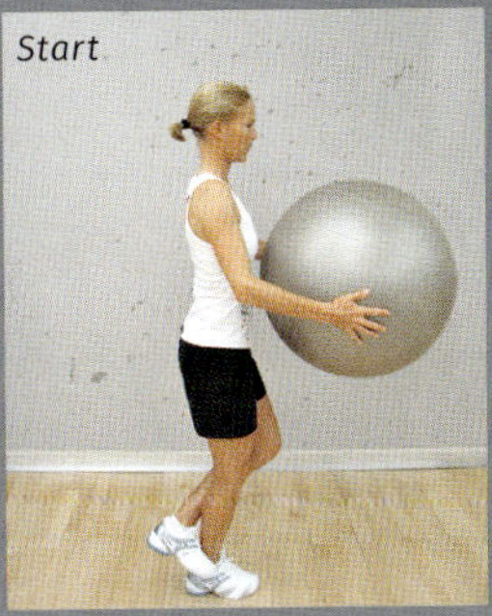
Start

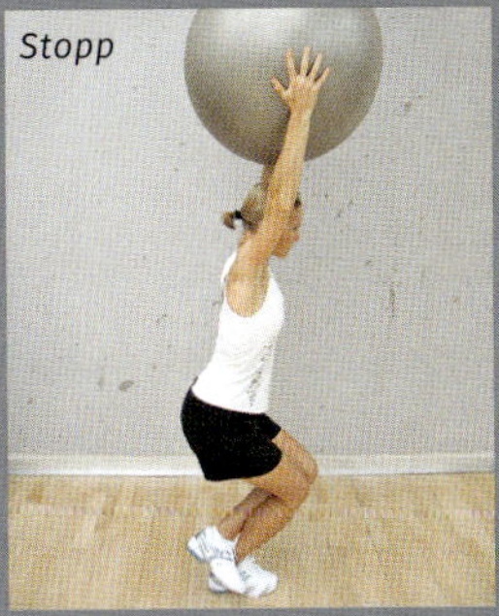
Stopp

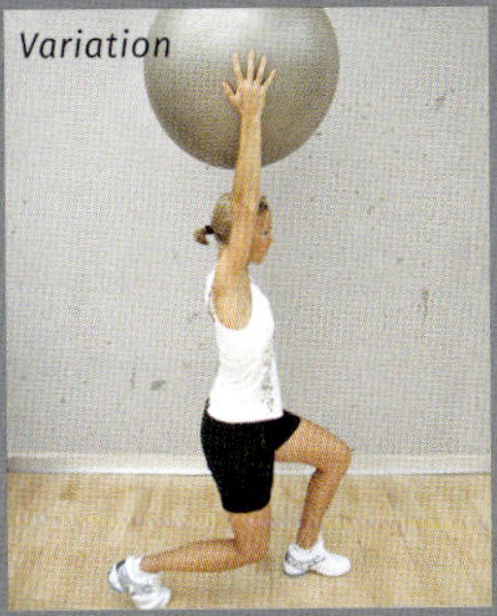
Variation

- Ausgangsposition: aufrecht auf einem Bein stehend, den anderen Fuß hinter dem Fußgelenk platzieren, einen Fitnessball in den Händen halten
- Rumpfmuskulatur aktivieren
- Langsam die Knie beugen, gleichzeitig den Ball über den Kopf strecken und senken, das Knie des Standbeins bleibt über den Zehen
- Als einfachere Variante kann diese Übung in der Ausfallschrittposition durchgeführt werden

Sumo-Kniebeugen & beide Arme strecken

5-10-15
1-2
2-0-1 oder 4-0-1

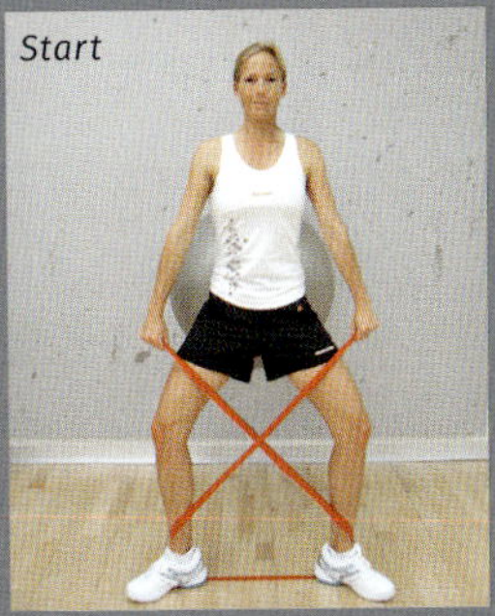
Start

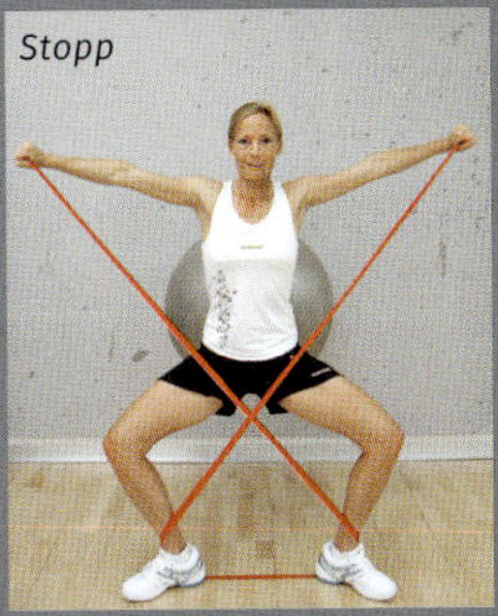
Stopp

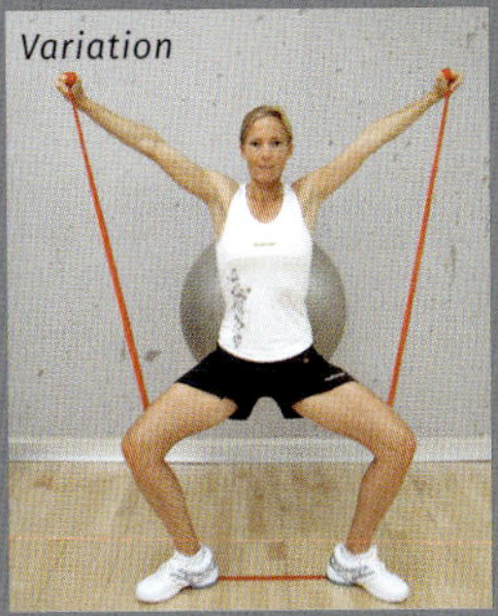
Variation

- Ausgangsposition: in der Sumo-Kniebeugeposition mit einem Fitnessball im Rücken
- Ein Fitnessband gut unter den Füßen befestigen, die Enden kreuzen und in beiden Händen halten
- Rumpfmuskulatur aktivieren
- Die Knie beugen und gleichzeitig beide Arme lateral nach oben strecken
- Als Variation kann das Fitnessband gehalten werden, ohne es in der Mitte zu kreuzen

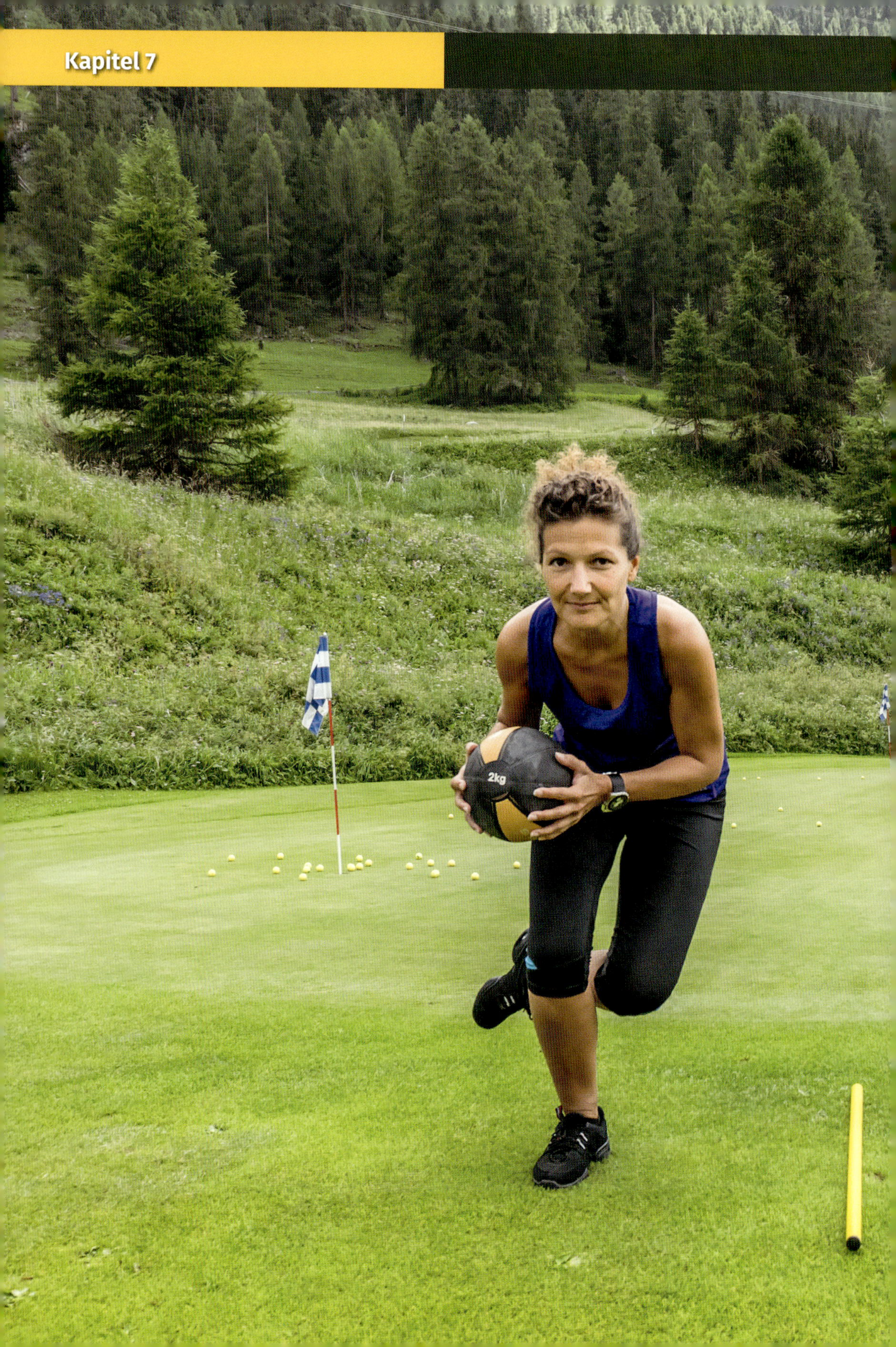
2kg

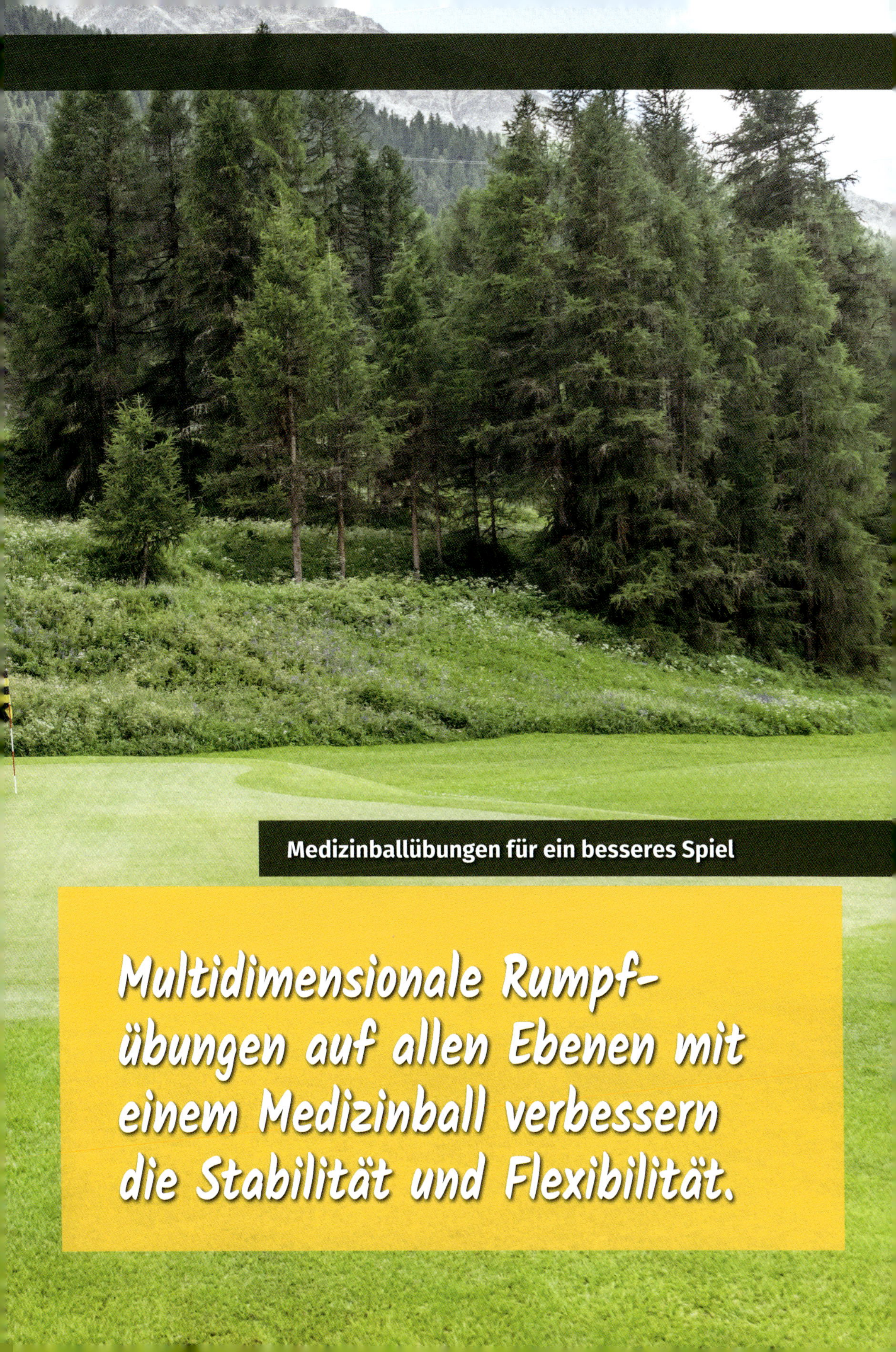

Multidimensionale Rumpfübungen auf allen Ebenen mit einem Medizinball verbessern die Stabilität und Flexibilität.

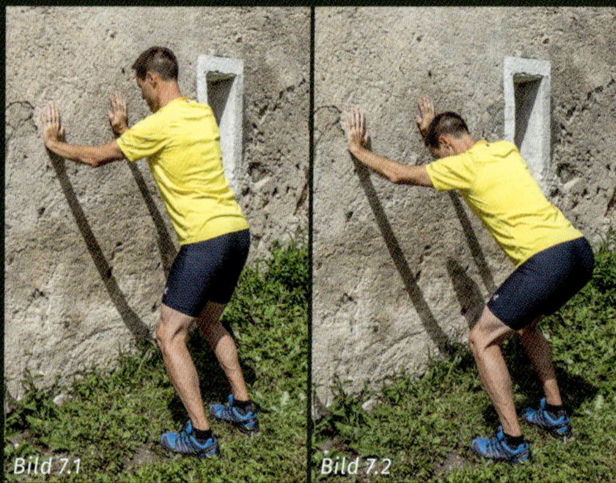

Bild 7.1 Bild 7.2

Assistierte Kniebeugen, 2 x 10 Wiederholungen

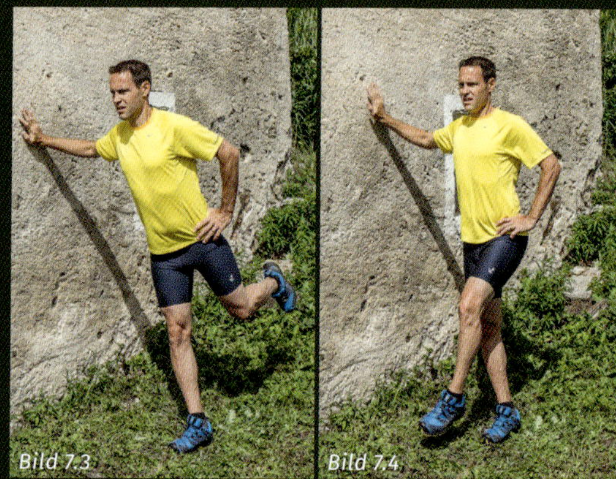

Bild 7.3 Bild 7.4

Beinschwünge fördern das Gleichgewicht, Beinschwünge nach vorne, nach hinten und von Seite zu Seite, je 2 x 10 Wiederholungen

Medizinballübungen für ein besseres Spiel

Der Golfschwung benötigt ein explosives Beschleunigen und ein kontrolliertes und ausbalanciertes dynamisches Abbremsen. Der Medizinball ist ein sehr nützliches, angenehmes und vielseitiges Trainingsgerät, das für eine allgemeine sportliche Vorbereitung sowie für golfspezifische Übungen benutzt werden kann. Mit dem Medizinball kann der Golfer mehrdimensionale Rumpfübungen auf allen Ebenen mit langsamen und höheren Geschwindigkeiten durchführen. Der Ball ist sehr gut geeignet, um Kraft und Flexibilität zu trainieren. Stärkere und lockerere Muskeln können einen schnelleren Schwung mit einer stabileren und balancierteren Schlägerkontrolle ermöglichen. Medizinbälle sind für Sportler und Therapeuten günstige und leicht zu transportierende Trainingsgeräte, und sie sind in vielen Gewichtsklassen und Größen verfügbar. Ein häufig verwendetes Sprichwort lautet: „Wer den Medizinball benutzt, braucht keine Medizin!"

Nachfolgend ist eine Auswahl von Übungen mit dem Medizinball aufgelistet. Diese können die allgemeinen Voraussetzungen und Fitness, sowie golfspezifische Kraft- und Leistungskomponenten fördern und für Golfer eine „gute Medizin" sein. Es ist wichtig, das Alter und das Entwicklungsstadium des Spielers zu betrachten, wenn die Größe und das Gewicht des Medizinballs ausgesucht werden – idealerweise sollten sie zwischen ½ und 5 kg schwer sein. Dank der großen Anzahl an Übungen und Variationen ist es einfach, eine stets herausfordernde, interessante und effiziente Trainingseinheit zu erstellen.

Mit dem Medizinball ist es ebenfalls möglich, Beweglichkeits- und Mobilitätsübungen auszuführen, Abbrems- und Beschleunigungskraft und -energie zu entwickeln. Auch Wurftraining, Spiele, Stafetten und Wettkämpfe mit einem positiven Effekt auf die allgemeine Fitness sind möglich.

Heutzutage bestehen Medizinbälle aus strapazierfähigem Gummi, die angenehm abprallen. So können Sie auch alleine trainieren, indem Sie den Ball gegen den Boden oder die Wand werfen.

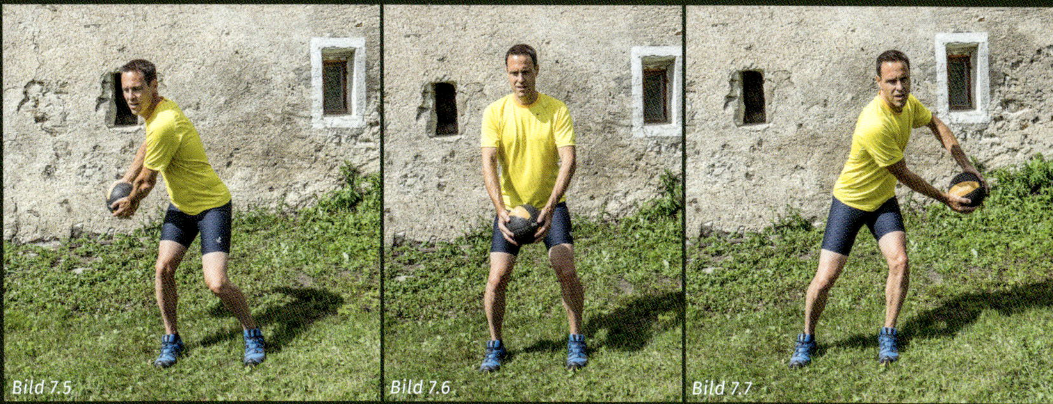

Oberkörpertwists als Aufwärmübung für die Rotationskraft, auf jeder Seite 2 x 10 Wiederholungen

Dank dem Übungsumfang und den Variationsmöglichkeiten mit weiteren Hilfsmitteln ist es einfach, unterschiedliche, herausfordernde, effiziente und golfspezifische Trainingseinheiten für eine garantierte Leistungssteigerung zu erstellen.

ALLGEMEINES AUFWÄRMEN

Folgende Aufwärmübungen sollten vor jedem Training mit dem Medizinball durchgeführt werden. Diese Übungen machen die Kniescheibe (Patella) weich und geschmeidig und lassen sie reibungslos und sicher gleiten. Sie fördern zusätzlich das Gleichgewicht auf verschiedenen Bewegungsebenen und aktivieren die Rumpfmuskulatur (mehr dazu in Kapitel 3 „Dynamisches Aufwärmen“). Siehe Bild 7.1–7.7.

Abhängig vom Trainingsziel können 2 bis 3 verschiedene Ballübungen als Zusatz zum aktuellen Trainingsplan oder einer der unten beschriebenen Trainingsabläufe ausgewählt werden. Dabei sollte man folgendes beachten:

- Als erstes immer aufwärmen.
- Langsam anfangen und allmählich steigern.
- Bei den Kniebeugen sollten die Knie nie über die Zehen hinaus gehen (dies führt zu einer erhöhten Belastung der Kniescheibe).
- Auf eine gute Technik achten (bei Unsicherheit sollte eine sachkundige Fitness- oder Gesundheitsfachkraft zurate gezogen werden).
- Beim Bücken oder Rotieren sollten immer so viele Gelenke wie möglich miteinbezogen werden.
- Übungen müssen kontrolliert durchgeführt werden.
- Am Anfang können 2–3 Übungen aus jedem Programm für jede Trainingseinheit ausgesucht werden. Diese können regelmäßig gewechselt werden. Mit 1–2 Sätzen und je 5 – 10 – 15 Wiederholungen beginnen. Wenn Kraft und Stabilität steigen, kann auf 2–3 Sätze mit je 10 – 15 – 20 Wiederholungen erhöht werden.

Der Medizinball muss zur Person passen. Für die meisten erwachsenen Personen ist ein 2–3 kg schwerer Medizinball geeignet. Jugendliche sollten betreut werden und vor dem Einsatz eines Medizinballs einen Volley- oder Basketball benutzen.

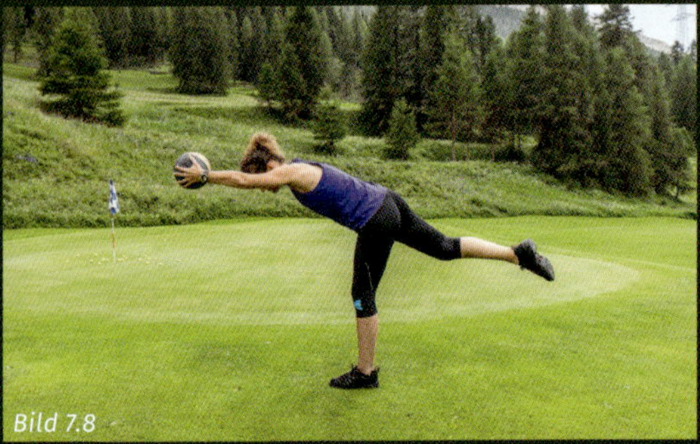
Bild 7.8

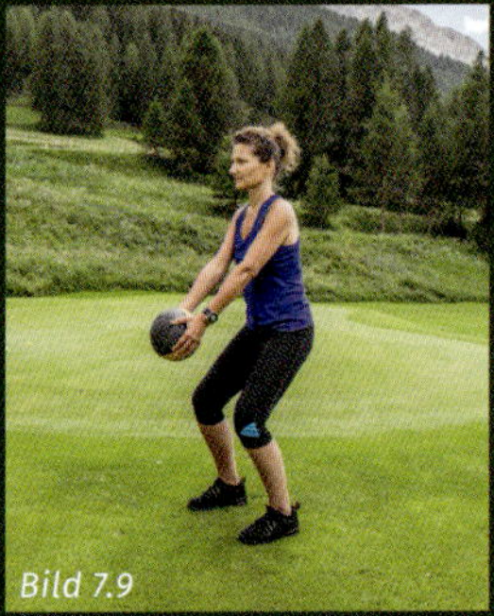
Bild 7.9

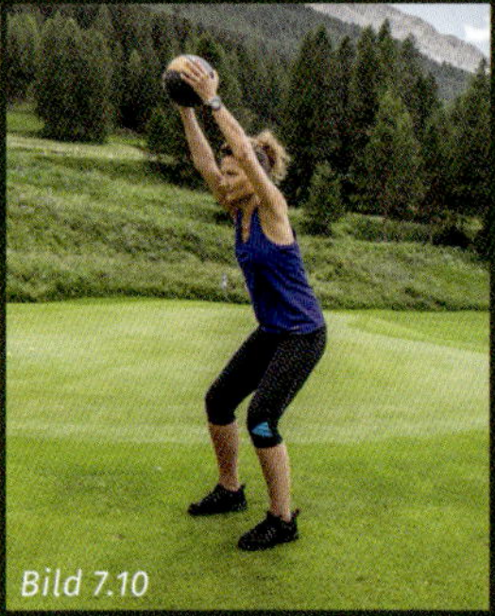
Bild 7.10

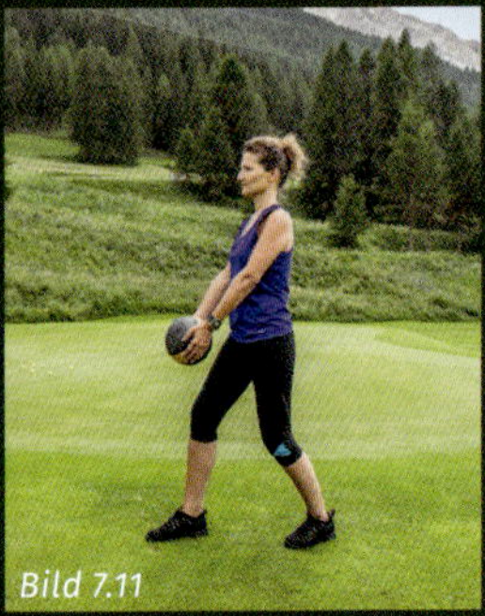
Bild 7.11

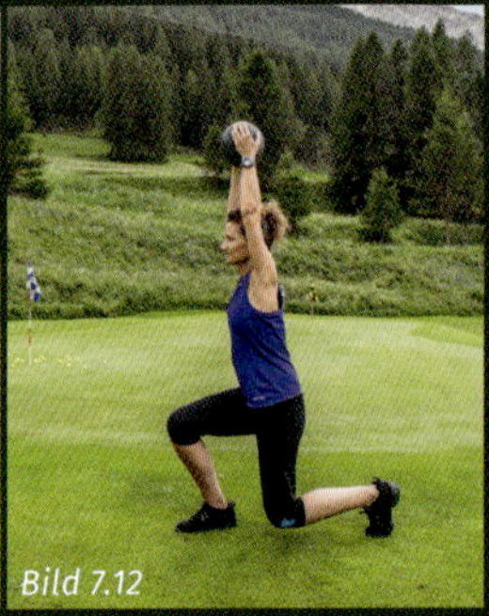
Bild 7.12

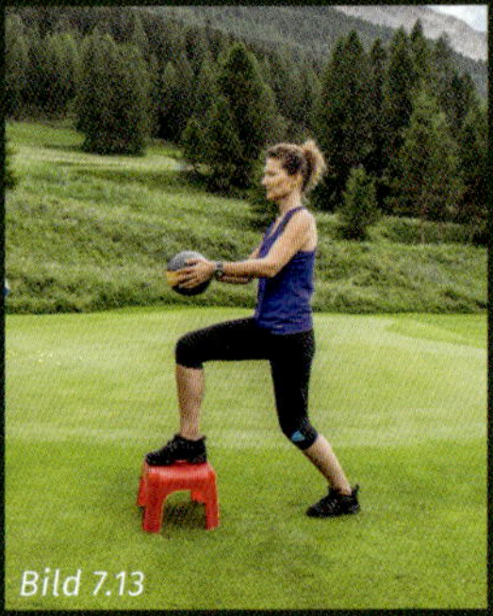
Bild 7.13

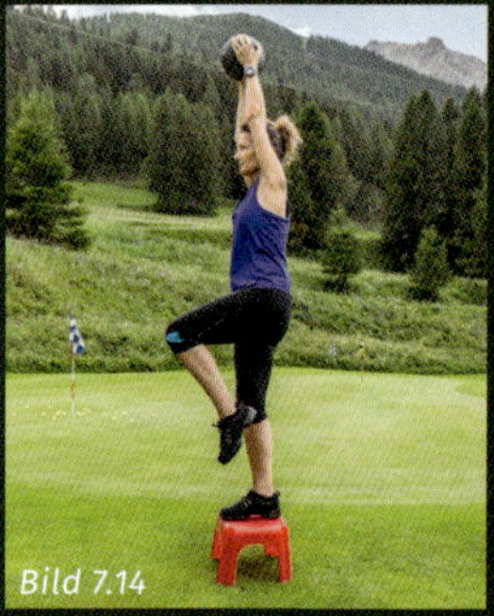
Bild 7.14

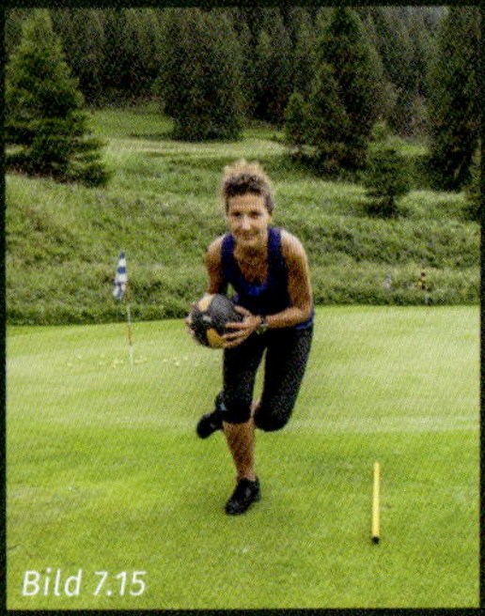
Bild 7.15

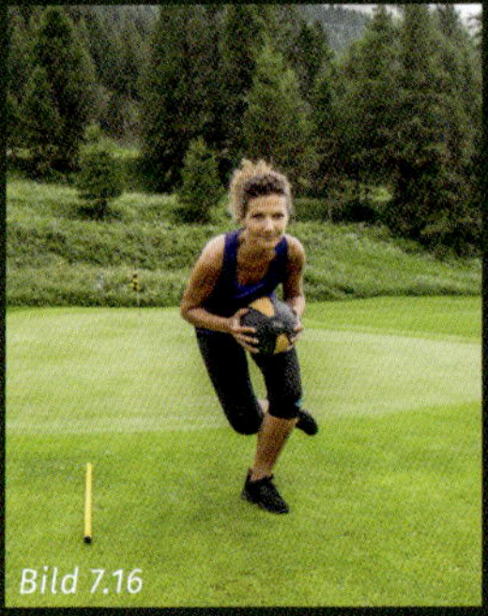
Bild 7.16

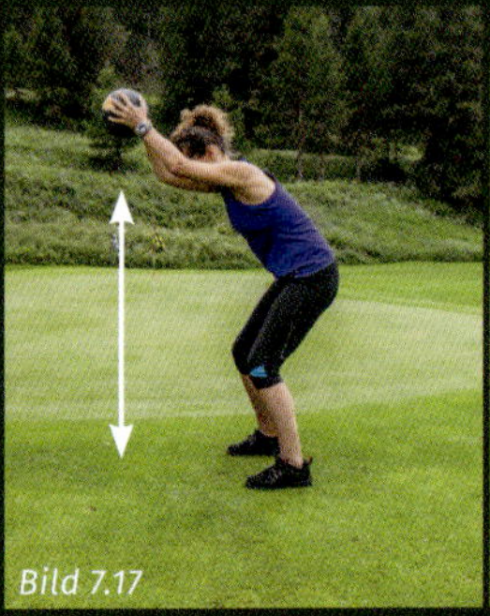
Bild 7.17

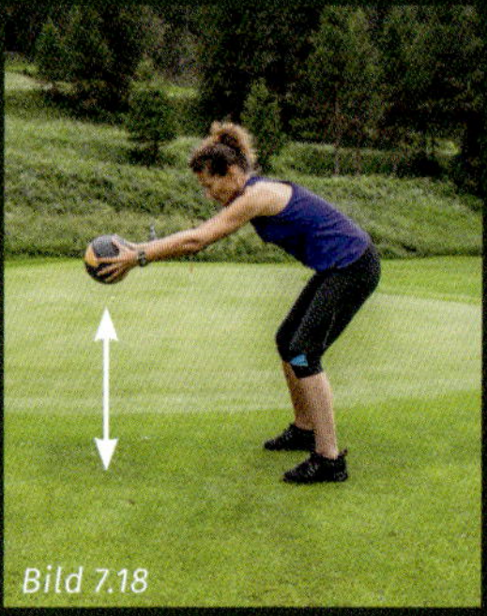
Bild 7.18

MEDIZINBALLTRAINING – PROGRAMM A (KÖRPERHALTUNG, KRAFT UND STABILITÄT)

1) Gleichgewicht auf einem Bein (Bild 7.8)
2) Kniebeugen und Armstrecken mit dem Ball (Bild 7.9 / 7.10)
3) Ausfallschritt und Armstrecken mit dem Ball (Bild 7.11 / 7.12)
4) Step-ups und Armstrecken mit dem Ball (Bild 7.13 / 7.14)
5) Laterale Sprünge über eine halbe Schaumrolle oder ein anderes Hindernis (Bild 7.15 / 7.16)
6) Würfe mit dem Medizinball, nach vorne gebeugt (Bild 7.17/7.18)

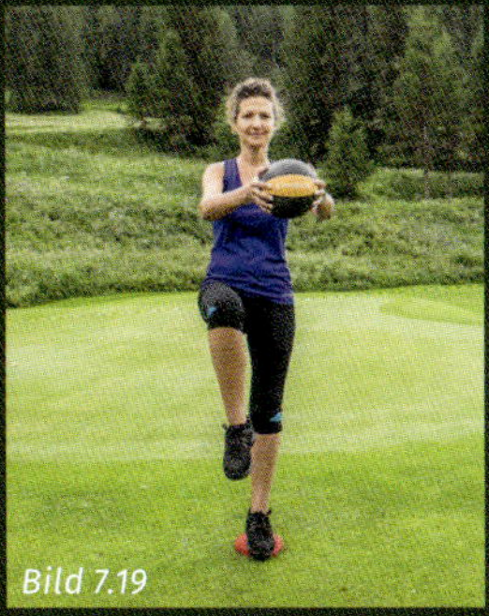
Bild 7.19

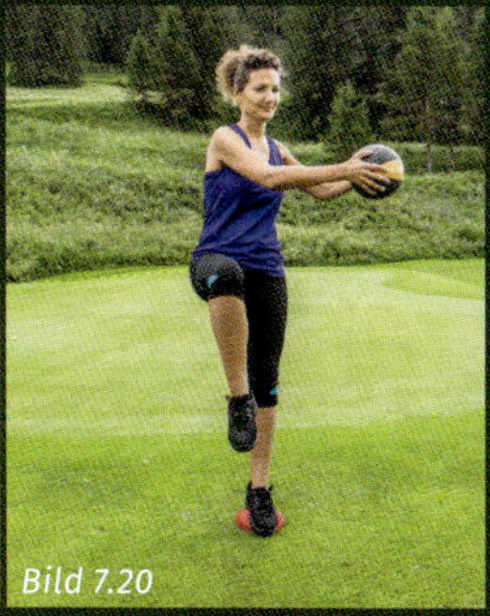
Bild 7.20

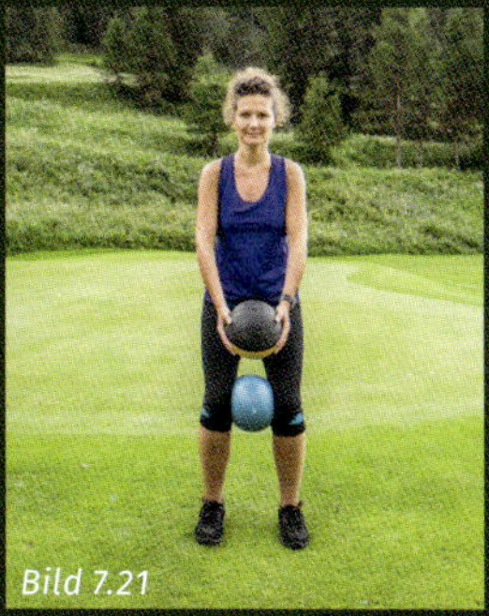
Bild 7.21

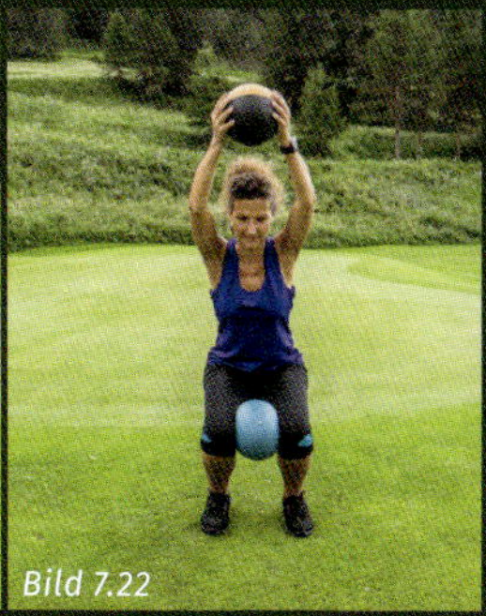
Bild 7.22

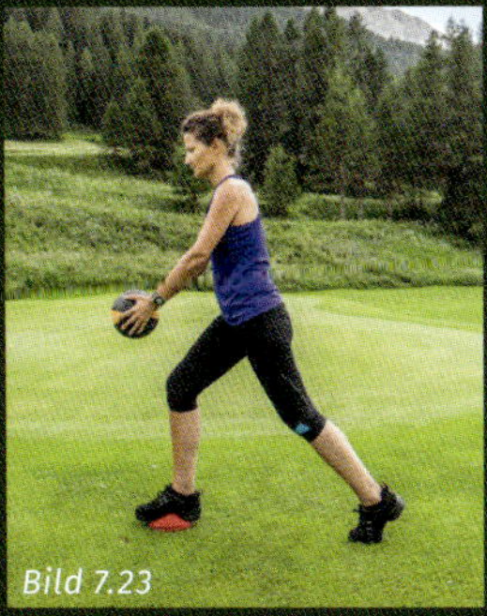
Bild 7.23

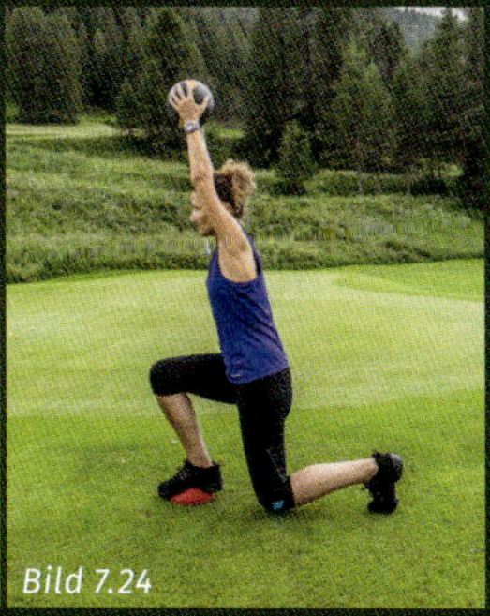
Bild 7.24

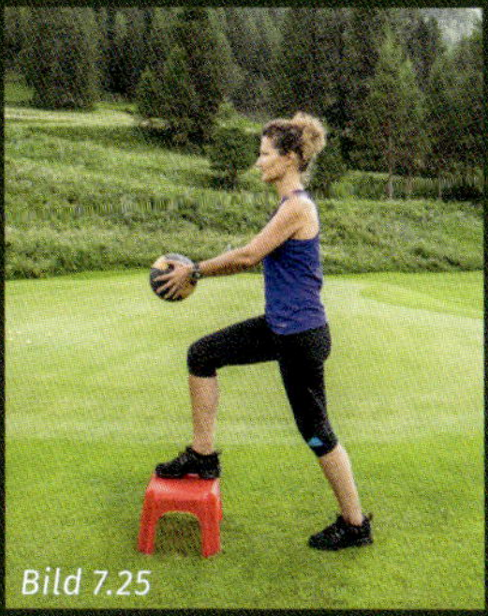
Bild 7.25

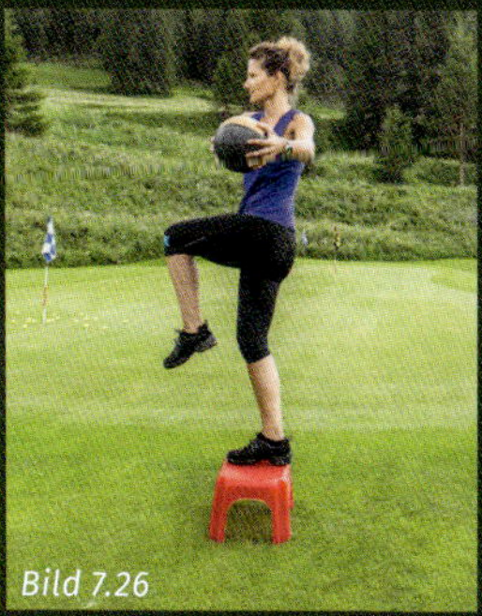
Bild 7.26

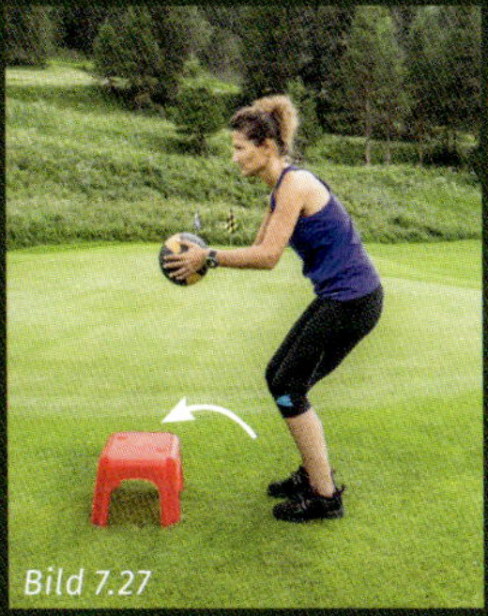
Bild 7.27

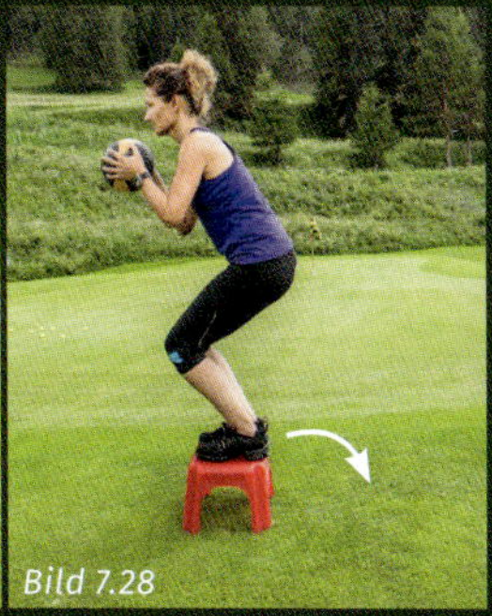
Bild 7.28

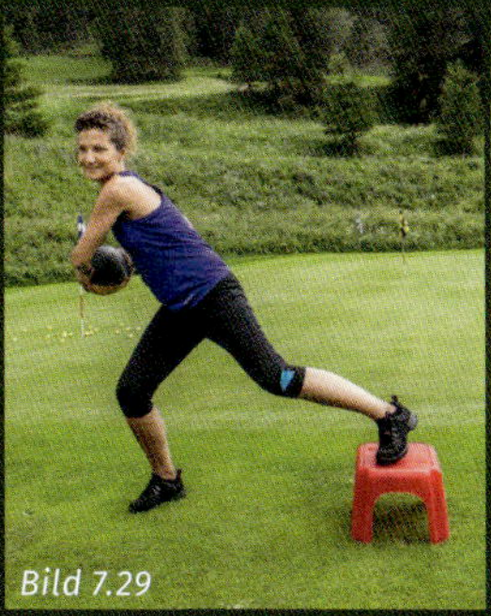
Bild 7.29

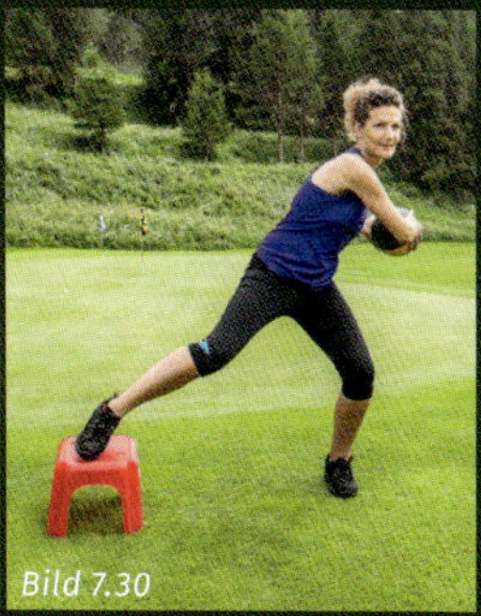
Bild 7.30

MEDIZINBALLTRAINING – PROGRAMM B (GLEICHGEWICHT, KRAFT UND STABILITÄT)

1) Auf einer instabilen Unterlage balancieren (Bild 7.19 / 7.20)
2) Kniebeuge mit einem Ball zwischen den Knien und Armstrecken mit dem Ball (Bild 7.21 / 7.22)
3) Ausfallschritt auf einer instabilen Unterlage und Armstrecken mit dem Ball (Bild 7.23 / 7.24)
4) Step-ups mit Rotation (Bild 7.25 / 7.26)
5) Sprung, hoch und runter (Bild 7.27 / 7.28)
6) Seitschritt mit Rotation (Bild 7.29 / 7.30)

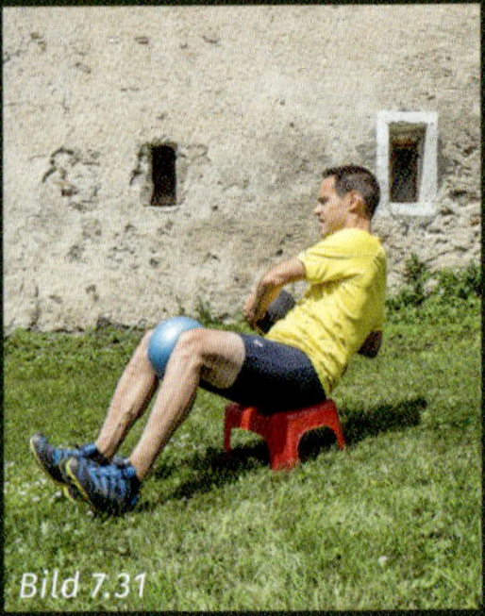
Bild 7.31

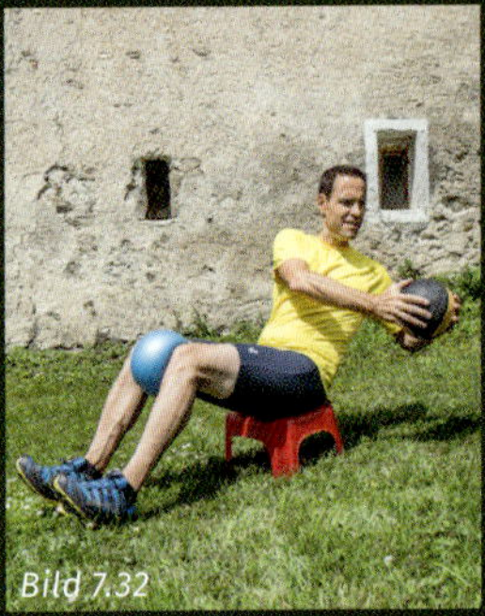
Bild 7.32

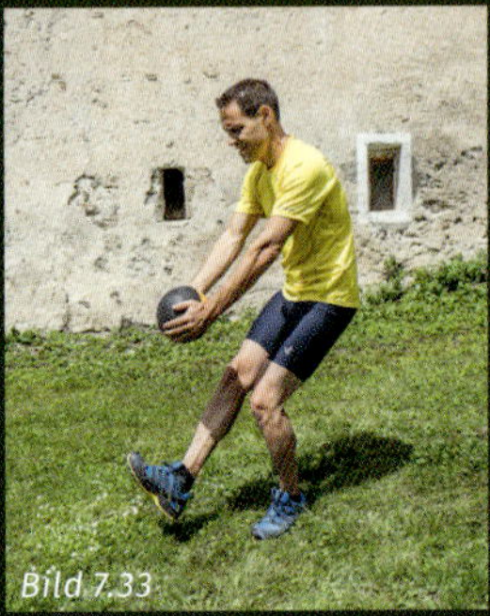
Bild 7.33

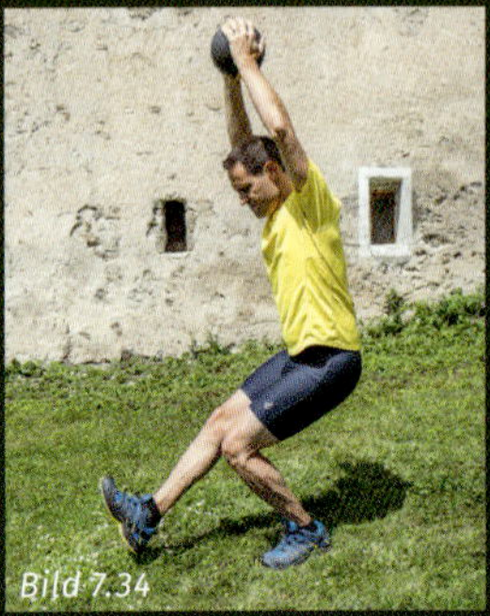
Bild 7.34

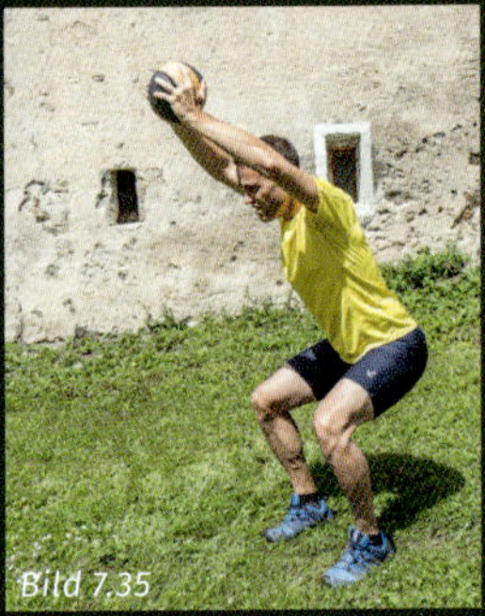
Bild 7.35

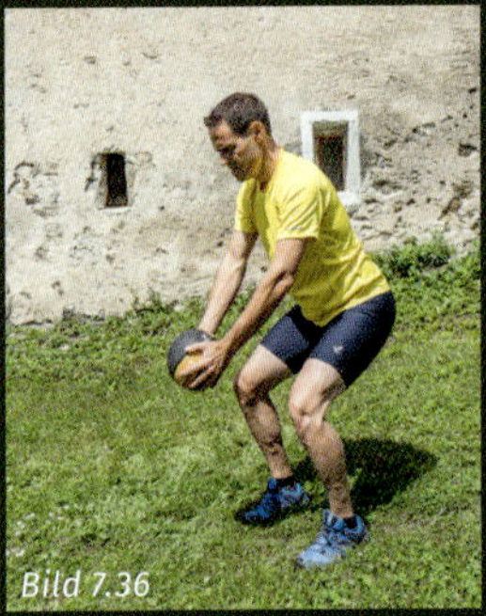
Bild 7.36

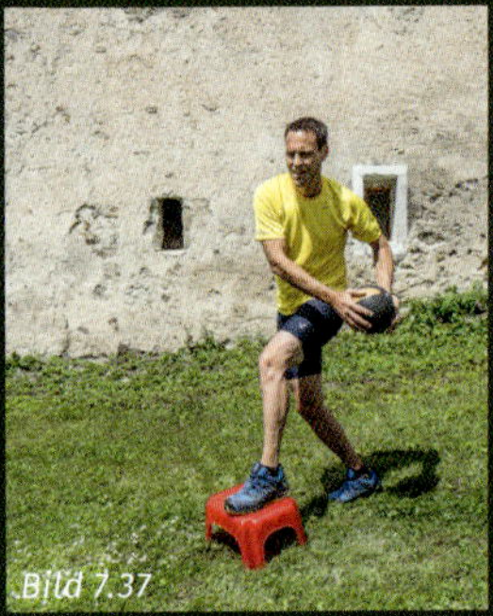
Bild 7.37

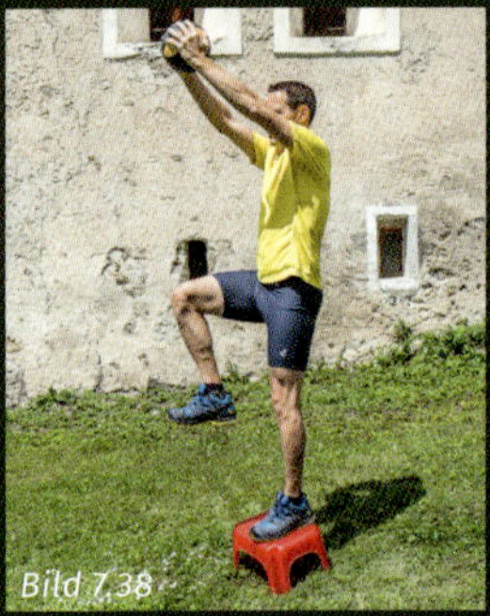
Bild 7.38

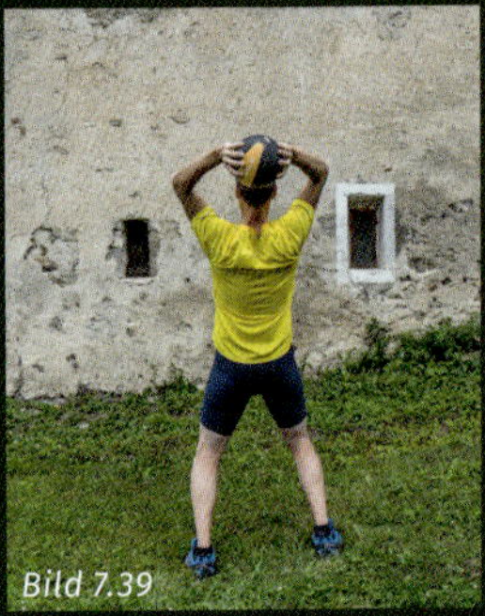
Bild 7.39

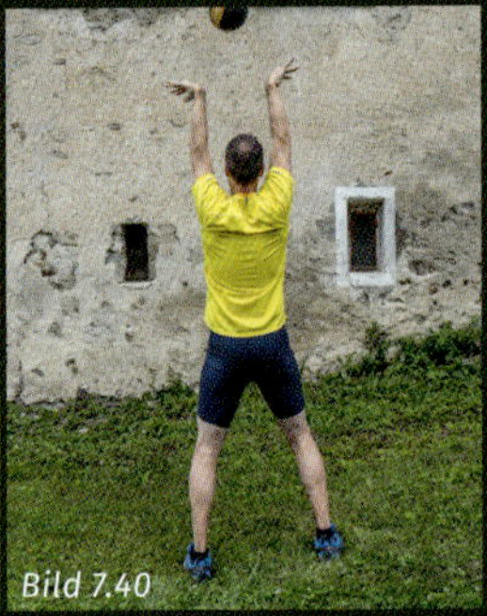
Bild 7.40

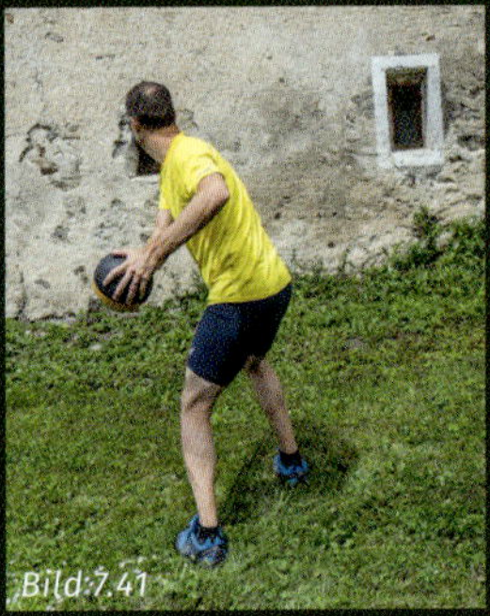
Bild 7.41

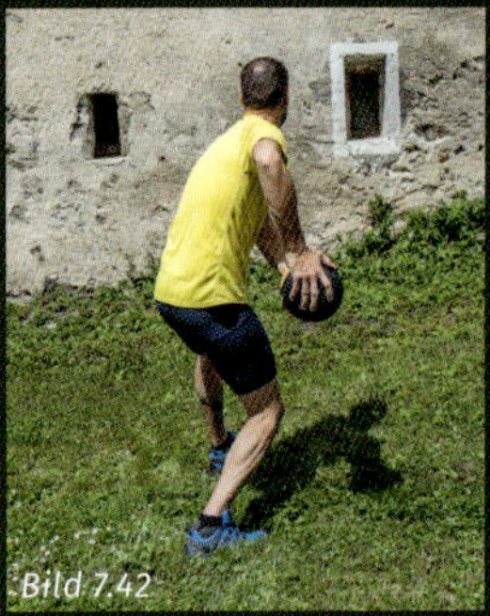
Bild 7.42

MEDIZINBALLTRAINING – PROGRAMM C
(VERBINDUNG DER RUMPFMUSKULATUR, KRAFT UND STABILITÄT)

1) Rotation mit Medizinball im Sitzen (Bild 7.31/7.32)
2) Kniebeuge mit einem Bein und Armstreckung mit Medizinball (Bild 7.33 / 7.34)
3) Beinstreckung mit Medizinball und kontrolliertes Abbremsen des Arms (Bild 7.35 / 7.36)
4) Step-ups mit Medizinball mit diagonaler Armstreckung (Bild 7.37 / 7.38)
5) Überkopfwürfe mit Medizinball (Bild 7.39/ 7.40)
6) Würfe mit Medizinball in seitlichem Ausfallschritt (Bild 7.41/7.42)

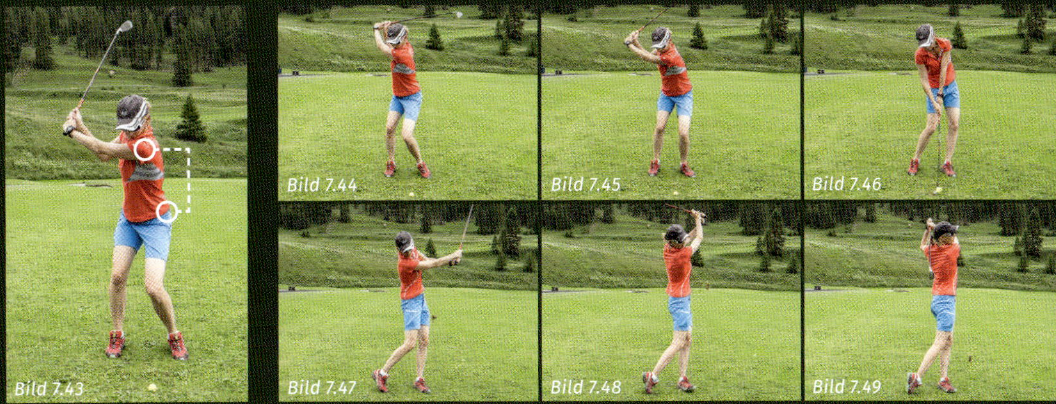

Für einen guten Golfschwung muss man die obere und untere Rumpfmuskulatur separat bewegen können.

Sind diese Übungen nicht ermüdend oder herausfordernd genug, können je nach Erfahrung des Spielers oder der Empfehlung einer Gesundheits- oder Fitnessfachkraft weitere Übungen hinzugefügt werden.

Für Golfspieler sind die Bauchmuskeln wichtig für die Oberkörper- und Rumpfstabilität und funktionieren als eine mechanische Verbindung zwischen dem unteren Rumpf/den Beinen und dem oberen Rumpf/den Armen, wenn Ober- und Unterkörper sich während des Rückschwungs und Aufschwungs gegensätzlich bewegen. Übungen mit dem Medizinball verstärken die Rumpfmuskulatur und stellen einen glatten Übergang bei vollem Schwung sicher. Siehe Bild 7.43–7.49.

Die Rotation im Schwung belastet das Gewebe (Muskeln, Gelenkkapseln und Sehnen) bei der diagonalen Beschleunigung und beim diagonalen Abbremsen sehr. Beide Körperseiten müssen asymmetrisch arbeiten; dies kann zu wiederholt auftretendem Stress und potenzieller Verletzungsgefahr führen, wenn es im Trainingsprogramm nicht angegangen wird.

Separation (auch bekannt als Dissoziierung, Rotation oder Drehmoment) zwischen dem oberen und unteren Rumpf ist ein wesentliches Element für alle Sportarten, bei denen die Hüfte gebraucht wird, um Kräfte für Geschwindigkeitsaufnahme in die Arme zu übertragen. Medizinbälle helfen dabei, diese Bewegung zu erleichtern und zu steigern. Der Golfschwung wird durch eine kinetische Kette aus aufeinanderfolgenden Aktivierungen der Körperabschnitte vom Boden bis zum Arm, der Hand und dem Schläger erzeugt. Diese Medizinballübungen unterstützen die Koordination der Kraftererzeugung, den Transfer und die Weiterleitung dieser Kraft in der Kette.

VARIABILITÄT IST EIN SCHLÜSSEL ZUM ERFOLG EINES DURCHDACHTEN GOLFTRAININGS. WER LANGEWEILE VERSPÜRT, SOLLTE DIE ÜBUNGEN REGELMÄSSIG WECHSELN.

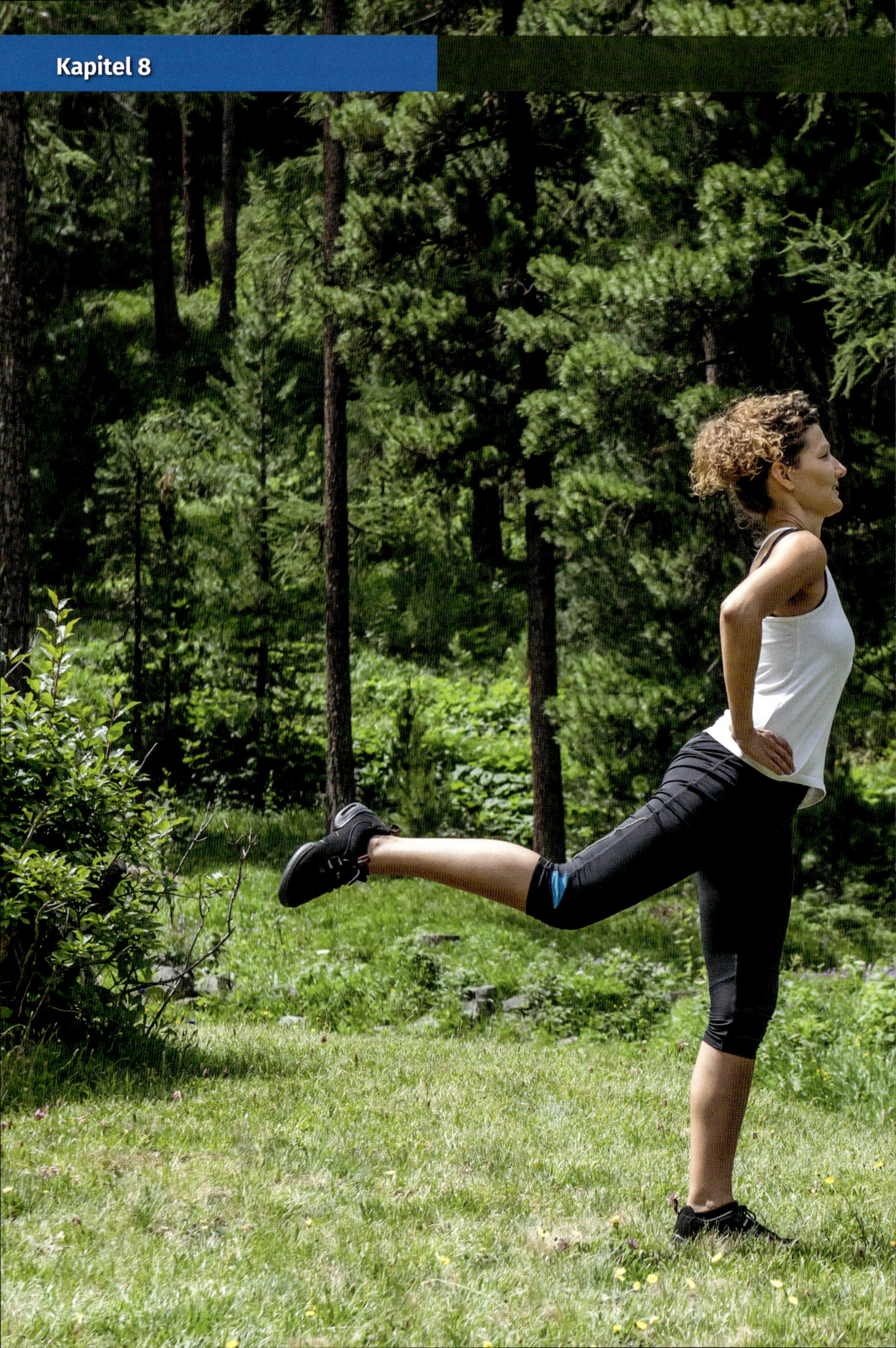

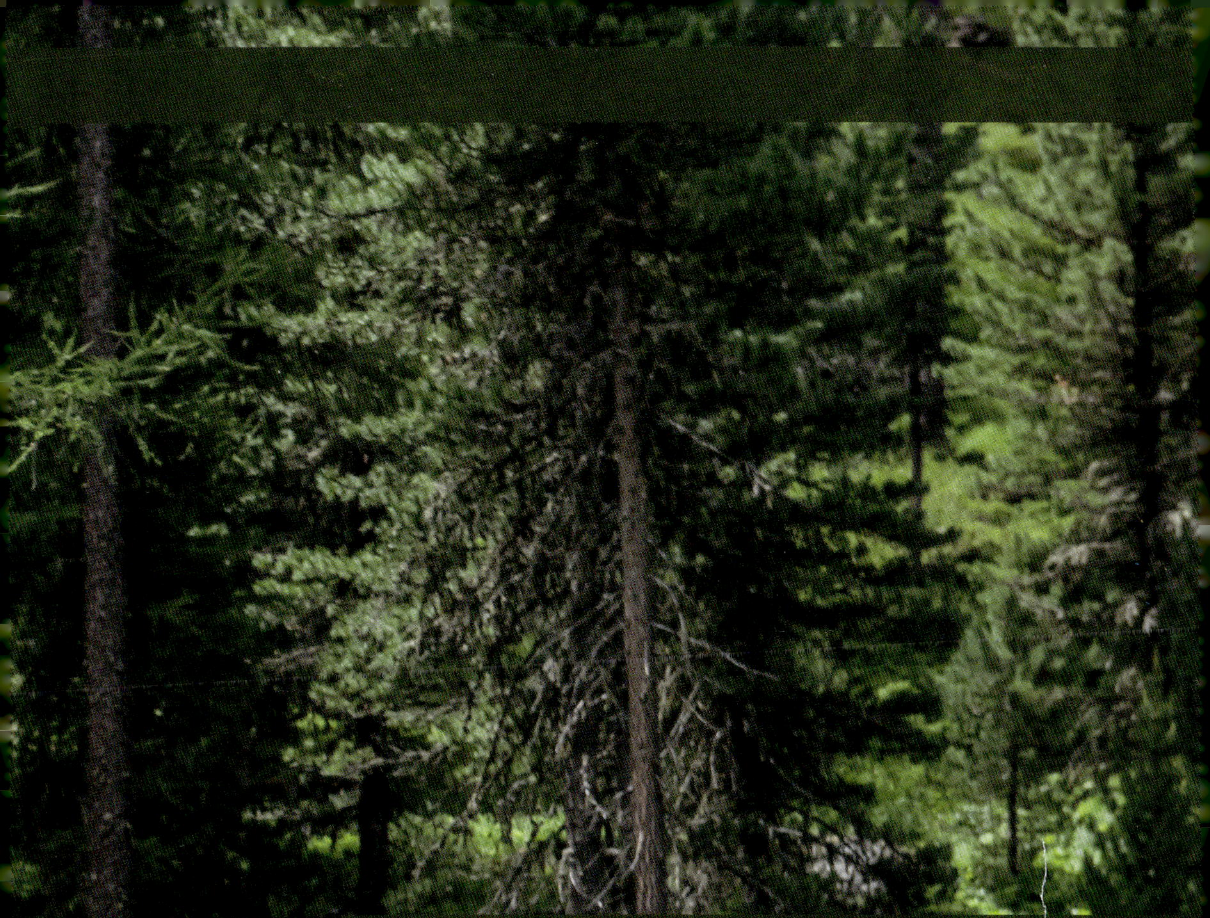

Um die Leistungsfähigkeit auf und neben dem Golfplatz zu verbessern, kann man eine große Anzahl an Cross-Trainingsübungen an vielen unterschiedlichen Orten durchführen.

	Borg Skala des subjektiven Belastungsempfindens	Sprachtest Richtlinien
0	keinerlei Anstrengung	es ist sehr einfach, eine Unterhaltung zu führen
1	sehr einfach	
2	einfach	
3	mäßig	es ist möglich, eine Unterhaltung aufrecht zu erhalten
4	etwas anstrengend	
5	anstrengend	
6		eine Unterhaltung kann nicht durchgehend aufrecht erhalten werden
7	sehr anstrengend	
8		es kann gar nicht mehr gesprochen werden
9		
10	sehr, sehr anstrengend (Max.)	

Bild 8.1 Die Bewertung der empfundenen Belastung (Borg-Skala, 1982)

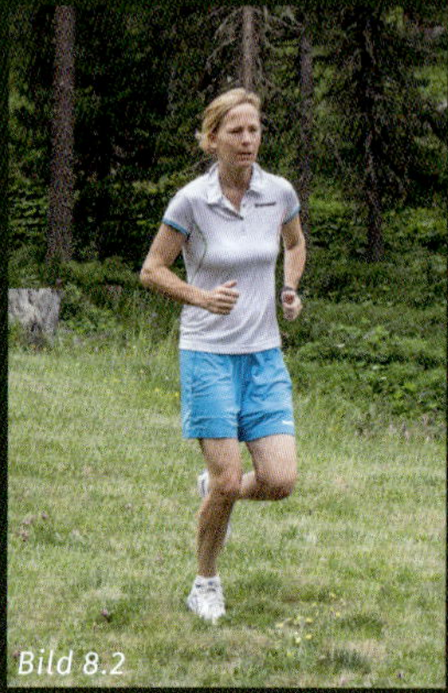

Bild 8.2

Einfaches Aufwärmen durch Joggen

Cross-Training für Golfspieler (45–55 Minuten Fitnesstraining)

Jeder weiß, dass eine gute Fitness die Golfleistung verbessert, gegen Verletzungen schützt und das Spiel mehr Spaß macht. Aufgrund des hektischen Lebensstils ist es heutzutage immer schwieriger, regelmäßig Zeit für das Golffitnesstraining zu finden.

Die folgenden Programme benötigen wenig Material und können in 45–55 Minuten durchgeführt werden. Sie können dabei helfen, die Ausdauer, das Gleichgewicht, die Rumpfstabilität, die Abbremskraft und vor allem die Golfleistung zu verbessern.

- Alles, was man braucht, ist Joggingkleidung, ein Fitnessband und 45–55 Minuten Zeit.
- Das Programm kann variiert werden, indem eine andere Joggingrunde ausgewählt wird oder man am Strand oder im Wald läuft. Hier ist die Abfederung besser und die Psyche wird angekurbelt.
- Wer zusammen mit einem Freund trainiert, erhöht seine Motivation.
- Bei schlechtem Wetter kann man drinnen auf einem Laufband, Fitnessrad, Stepper oder Cross-Trainer trainieren, anstatt draußen joggen zu gehen.

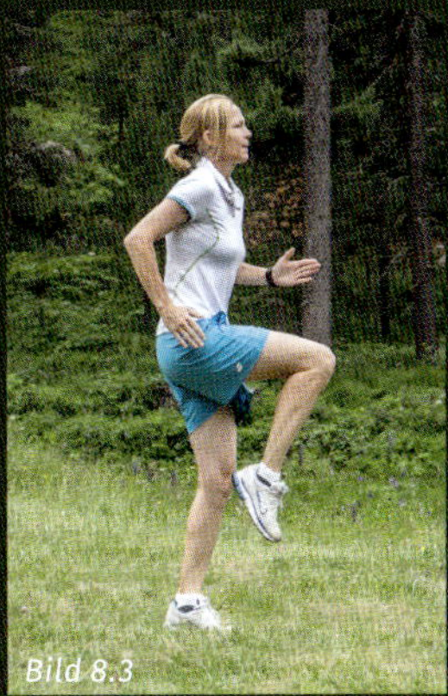

Bild 8.3

Kniehebeläufe machen die Füße schneller und aktivieren die Rumpfmuskulatur

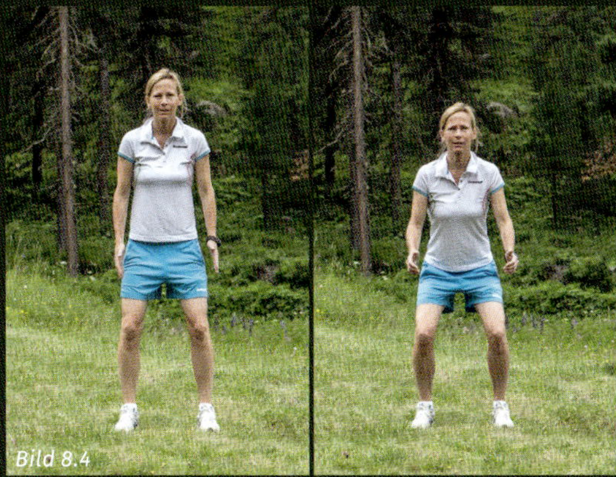

Bild 8.4

Die Knie bleiben immer über den Zehen

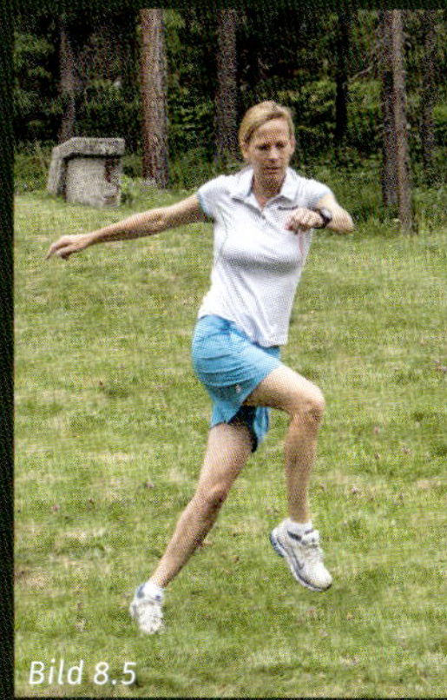

Bild 8.5

Kreuzschritte mit hohem Knie

TRAININGSEINHEIT A – 45 MINUTEN FITNESSTRAINING

1–5 Minuten:	Aufwärmen
6–20 Minuten:	Aerobes Training
21–25 Minuten:	Krafttraining
26–35 Minuten:	Aerobes Training
36–45 Minuten:	Krafttraining, Cool-down und Stretching

Man beginnt mit 5 Minuten langsamen Joggen zum Aufwärmen, inklusive dynamischen Mobilitätsübungen, wie Knieanheben, Armkreisen, Crossover-Läufen, Rückwärtslaufen, Seitschritten und Seilspringen. Diese Übungen verbessern die Beweglichkeit und Koordination und wärmen gleichzeitig die Muskeln im Schultergürtel, in der Hüfte und im Beckenboden auf. Siehe Bild 8.2 / 8.3.

Gleichmäßiges Joggen wird bis zum Erreichen der 20-Minuten-Marke ausgeführt. Es sollte eine Herzfrequenz von 65–75 % des Maximums [maximale Herzfrequenz = 220 – Alter des Sportlers] oder ein „RPE" (Bewertung der empfundenen Belastung) von 6–7 aus 10 erreicht werden. Siehe Bild 8.1.

Minikniebeugen sind sehr funktionell und kontrahieren die Muskeln sowohl konzentrisch (verkürzend) als auch exzentrisch (verlängernd). Sie stimulieren den medialen Quadrizeps und durch ihre Stärkung wird eine korrekte Ausrichtung des Knies (in einer Linie mit den Zehen) verbessert; dies führt zu weniger Knieschmerzen aufgrund von muskulärem Ungleichgewicht. Siehe Bild 8.4.

Die Kniebeugen können mit Kreuzschritten abgewechselt werden. Kreuzschritte mit angehobenem Knie verbessern die Flexibilität der Hüftbeuger und -strecker, fördern das Gleichgewicht und die Hüft-, Knie- und Fußgelenkkoordination und stärken Hüfte und Beine.

Die Kreuzschritte können mit einem angehobenem Knie quer zur Hüfte ausgeführt werden, der Rücken sollte gestreckt und der Kopf gerade gehalten

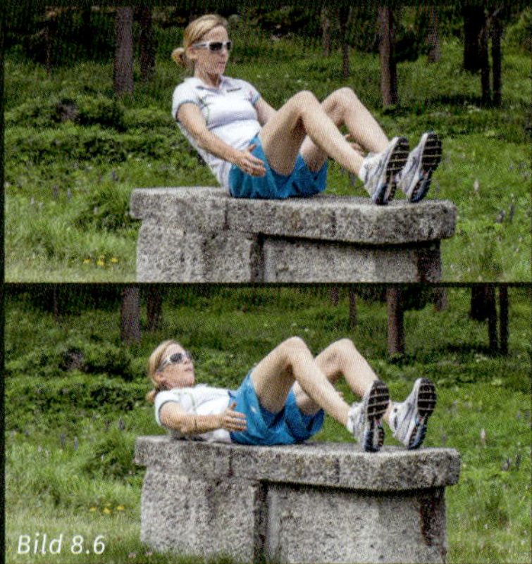
Bild 8.6
Sit-downs

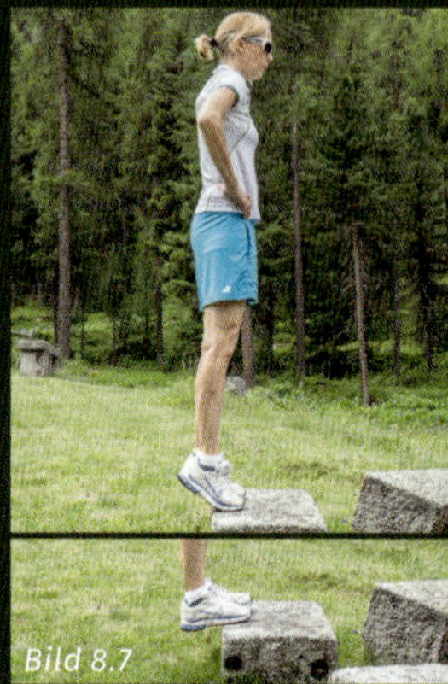
Bild 8.7
Fußheben

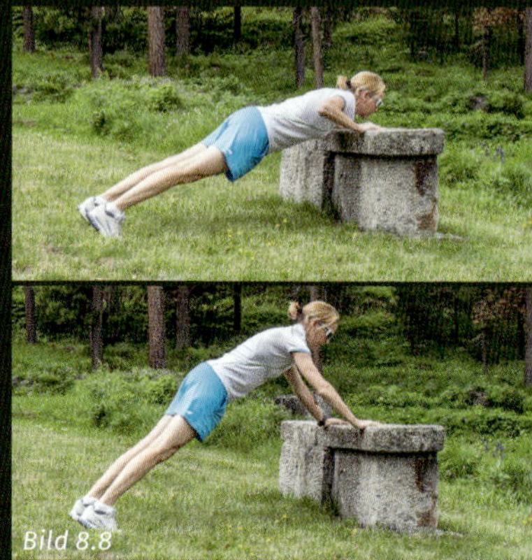
Bild 8.8
Liegestütze

werden. Dies verbessert die Rotations- und Abbremskraft, die für mehr Schwungleistung benötigt wird. Es sollte langsam mit 2–3 Sätzen mit je 5–10 Wiederholungen begonnen werden. Dies wird schrittweise während eines Monat auf bis 15–20 Wiederholungen pro Seite gesteigert. Siehe Bild 8.5.

Nun wird bis zur 35-Minuten-Marke weiter gejoggt und danach erfolgt das Cool-down durch Gehen. Während des Cool-downs können abwechselnd verschiedene Übungen für die allgemeine Körperstärke zur Trainingseinheit hinzugefügt werden.

Übungen wechseln: Von einer Übung zur nächsten sollte man ohne Pause wechseln, um den aeroben Trainingseffekt auszunutzen.

Sit-downs: Die Rumpfmuskulatur sollte funktionell trainiert werden. Man beginnt in einer Situp-Position und führt einen Sit-down nach unten aus. Siehe Bild 8.6.

Fußheben auf einem Vorsprung trainiert alle Muskeln im Unterschenkel. Man stellt sich vorsichtig auf die Zehenspitzen, den Fuß langsam nach oben drücken, 2s halten, und langsam wieder herunterlassen. 2 Sätze mit je 10–20 Wiederholungen. Siehe Bild 8.7.

Liegestütze stärken den Schultergürtel.
Siehe Bild 8.8

Einen Satz Liegestütze in jeder der 3 Handpositionen: Hände eng zusammen (Daumen berühren einander), Hände schulterbreit und Hände weiter als schulterbreit auseinander.
Am Anfang können die Liegestütze kniend oder gegen einen Tisch ausgeführt werden, um den Widerstand zu verringern.

Nach 45 Minuten ist die Trainingseinheit abgeschlossen. Nun kann geduscht werden und es ist auch noch ein bisschen Zeit für andere Aktivitäten, essen kochen oder ausruhen. Das Programm kann durch eine Veränderung der Beweglichkeitsübungen am Anfang, des (aeroben) Kardioteils – Radfahren, Stepper oder Cross-Trainer – oder anderer allgemeiner Körperübungen variiert werden.

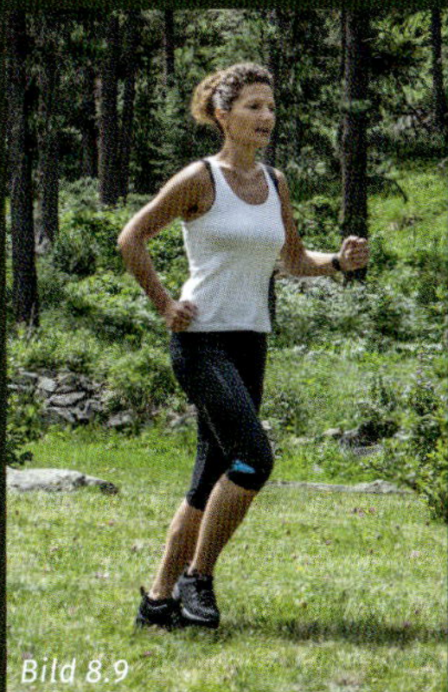

Bild 8.9

Joggen im Wald

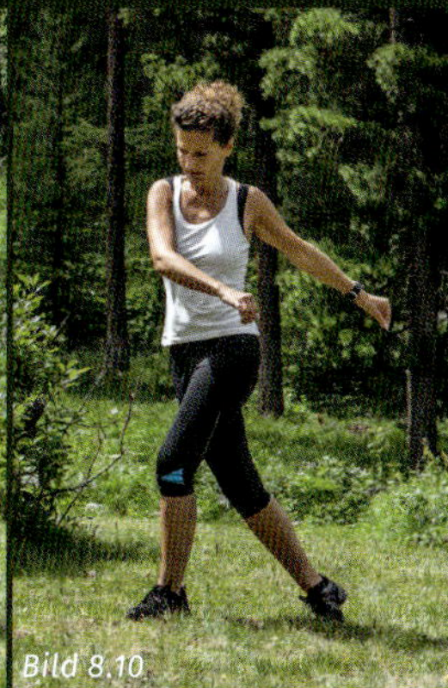

Bild 8.10

Kreuzschritte

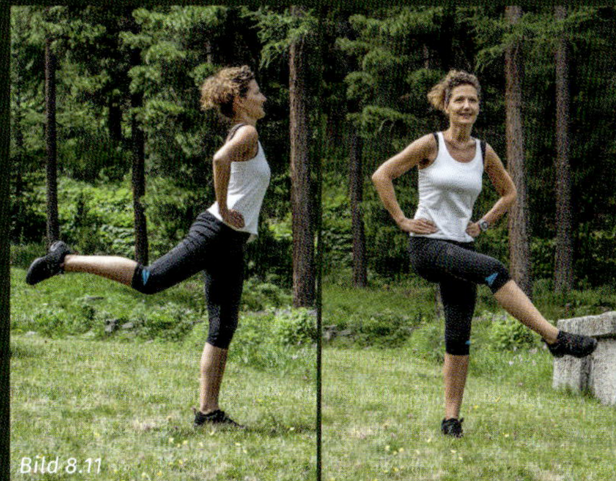

Bild 8.11

Beinschwünge nach vorne und hinten und von der einen zur anderen Seite

TRAININGSEINHEIT B – 55 MINUTEN FITNESSTRAINING

1–5 Minuten:	Aufwärmen
6–20 Minuten:	Aerobes Training mit kurzen Intervallen
21–25 Minuten:	Kraft- und Gleichgewichtstraining
26–40 Minuten:	Aerobes Training
41–55 Minuten:	Krafttraining, Cool-down und Stretching

Man kann mit 5 Minuten schnellem Gehen oder einem Wechsel zwischen Gehen und Joggen beginnen, einschließlich dynamischer Aufwärmübungen, wie Armkreisen, Kreuzschritte, Beinschwünge, Anheben und Anziehen der Fersen und Seilspringen. Diese Übungen verbessern die Beweglichkeit, das Gleichgewicht, die Koordination und Schnelligkeit; Bestandteile, die für alle Sportarten wichtig sind. Gleichzeitig werden die Schultergürtel-, Hüft- und Beckenbodenmuskeln aufgewärmt. Siehe Bild 8.9/8.10/8.11.

Es wird je eine Minute schnell und eine Minute langsam gejoggt, bis die 20-Minuten-Marke erreicht ist. Dies ergibt einen aeroben Anstieg, wenn es mit einer moderaten Intensität ausgeführt wird, mit einer subjektiv wahrgenommenen Anstrengung (RPE, Borg Scala) von 7–8 (aus 10) für das schnellen Joggen und 3–5 für das langsame Joggen. Siehe Bild 8.1.

Nun folgen einige Gleichgewichtsübungen auf instabilem Untergrund. Das Gleichgewicht zu trainieren ist wichtig für die funktionelle Mobilität und die dynamische Aktivität und sollte ein Teil des täglichen Trainingsablaufs sein. Gleichgewichtstraining ist gerade für die Golfspieler von großer Bedeutung, die Krafttraining durchführen, denn das Gleichgewicht muss ständig neu austariert werden. Gleichgewicht, Stabilität und Kraft können mit verschiedenen Gleichgewichtsübungen auf unebenem Untergrund, wie einem Baumstamm, einen Stein und einer Bank intensiviert werden. Siehe Bild 8.12/8.13.

Auch wenn nur wenige Studien vorhanden sind, weisen die Daten doch darauf hin, dass ein

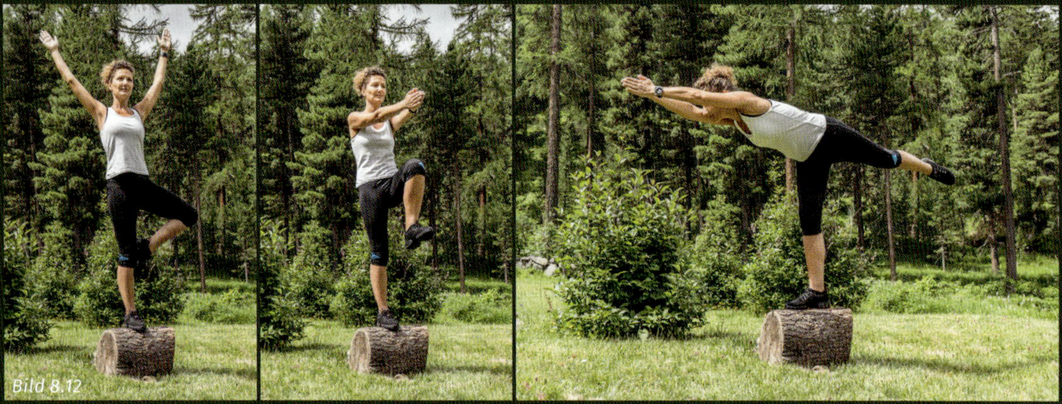

Bild 8.12

Verschiedene Gleichgewichtsübungen auf einem Baumstamm

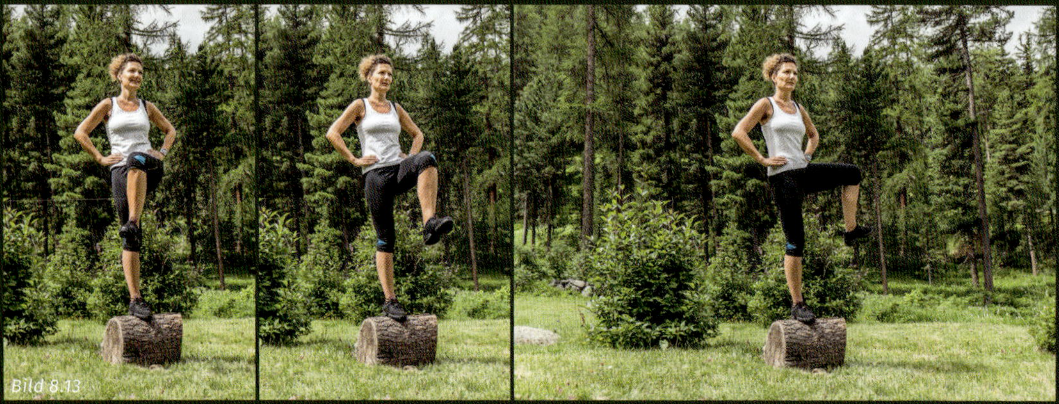

Bild 8.13

Knieheben in 3 Positionen auf dem Baumstamm

instabiler Untergrund die Rumpfmuskulatur besser aktiviert als ein stabiler Untergrund. Dies gilt insbesondere bei Sportarten, die von Natur aus einseitig sind wie Golf. Man kann zum Beispiel auf einem instabilen Untergrund wie einem Baumstamm stehen, oder im Fitnesscenter ein Wobble-Board oder eine „Balance Disc" benutzen.

Nun wird bis zur 45-Minuten-Marke weiter gejoggt oder eine andere aerobe Aktivität ausgeführt. Danach erfolgt das Cool-down durch Gehen. Während des Cool-downs können Kraftübungen mit dem Fokus auf der Bein- und Rumpfmuskulatur ausgeführt werden. Wenn die Übungen beim Abbremsen langsam durchgeführt werden, kann man die Kraft in Hüften und Beinen verbessern. Eine Übung sollte nahtlos, d. h. ohne Pause, in die nächste übergehen, um optimal von der Trainingseinheit zu profitieren.
2–3 Sätze mit je 10–20 Wiederholungen oder bis die 55 Minuten erreicht sind.
Siehe Bild 8.14/8.15/8.16/8.17/8.18/8.19.

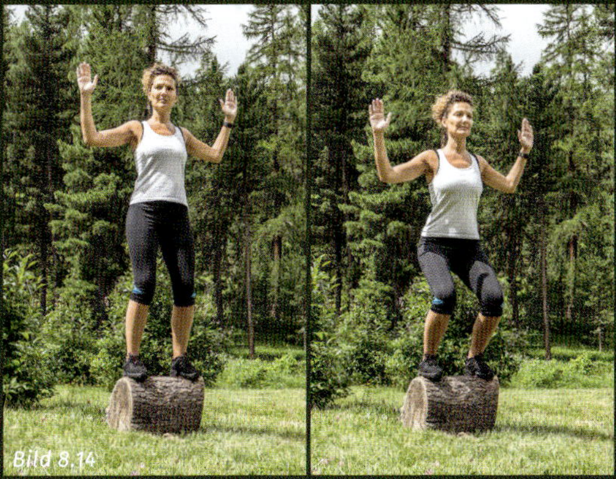

Bild 8.14

Halbe Kniebeugen, A und B

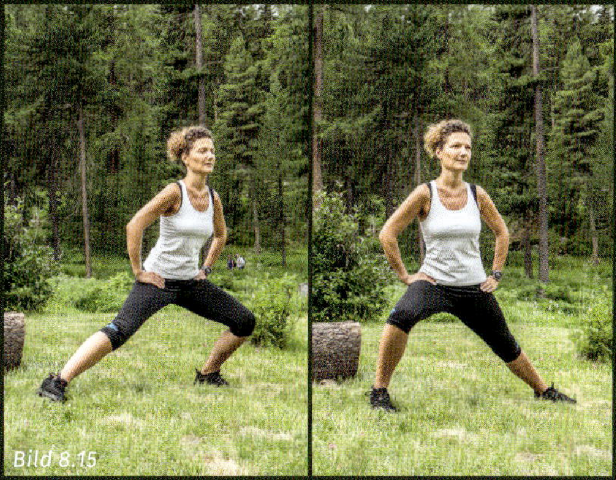

Bild 8.15

Laterale Ausfallschritte

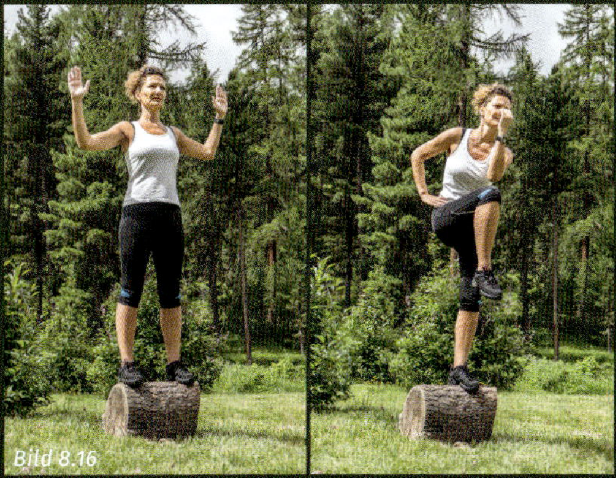

Bild 8.16

Hüftflexion mit Oberkörperrotation

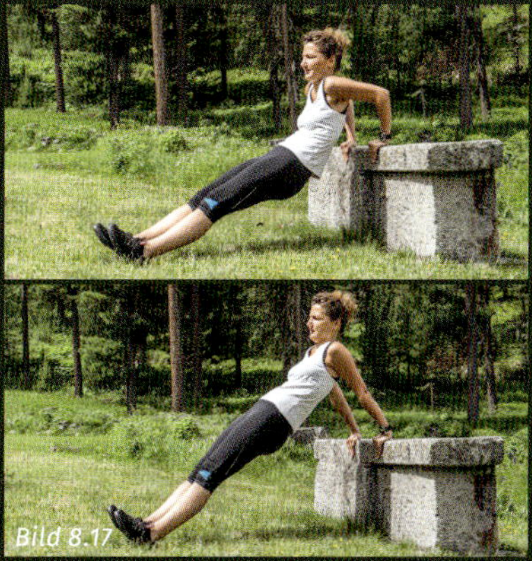

Bild 8.17

Trizeps-Dips

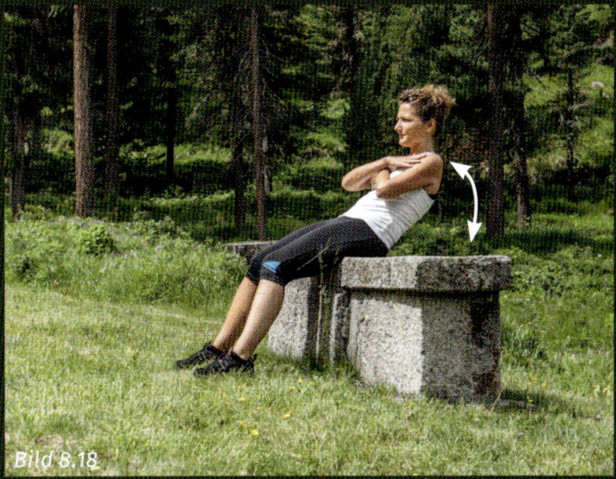

Bild 8.18

Sit-downs für ein exzentrisches Bauchmuskeltraining

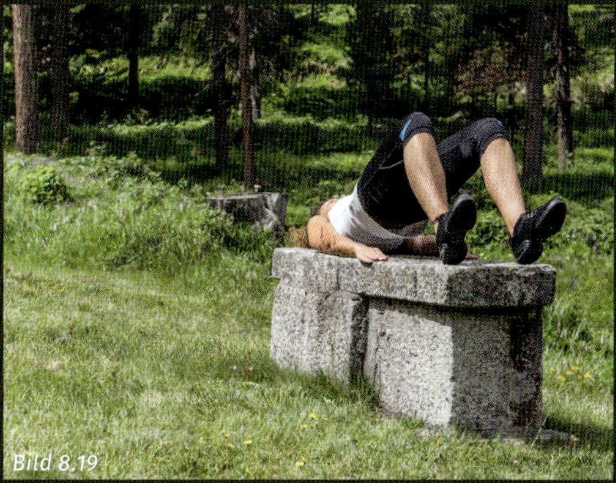

Bild 8.19

Hüftbrücken

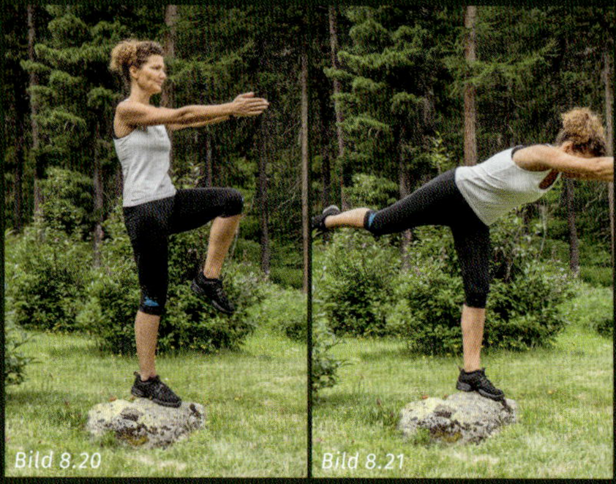

Bild 8.20

Gleichgewichtsübungen mit angehobenem Knie

Bild 8.21

Flugzeugübungen für das Gleichgewicht

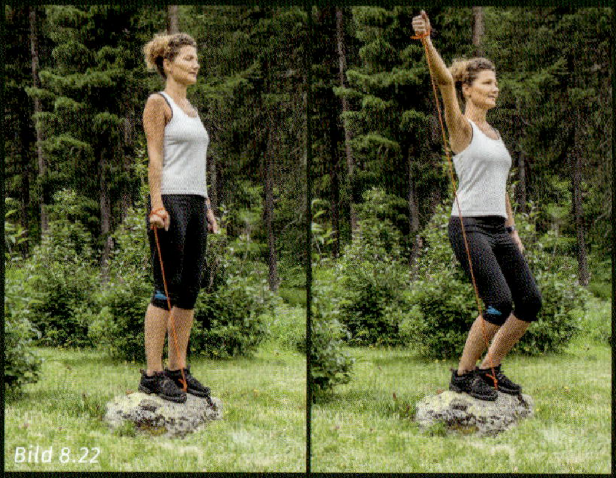

Bild 8.22

Kniebeugen mit diagonalem Ziehen eines Fitnessbandes

TRAININGSEINHEIT C – 55 MINUTEN FITNESSTRAINING

1–5 Minuten:	Aufwärmen
6–20 Minuten:	Aerobes Training
21–25 Minuten:	Gleichgewichtstraining
26–40 Minuten:	Aerobes Training
41–55 Minuten:	Krafttraining, Cool-down und Stretching

Man kann mit 5 Minuten langsamem Joggen oder einer anderen aeroben Aktivität beginnen, einschließlich dynamischer Aufwärmübungen, wie Armkreisen, Crossover-Läufen, Anheben der Knie, Rückwärtsjoggen, Seitschritten und Seilspringen. Diese Übungen verbessern die Beweglichkeit, die Koordination und das Tempo (ABCs), die für alle Sportarten – einschließlich Golf – wichtig sind. Gleichzeitig werden Schultergürtel-, Hüft- und Beckenbodenmuskulatur aufgewärmt. Siehe Bild 8.9–8.11.

Es sollte ununterbrochen bis zur 18- bis 20-Minuten Marke gejoggt werden. Die Herzfrequenz sollte zwischen 65–75 % des Maximums [maximale Herzfrequenz = 220 – Ihr Alter] oder bei einem RPE (subjektiv wahrgenommene Anstrengung) von 6–7 von 10 auf der Borg-Skala liegen. Siehe Bild 8.20. Dies stellt ein gutes aerobes Resultat sicher, da Studien zeigen, dass man täglich oder fast täglich mindestens 30 (bis 60) Minuten in einer moderaten Intensität trainieren sollte.

Nun folgen einige Aufwärmübungen für die Hüfte und das Gleichgewicht auf einem instabilen Untergrund. Die Rumpfmuskulatur sollte immer wie ein Dimmer aktiviert werden. Einige Gleichgewichtübungen werden ausgeführt, z.B. auf einem Baumstamm auf einem Bein stehen, das Knie bis 90 Grad anheben und die Arme nach vorne strecken. Danach wird die Flugzeugposition eingenommen: ein Bein nach hinten und die Arme nach vorne strecken, 5–10 Sekunden halten und 2–3 Mal auf jedem Bein wiederholen. Siehe Bild 8.20/8.21.

Bis zum Erreichen der 40-Minuten-Marke wird weiter gejoggt oder eine andere aerobe Aktivi-

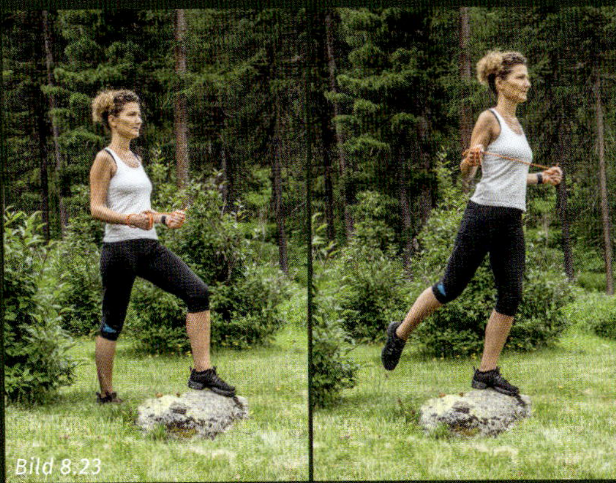

Bild 8.23

Step-ups mit Schulterrotation

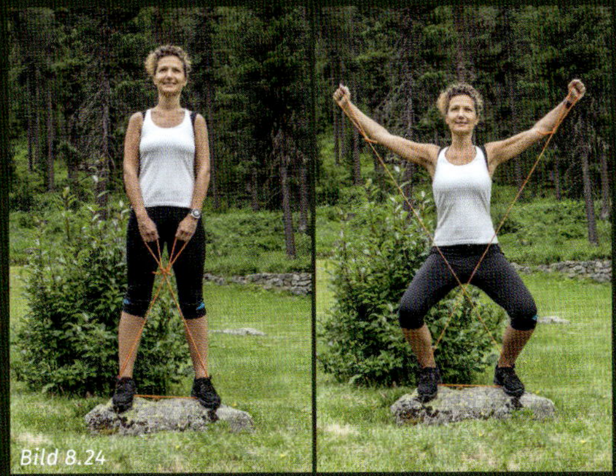

Bild 8.24

Sumo-Kniebeugen mit X Band

tät ausgeführt, dann erfolgt das Cool-down durch Gehen. Während des Cool-downs können Kraftübungen für Stabilität und Kraft in den unteren Extremitäten erfolgen. Die Übungen sollten besonderes beim Abbremsen langsam durchgeführt werden, um die spezifische Kraft zu verbessern.
Eine Übung sollte nahtlos, d. h. ohne Pause, in die nächste übergehen, um von den Vorteilen der Trainingseinheit zu profitieren.

Übungen wie Step-ups oder Kniebeugen können mit elastischen Bändern funktioneller gemacht werden und sowohl den oberen als auch den unteren Rumpf trainieren. Dies führt zu einer ausgeglichenen Belastung der oberen und unteren Extremitäten und dem dreidimensionalen Rumpfzylinder. Die Übungen sollten langsam, kontrolliert, koordiniert und funktionell durchgeführt werden. Die Abbremsungsbewegungen sollten kontrolliert und bewusst erfolgen, indem die exzentrische (verlängernde) Phase langsamer ausgeführt wird, um die Übungen anspruchsvoller zu machen.

Ein Fuß steht auf einem Ende eines leichten Fitnessbandes. Es wird eine halbe Kniebeuge ausgeführt und das Band gleichzeitig diagonal gezogen. 2 Sätze mit je 10–20 Wiederholungen. Siehe Bild 8.22.

Ein Fuß steht auf einer Erhöhung (Stufe, Stein) und in den Händen hält man ein leichtes Fitnessband. Einen Step-up ausführen und die Schultern gegen den Widerstand des Fitnessbandes nach außen rotieren. 2 Sätze mit je 10–20 Wiederholungen. Siehe Bild 8.23.

Die Füße stehen schulterbreit auseinander, die Zehen sind nach außen gerichtet, ein leichtes Fitnessband ist unter den Füßen platziert und wird mit den Händen in Hüfthöhe gehalten. Nun werden Sumo-Kniebeugen, 2 Sätze mit je 10–20 Wiederholungen, durchgeführt und gleichzeitig die Arme über den Kopf nach oben gestreckt. Die Knie bleiben über den Zehen. Siehe Bild 8.24.

Die 55 Minuten sind nun vorbei. Es ist genug Zeit übrig, um zu duschen und noch etwas anderes

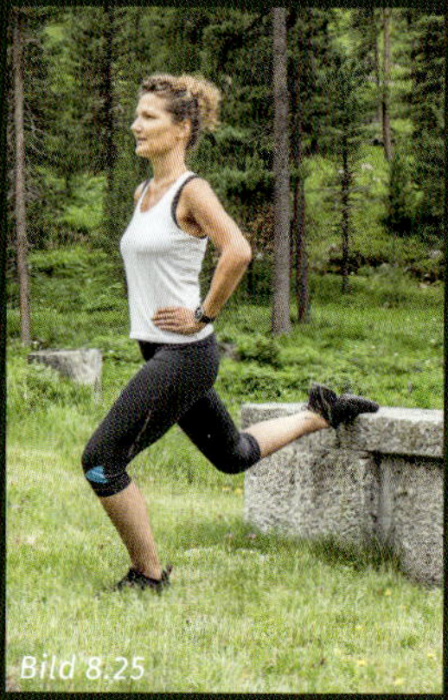

Bild 8.25

Quadrizeps-Stretch

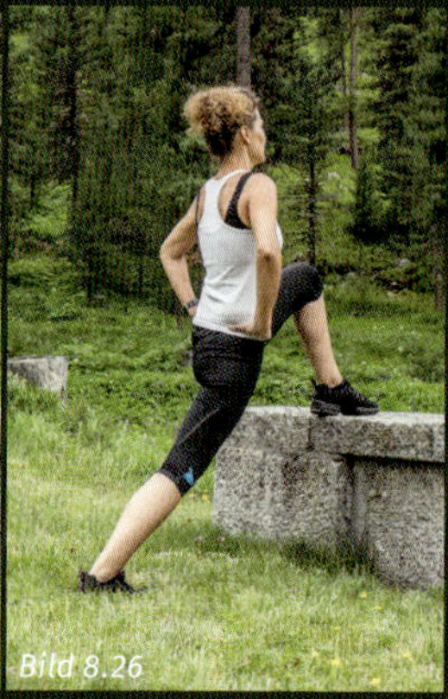

Bild 8.26

Hüftbeuger-Stretch

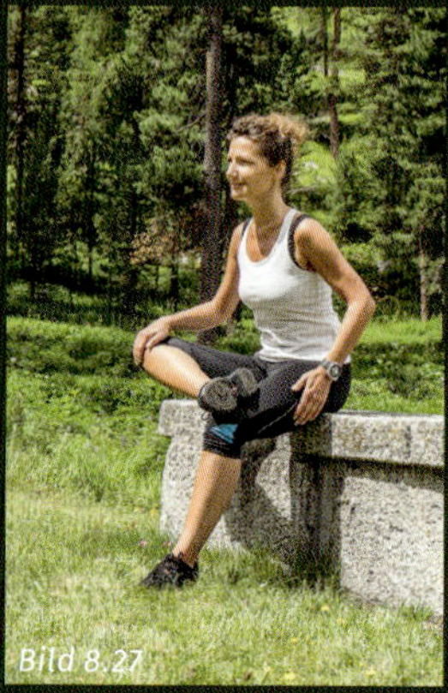

Bild 8.27

Gesäß-Stretch im Sitzen

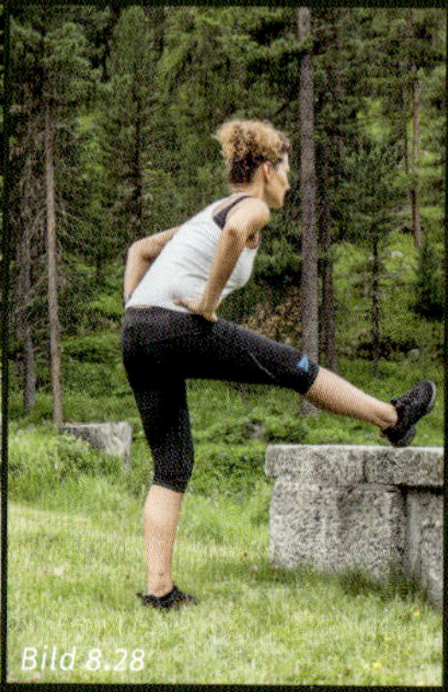

Bild 8.28

Oberschenkel-Stretch

zu tun. Das Programm kann durch verschiedene Tempoübungen am Anfang variiert werden. Das aerobe Training kann ebenso verändert werden, anstelle zu joggen kann man z. B. einen Fahrradergometer, Stepper oder Cross-Trainer benutzen. Die allgemeinen Körperübungen können auch abgewechselt werden. Durch die Verwendung einer Vielzahl an Übungen, die Gleichgewicht und funktionelle kinetische Kettenübungen für den Unter- und Oberkörper miteinbeziehen, werden die Trainingseinheiten abwechslungsreicher. Es ist wichtig, Langeweile zu vermeiden, um eine maximale Leistungsverbesserung zu erreichen.

Ein paar Dinge sind zu beachten: Wer bezüglich seines aktuellen Fitnessstands unsicher ist, sollte vor Beginn dieses oder jedem anderen Programms einen Arzt zurate ziehen. Als zweites sollten Dehnübungen für alle Muskelgruppen Teil der Routine nach dem Training sein. Studien zeigen, dass statische Dehnübungen vor dem Training keine Überbelastungsverletzungen in den unteren Extremitäten vorbeugen können. Anderseits wurde gezeigt, dass statische Dehnübungen nach dem Training oder vor dem Zubettgehen zu 50 % weniger Verletzungen führen. Dehnübungen sollten bis zur Spannung ohne Schmerzen ausgeführt werden und dann 30 Sekunden gehalten werden mit 2–3 Wiederholungen. Siehe Bild 8.25/8.26/8.27/8.28.

Trainingstipps

Die allgemeine Fitness zwischen den Trainingseinheiten beizubehalten ist einfach, solange man ein paar einfache Tipps beachtet. Es ist wichtig, eine „Fitness"-Einstellung zu entwickeln. Die Devise lautet: „Immer in Bewegung bleiben".

- Zu Fuß einkaufen oder Freunde besuchen.
- Beim Busfahren eine Haltestelle früher aussteigen und die letzten 10 Minuten bis und zurück von der Arbeit zu Fuß gehen.
- Die Treppe statt des Aufzugs nehmen.
- Abwechselnd warm und kalt duschen, um das Gewebe zu regenerieren.

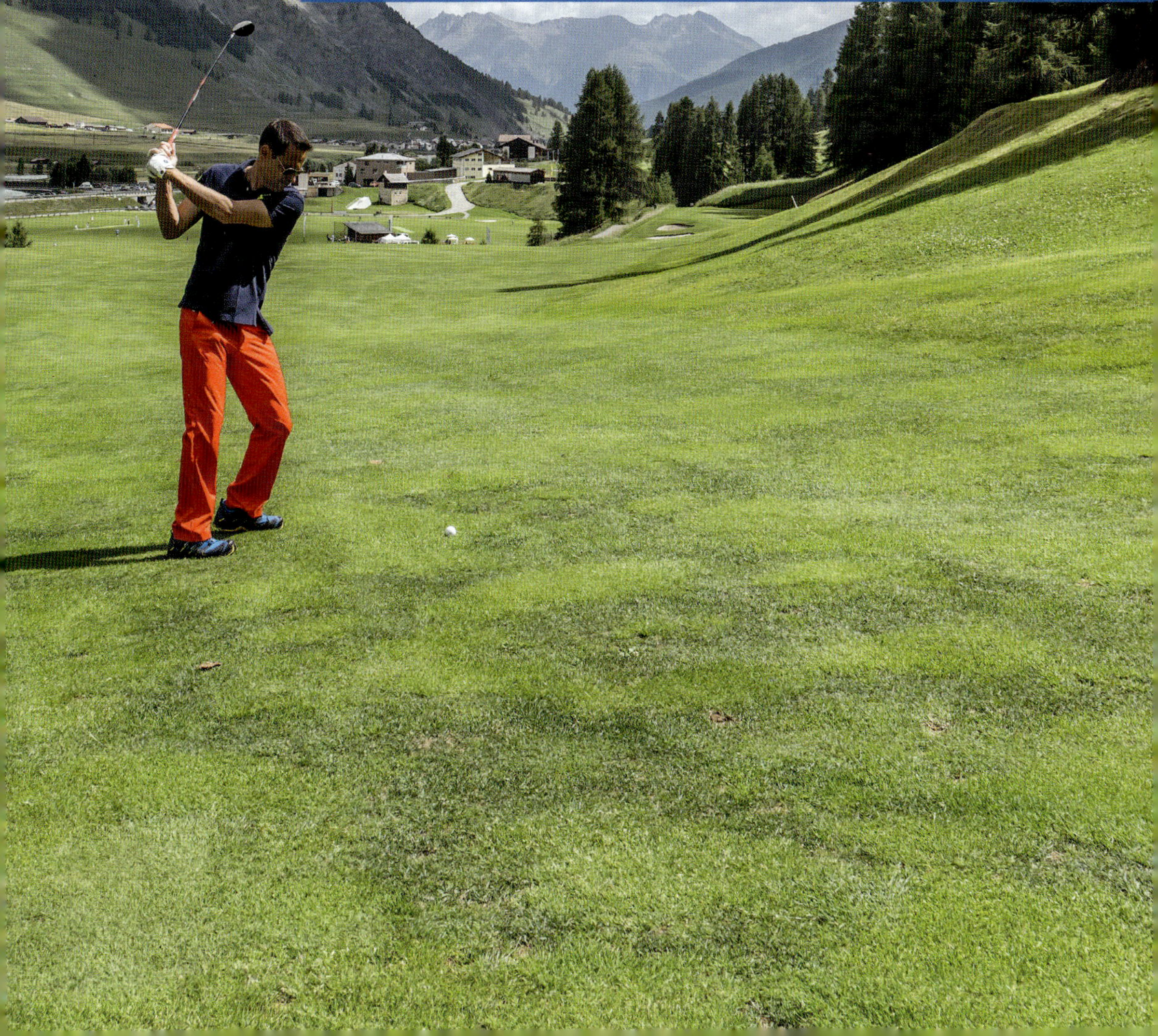

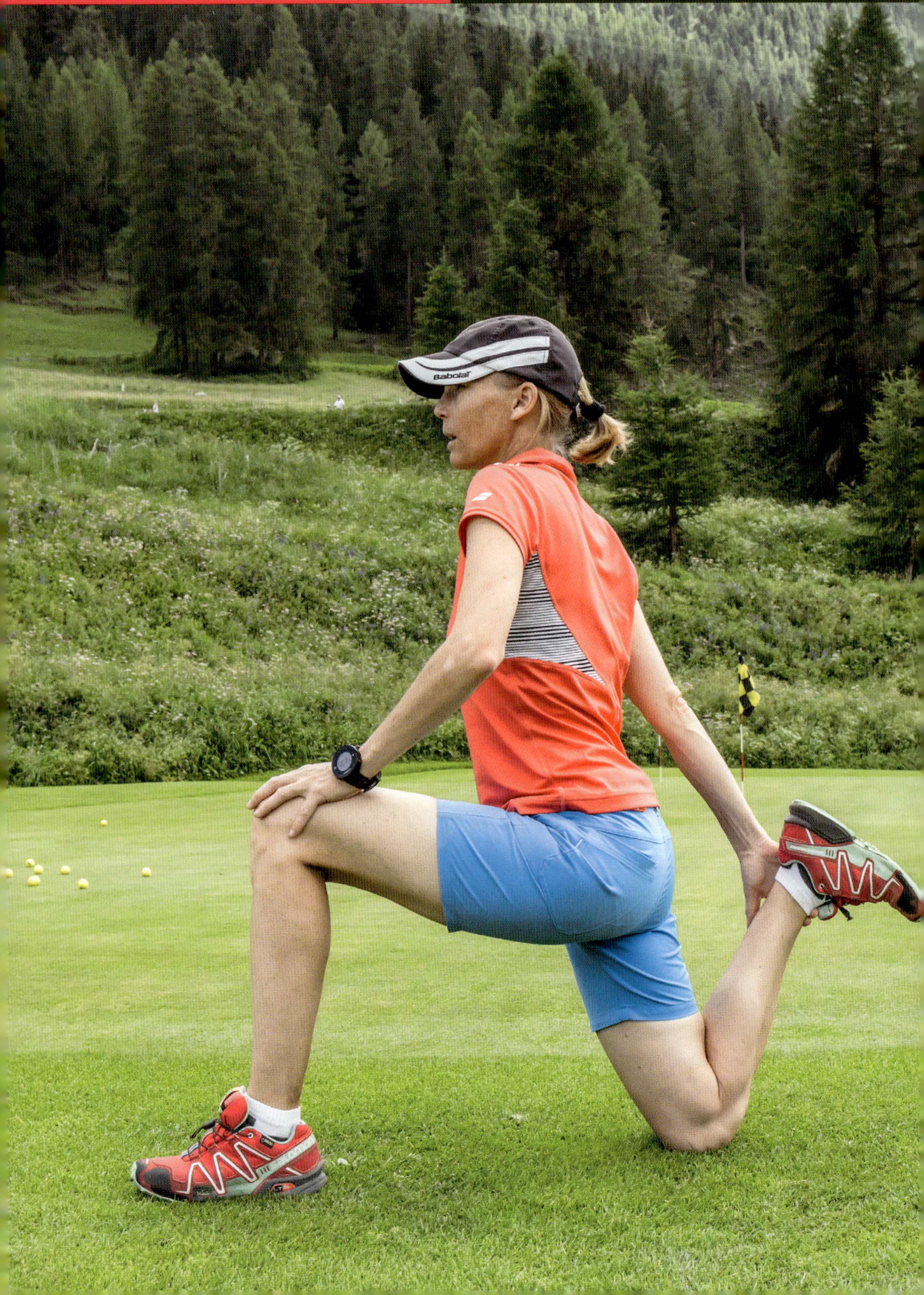
Babolat

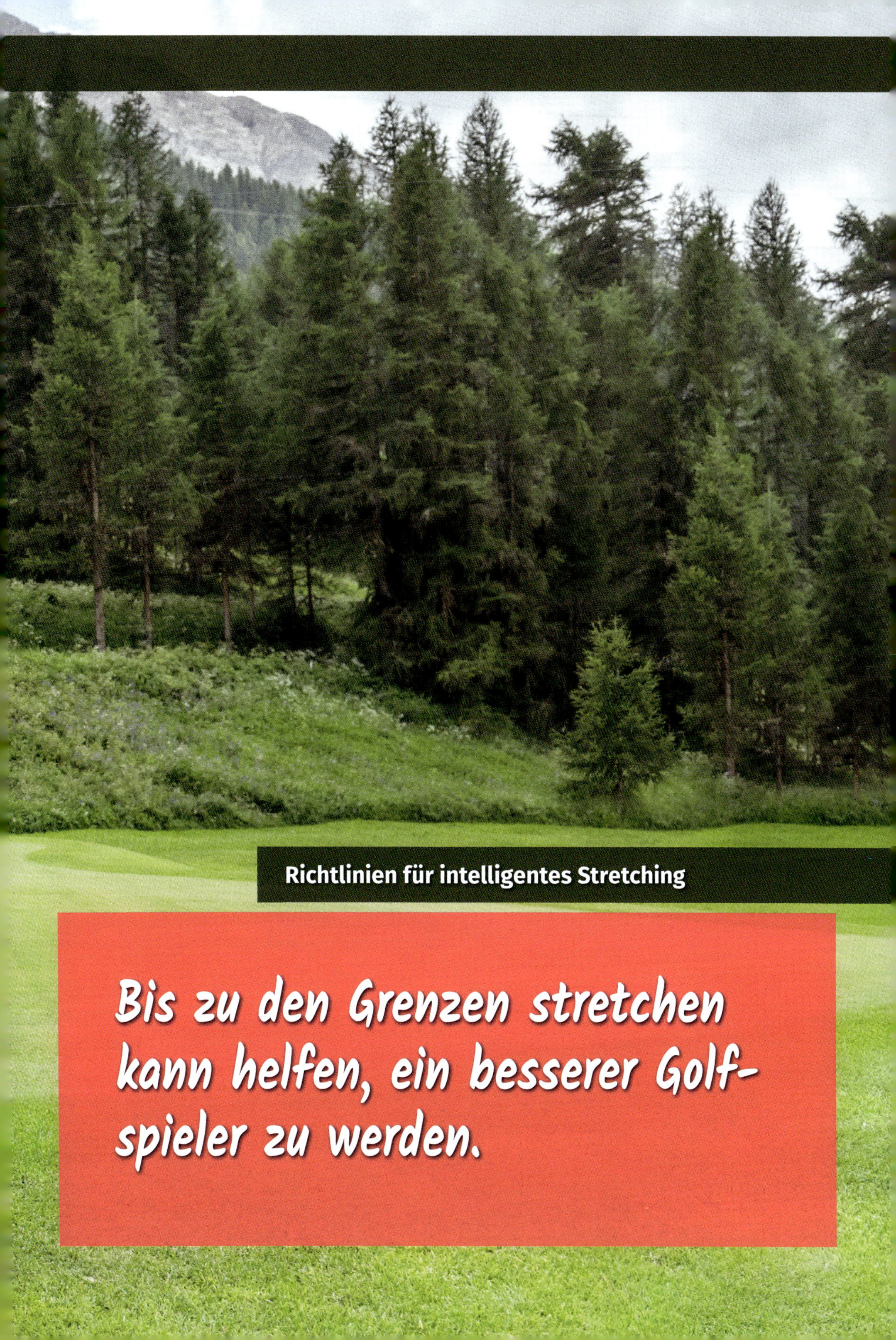

Richtlinien für intelligentes Stretching

Bis zu den Grenzen stretchen kann helfen, ein besserer Golfspieler zu werden.

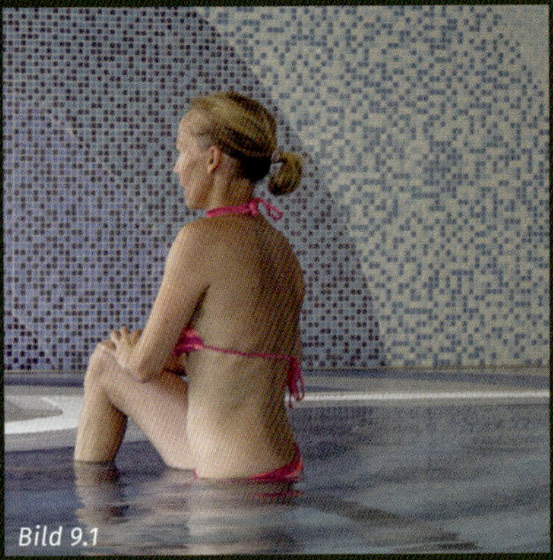

Bild 9.1

Hüftbeuger-Stretch im Stehen

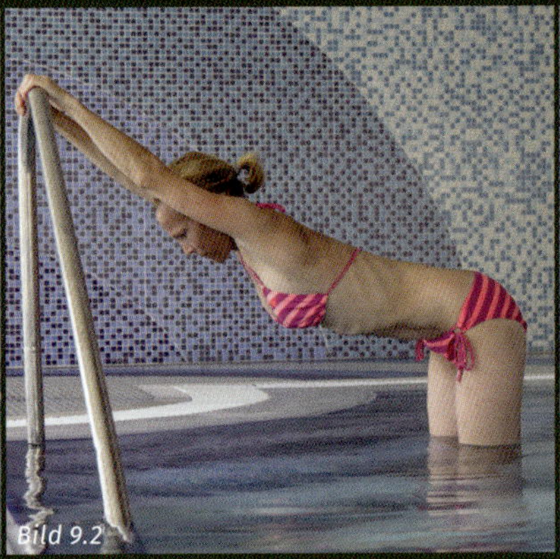

Bild 9.2

Latissimus-dorsi-Stretch

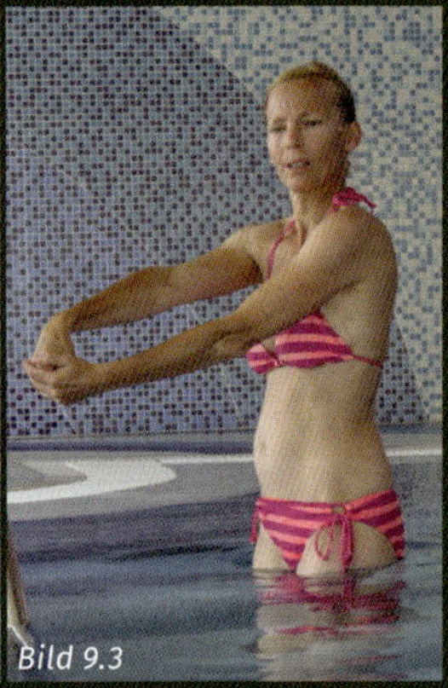

Bild 9.3

Unterarm-Stretch

Richtlinien für intelligentes Stretching

Wie oft hört man Golfspieler sagen: „Meine Hüfte ist steif und mein Rücken schmerzt. Was kann ich machen?“ Die Antwort ist: stretchen/dehnen. Wenn die Zeit knapp ist und Prioritäten gesetzt werden müssen, dann wird oft das Langweiligste ausgelassen – und zwar das Stretching. Stretching ist aber wichtig, nicht nur um den Körper beweglich zu machen und um den Schwung zu fördern, sondern auch um Verletzungen zu verhindern und um die Erholung nach dem Training zu erleichtern. Verspannte Muskeln sind langsame Muskeln und beeinträchtigen das Tempo und das Gefühl des Schwungs. Normalerweise funktionieren Muskeln und Sehnen als Mini-Stoßdämpfer für die Gelenke. Kurze und verspannte Muskeln können nicht so gut Stöße dämpfen und andere Elemente der kinetischen Kette werden belastet. Für einen geschmeidigen und effizienten Schwung sind eine gut funktionierende Flexibilität und optimale Gelenkmobilität (Bewegungsumfang) notwendig.

Einige angepasste, langsame statische und unterstützte oder Partnerdehnübungen können die Muskel- und Sehnenlängen nach dem Training optimieren. Golfspieler sollten in Zusammenarbeit mit einem Trainer oder Physiotherapeuten eine statische Stretchroutine entwickeln. Diese Routine sollte regelmäßig durchgeführt werden und mindestens aus 8–10 Übungen bestehen.

STRETCHING IM WHIRLPOOL

Die Routine kann während eines Telefonats, am Computer, im Pool, in der Sauna oder im Whirlpool durchgeführt werden. Siehe Bild 9.1/9.2/9.3.

Um perfekt vorbereitet zu sein, sollten vor dem Stretching die Körpertemperatur und die Blutzirkulation erhöht werden. Das kann man durch Aktivitäten für große Muskelgruppen, wie Treppensteigen, Marschieren, Joggen, Seilspringen oder Radfahren erreichen.

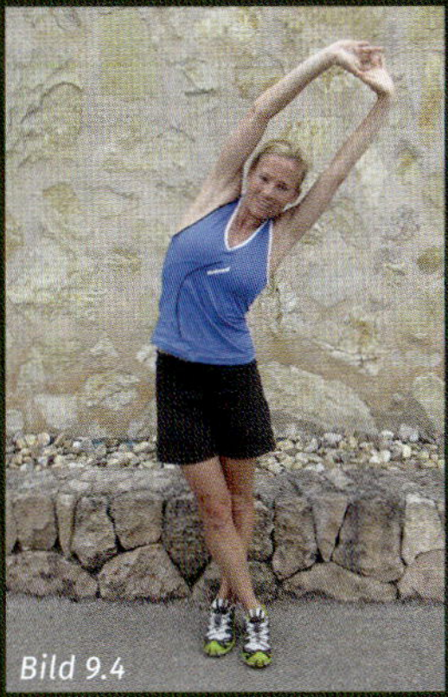

Bild 9.4

Iliotibialis-Band/Hüftabduktoren, laterale Beugemuskeln

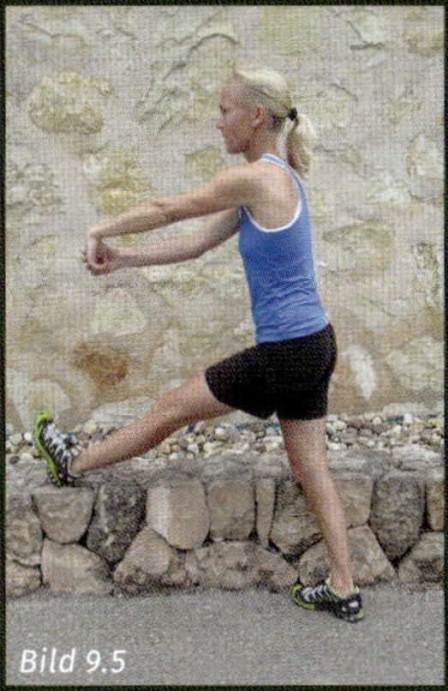

Bild 9.5

Oberschenkel- und Unterarmextensoren

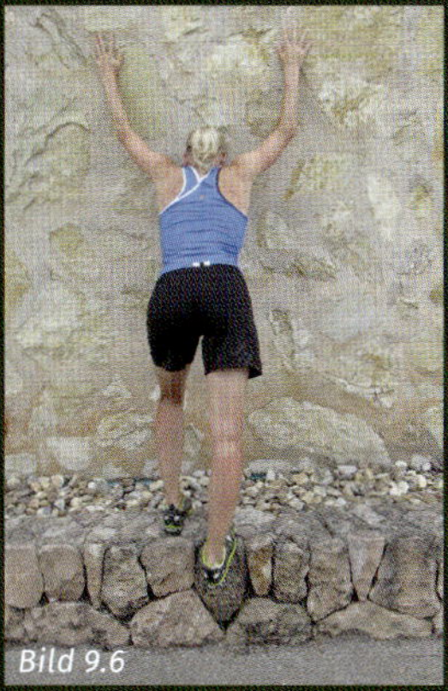

Bild 9.6

Wadenmuskeln (Gastrocnemius) und Latissimus dorsi

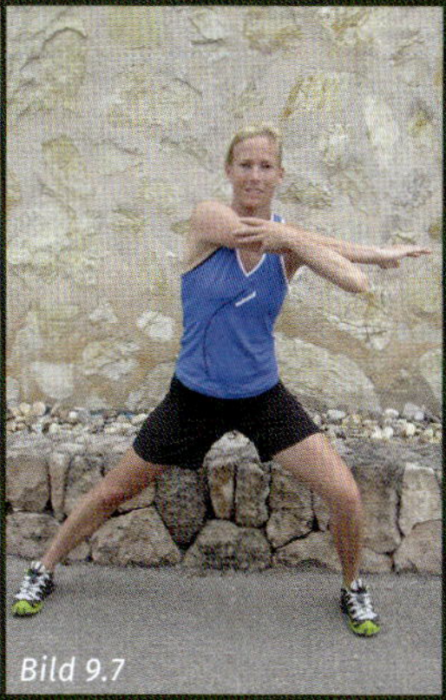

Bild 9.7

Hüftadduktor und Schulter hinten

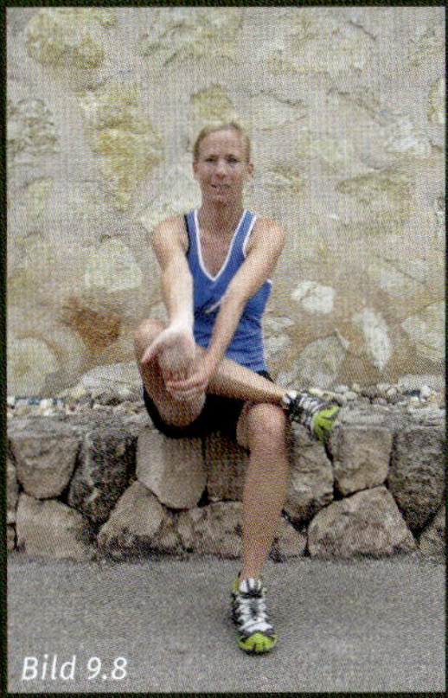

Bild 9.8

Gesäßmuskulatur im Sitzen und Unterarme

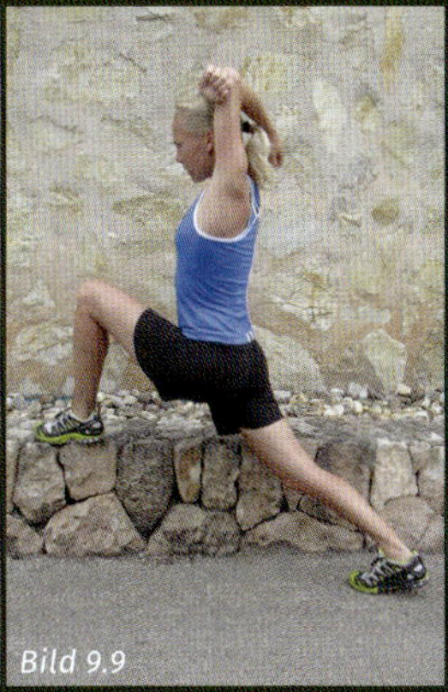

Bild 9.9

Hüftbeuger im Stehen und Trizeps

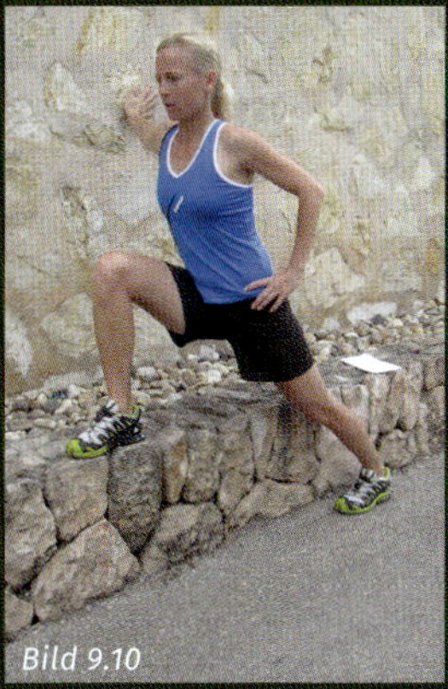

Bild 9.10

Gastrocnemius im Stehen und Brustmuskeln

In diesem Kapitel werden drei Arten des Stretchings vorgestellt:

- Angepasstes Stretching
- Langsames statisches Stretching (Ober- und Unterkörper)
- Unterstütztes/Partner-Stretching

ANGEPASSTES STRETCHING (VOR DER AKTIVITÄT)

Während Studien zeigen, dass langes statisches Stretching vor der Aktivität nicht angemessen ist, sind angepasste Dehnübungen einfache, kontrollierte Dehnübungen mit einem begrenzten Bewegungsumfang, bei dem sich die Muskeln und Gelenke in einem angenehmen Radius bewegen. Sie sind nicht stark genug, dass Muskelfasern, die bereits kurz oder aufgrund harten Trainings verletzt sind, reißen oder gereizt werden. Angepasste Dehnübungen werden am besten direkt vor oder nach dem Training durchgeführt und werden nur 15–20 Sekunden lang als Teil des gradualen Aufwärmens oder Cool-downs gehalten.

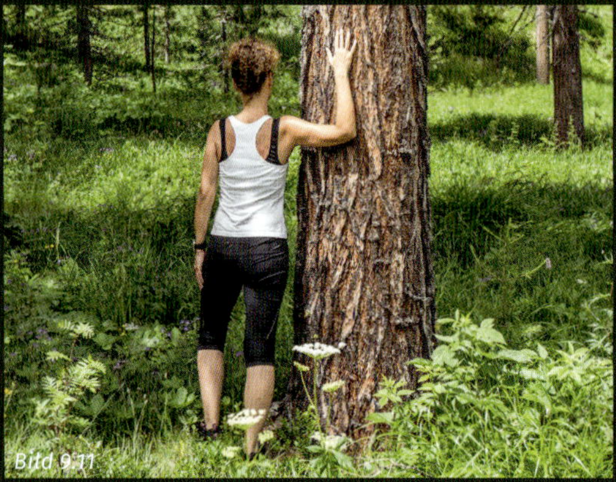

Bild 9.11

Brustmuskulatur

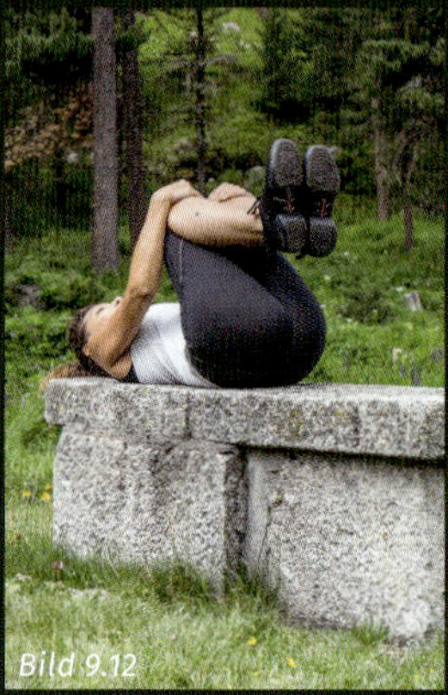

Bild 9.12

Rücken (beide Knie bis zur Brust)

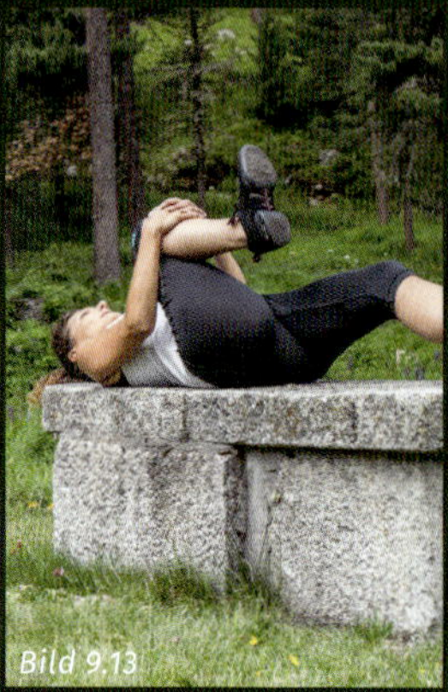

Bild 9.13

Rücken (ein Knie bis zur Brust)

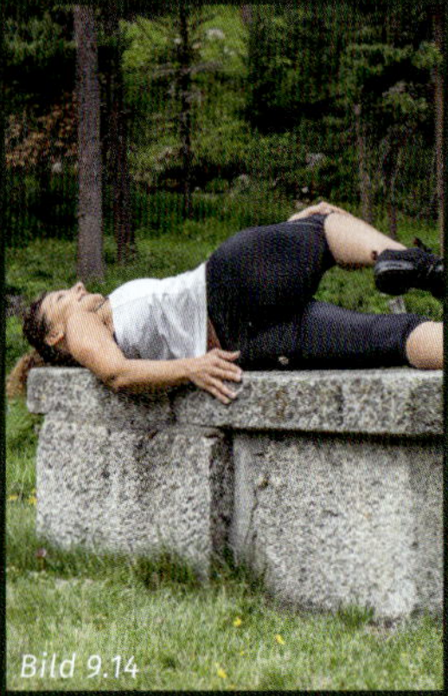

Bild 9.14

Lenden und Hüftabduktoren

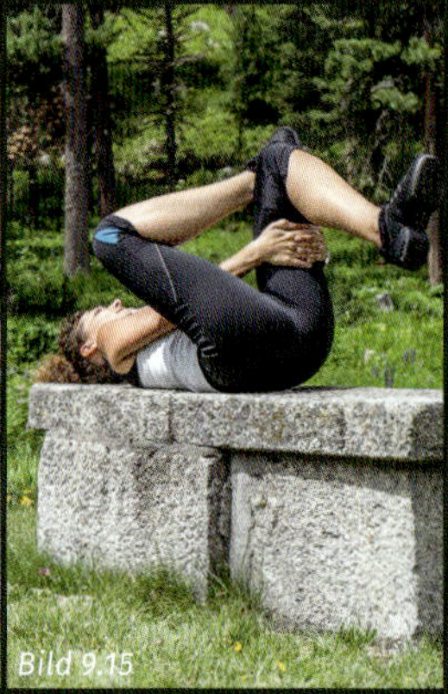

Bild 9.15

„Zahl 4"- oder „Brezel"-Stretch

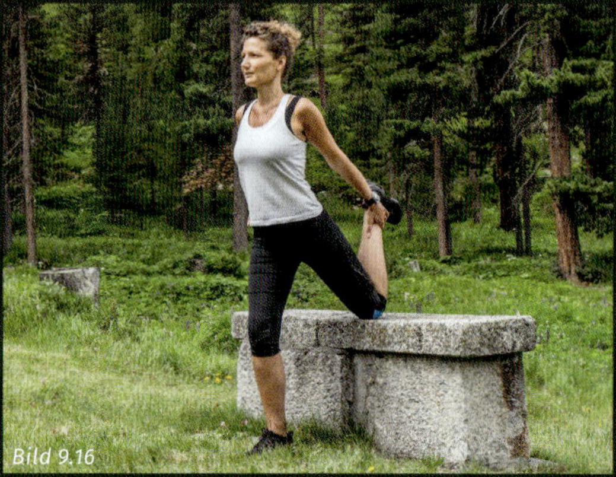

Bild 9.16

Hüftbeuger- und Quadrizeps-Stretch im Stehen

ANGEPASSTES STRETCHING (NACH DEM TRAINING)

Eine fortgeführte Bewegung und leichtes Stretching nach dem Training sind wichtig, um Muskelkater und das Verletzungsrisiko zu minimieren. Es wird gesagt, dass Muskelschmerzen mit milden Dehnübungen während des Cool-downs vermindert werden können (Prentice, 1983). Angepasstes Stretching sollte regelmäßig durchgeführt werden. Es ist nicht der Zeitpunkt, um verspannte oder verkrampfte Muskeln aggressiv zu dehnen. Stattdessen sollte bis zu einer leichten Anspannung gedehnt und diese 15–20 Sekunden gehalten werden. Oder die Dehnung kann langsam durchgeführt werden, um die Muskelfaser gleiten zu lassen. Die Dehnung sollte systematisch durchgeführt werden und alle großen Muskelgruppen beinhalten. Dies schließt die Beinmuskulatur bzw. Quadrizeps, Hamstrings, Waden, Rücken, Abduktoren und Adduktoren ein. In der Dehnbewegung sollte ausgeatmet und dann normal weitergeatmet werden.

Für einige Sportler ist es vielleicht zu zeitaufwendig, täglich 10 verschiedene Dehnübungen

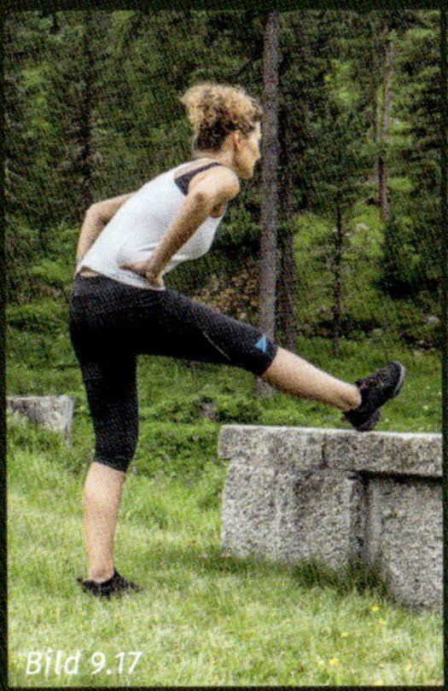

Bild 9.17

Hamstring-Stretch

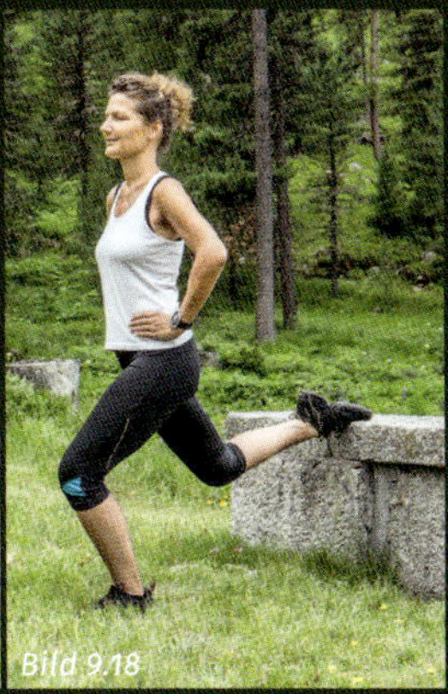

Bild 9.18

Quadrizeps-Stretch

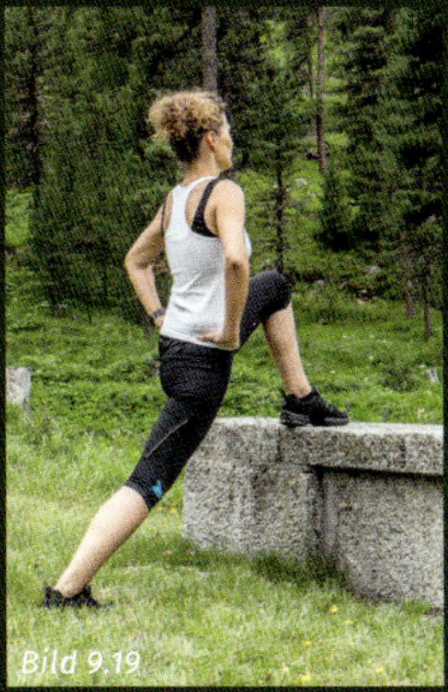

Bild 9.19

Hüftbeuger-Stretch im Stehen

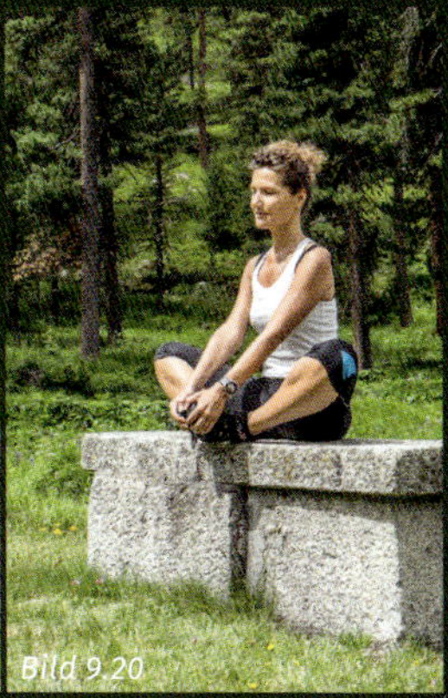

Bild 9.20

Hüftadduktor-Stretch im Sitzen

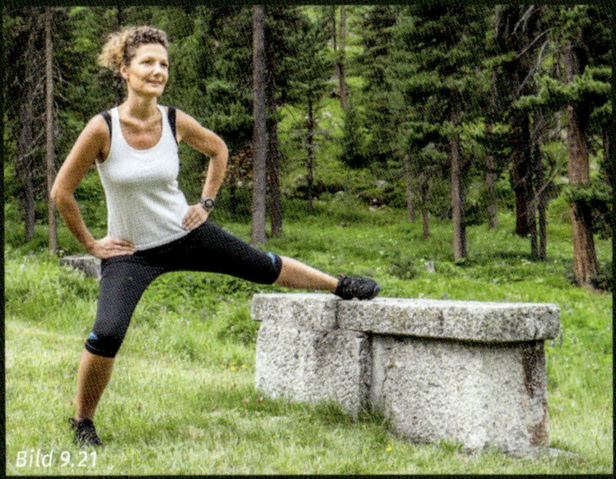

Bild 9.21

Hüftadduktor-Stretch im Stehen

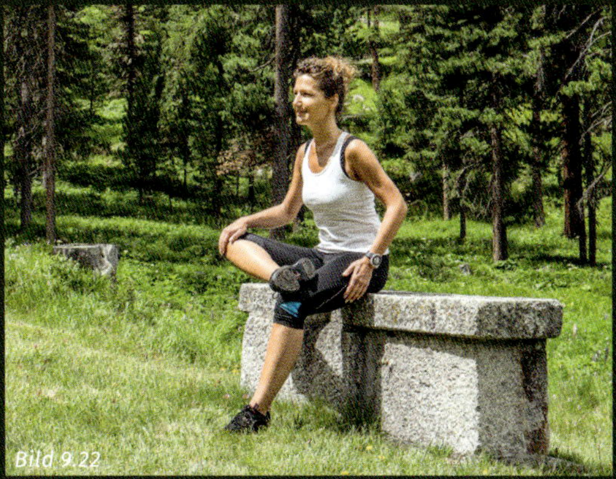

Bild 9.22

„Zahl 4"-Stretch im Sitzen, Gesäßmuskel-Stretch

durchzuführen. Um den benötigten Zeitaufwand zu minimieren und eine maximale Dehnungseffizienz zu erreichen, können multimuskuläre Übungen ausgesucht werden, die mehrere Gelenke miteinbeziehen. Siehe Bild 9.4–9.10.

ES IST BESSER, ÜBER DEN TAG VERTEILT VIELE KURZE DEHNÜBUNGEN DURCHZUFÜHREN, ALS KEINE.

Es ist wichtig, sich auf die Muskeln zu konzentrieren, die gerne kurz und verspannt sind, wie die Hamstrings, Hüftbeuger, Waden- und Brustmuskulatur, sowie auch die abbremsenden Muskeln wie Quadrizeps und der obere Schultergürtel.

Angepasste Dehnübungen sollten auch für Schultern, die Unterarmextensoren und -flexoren durchgeführt werden. Jede Muskelgruppe sollte bis zum Punkt der Anspannung ohne Schmerzen gedehnt werden.

Die Brustmuskulatur kann gedehnt werden, indem ein Arm gegen eine Wand oder ein anderes

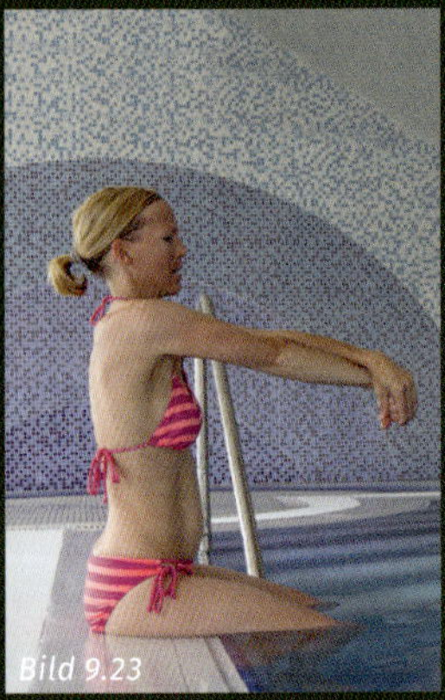
Bild 9.23
Unterarmstrecker-Stretch

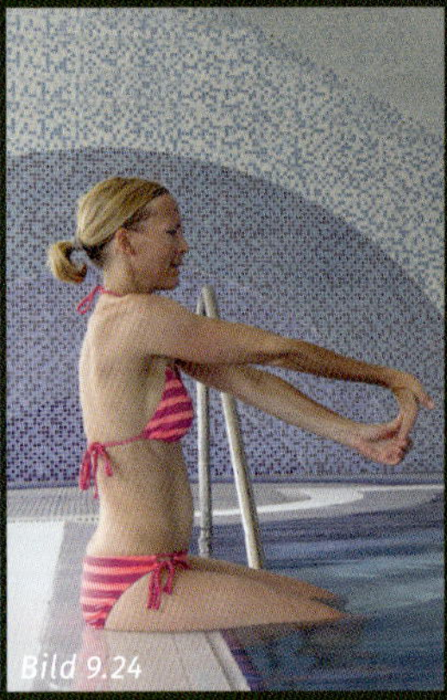
Bild 9.24
Unterarmbeuger-Stretch

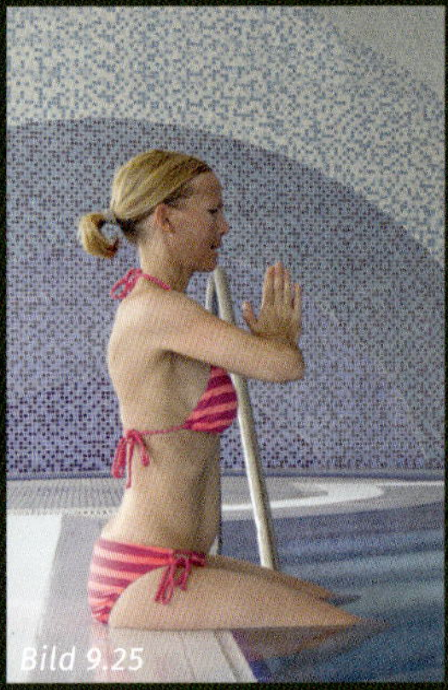
Bild 9.25
Unterarm- und Hand-Stretch

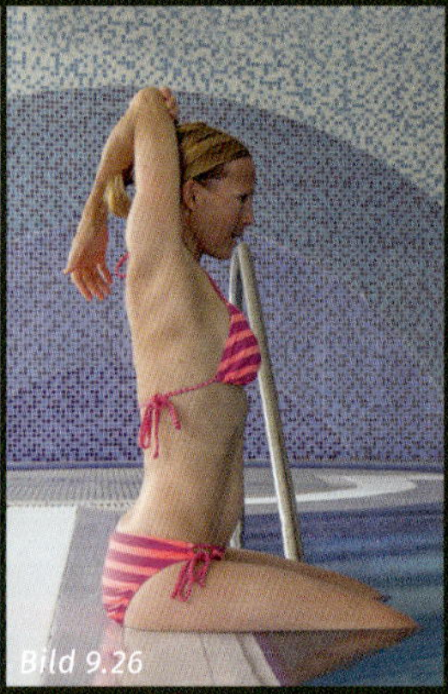
Bild 9.26
Trizeps-Stretch

stabiles Objekt gelegt wird, und die Schultern nach vorne gedehnt werden, bis man einen leichten Zug in der Brust verspürt. Siehe Bild 9.11.

Die Flexibilität zu verbessern braucht Geduld. Wesentliche Fortschritte können erst nach mehrere Wochen oder Monaten erkannt werden.

Nach dem Training sollten die **Regenerationsstrategien** aus Kapitel 11 befolgt werden.

LANGSAMES STATISCHES STRETCHING

Diese Art des Stretchings sollte täglich nach einem ausreichenden Aufwärmen (ein leichtes Schwitzen, feuchte Achselhöhlen) und während des Cooldowns nach dem Training durchgeführt werden. Wenn man unter Zeitdruck ist, kann auch zu Hause während dem SMS-Schreiben oder Fernsehschauen gedehnt werden. Man kann mehrere Stretching Arten verwenden, um die Flexibilität zu optimieren. Die Forschung zeigt, dass Dehnübungen vor dem Training keine Überbelastungsverletzungen in den unteren Extremitäten vorbeugen. Zusätzliches statisches Dehnen nach dem Training und vor dem Zubettgehen führte jedoch zu 50 % weniger Verletzungen (Hartig und Henderson, 1999). Aggressives statisches Stretching sollte also lieber nach dem Training und während den Erholungsregeln für Golfspieler durchgeführt werden (siehe Kapitel 11). Jede Dehnung sollte mindestens 30 Sekunden gehalten und 2- bis 3-mal wiederholt werden. Es ist wichtig, sich die Abschnitte über das dynamische Stretching zu vergegenwärtigen, die die Übungen beschreiben, welche vor dem Training und dem Golfspiel durchgeführt werden sollten.
Langsames statisches Stretching wird am besten als separate Einheit nach dem Training oder der Golfrunde durchgeführt, nachdem die Temperatur aller Muskeln durch Radfahren, einen Cross-Trainer, schnelles Gehen oder Schwimmen aufgewärmt sind.

STRETCHING FÜR DEN UNTERKÖRPER

Die meisten statischen Dehnübungen sollten 30 Sekunden gehalten und 2- bis 3-mal wiederholt werden. Die Flexibilität wird aber sehr

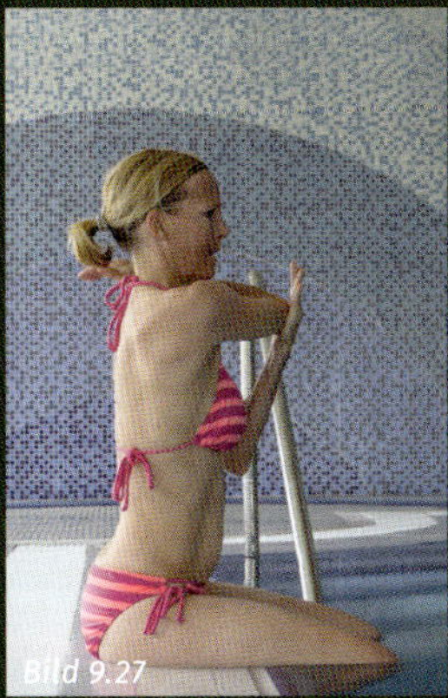

Bild 9.27

Stretching des oberen Schultergürtels

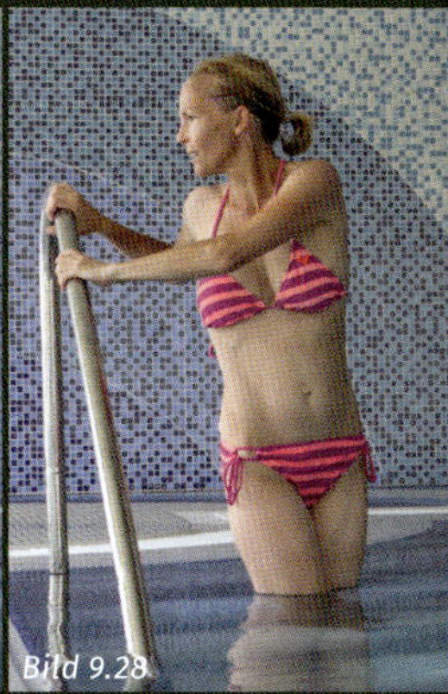

Bild 9.28

Oberkörperrotation im Stehen

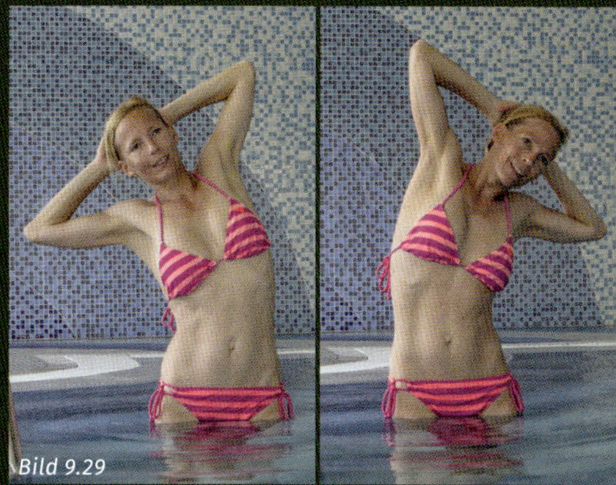

Bild 9.29

Lateraler Oberkörperstretch im Stehen

davon profitieren, wenn die Übungen länger als eine Minute gehalten und 3- bis 4-mal wiederholt werden (die meisten Athleten, denen gesagt wurde, sie sollen die Dehnung eine Minute lang halten, dehnten nur 30 Sekunden lang). Es werden mindestens 20–30 Sekunden benötigt, um die Vorspannung des abwehrenden Stretch-Reflexes zu überwinden. Verspannte Stellen sollten zuerst gedehnt und es sollte progressiv gedehnt werden. Bis man die Endposition des Stretches erreicht, sollte man ausatmen, danach beim Halten der Position wird normal weiter geatmet. Am besten beurteilt man die Spannung in den Muskelgruppen täglich, damit man bei Bedarf neue Dehnübungen hinzufügen kann, und um ein gutes Länge-Spannungsverhältnis in allen Muskelgruppen sicherzustellen, die auf und abseits des Platzes benötigt werden. Siehe Bild 9.12–9.22.

Dehnübungen kann man auch sitzend auf einem Fitnessball durchführen. Wenn das Gewicht vom Ball getragen wird, können die Muskeln besser entspannen, die gedehnt werden sollen.

STRETCHING FÜR DEN OBERKÖRPER

Schlüsselstellen

- Der Fokus sollte auf den Muskeln liegen, die oft kurz und verspannt sind. Das betrifft meistens die Brustmuskeln, Hüftbeuger, Oberschenkelmuskeln, Hüftadduktoren und Wadenmuskeln.
- Am besten wird in Zusammenarbeit mit einem Physiotherapeuten oder Konditionstrainer entschieden, welche Dehnübungen am besten geeignet sind. Siehe Bild 9.23–9.29.

UNTERSTÜTZTES/PARTNER-STRETCHING

Halten – Entspannen und Anspannen – Entspannen

Über statisches Stretching wurde am meisten geforscht; andere Techniken, wie PNF (Propriozeptive neuromuskuläre Fazilitation), angepasstes (conform) Stretching und Myofaszial-Stretching (oder Triggerpunkt-Release) sind alle hilfreich. Unterstützte Partnerdehnübungen sowie die PNF-Techniken „Halten – Entspannen und Anspannen – Entspannen“ haben sich als

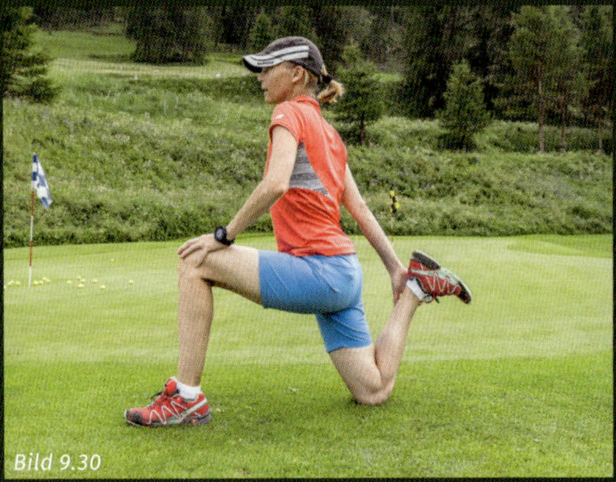

Bild 9.30

PNF-Hüftbeuger-Stretch

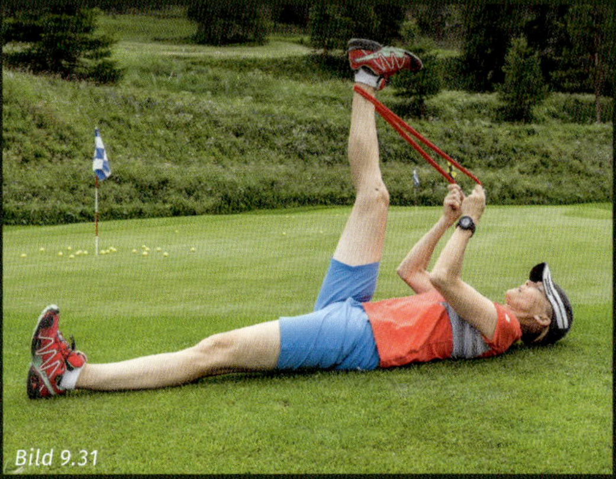

Bild 9.31

PNF-Oberschenkel-Stretch

effizienter als rein statisches Stretching erwiesen (Lucas & Koslow, 1984; Enoka, 1994). PNF-Techniken können im Liegen und passiv mit minimalem Einsatz ausgeübt werden.

Unterstützte Dehnübungen verwenden den „invertierten myotatischen Reflex", bei dem die Nervenrezeptoren in der Sehne auf die isometrische Kontraktion reagieren und dann den Muskel entspannen.

Es gibt zwei Methoden:

- Kontrahieren – Entspannen: Der gleiche Muskel (Agonist) wird angespannt und dann gedehnt.
- Halten – Entspannen: Der gegenüberliegende Muskel (Antagonist) wird angespannt und dann gedehnt.

Viele herkömmliche statische Dehnübungen können auch zu unterstützten Dehnübungen werden, indem ein Fitnessband, ein Seil, ein Handtuch, ein Baum, eine Wand oder die Hände als Widerstand fungieren. Diese Art des Stretchings fördert den Bewegungsraum und stärkt den Muskel. Ein Physiotherapeut oder Fitnesstrainer kann dabei assistieren. Siehe Bild 9.30–9.33.

„FIT TO PLAY GOLF"-TRAININGSTIPPS

- Sollte eine gewisse Dehnübung unangenehm sein, kann entweder eine Alternative ausprobiert oder die Spannung verringert werden.
- In jeder Dehneinheit sollte eine Dehnübung für jede große Muskelgruppe durchgeführt werden.
- Sollten gewisse Muskelgruppen verspannt sein, z.B. die Hüftbeuger oder das Iliotibial-Band, können sie als erstes und letztes gedehnt werden.
- Vor dem Stretching sollte sich jeder mindestens 10–15 Minuten dynamisch aufwärmen.
- Ein ausführlicheres Aufwärmen und ein statisches und unterstütztes Partner-Stretching dauert ca. 30–60 Minuten.

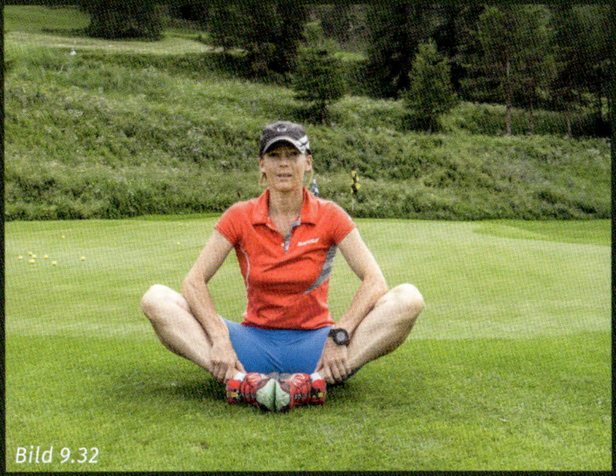

PNF-Adduktor-Stretch

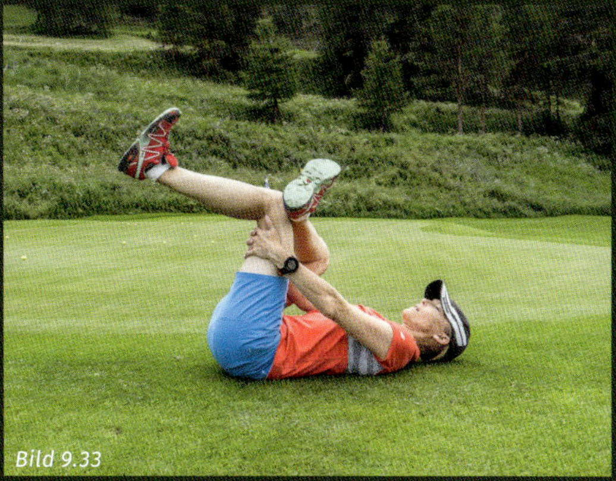

PNF-Gesäßmuskel-Stretch

- Wer häufig mit dem (Spinning-) Rad fährt oder auf dem Fahrrad-Ergometer trainiert, sollte den lateralen Quadrizeps und das Iliotibial-Band doppelt so oft dehnen wie normalerweise.

Stretching-Regeln

- Vor jedem Stretching aufwärmen.
- Vor jeder Aktivität, auch vor dem Golfspiel, dynamisch aufwärmen.
- Vor jeder Trainingseinheit dynamisches Stretching durchführen.
- Angepasste Dehnübungen nach hartem Training.
- Die sportartspezifische Beweglichkeit bzw. Mobilität sollte vor dem Saisonstart sichergestellt werden.
- Regelmäßige Eigenkontrolle der optimalen Beweglichkeit/Mobilität.
- Jeder sollte sich 4- bis 6-mal pro Woche Zeitpunkte und eigene Routinen für das statische Stretching festlegen; die Übungen erst mehrere Stunden nach hartem Training durchführen.
- Einen Ball oder eine Schaumrolle benutzen, um verspannte Muskeln zu dehnen, besonders während einer Reise oder wenn keine Therapeuten greifbar sind.
- Ein Tag in der Woche ohne Stretching.
- Aus einer Kombination von verschiedenen Stretching-Arten kann sich jeder seine persönliche Stretching-Routine entwickeln.

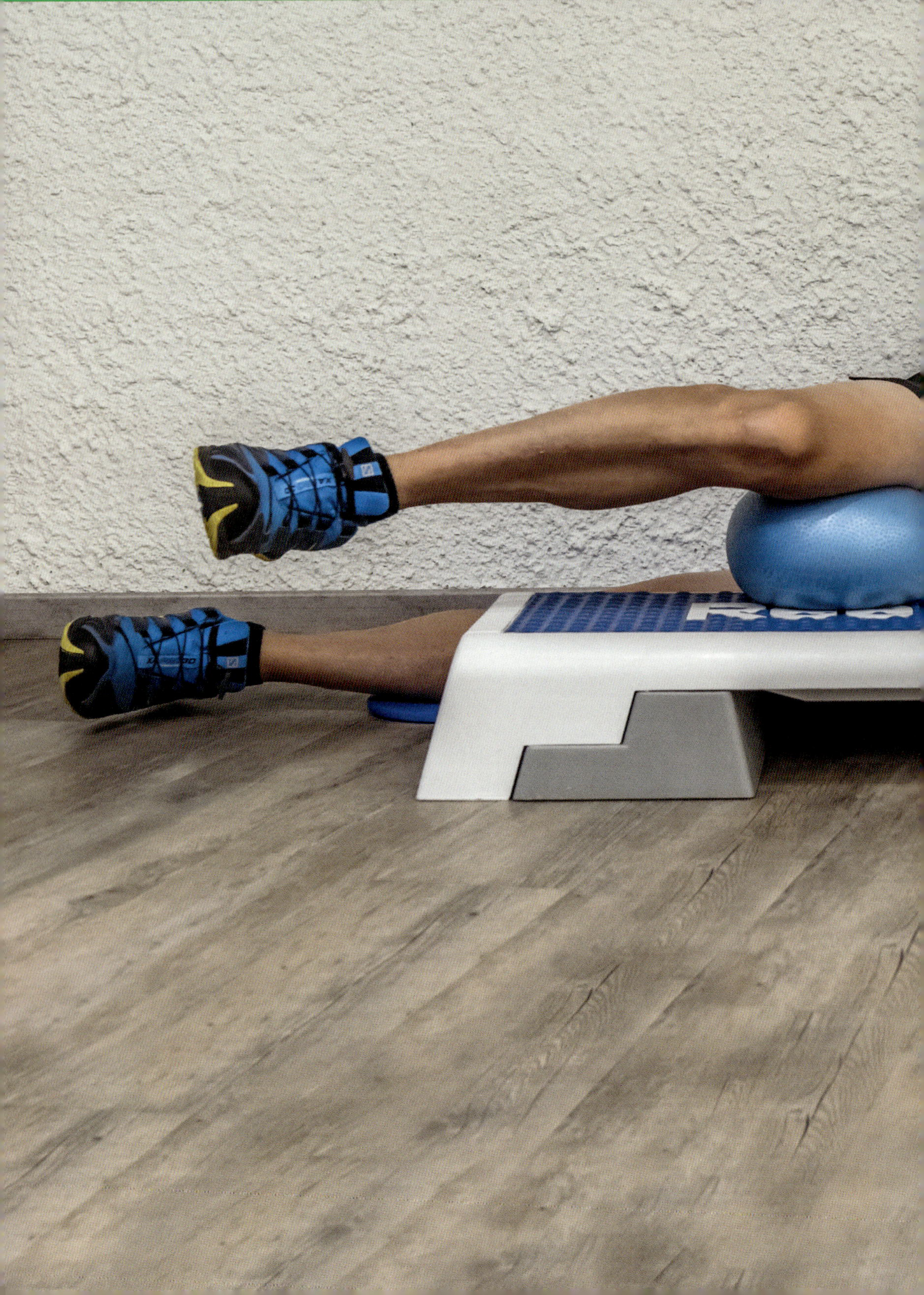

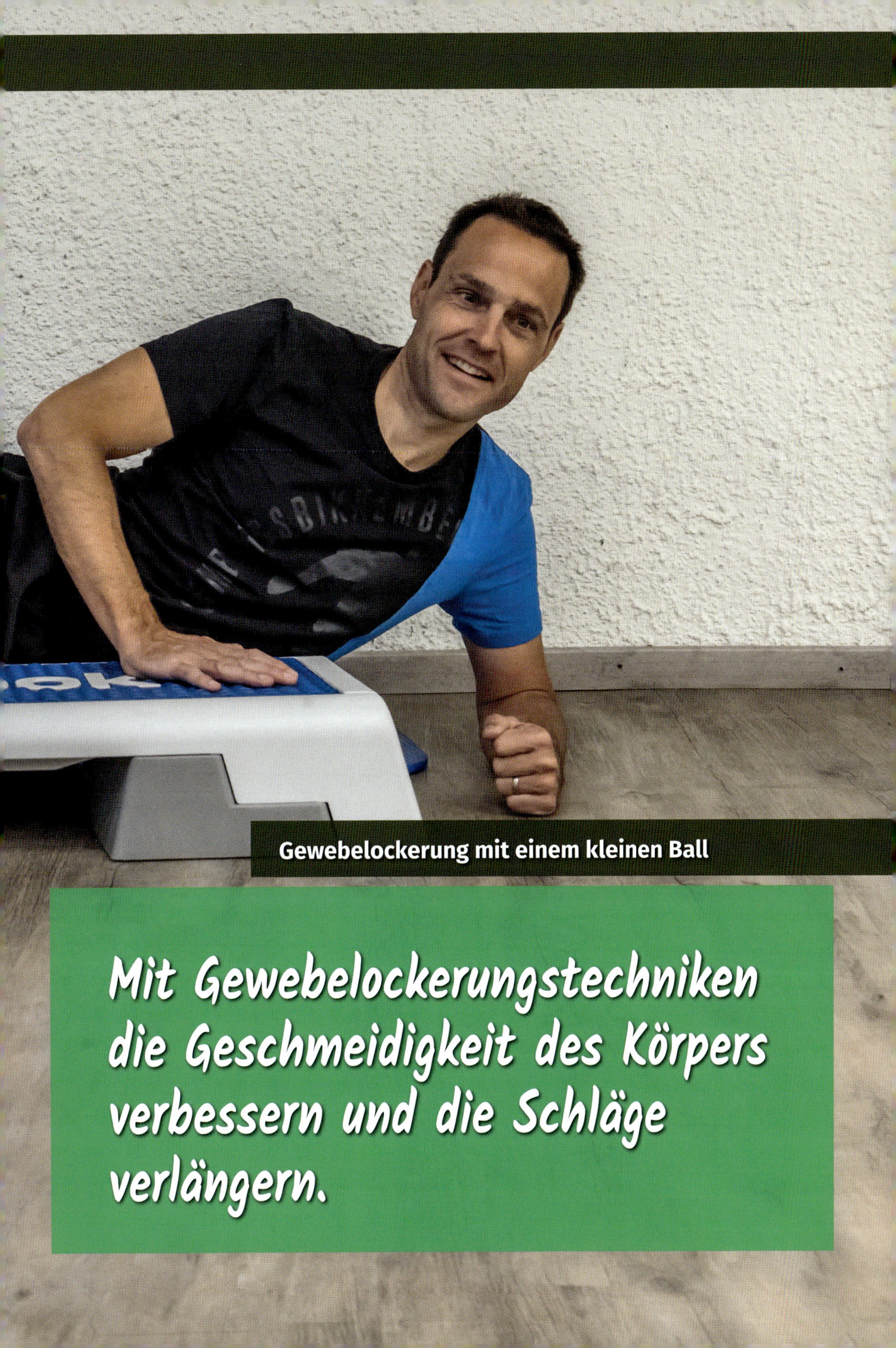

Kapitel 10

Gewebelockerung mit einem kleinen Ball

Mit Gewebelockerungstechniken die Geschmeidigkeit des Körpers verbessern und die Schläge verlängern.

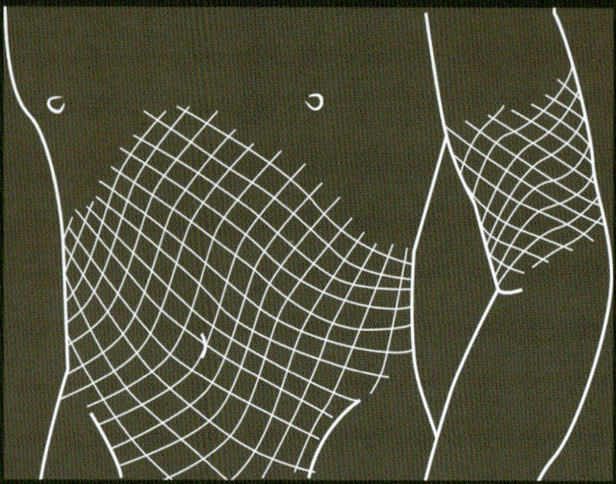

Bild 10.1 Schematische Illustration des Fasziengewebes

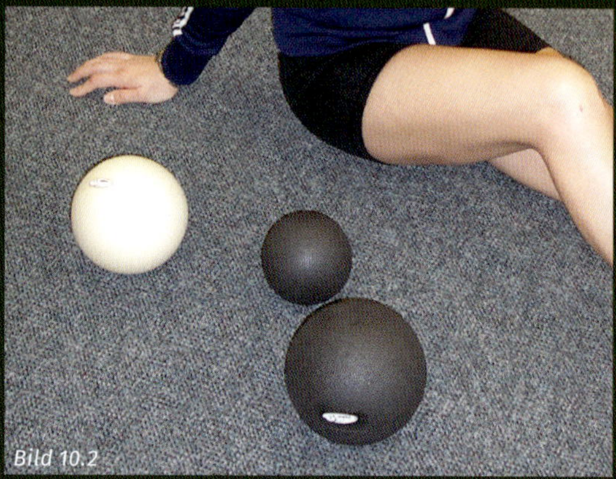

Bild 10.2 Verschiedene Ballgrößen

Gewebelockerung mit einem kleinen Ball (Muskeln und Faszien)

Das myofasziale System hat in den letzten Jahren immer mehr Aufmerksamkeit erhalten. Dieses komplizierte System umfasst alle Muskeln, Nerven und Blutgefäße im Körper. Es ist ein vielschichtiges netzähnliches System, dass die Muskeln in Abteilungen unterteilt. Dysfunktionen sind sehr verbreitet, da das System jede Muskelfibrille im Körper umhüllt und es sich an verschiedenen Orten verdrehen und verhaken kann. Man kann es sich vorstellen wie einen Nylonstrumpf, der um die Muskeln gewickelt ist. Bei einer Dysfunktion kann der Strumpf sich verfangen oder an gewissen Orten zu eng werden. Siehe Bild 10.1.

Physiotherapeuten, Massagetherapeuten und andere Gesundheitsfachleute haben jahrelang ihren Patienten vorgeschlagen, dass sie ihre Hände, Tennisbälle, Schaumrollen oder andere Hilfsmittel benutzen, um schmerzende, kurze Muskeln und Gewebe zu lösen. Bei der myofaszialen Lockerung gibt es einige Techniken, die dabei helfen, das Gewebe von den engen Faszien zu lösen (Juett, 1988). Myofasziale Lockerung ist kein neues Konzept, Dr. Janet Travell hat bereits in den 1940er Jahren viele Techniken dokumentiert. Zusätzlich werden kleine Gummibälle für die myofasziale Lockerung benutzt, um Muskeln zu dehnen und zu lockern (Soleway, 2001). Diese Bälle wirken nicht nur auf Triggerpunkte in den Muskeln, sondern lockern auch das myofasziale System und vermindern Muskelkater.

Wie effizient Massage- oder Gewebelockerungstechniken in Kombination mit Dehnübungen sind, um Flexibilität zu erlangen, ist belegt (Witkorson-Moller, 1983). Physiotherapeuten benutzen manuelle Techniken, um auf Triggerpunkte einzuwirken, diese werden von Travell und Simons als besonderes empfindliche Punkte in einem verspannten Muskel definiert (Travell & Simons, 1998). Aktive, gereizte Triggerpunkte, die nach schwerem Training aufkommen, können die Kraft der Muskeln beeinflussen und die normale Kontrahierungs-Entspannungs-Koordination der Muskeln verhindern. Es ist offensichtlich, dass das nicht förderlich für ein schmerzfreies Training ist. Diese Probleme können Trainingseinheiten und Wettkämpfe beeinträchtigen und zu Verletzungen führen, wenn sie nicht gelöst werden (Brukner & Khan, 2002).

Den Körper auf einem kleinen Ball hin und her zu rollen ist eine fantastische Möglichkeit, um verspannte Muskeln zu dehnen und zu lösen. Das Konzept ist sehr einfach: Der Ball wird dafür benutzt, um verspannte Muskeln „auszubügeln". Indem der Ball an den Muskel entlang und in verschiedenen Winkeln gerollt wird, wird das myofasziale System gelöst. Das Ziel ist es, eine anhaltende Verlängerung des Gewebes anzuregen, anders als die Dehnung, die nicht immer zu einer langanhaltenden Veränderung führt (Granter, 2002). Wenn ein Bereich besonders verspannt oder empfindlich ist, kann der Ball Triggerpunkte lösen (Soleway, 2001). Das Fasziensystem scheint am besten zu reagieren, wenn ein leichter Druck länger als zwei Minuten ausgeübt wird. Dies stimuliert die Spannungsrezeptoren, fördert die Entspannung, wirkt schmerzlindernd und deaktiviert Triggerpunkte (Brukner & Khan, 2002).

Dieses Kapitel zeigt Gewebelockerungstechniken mit Gummibällen in unterschiedlichen Größen. Man kann auch einen Tennisball, eine Schaumrolle oder andere Hilfsmittel benutzen, um einen ähnlichen Effekt zu erzielen.

DER BALL MUSS DIE RICHTIGE GRÖSSE HABEN

Bälle für die myofasziale Lockerung gibt es in 3 oder 4 Größen. Je größer der Ball, desto einfacher ist es, den Ball zu rollen, und desto angenehmer sollte es sein. Der kleinste der Bälle (7,5–12,5 Zentimeter Durchmesser) ist weniger angenehm zu rollen und wird normalerweise erst später eingesetzt, wenn die Person mehr Erfahrung hat. Siehe Bild 10.2.

WARNHINWEISE UND KONTRAINDIKATIONEN*

Das Ballrollen und andere Arten der Muskel- und myofaszialen Lockerung sind nicht für jede Person geeignet. Vorsicht ist bei gewissen Körperstellen oder Erkrankungen angeraten.

Empfindliche Körperstellen

- Steißbein
- Rudimentäre Rippen (11 und 12)
- Die untere Spitze des Brustbeins
- Oberer und mittlerer Nacken
- Über den Hüftknochen (Schleimbeutel)

Zustände und Krankheiten, bei denen die Lockerungstechniken mit dem kleinen Ball nicht eingesetzt werden sollten

- Bösartige Tumore
- Frakturen
- Systeminfektionen oder lokale Infektionen
- Offene Wunden oder Nähte
- Akute rheumatische Arthritis
- Osteoporose

(* nach Soleway, 2001)

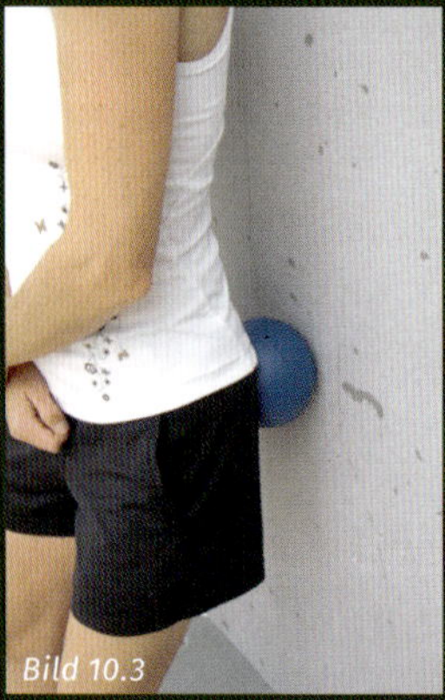

Gesäßmuskeln und Piriformis

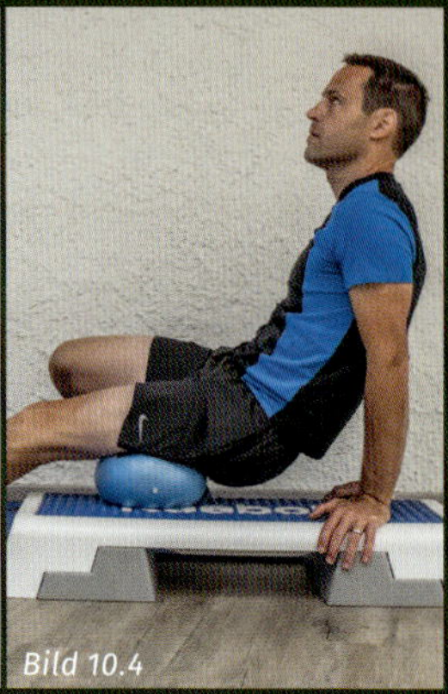

Oberschenkelrückseite im Sitzen

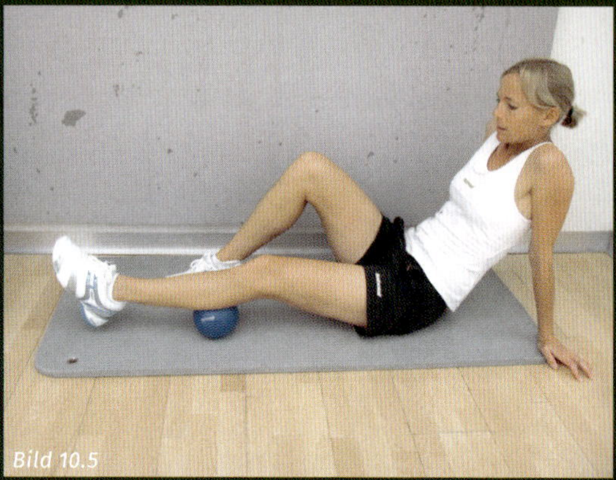

Wadenmuskulatur im Sitzen

ZU BEGINN

Der Ball sollte an den Muskeln entlang und quer über die Muskeln gerollt werden, die gedehnt werden müssen. Man sollte bedenken, dass ein verspannter Muskel selten ein Einzelfall ist. Wenn z. B. das Iliotibial-Band verspannt ist, ist es auch sehr wahrscheinlich, dass die Oberschenkelmuskeln, der Quadrizeps und die Gesäßmuskulatur verspannt sind. Der Ball hat den größten Effekt, wenn er über viele Muskeln rollen darf.

Um das Becken herum zu rollen ist wichtig, weil hier viele Muskeln befestigt sind. Das Faszien- und Bindegewebe um die Lendenwirbelsäule und das Kreuzbein hängen oft mit Dysfunktionen im Unterkörper zusammen. Deswegen ist es wichtig, die Ansatzpunkte der Muskeln und Sehnen zu bearbeiten.

Gluteusmuskeln und Piriformis

- Beim Kreuzbein beginnen und in Richtung Hüfte rollen.
- Bei empfindlichen Punkten sollte gestoppt und gehalten werden, bis die Spannung gelöst ist. Siehe Bild 10.3.

Oberschenkel- und Wadenmuskulatur

- An den Oberschenkeln und den Waden wird der Länge nach gerollt.
- Das Gewicht sollte mit den Armen unterstützt werden.
- Wenn Handgelenk- oder Schulterprobleme die Übung erschweren, kann man den Ball auf eine niedrige Bank legen.

Siehe Bild 10.4/10.5/10.6

Iliotibial-Band und Gesäß

- An dem Iliotibial-Band wird der Länge nach gerollt, man fängt beim Gesäß an und rollt bis zum Knie.
- Bei empfindlichen Punkten sollte gestoppt und gehalten werden, bis die Spannung gelöst ist.
- Der Ball sollte auch quer über das Iliotibial-Band und das Gesäß bewegt werden.
- Die Hüftknochen sollten vermieden werden, da sich dort ein Schleimbeutel befindet, der bei direktem Druck gereizt werden kann.

Siehe Bild 10.6/10.7.

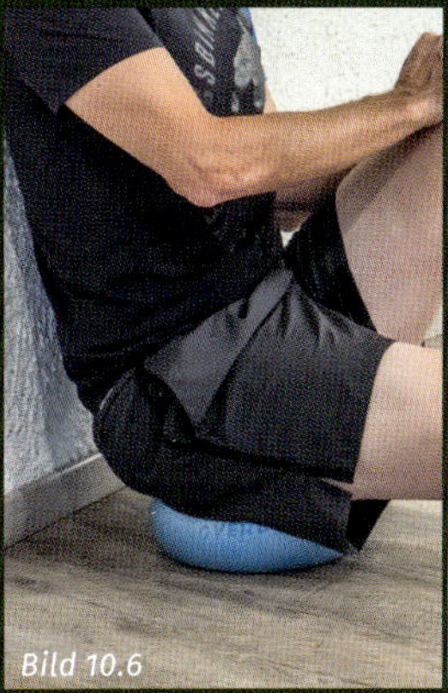

Bild 10.6

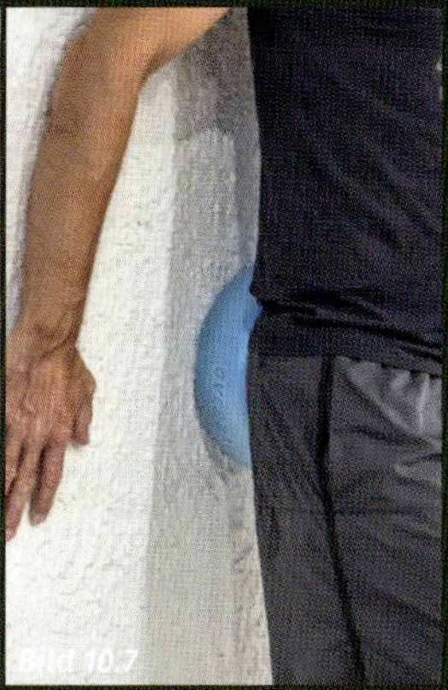

Bild 10.7

Iliotibial-Band und Gesäß auf dem Boden oder gegen die Wand

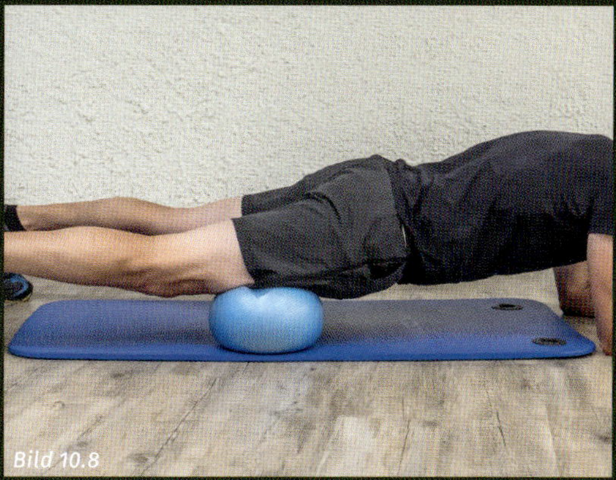

Bild 10.8

Quadrizeps auf dem Boden

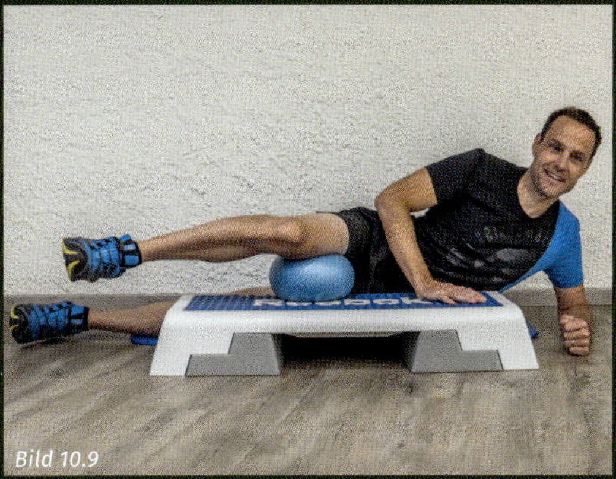

Bild 10.9

Hüftadduktoren

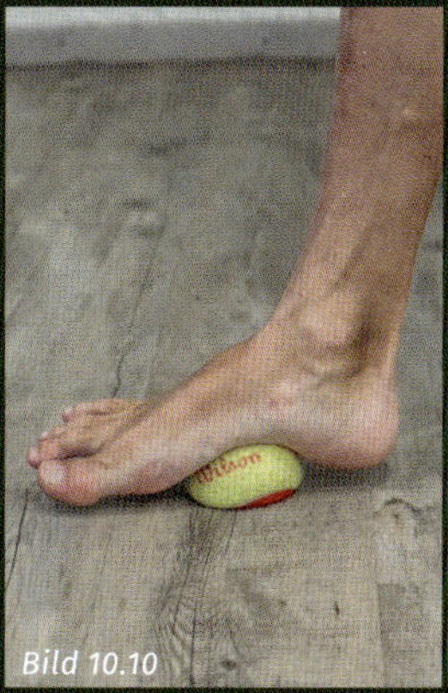

Bild 10.10

Fußrollen mit einem Tennisball

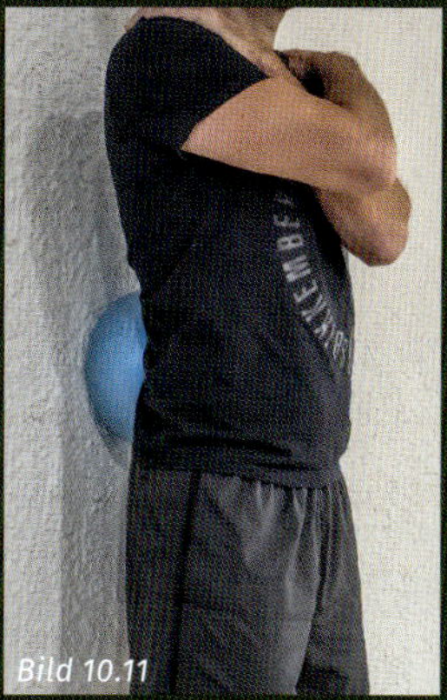

Bild 10.11

Lenden- und Brustwirbelsäule

Quadrizeps

- Das Gewicht wird auf die Arme verlagert und es wird der Länge der Muskeln entlang gerollt.
- Indem der Körper anders ausgerichtet wird, können der laterale oder mediale Quadrizeps oder die Adduktoren bearbeitet werden.
- Bei Handgelenk- oder Schulterproblemen kann man den Ball auf eine niedrige Bank legen.

Siehe Bild 10.8.

Hüftadduktoren

- Das Gewicht wird auf die Arme verlagert und es wird der Länge der Muskeln entlang gerollt.
- Mit einem Telefonbuch oder einem Holzstück unter dem Ball kann man mehr Druck ausüben.
- Indem der Körper anders ausgerichtet wird, können andere Teile der Adduktoren bearbeitet werden.

Siehe Bild 10.9.

Gewebelockerung mit einem kleinen Ball

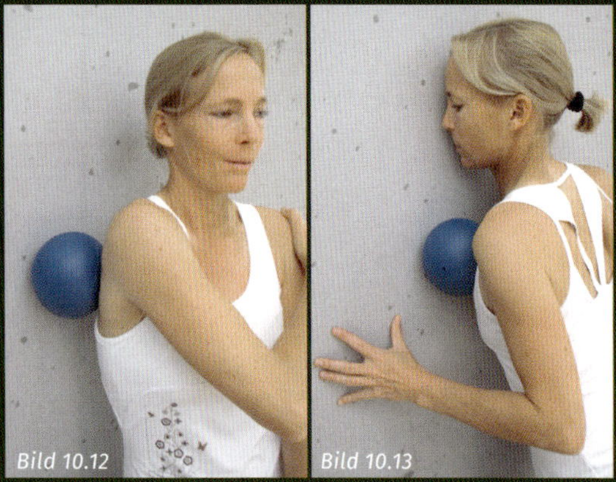

Bild 10.12 Bild 10.13

Schultergürtel und Brustmuskulatur

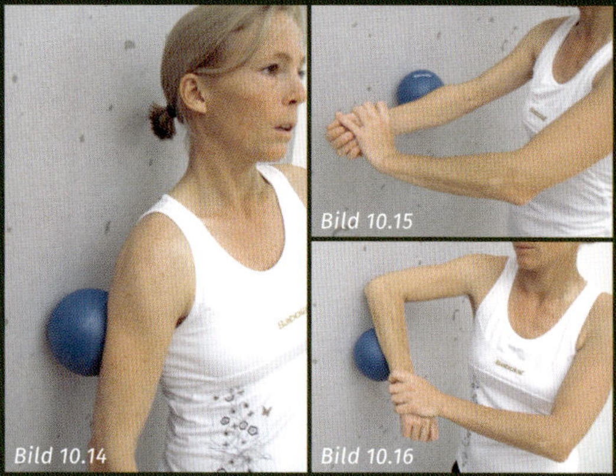

Bild 10.14 Bild 10.15 Bild 10.16

Unterarm und Oberarm (an der Wand)

Fuß

- Auf dem Ball stehen und hin und her rollen, um die Fußmuskeln zu massieren.
- Eventuell funktioniert es mit einem Tennisball besser.

Siehe Bild 10.10.

Die Muskulatur in den Lenden und im Brustrücken

- Der Ball wird neben die Wirbelsäule gelegt und sanft hoch und runter und parallel zu der Wirbelsäule gerollt.
- Es sollte bis zur unteren Kante des Schulterblattes gerollt werden.

Siehe Bild 10.11.

Schultergürtel und Brustmuskulatur

- Für einige ist es einfacher/angenehmer, gegen eine Wand zu rollen, wenn die Schultermuskulatur massiert werden soll.
- Wenn man den Arm in verschiedenen Winkeln bewegt, werden die Muskeln beim Rollen auch aktiv gedehnt.

Siehe Bild 10.12/10.13.

Unterarm und Oberarm

- Der Ball wird gegen eine Wand oder auf einen Tisch gedrückt.
- Die Unterarmflexoren und Extensoren werden gedehnt, indem der Arm nach vorne und nach hinten auf dem Ball gerollt wird.

Siehe Bild 10.14/10.15/10.16.

Muskulatur der Halswirbelsäule

- Einige Sportler empfinden das Rollen auf der Nackenmuskulatur als sehr unangenehm.
- Man kann zunächst einen größeren Ball ausprobieren und die Muskeln und die Wirbel massieren, um den Bereich lockerer zu machen.
- Es ist auch möglich etwas Luft aus dem Ball herauszulassen, um ihn weicher zu machen.

Die Muskellockerung mit einem kleinen Ball ist ideal für Golfspieler und andere Sportler, die verspannte Muskeln und verkürzte Bereiche selbst behandeln wollen, besonders wenn keine professionelle Hilfe durch einen Physiotherapeuten, Massagetherapeuten, Trainer oder anderen Experten zur Verfügung steht.

Die Bälle können Bereiche (Iliotibial-Band) und Muskeln dehnen, die beim Training anfällig für Verspannungen sind. Die Anwendungsbereiche für den Ball sind aber begrenzt und können einen erfahrenen Therapeuten nicht ersetzen.

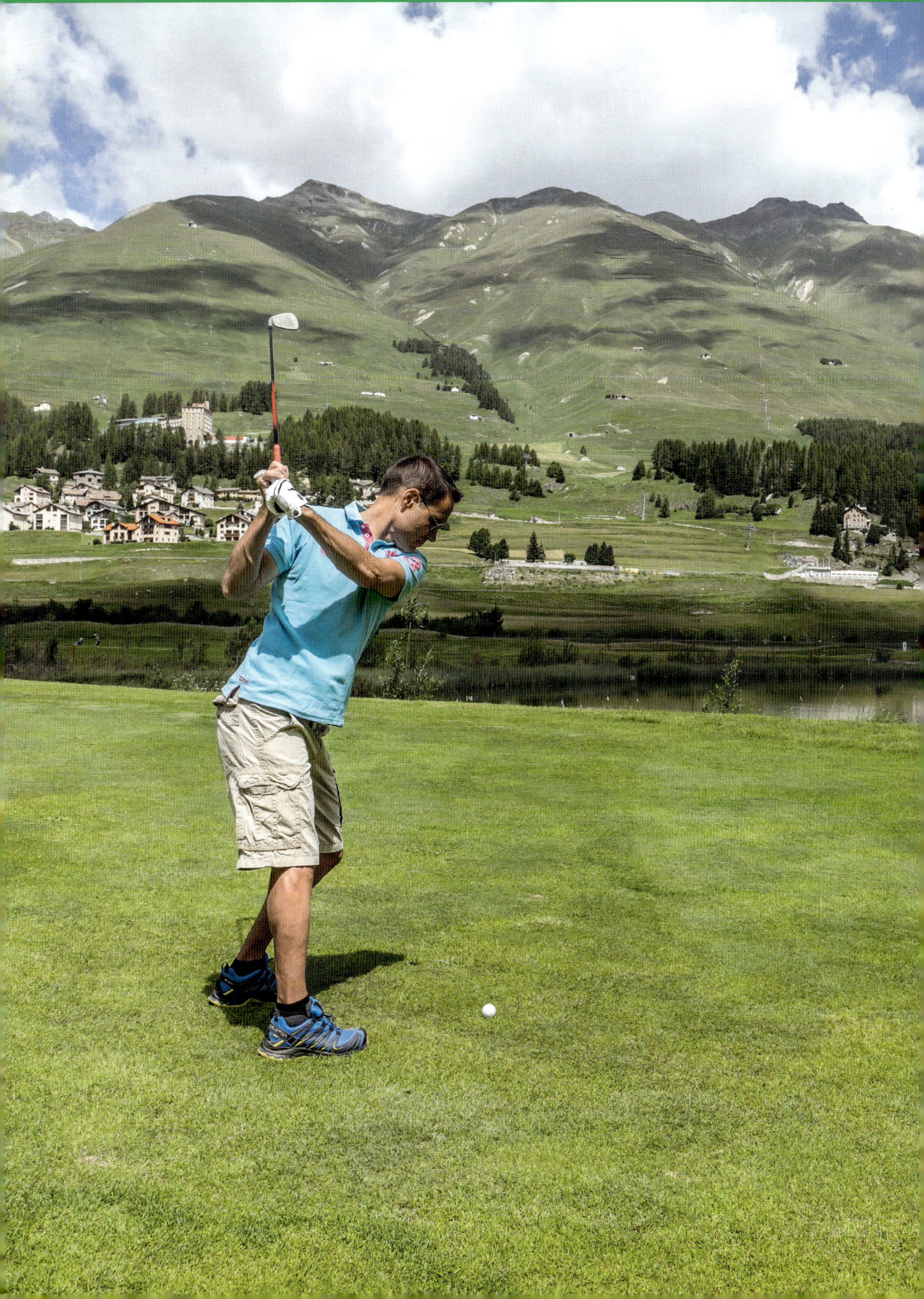

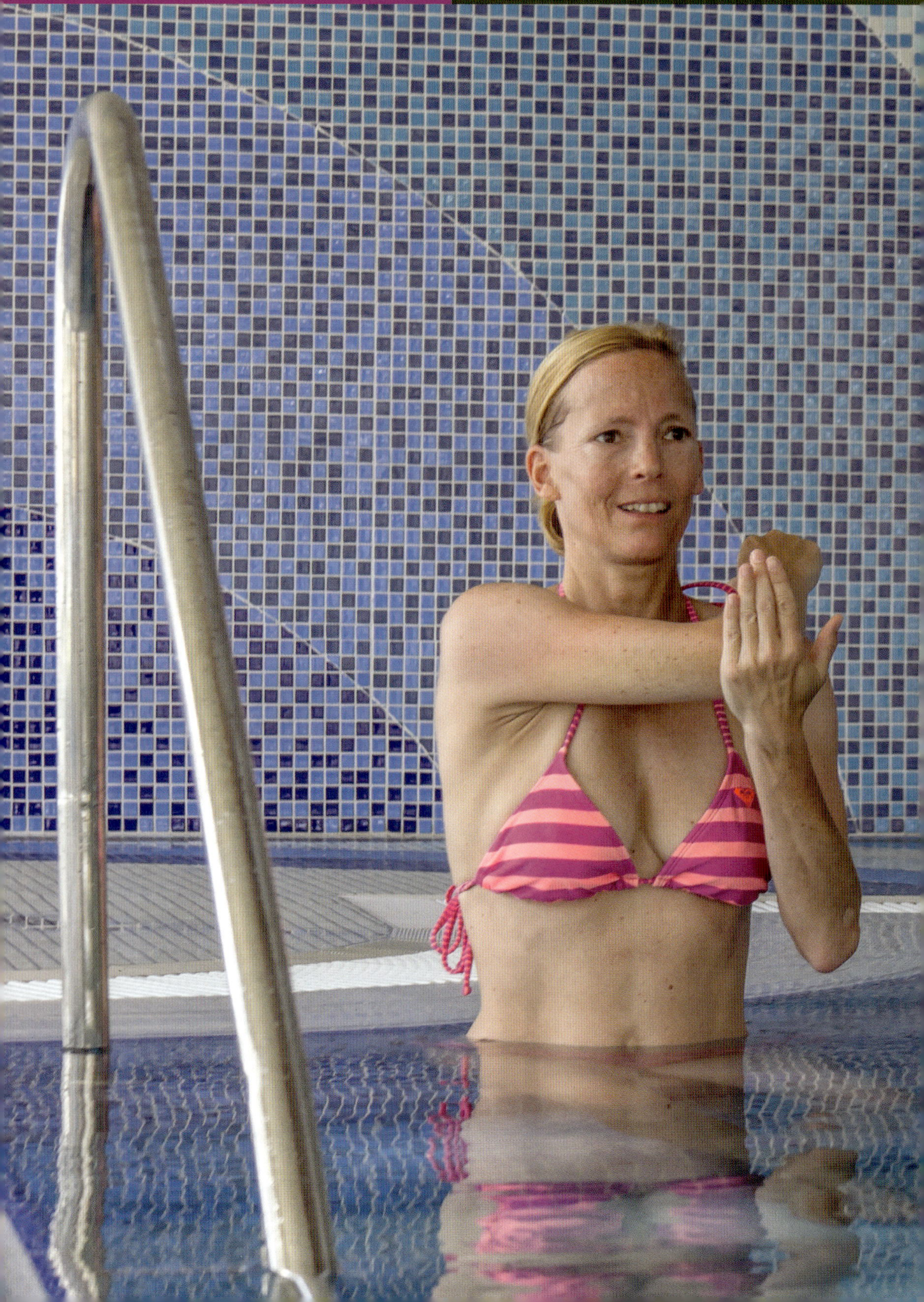

Kapitel 11

Erholungsstrategien für Golfspieler

In jedem Trainingsprogramm sollten gute Erholungsstrategien integriert werden, sie können dabei helfen ein stärkerer, gesünderer und besserer Golfspieler zu werden.

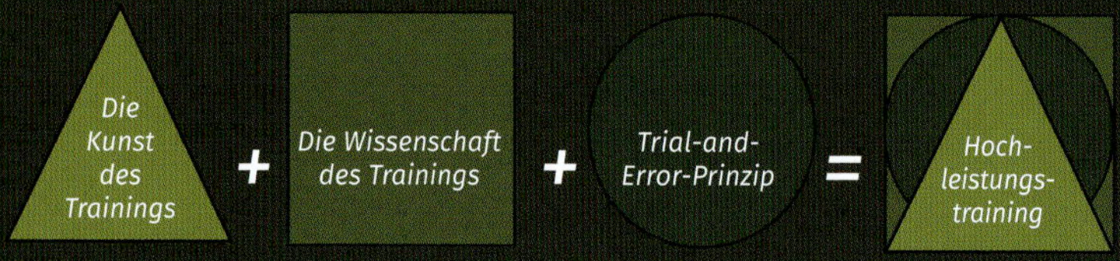

Bild 11.1
Der Kunst und Wissenschaft des Trainings
(Mit freundlicher Genehmigung von Racquet Tech Publishers)

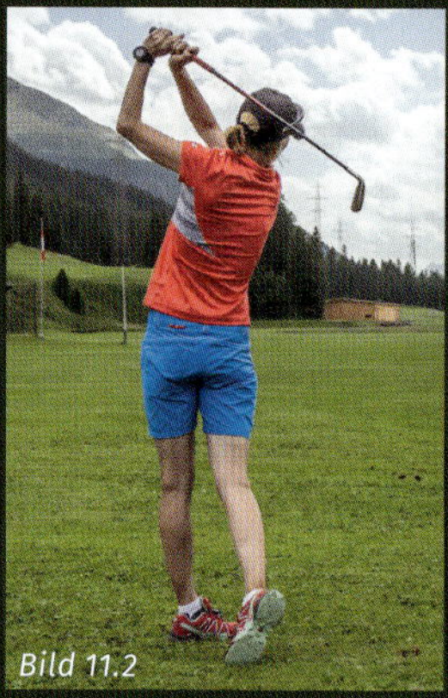

Bild 11.2

Leistungsstarkes Bälle schlagen

Erholungsstrategien für Golfspieler

Golfspieler und andere Sportler müssen stets fit sein und sich gut erholen, um konstant gute Leistungen erbringen zu können. Mit anspruchsvollen Trainingsprogrammen müssen sie oft mehrere Male am Tag trainieren. Unter diesen extremen Bedingungen kann es passieren, dass sie über ihre physiologischen und psychologischen Grenzen hinaus gefordert werden, was zu einer verringerten Funktion des Körpers führen kann (Bompa, 1985). Für die physische, psychische und emotionale Gesundheit ist jedoch eine ausreichende Erholung notwendig. Wenn man für einen längeren Zeitraum auch nur etwas zu wenig erholt ist, führt dies bei Sportlern und Nicht-Sportlern zu einem Einbruch der Leistungsfähigkeit (Kellman, 2002). Golfspieler vernachlässigen aber leider oft die Durchführung von Erholungstechniken, und deswegen sollten Erholungsstrategien in das Trainings- und Wettkampfprogramm eingebaut werden.

Sportler, Therapeuten und Trainer müssen immer versuchen, eine Balance zwischen Training, Wettkampf und Erholung zu finden. Einige Sportler trainieren oder nehmen an Wettkämpfen teil, obwohl sie krank oder verletzt sind. Manchmal machen sie zu viel, zu schnell, zu früh und riskieren Probleme durch Übertraining oder Verletzungen durch Überbeanspruchung.

Durch den Druck der Arbeit, Schule, Familie und/oder Reisen ist es schwierig, sich nach dem Training und zwischen den Trainingseinheiten auf oder abseits des Platzes ausreichend zu erholen.

Physiotherapeuten und Trainer, die regelmäßig mit Sportlern und Kunden arbeiten, können die Erholung fördern, indem sie Ideen einbringen und Möglichkeiten für Erholungstechniken schaffen.

Hochleistungstraining ist eine Kombination aus Kunst und Wissenschaft, verbunden mit ein wenig „trial and error". Siehe Bild 11.1. Nachstehend

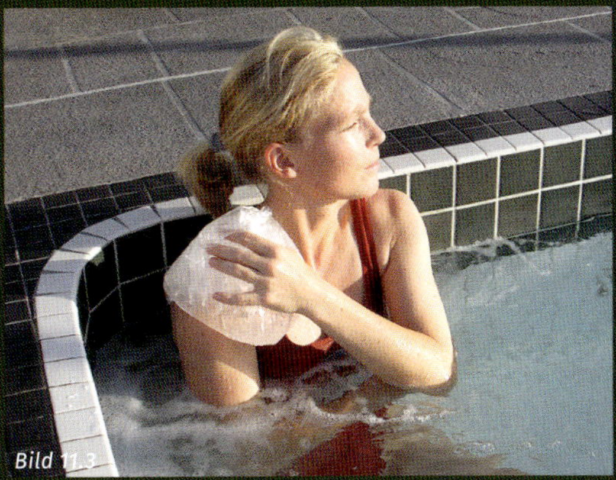

Bild 11.3

Whirlpool und Eisbeutel fördern die Erholung

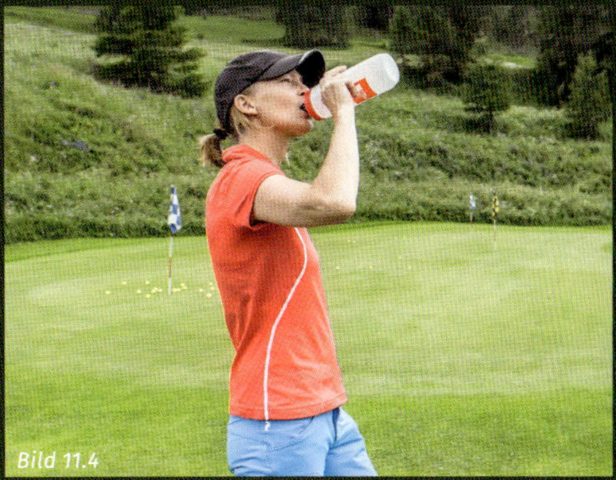

Bild 11.4

Flüssigkeitszufuhr

folgt eine Liste der „Erholungsregeln“, die Sportler oder Physiotherapeuten bzw. Personen, die mit Sportlern arbeiten, befolgen sollten. Nur wenn diese Regeln regelmäßig umgesetzt werden, kann man eine kurzfristige und langfristige Erholung ermöglichen.

ERHOLUNGSREGELN

- Flüssigkeitszufuhr
- Energiezufuhr
- Den Körper wieder ausrichten
- Aktive Regeneration
- Gewebelockerung
- Muskellänge zurückgewinnen und aufrechterhalten
- Gleichgewicht austarieren
- Rumpfmuskulatur verbinden
- Belebung durch Hydrotherapie
- Sich bei Reisen anpassen

FLÜSSIGKEITSZUFUHR

Zwei der wichtigsten Aspekte für die Erholung hängen mit der Ernährung zusammen, und zwar das Wiederauffüllen der Flüssigkeits- und Energiespeicher. Aus diesem Grund ist es besonders wichtig, viel Wasser oder klare Flüssigkeiten zu trinken. Das Ziel ist hell gefärbter Urin. Je härter, stärker oder heißer das Training ist, desto mehr muss getrunken werden.

Es ist sehr wichtig vor dem Spiel oder Training und direkt danach wieder zu trinken. Wenn nur 2 % des Körpergewichts durch Schwitzen verloren gehen, kann die Leistungsfähigkeit beeinflusst werden, weil sich die Blutmenge verringert und der Körper die Nährstoffe und den Sauerstoff nicht optimal verwenden kann. Jüngere Sportler müssen diesbezüglich noch stärker aufpassen, da diese schneller dehydrieren als Erwachsene (Bar-Or, 2001). Siehe Bild 11.4.

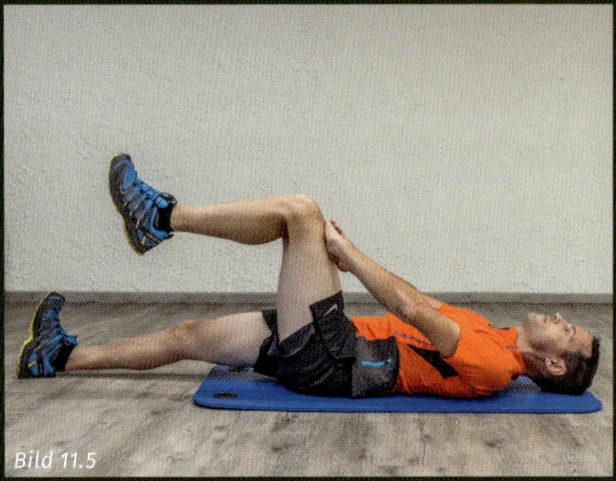

Bild 11.5

Einfache Übungen für die Selbstkorrektur

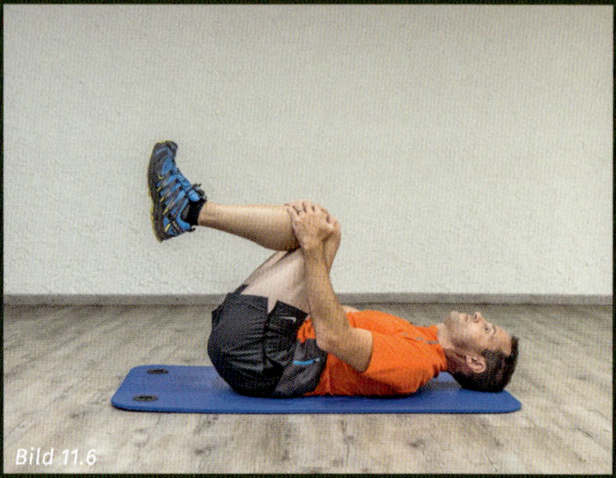

Bild 11.6

Dehnung für Lenden- und Gesäßmuskulatur

ENERGIEZUFUHR

Golfspieler können die Folgen der Müdigkeit minimieren, indem sie jede Runde mit einem vollen Energiespeicher starten. Ausreichende Glykogen-Vorräte in den Muskeln und in der Leber sind erforderlich, um die Energiebedürfnisse des Spielers zu unterstützen und um die Erholung zu fördern. Vor und nach dem Training muss der Spieler sich ausreichend ernähren (mit Kohlenhydraten). Kohlenhydrate aus der Nahrung sind die Hauptquelle für die Glukose-Produktion durch den Körper (Coyle, 1995). Glykogen-Vorräte brauchen 24–48 Stunden, um sich wieder aufzufüllen, und müssen täglich ersetzt werden (Costill & Hargreaves, 1992). Jedes Gramm Glykogen wird mit ungefähr 3 Gramm Wasser abgelagert, somit ist eine ausreichende Flüssigkeitszufuhr wichtig, um eine maximale Glykogen-Synthese sicherzustellen.

Bei hartem Training hat man ein Zeitfenster von 20–30 Minuten nach dem Training, um die Muskeltreibstoffvorräte schneller aufzufüllen, als wenn die Kohlenhydrate später eingenommen werden. Kleine Mengen Eiweiß zusammen mit Kohlenhydraten vor, während und nach hartem Training helfen dabei, einen Muskelabbau nach zu großen Arbeitsbelastungen zu vermindern. Sportler sollten so schnell wie möglich nach dem Training zwischen 1,2 und 1,5 Gramm einfache Kohlenhydrate pro Kilogramm Körpergewicht zu sich nehmen (Costill & Hargreaves, 1992).

DEN KÖRPER WIEDER AUSRICHTEN

Das Training für eine Sportart wie Golf ist von Natur aus asymmetrisch und kann zu einer Verdrehung der Muskeln und Faszien führen, woraus ein Ungleichgewicht der Länge und Kraft der Muskeln und Sehnen entstehen kann. Das Malalignement-Syndrom bleibt ein großes Problem in der Medizin, unerkannt als Ursache von mehr als 50 % der Schmerzen im Rücken und in den Extremitäten (Schamberger, 2002).

Dieses Malalignement-Syndrom kann biomechanische Veränderungen verursachen – besonders eine Verschiebung der Gewichtsbelastung und dazugehörige Asymmetrien der Muskelspannung, Kraft und des Bewegungsumfang der

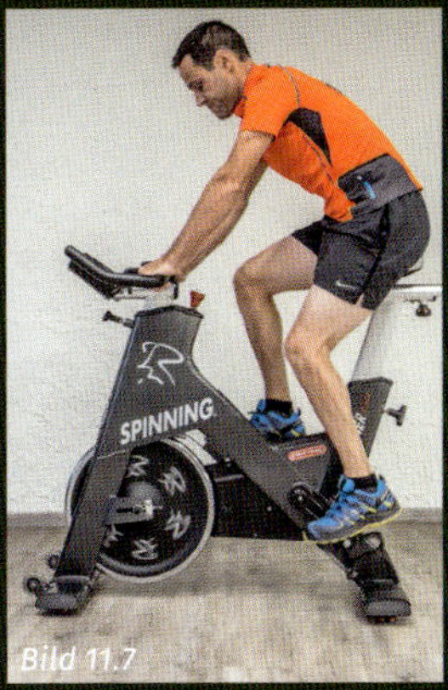

Bild 11.7

Spinning auf dem Rad

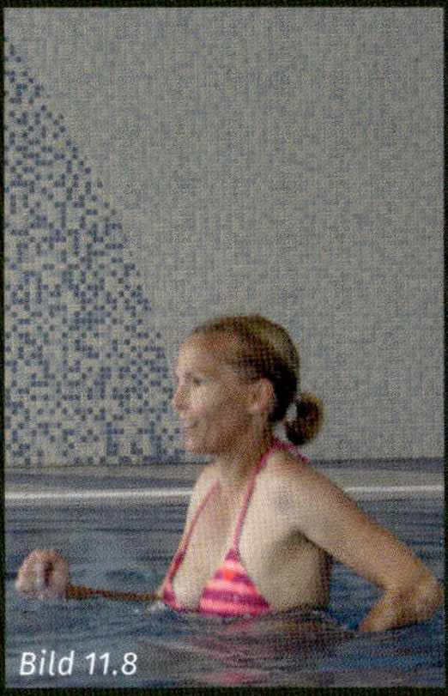

Bild 11.8

Einfaches Pool-Joggen

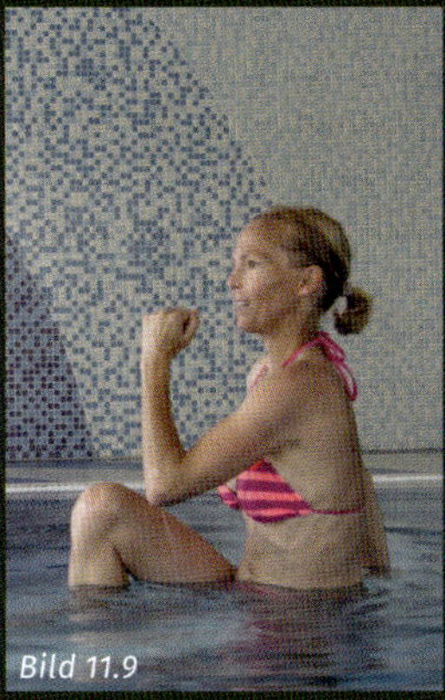

Bild 11.9

Die Erholung im Pool kann durch Gehen mit Anheben der Knie variiert werden.

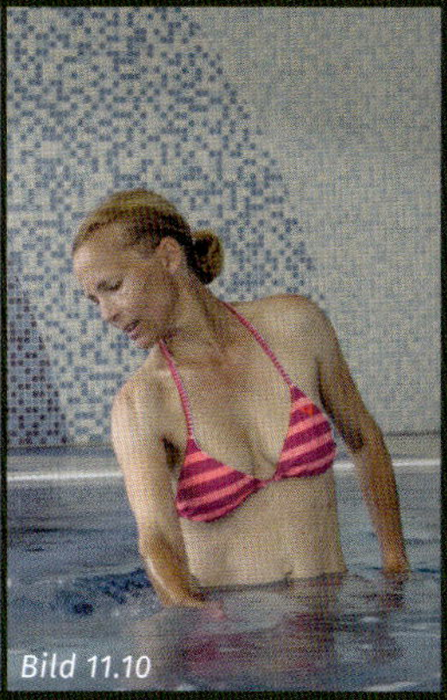

Bild 11.10

Oberkörperrotationen fordern die Erholung auf verschiedenen Bewegungsebenen.

Gelenke, welche das Gewebe, Gelenke und Organsysteme beeinflussen. Abnormale Bewegungen im Beckenbodenbereich können zu einer übermäßigen Belastung verschiedener Strukturen und zu Überbelastungsproblemen im Lenden- und Brustrückenbereich und in den Extremitäten führen.

Praktische Anwendung

Golfspieler sollten eine Selbstkontrolle der Körperhaltung durchführen und wenn nötig nach dem Training, nach einer langen Autofahrt oder einer langen Reise im Sitzen eine Selbstkorrektur vornehmen. Wer sich nicht sicher ist, ob ein Malalignement-Syndrom besteht, kann bei einem qualifizierten Therapeuten Hilfe suchen und mit ausgleichenden Übungen angeleitet werden. Siehe Bild 11.5/11.6.

ERHOLUNGSARBEIT

Um die Milchsäure und andere Restprodukte in den Muskeln vom Training und Spiel abzutransportieren, kann die Übung „nur spinning" auf dem Rad ausprobiert werden. Bei hoher Trittfrequenz werden mehr langsam zuckende Fasern rekrutiert. Andere Trainingsarten, wie Pool-Joggen oder Gehen/Walking, können genutzt werden, wenn kein Rad vorhanden ist.

Praktische Anwendung

In jeden Trainingsplan sollte eine Erholungsroutine eingebaut werden. Zu empfehlen ist leichtes Radfahren für 15–20 Minuten (wenig Widerstand) bei 85–90 RPM (Umdrehungen pro Minute) mit einem Puls von 100–115 Schlägen pro Minute. Siehe Bild 11.7.

Leichtes Joggen, Marschieren, Treten und Armschwünge im Wasser helfen ebenso Restprodukte aus dem Gewebe zu spülen.
Siehe Bild 11.8/11.9/11.10.

GEWEBELOCKERUNG

Viele bekannte Gewebelockerungstechniken werden für die Behandlung von Sportverletzungen eingesetzt, einschließlich longitudinales Stroking, Strip und Stretch oder aktive Lockerungstechniken, transversale Friktion, trans-

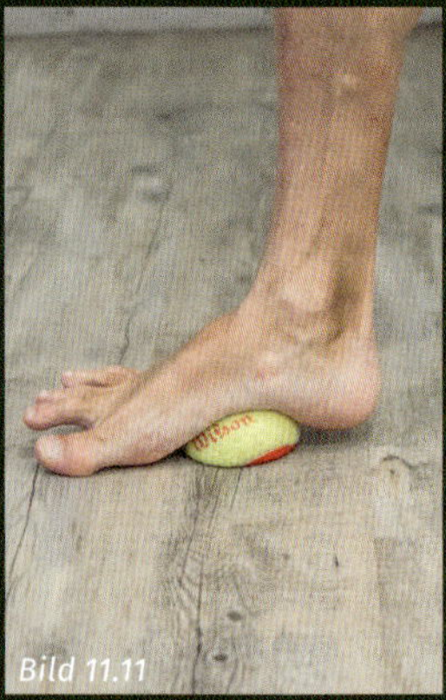
Bild 11.11
Fuß-Lockerung

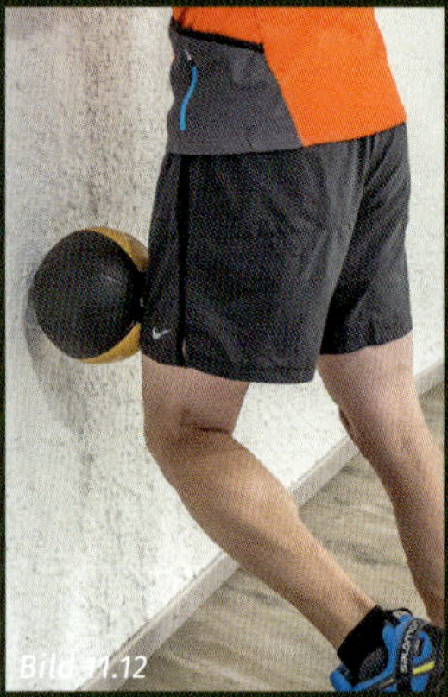
Bild 11.12
Quadrizeps-Lockerung

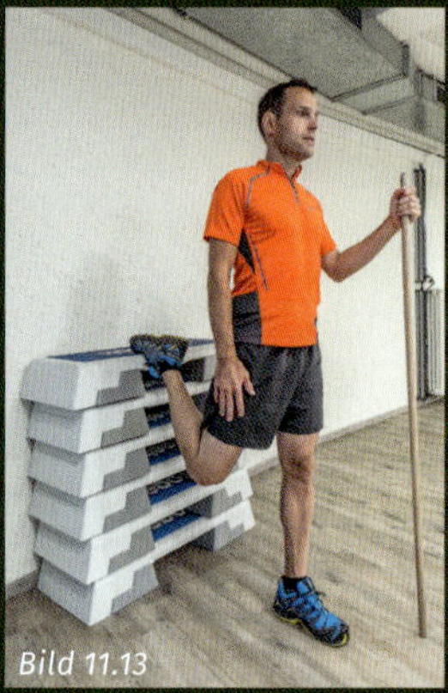
Bild 11.13
Quadrizeps-Stretch

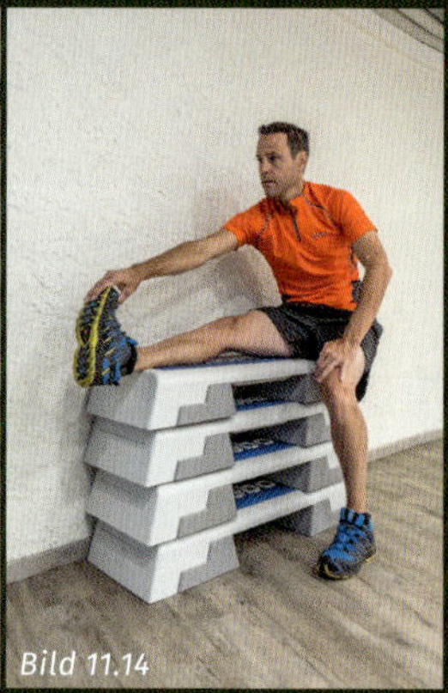
Bild 11.14
Oberschenkel-Stretch

versales Gleiten, unterstützte myofasziale Entspannung, Vibrationstechniken und digitaler ischämischer Druck. Die verschiedenen Techniken sollten je nach Wunsch und Erfahrung des Sportlers eingesetzt werden. Je nach vorhandenen Hilfsmitteln und Expertise kann die Gewebelockerung nach dem Training von einer Fachkraft, einem Trainingspartner, Trainer oder vom Sportler selbst durchgeführt werden. Das Auflockern des Gewebes in den oberen und unteren Extremitäten kann im Whirlpool mit dem Druck der Wasserdüsen durchgeführt werden.

Praktische Anwendung
Das Fasziensystem reagiert am besten, wenn ein leichter Druck ausgeübt und 2 oder mehr Minuten gehalten wird.

Ein Tennisball kann unter dem Fuß gerollt werden, um verspannte Muskeln zu lockern. Siehe Bild 11.11.

Eine Lockerung des Quadrizeps mit einem kleinen Ball an der Wand verringert die Spannung in den vorderen Oberschenkelmuskeln. Siehe Bild 11.12. Siehe Kapitel 10 „Gewebelockerung mit kleinem Ball" für weitere Ideen.

MUSKELLÄNGE ZURÜCKGEWINNEN UND AUFRECHTERHALTEN

Die Spannung in den Muskelgruppen sollte täglich beurteilt werden, um nach Bedarf neue Dehnübungen hinzuzufügen, und um ein gutes Länge-Spannungsverhältnis in allen Muskelgruppen sicherstellen zu können, die auf und abseits des Platzes benötigt werden.
Sportler müssen auf der Bewertungsgrundlage ihres sportwissenschaftlichen und medizinischen Teams eine eigene Stretch-Serie entwickeln. Diese kann dann je nach Trainingsfokus und -ansprüchen angepasst werden. Siehe Bild 11.13/11.14.
Siehe Kapitel 9 „Richtlinien für intelligentes Stretching" für mehr Ideen.

GLEICHGEWICHT AUSTARIEREN

Gleichgewichtstraining ist eine Grundlage für

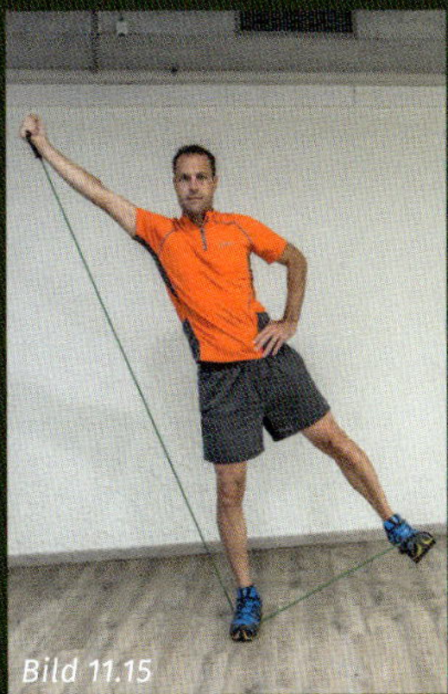

Auf einem Bein stehen stellt das Gleichgewicht wieder ein.

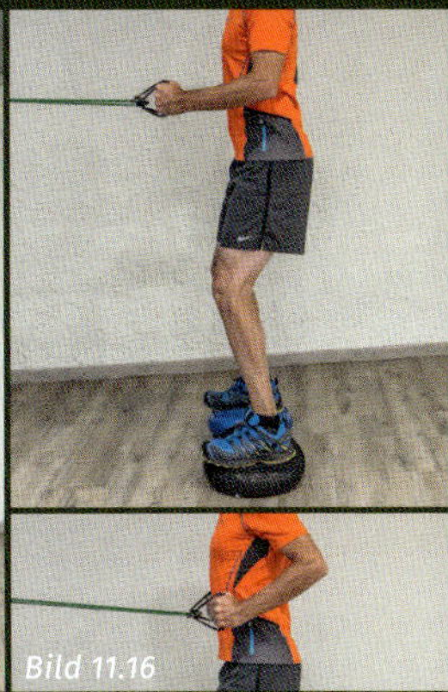

Rumpfübungen auf instabilem Untergrund stellen das Gleichgewicht wieder ein.

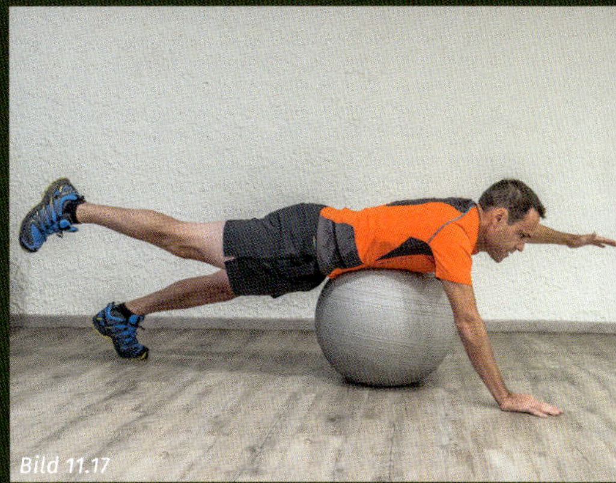

Extensionsübungen auf einem Fitnessball aktivieren die Rumpfmuskulatur.

die funktionelle Mobilität und dynamische Sportaktivitäten. Es sollte sowohl bei professionellen Spielern als auch bei Hobbyspielern ein Teil der täglichen Trainingsroutine darstellen (Petersen, 2006b). Physiotherapeuten und Fitnesstrainer kennen seit langer Zeit die Vorteile von Gleichgewichts- und Körperwahrnehmungsübungen bei der Rehabilitation von Verletzungen und beim sportspezifischen Training. Erschöpfung durch hartes Training beeinträchtigt die propriozeptiven Mechanismen und kann Nozizeptoren direkt reizen (Bruker & Khan, 2002). Die Kombination aus Erschöpfung, beeinträchtigte Propriozeption und potenzieller Hemmung aufgrund von Schmerzen macht eine Wiederherstellung der dreidimensionalen Gleichgewichtseinstellung notwendig, bevor es zu Verletzungen kommt.

Praktische Anwendung

Die meisten Fitnesscenter stellen Hilfsmittel für Gleichgewichtsübungen zur Verfügung. Wenn auf einer instabilen Unterlage trainiert wird, können Gleichgewichtsreaktionen und Koordination unterbewusst trainiert und automatisiert werden. Golfspieler sollten ihr Gleichgewicht mit Übungen auf Wobble-Boards, Schaumrollen, Balance Kissen oder gerollten Tüchern wiederherstellen. Das Gleichgewicht wird auch mit Beinschwüngen oder Balancieren auf einem Bein mit Fitnessbändern gefördert.
Siehe Bild 11.15/11.16.

RUMPFMUSKULATUR VERBINDEN

Alle Sportler, einschließlich Golfspieler, benötigen starke Rumpfmuskeln, um Gleichgewicht, Stabilität und Ausrichtung während des Schwungs beizubehalten. Wenn man sich auf mehreren Ebenen bewegt, arbeiten die Rumpfmuskulatur und die Hüftstabilisatoren funktionell, um die Bewegung zu kontrollieren.

Praktische Anwendung

Durch Arm- und Beinstreckung mit dem Gesicht nach unten auf einem großen Fitnessball können die oberen und unteren Rumpfmuskeln wieder verbunden werden. Siehe Bild 11.17.

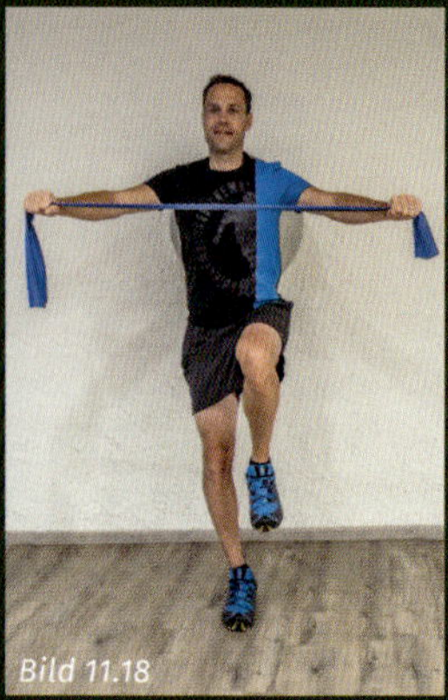

Bild 11.18

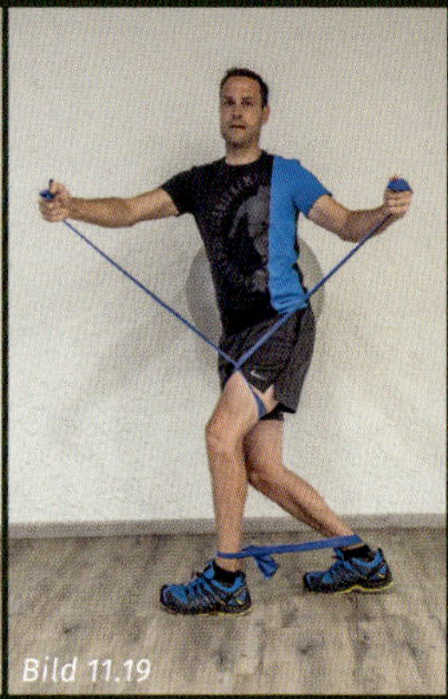

Bild 11.19

Ein- oder beidbeinige Kniebeugen mit einem Ball im Rücken und zusätzlichem Schulterblattziehen

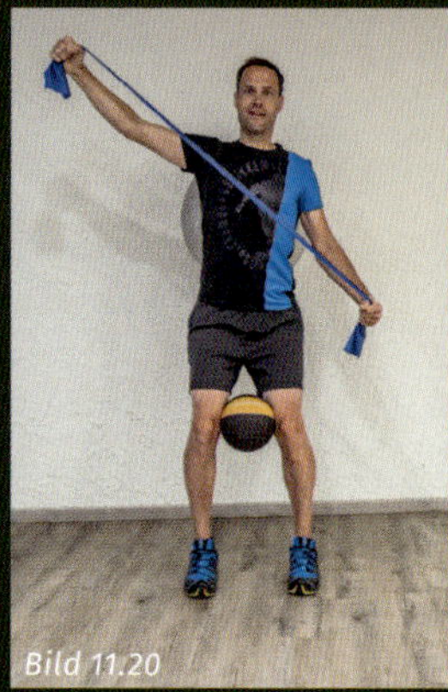

Bild 11.20

Kniebeugen mit Balldrücken und Fitnessband-Zug

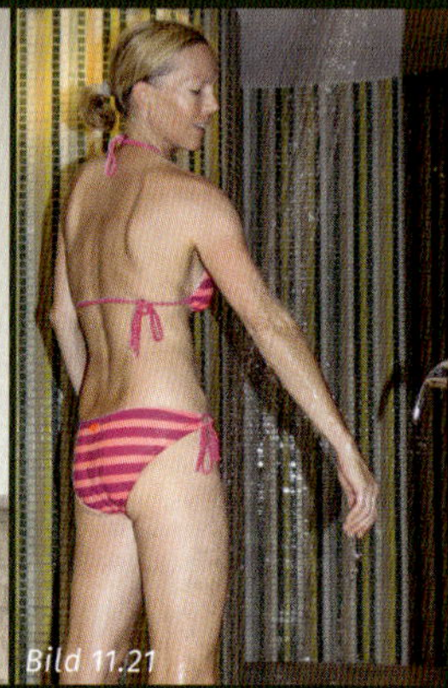

Bild 11.21

Regelmäßig duschen, um Abfallprodukte auszuspülen

Durch ein- oder beidbeinige Kniebeugen mit einem Ball im Rücken, die zusätzlich mit Schulterblätterziehen durchgeführt werden, kann die Verbindung zwischen der oberen und unteren Rückenmuskulatur wieder hergestellt werden.

Auch Kniebeugen, bei denen ein Ball zwischen den Knien gehalten und ein Fitnessband gezogen wird, verbinden den oberen und unteren Rumpf. Die Beine führen eine Kniebeuge in einer geschlossenen Kette aus, um die dreidimensionale Rumpfmuskulatur zu stärken. Mit einem Rotationselement wird die Übung golfspezifischer. Siehe Bild 11.18/11.19/11.20.

Siehe Kapitel 5 „Eine starke und stabile Plattform = Ein besserer Schwung“ und Kapitel 6 „Die Rumpfmuskulatur aktivieren und besser spielen“ für weitere Ideen.

BELEBUNG DURCH HYDROTHERAPIE

Für Golfspieler und andere Sportler ist die Wiederherstellung und Regeneration nach hohen Belastungen wichtig. Es ist auch von Bedeutung zu wissen, welche Geräte, Einrichtungen und Hilfsmittel für die Erholung zur Verfügung stehen. Dies schließt ein gutes Cool-down, das Benutzen von Whirlpools oder eine Massage sowie die Ernährung und psychologische Techniken ein (Brukner & Khan, 2002). Mit verschiedenen wasserbasierten Abläufen sowie Duschen (zirkulärer, pulsierender, nadelartiger Strahl), Bädern (Whirlpools, Badewannen, Süß- und Salzwasser) und Temperaturvariationen (Dampf, Sauna, heiß/kalt) können Abfallprodukte schneller abtransportiert werden und der Sportler wird gestärkt und weniger anfällig.

Praktische Anwendungen

Duschen

Duschen reinigt die Poren. Eine Dusche direkt nach dem Training macht die Haut sauber und hilft dabei Abfallprodukte abzutransportieren. Die Haut ist das größte Organ des Körpers. Vor allem, wenn es draußen heiß ist, sollte dies so oft wie möglich wiederholt werden. Siehe Bild 11.21.

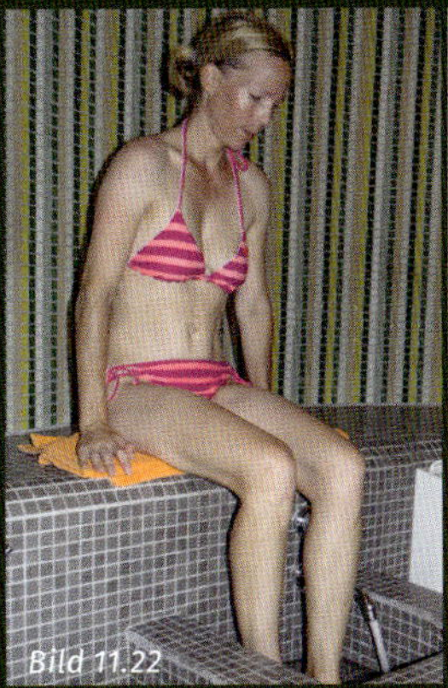
Bild 11.22
Heiß-kaltes Fußbad

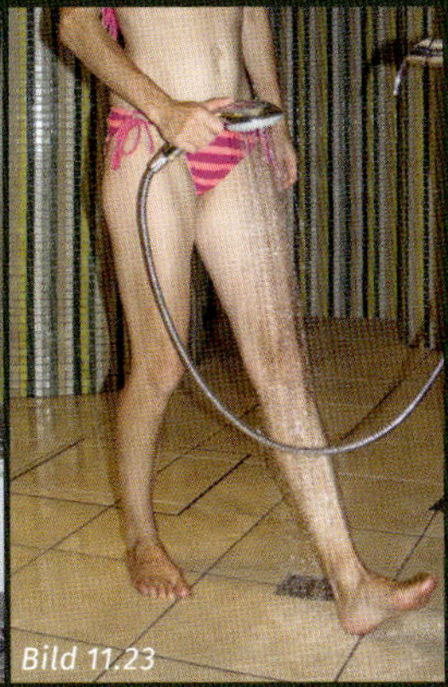
Bild 11.23
Kalter, druckvoller Wasserstrahl

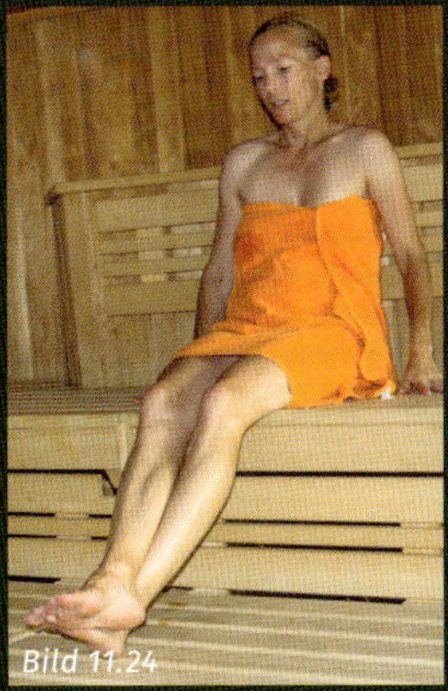
Bild 11.24
Sauna

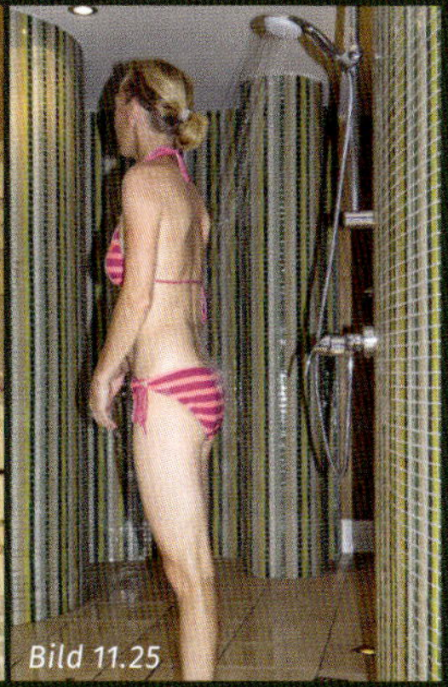
Bild 11.25
Kalte Dusche

Vorschläge für Temperaturwechsel

Temperaturwechsel zu verwenden ist eher eine Kunst als eine Wissenschaft und hängt davon ab, welche Möglichkeiten der Sportler zur Verfügung hat. Nachfolgend kann man einige Routinen finden, die seit Jahren gut funktioniert haben, um Sportler und Trainer zu erfrischen. Dampfsaunas, Eis, Kaltbecken, Whirlpools oder andere wasserbasierte Einrichtungen können je nach Möglichkeit benutzt werden.

Heiß und kalt (A)

- 2 Minuten heiß (angenehm), gefolgt von 10 Sekunden kaltem Wasser (so kalt wie möglich). 6–10 Wiederholungen.

Heiß und kalt (B)

1 Minute kaltes (wie es gerade noch auszuhalten ist) Wasser und danach 30 Sekunden heißes (angenehmes) Wasser. 8–10 Wiederholungen. Siehe Bild 11.22.

Wasserdruck (Schlauch)

- Kaltes Wasser aus dem Schlauch für 45 Sekunden pro Bein und 30 Sekunden pro Arm anwenden. Danach 30 Sekunden pro Bein und 20 Sekunden pro Arm warm duschen. 5–7 Wiederholungen. Siehe Bild 11.23.

Sauna/Sprung ins kalte Wasser (mindestens eine Stunde nach dem Training)

3–5 Minuten warm bis kühl duschen und mit einem Handtuch trocknen. Die Sauna ca. 7 Minuten bei 80–90 Grad benutzen. Nach der Sauna ins kalte Becken springen oder 15–30 Sekunden kalt duschen, danach 5 Minuten mit hochgelegten Füßen ausruhen. Dieser Ablauf kann dreimal vor dem Spiel oder dem Training wiederholt werden, einmal am Tag vor einem harten Training oder einem Turnier. Zum Schluss 3–5 Minuten warm duschen. Siehe Bild 11.24/11.25.

SICH BEI REISEN ANPASSEN

Hochleistungsspieler reisen viel und schon eine dreistündige Zeitanpassung kann den Erholungsprozess aufgrund des Stresses von interner und externer Desynchronisation stark be-

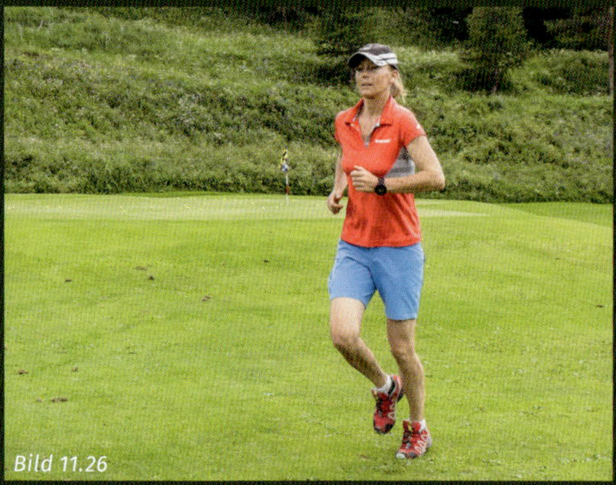

Sprint auf dem Golfplatz

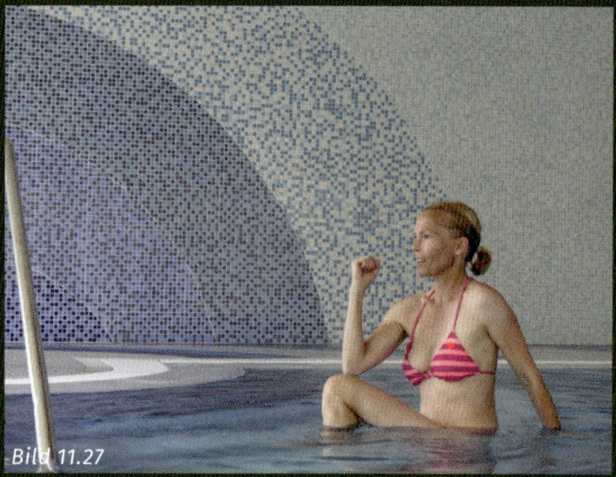

Sprints im Pool

einflussen. Andere Reisebelastungen sind Ernährung, Flüssigkeitszufuhr und Ort (neue Umgebung) sowie die physiologische Trennung von Freunden und Familie.

Die innere Uhr wird von einem kleinen Bereich im Gehirn gesteuert, der zuständig für die Zeitwahrnehmung biologischer Funktionen wie Schlafen und Essen ist. Dieser Bereich bestimmt die Spitzenzeiten für Kopf und Körper. Die innere Uhr ist auf einen regelmäßigen Zyklus von Tageslicht und Dunkelheit eingestellt. Diese biologische Uhr verliert das Gleichgewicht bei Veränderungen von Zeitzonen und wird verwirrt, wenn sie zur falschen Zeit Tageslicht oder Dunkelheit erlebt.

Je mehr Zeitzonen überquert werden, desto größer wird die Störung für die innere Uhr. Bei einer Reise über 5 Zeitzonen kann es bis zu einer Woche dauern, bis die Uhr sich zurückgestellt hat (östliches Südamerika oder USA bis nach Westeuropa). Das Ziel ist, die Effekte des Jetlags zu minimieren, und den Körper bzw. Athleten so schnell es geht an die neue Zeitzone anzupassen.

Praktische Anwendung

(„Fit to Play“-Jetlag-Protokoll)

Zu Beginn sollte 10–15 Minuten ein dynamisches Aufwärmen durchgeführt werden. Danach 15–20 Minuten leichtes Joggen oder 20–25 Minuten Radfahren. Ca. 4 Stunden vor dem Schlafen: 5 x 20-Meter-Sprints beim Joggen oder 5 x 30-Sekunden-Sprints auf dem Rad oder beim Joggen im Pool (siehe Bild 11.26/11.27). Dies setzt Muskelprotein im Blut frei und fördert den Schlafmechanismus. Wenn Sauna oder Whirlpool vorhanden sind, sollten sie benutzt werden (siehe Wiederbelebung und Erholung für weitere Ideen). Nach der Sauna sollte immer viel Flüssigkeit aufgenommen werden.

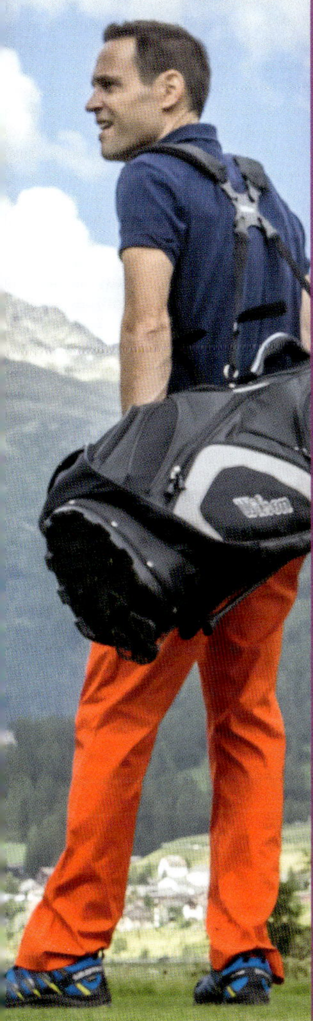

Fazit

Vom Sportler selber und mit Hilfe eines Physiotherapeuten können viele praktische Lösungen angewendet werden. Eine gute Erholung ist von vielen Faktoren und Personen abhängig. Personen, die ein gutes Fachwissen haben und verstehen wie es praktisch angewendet wird, können Techniken auswählen und individuell anpassen, um die Erholung zu erleichtern und die Leistung zu verbessern.

Die Herausforderung für die meisten Sportler, Trainer und Therapeuten ist zu entscheiden, welche spezifischen Bereiche ermüdet sind, um eine entsprechende Erholungsstrategie auszuwählen, die den Sportler wieder in seinen Normalzustand zurückbringen kann. Jeder sollte sich bewusst sein, wie wichtig die „Erholungsstrategien“ nach hartem Training sind. Es ist von großer Bedeutung, dass Sportler, Trainer, Eltern und alle, die mit Sportlern arbeiten, verstehen, wie wichtig es ist, regelmäßige Erholungszeiten und gute Erholungsstrategien in das Training zu integrieren.

Ohne den Einsatz von guten kurzfristigen Erholungsstrategien, einschließlich ausreichender Pausen, können Sportler sich nicht an die Belastung von Training, Spiel, Wettkampf, Reisen, Lebensstil, Umgebung und anderen Gesundheitsrisiken anpassen und riskieren damit Verletzungen als ein Ergebnis aus Übertraining und Überbeanspruchung der Muskeln. Wer den kurz- und langfristigen Erholungsstrategien in diesem Kapitel konsequent täglich, wöchentlich und monatlich folgt, kann effektiv trainieren, „Fit to Play™ Golf“ bleiben und eine gesunde Leistungsfähigkeit bei Training und Wettkämpf erbringen.

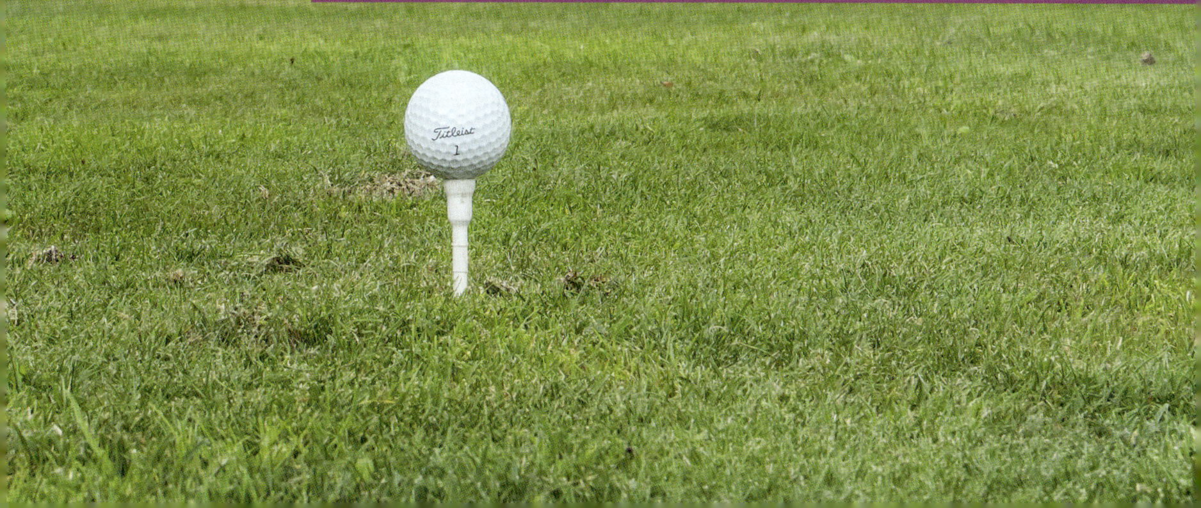

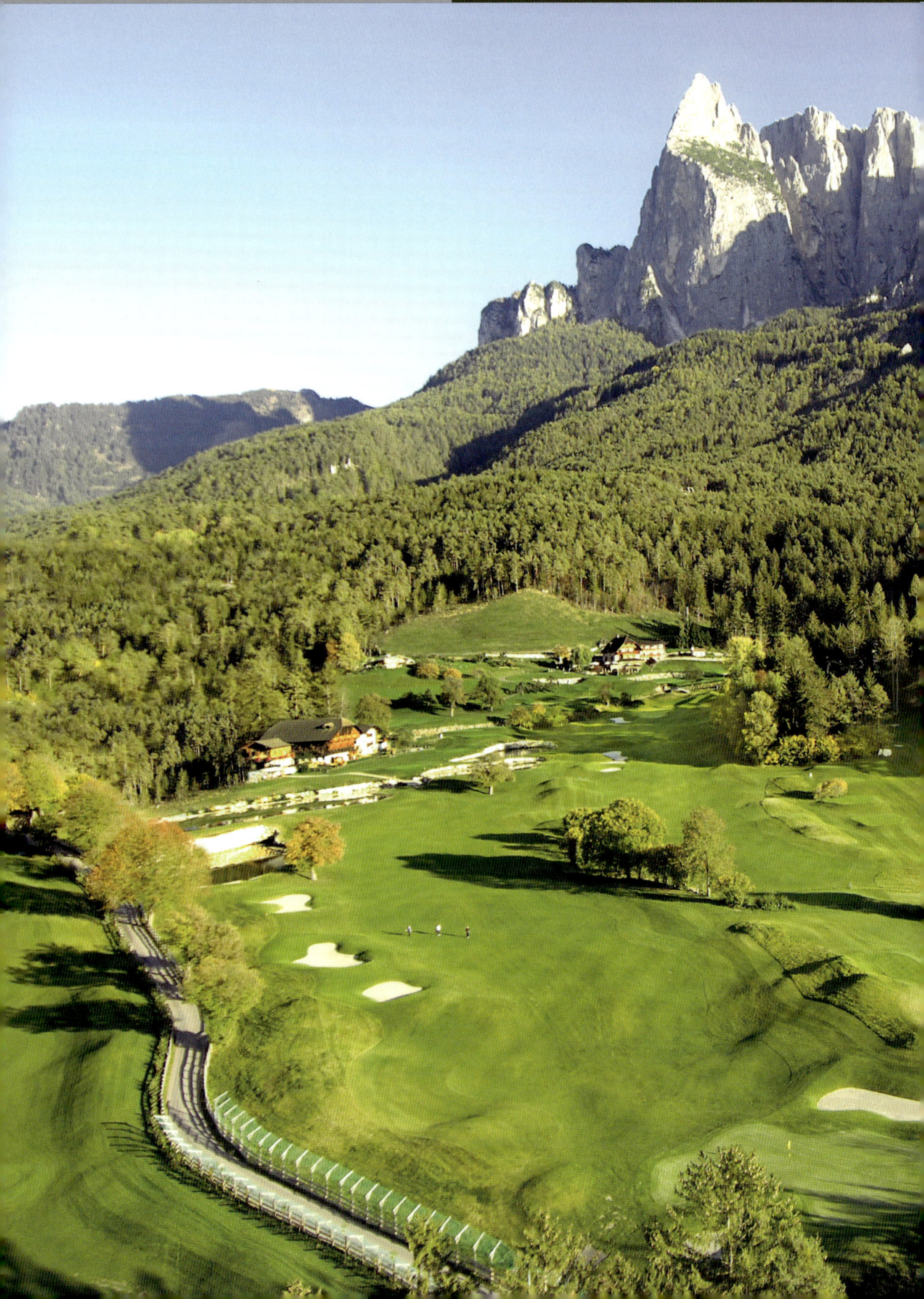

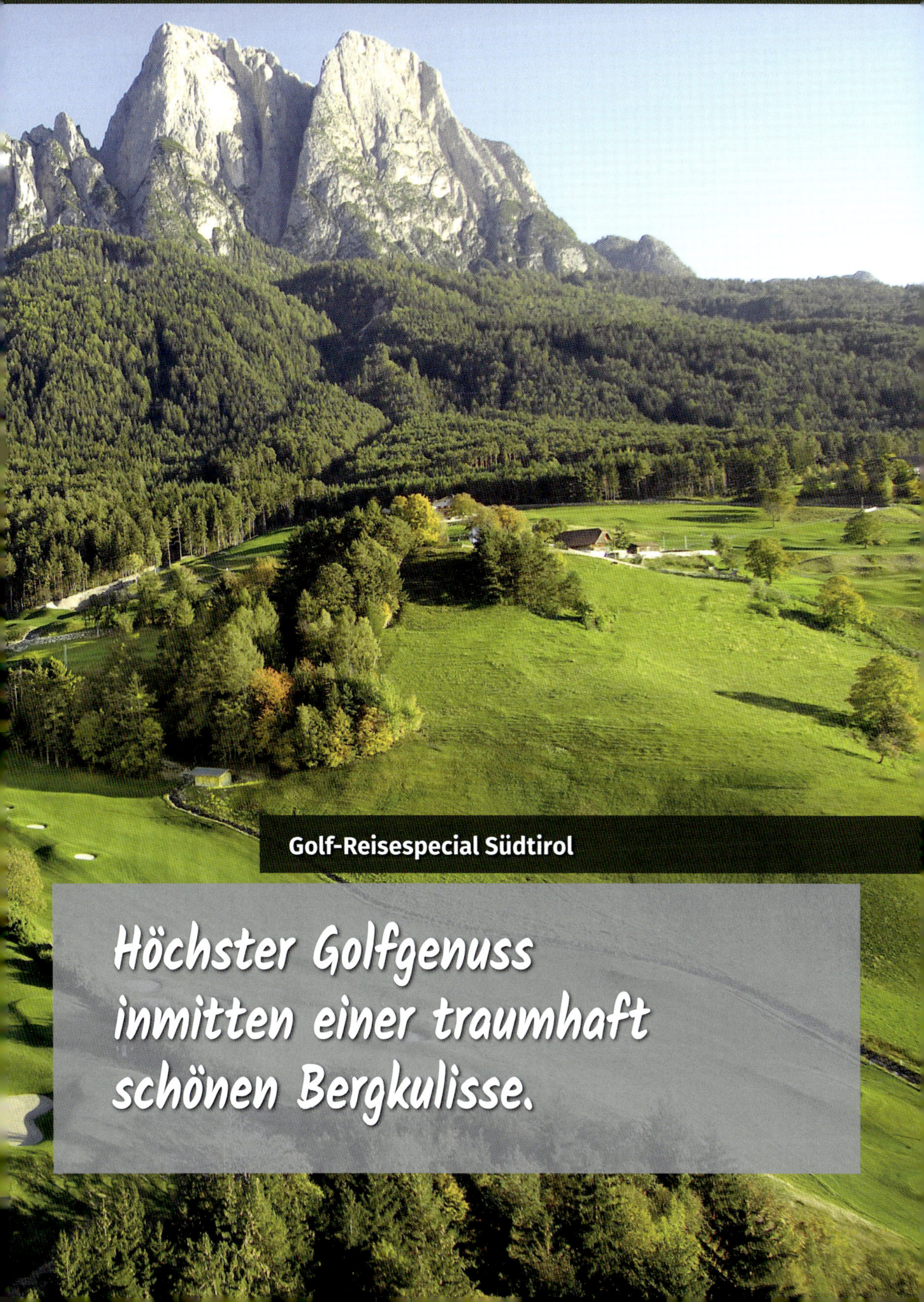

Kapitel 12

Golf-Reisespecial Südtirol

Höchster Golfgenuss inmitten einer traumhaft schönen Bergkulisse.

Golfvergnügen mit südlicher „Dolce Vita"

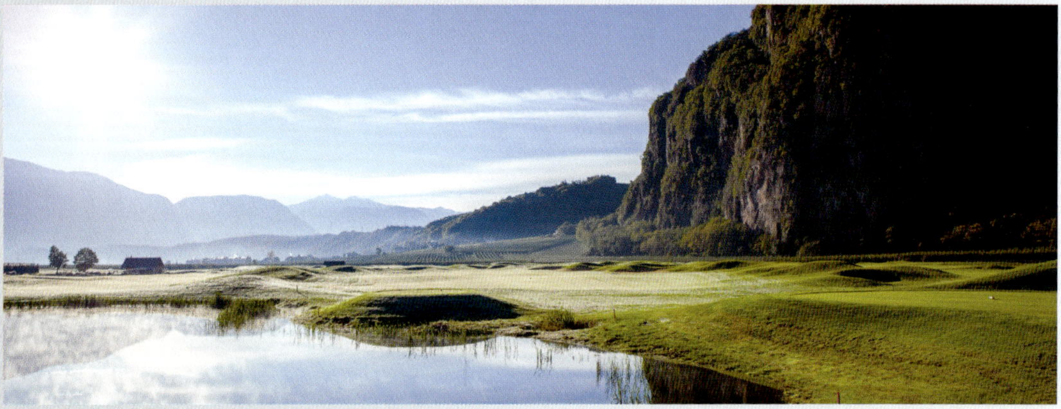

Traumhafte Landschaften lassen Golferherzen höher schlagen.

Südtirol gilt als Geheimtipp für Golfurlauber. Das sonnige und milde Klima, die schöne Landschaft und die lange Spielsaison zeichnen die kleinen aber feinen Plätze aus. Vom mediterranen, südtiroltypischen Golfplatz zwischen Weinreben und Apfelbäumen in Lana über die im Mittelgebirge liegenden Anlagen Passeier und Petersberg, Kastelruth oder Pustertal bis hin zu den hochalpinen Plätzen wie Alta Badia und Karersee (Dolomiten) werden diese Anlagen allen Ansprüchen eines Golfers gerecht. Hier kann man südliches „Dolce Vita" mit dem Golfvergnügen kombinieren.

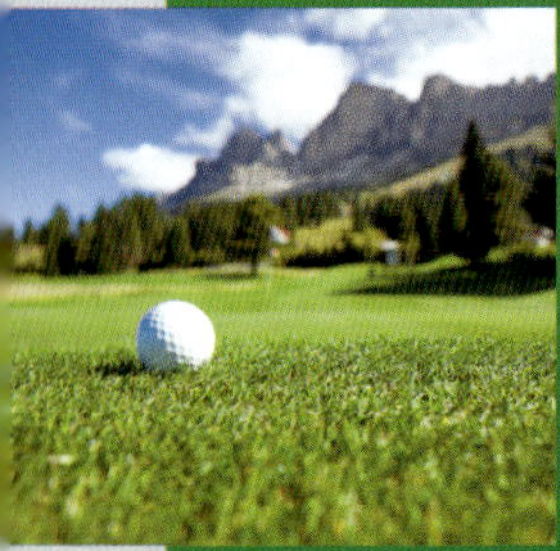

Golfcard Südtirol

Mit der Golfcard Südtirol kann man Golf in Südtirol in seiner ganzen Faszination erleben. Die Golfcard ermöglicht ein ermäßigtes Spielen auf allen acht Südtiroler Plätzen und dem Partnerclub GC Dolomiti. Die Golfcard enthält 4 Greenfee-Abschnitte und ist ausschließlich bei den angeschlossenen Golfhotels erhältlich. Die Golfcard gilt als Ermäßigungskarte für Gäste der Partnerhotels, welche eine 20%ige Ermäßigung auf das 18-Loch Greenfee bei Bezahlung direkt im Golfclub erhalten.
www.golfinsuedtirol.it

Wer den Golfsport in Südtirol richtig genießen will, muss die herrliche Landschaft mit einbeziehen. Südtirol ist eine Landschaft mit Mittelgebirgen und hohen Bergen, deshalb kann der Golfer nicht überall flache Plätze erwarten, sondern hat mit sanft ansteigenden und in einigen Fällen auch manche Ansprüche an die Kondition stellenden Golfanlagen zu rechnen.

Derzeit gibt es drei 18-Loch (GC Petersberg, GC Passeier Meran und GC St. Vigil Seis) und fünf 9-Loch-Anlagen (GC Alta Badia, GC Carezza, GC Lana Gutshof Brandis, GC Pustertal und der neue 2016 eröffnete GC Eppan – Blue Monster). Dazu kommt noch der 18-Loch Golfclub GC Dolomiti in Sarnonico/Trentino.

Der **Golfclub Petersberg** in Petersberg bei Deutschnofen verfügt über den ältesten Golfplatz in Südtirol. Die wunderschöne 18-Loch-Anlage überzeugt mit

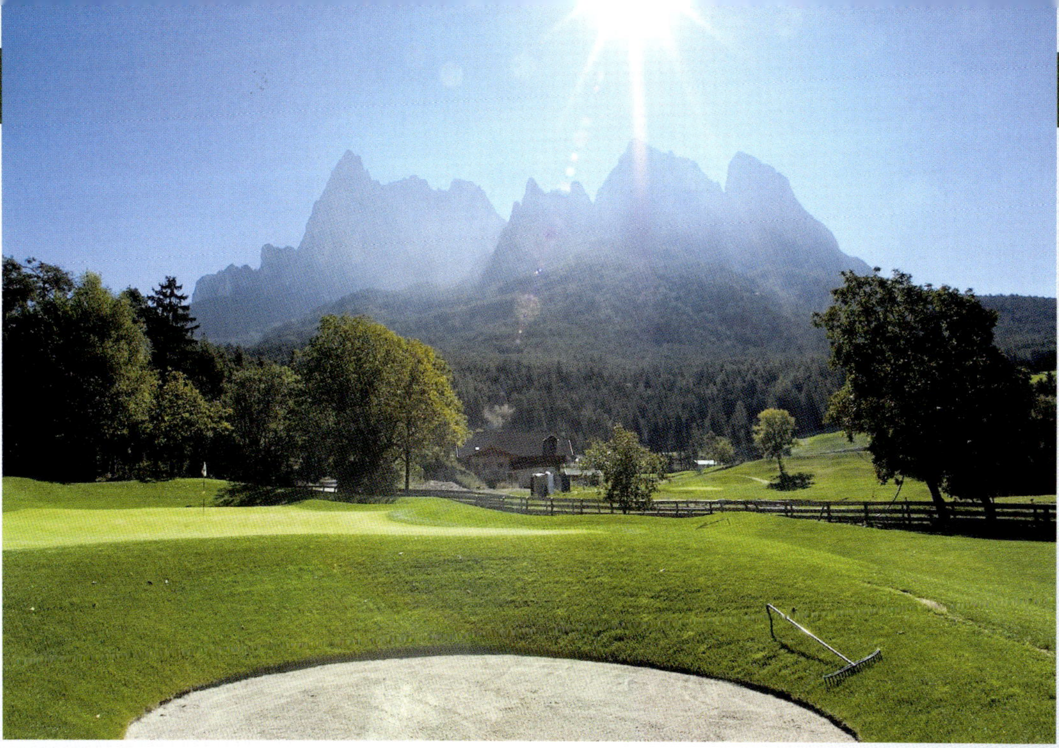

Alpines Golfen unterhalb der Seiser Alm.

ihrer traumhaften Lage inmitten von sattem Grün und einer wunderschönen Bergwelt.
www.golfclubpetersberg.it

Der **Golfclub Passeier Meran** in St. Leonhard in Passeier verfügt ebenfalls über 18 Loch und lässt bei Golfbegeisterten keine Wünsche offen. Golfen wird hier zum einmaligen Erlebnis inmitten der wunderschönen Landschaft, überragt von majestätischen Gipfeln. Diverse Wasserhindernisse und Bunker sorgen für Abwechslung, Sonne und die herrlich frische Bergluft tun ihr Übriges, um den Golfurlaub zu einem einzigartigen Genuss zu machen.
www.golfclubpasseier.com

Im mediterranen Meraner Land gelegen ist auch der **Golfclub Lana Gutshof Brandis**. Golf in Südtirol findet hier unterhalb der stimmungsvollen Burgruine Brandis statt – Golfgenuss de luxe mit Blick auf diesen Kulturschatz und das Etschtal. Die 9-Loch-Anlage ist topgepflegt und von Mitte Februar bis Dezember bespielbar – ein mediterraner Golftraum!
www.golfclublana.it

Die 18-Loch-Anlage des **Golfclub St. Vigil Seis** in Seis am Schlern mit ihrer Fläche von rund 60 Hektar und ihrem traumhaften Blick auf die Dolomiten lädt von April bis November zu einzigartigen Stunden beim Golfen ein. Nicht nur Könner sind hier am Fuße der Seiser Alm absolut richtig, sondern auch all jene, die Golf gerade erst für sich entdecken.
www.golfstvigilseis.it

Das Golfparadies Südtirol punktet mit weiteren Golfplätzen: Dem **Golfclub Alta Badia** in Corvara (9 Loch) und dem **Golfclub Pustertal** in Reischach bei Bruneck (9 Loch). Beide Golfplätze sind wahre Highlights für alle, die Golf lieben und bieten ein sattes Grün samt spektakulärer Aussicht auf die Dolomiten. Der 9 Loch **Golfclub Eppan Blue Monster** fasziniert mit einer großen Anzahl an Wasserflächen, während der als „Mountain Beast" bezeichnete **Golfclub Carezza** (9 Loch) mit der Überwindung von bis zu 400 Höhenmetern beim Golfspiel fordert.
www.golfaltabadia.it
www.golfpustertal.com
www.golfandcountry.it

Giardino Marling

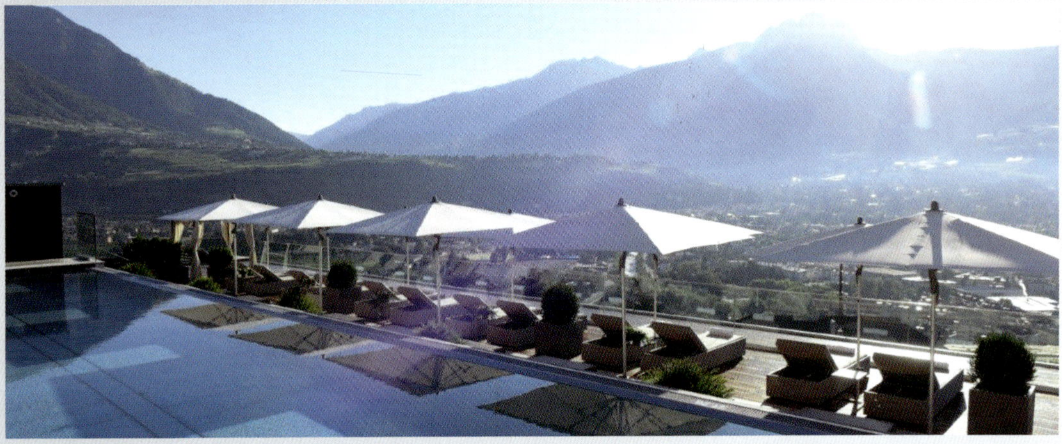

Himmel, Wasser, Erde – vom luxuriösen Pool der Dachterrasse geht der Blick über die Landschaft.

giardino marling ★★★★★

Giardino Marling
St. Felix Weg 18
39020 Marling
Südtirol, Italien
www.giardino-marling.com

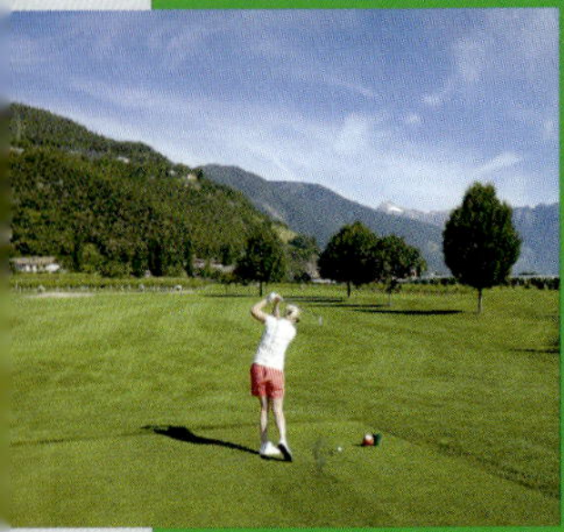

Unterhalb der Burgruine Brandis eröffnet sich dem Spieler im Golfclub Lana der freie Blick in das Etschtal, hinweg über Obstplantagen, inmitten von Gärten und Naturlandschaft. Dank seines eher ebenen Verlaufs ist der angenehm zu bespielende 9-Loch-Parcours für Sportler jeder Alters- und Erfahrungsklasse geeignet. Mit einer Länge von 2.887 Metern verlangt er weite und präzise Schläge. Das mediterrane Klima ermöglicht eine ungewöhnlich lange Saison.

Wer die Kehren bergauf fährt und sich dem Giardino Marling nähert, entdeckt ein Paradies für alle Sinne. Zwischen sonnenverwöhnten Apfel- und Weingärten, weitab von Lärm und Hektik und dennoch nur wenige Kilometer entfernt von Meran, liegt das Anwesen mit fantastischem Ausblick. Im liebevoll gestalteten Garten finden sich intime Nischen, Palmen spenden Schatten, Rosen und Lavendel duften – als Ruhe- und Kraftquelle, als Ort der Inspiration dient hier die kultivierte Natur. Es ist die Weitläufigkeit des Raums, die zum Luxus wird, die Großzügigkeit, die als Freiheit empfunden wird.

Die Lobby im Innern empfängt als ein Reich aus cremefarbenen Blüten. Glas, Naturmaterialien wie Kirschholz, edle Stoffe, Stein und überall viel Sonnenlicht schaffen eine Atmosphäre, die Wohlbefinden intensiviert. In den Zimmern und Suiten setzt sich das Konzept fort: Die Architekten, zusammen mit Ulrike Spögler, der Inhaberin, haben Form und Farbe komponiert und individuell gestaltete Orte des Rückzugs geschaffen. Zeit zum Innehalten, bei grandioser Aussicht, gewährt der einzigartige Wellness- und SPA-Bereich. Saunen und Dampfbad sowie mehrere

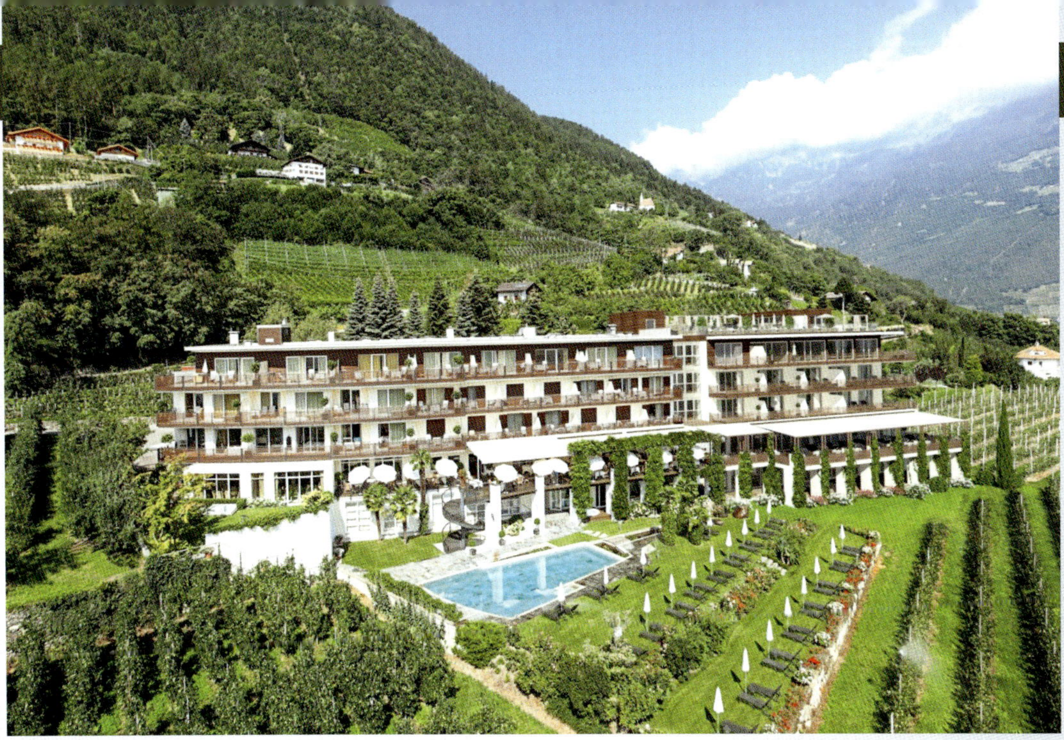

Inmitten üppiger Gärten lädt das Giardino Marling Genussmenschen zur Entspannung ein.

Pools laden zum Entspannen ein und der Sky-Pool auf dem Dach gehört zu den absoluten Highlights.

Eine exzellente Küche und eine Auswahl exquisiter Weine machen das Haus zum Geheimtipp für Gourmets, die raffinierte Zubereitung und perfekten Service schätzen.

Entspannung, Genuss und Ruhe sind die eine Seite des perfekten Aufenthalts – Körper und Geist wollen ebenso aktiv und fit gehalten werden. Dazu bietet das Giardino Marling eine Vielzahl an Möglichkeiten. Fünf Tage die Woche finden professionell geführte Kurse statt, von Pilates über Yoga und Meditation bis hin zu Bauch-Bein-Po und Wassergymnastik. Kleinere Wanderungen werden geführt, ein hauseigener Kunstrasenplatz erwartet die Tennis-Spieler. Für Golfer ist das Giardino Marling als Partner-Hotel der GolfIN Vereinigung ein perfekter Gastgeber: Die Golfcard bietet attraktive Konditionen bei allen Partnerclubs. Dazu gehören der Golfclub Lana, entworfen vom bekannten Golfplatz-Designer Michael Pinner, oder auch der Golfclub Passeier mit seinem anspruchsvollen Parcours und der eigenen Golfschule.

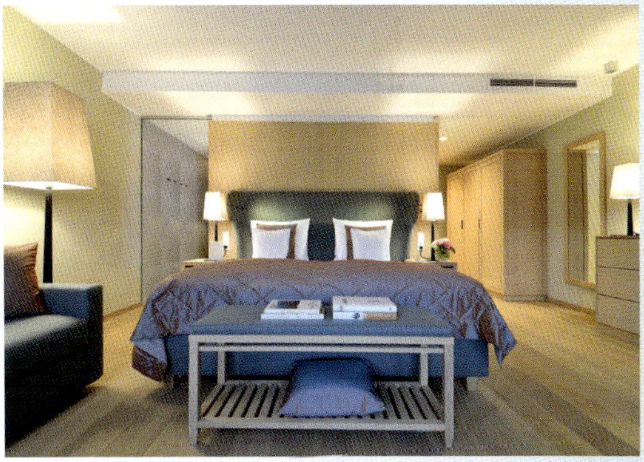

Freiraum, Licht und edle Materialien – Harmonie für alle Sinne.

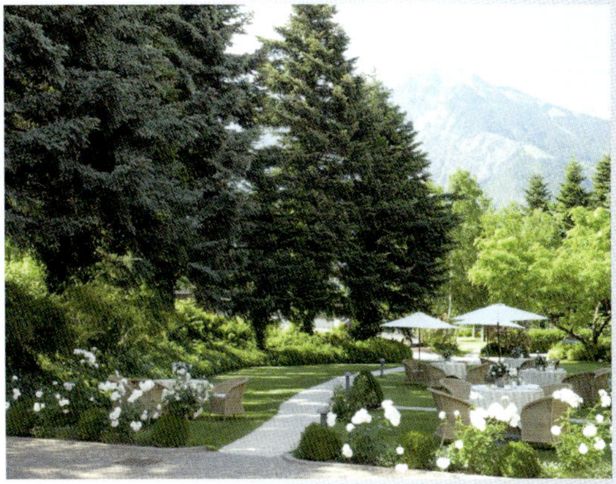

Eine Oase der Ruhe – wenige Kilometer von Meran entfernt.

Andreus Resorts

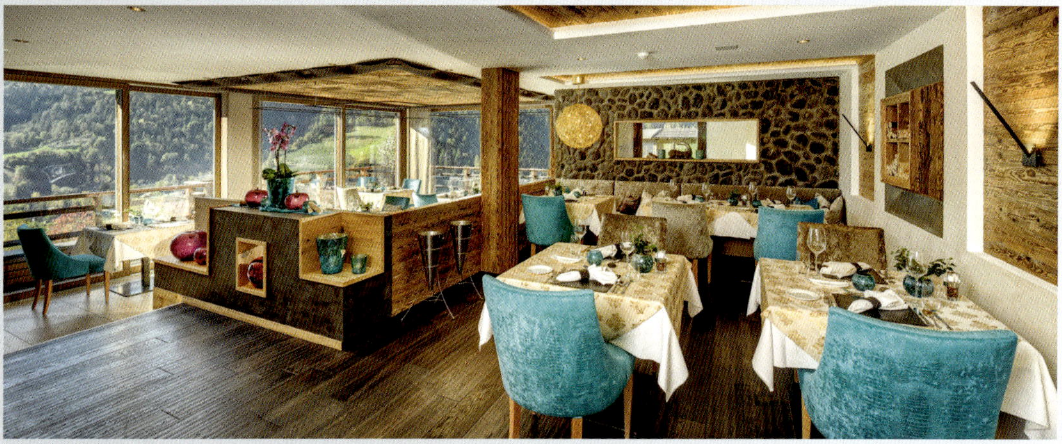

Exquisites Dining in stilvollem Ambiente – nicht nur zum Anstoßen auf das verbesserte Handicap.

Golf Lodge, St. Leonhard in Passeier
Andreus Golf & Spa Resort, St. Leonhard in Passeier
Hotel Sonnenalm, St. Martin
Südtirol, Italien
www.andreus-resorts.it

Helga und Richard Fink wissen, was ihre anspruchsvollen Gäste von einem Fünf-Sterne-Resort erwarten können. Beide stammen aus alten Hotelier-Familien, beide wissen, wie viele Faktoren zusammen wirken müssen, um jedem Urlauber mit seinen individuellen Wünschen den perfekten Aufenthalt zu ermöglichen. Dazu gehört das Kunststück, im Service Herzlichkeit und Professionalität zu verbinden, dazu gehören Aufmerksamkeit, Menschenkenntnis, viel Gespür, auch für Details, und schier endloses, unbedingtes Engagement des ganzen Teams. So entsteht das harmonische Umfeld, in dem den Gästen die Symbiose aus Sport und Entspannung, aus Golfen und Wellness, kurz: das Auftanken von Energie gelingt.

Partnerhotel des Andreus Golf & Spa Resort ist das Haus Sonnenalm. Herrlich gelegen auf einem Sonnenplateau am Waldrand bietet es den Charme eines exquisiten, überschaubaren Familienbetriebs. In wenigen Autominuten erreichen seine Gäste das Golf & Spa Resort, dessen Einrichtungen ihnen vollständig zur Verfügung stehen.

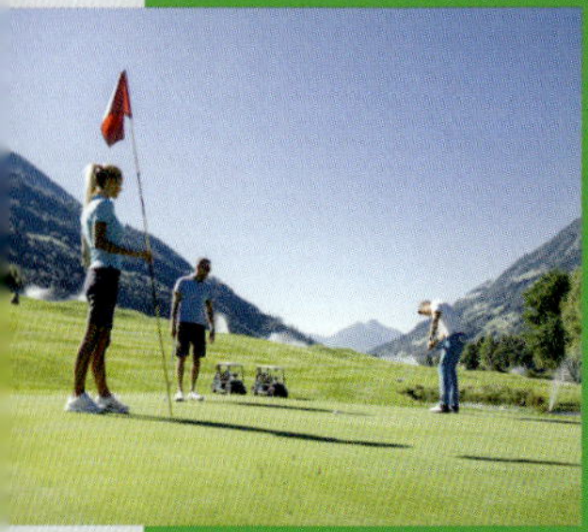

Golfplatz Passeier

Sowohl Anfänger als auch ambitionierte Spieler jeden Alters finden auf dem Golfplatz Passeier mit seinem harmonischen Verlauf und seinen hohen sportlichen Anforderungen ideale Bedingungen. Zu den Highlights des Courses zählen die Wasserhindernisse, darunter sieben Seerosen-Teiche, und die zahlreichen Bunker. Sie verlangen ein strategisches Spiel. Das Golfparadies im Herzen der Alpen ist fast das gesamte Jahr über bespielbar.

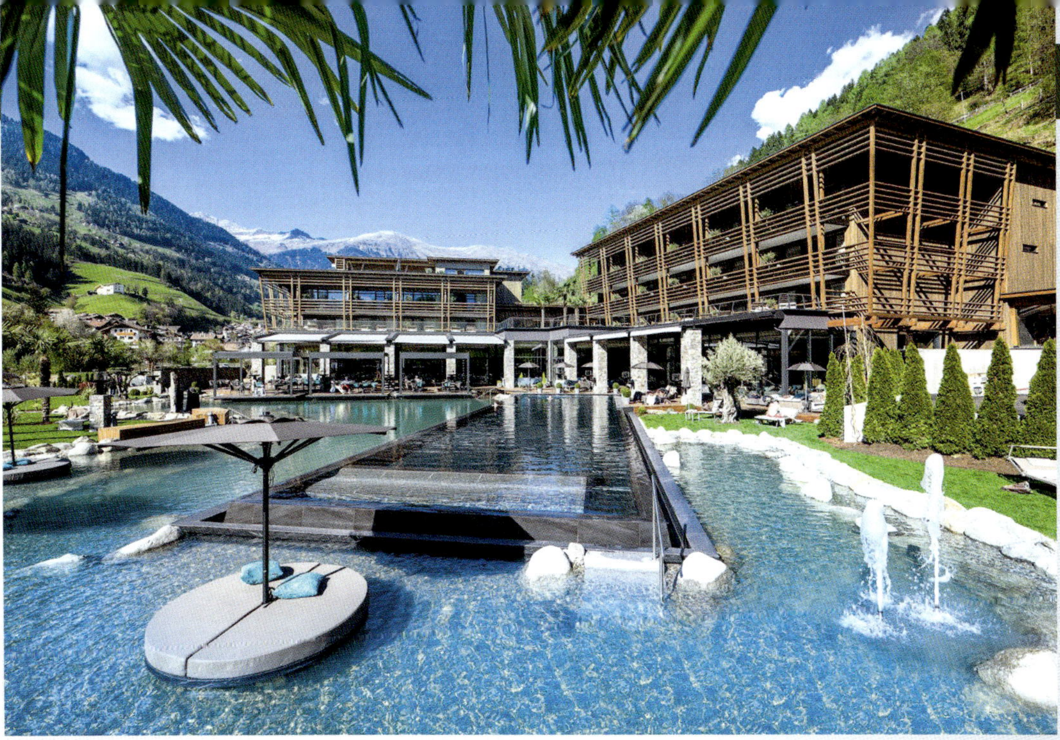

Nach den Stunden zwischen Abschlag, Fairway und Grün verspricht die Golf Lodge luxuriöse Entspannung.

Das Stammhaus erwartet seine Besucher mit 73 Suiten im edlen Wohlfühl-Ambiente, die in Holz, Naturstein und weiteren original südtiroler Materialien eingerichtet sind. Besonders anspruchsvolle Gäste spricht die neue kleine, luxuriöse Andreus Golf Lodge an. Ihre Architektur und Einrichtung sind von konzentrierter Eleganz, Naturmaterialien dominieren, das Design besticht. Die 30 Suiten zählen zur absoluten Premium-Klasse. Beide Anlagen, Resort und Lodge, liegen direkt am landschaftlich wunderschönen 18-Loch Golfplatz Passeier Meran. Die Andreus Gourmet-Küche kreiert Gerichte auf Spitzenniveau. Feinschmecker schätzen die mediterran-leichten Spezialitäten aus regionalen, hochwertigen Zutaten. Mit Kreativität und Sinn für Gaumenfreuden werden sie kombiniert, etwa zu neuen Interpretationen von Klassikern.

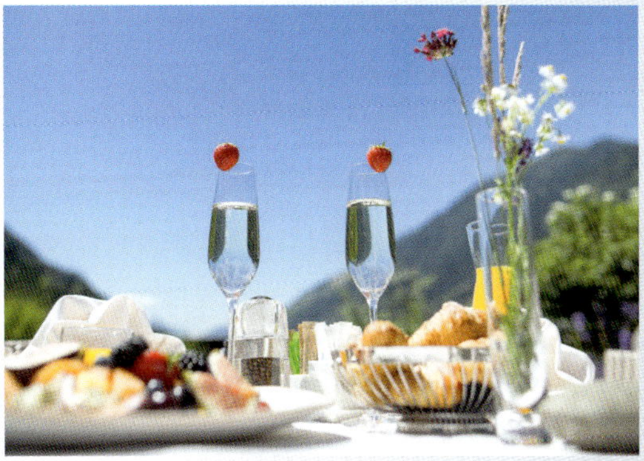

Kulinarik auf Gourmet-Niveau – schon zum Frühstück.

Für seine aktiven Gäste organisiert das Resort ein professionell geleitetes, abwechslungsreiches Sportprogramm. Wander-, Nordic-Walking- und Bikingtouren werden geführt, Trainer leiten beim Yoga und Pilates, Zumba und Aqua Zumba an, Tennislehrer

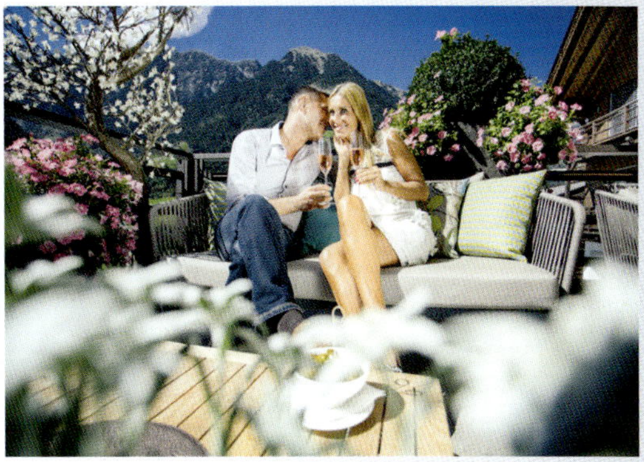

Genussvolle Momente, auch in Ruhe zu zweit.

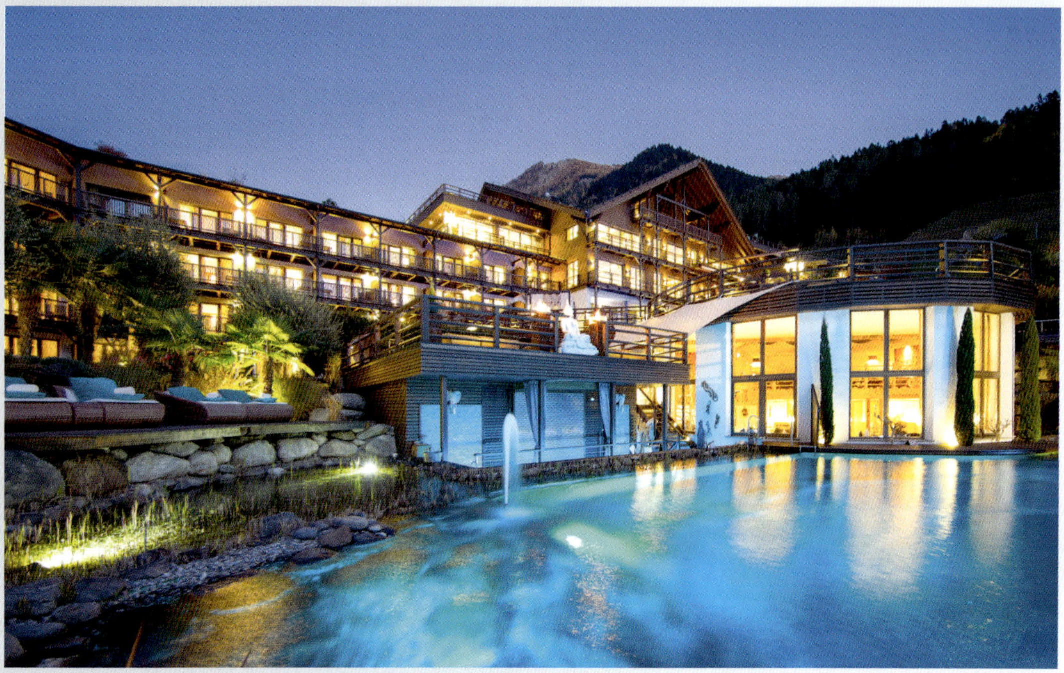

Harmonisch passt sich das Golf & SPA Resort mit dem Natur-Badeteich in die Landschaft ein.

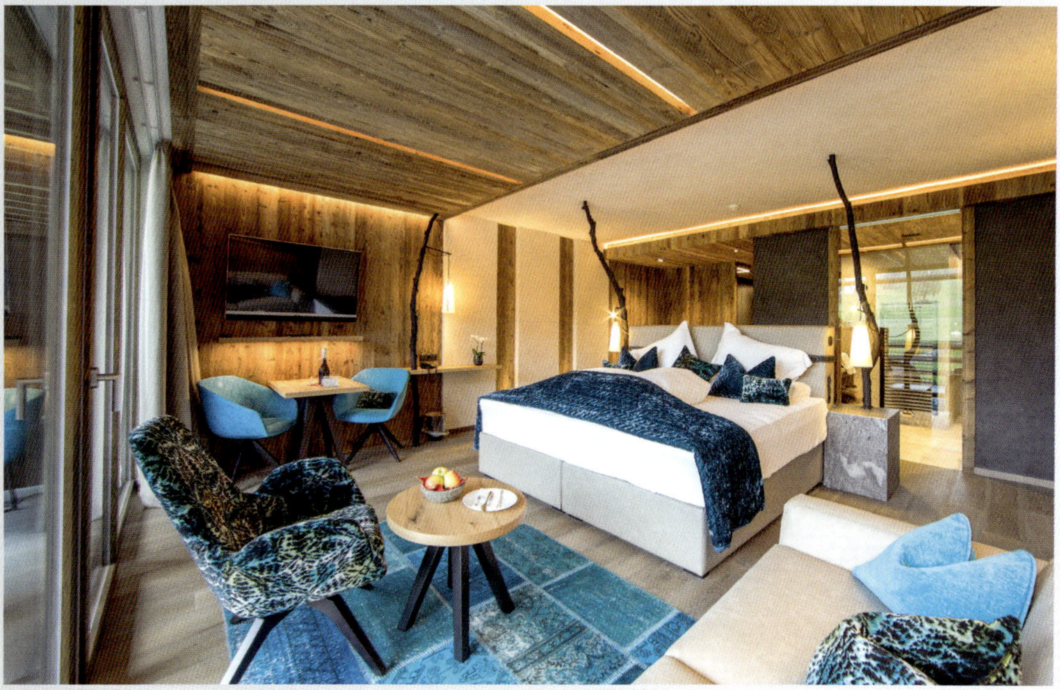

Ausgesuchte Materialien und feine Farbkombinationen – die Architektur der Zimmer der Golf-Lodge spricht Ästheten an.

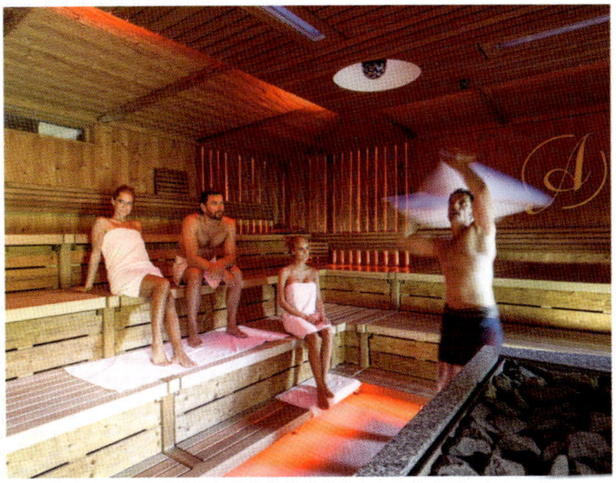

Helmuth Haller, ausgezeichnet für den weltbesten Sauna-Aufguss.

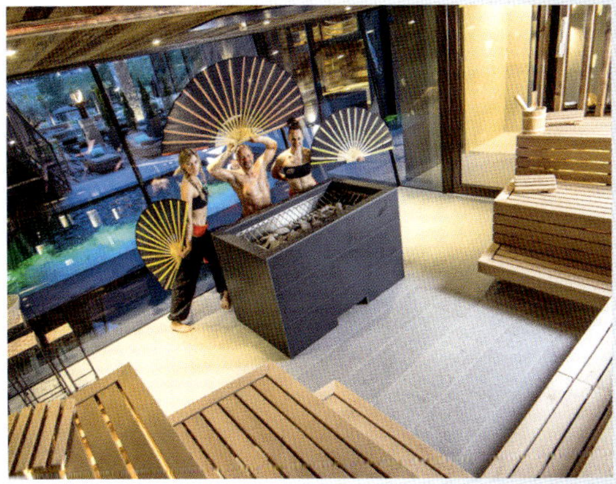

SPA-Bereiche der Extraklasse in den Andreus Resorts.

geben Kurse auf den vier Sandplätzen des Hauses. Progressive Muskelentspannung, Morgen- und Abendmeditation oder auch kulturelle Ausflüge – das Freizeitangebot ist weit mehr als vielseitig. Zudem stehen ein Beach-Volleyball-Platz, ein Kunstrasenplatz für Fuß- und Basketball, der Outdoor-Fitness-Parcour, das Fitness-Center mit modernsten Technogym Trainingsgeräten und das ganzjährig beheizte Olympische Schwimmbecken zur Verfügung. Auch die Pferdefreunde kommen im Resort auf ihre Kosten: Der Reiterhof mit Stall und Koppeln beherbergt 10 ausgebildete Schulpferde, mit denen Ausritte und ein vielfältiges Kursprogramm durchgeführt werden.

Das Golfen bildet natürlich das Herz des Freizeitangebotes. Der landschaftlich wunderschöne 18-Loch Golfplatz Passeier Meran direkt beim Haus bietet den Hausgästen attraktive Ermäßigungen. Das Green-Fee ist im Hotel buchbar, die Startzeiten können hier reserviert werden, im Durchgang zum Clubhaus stehen Caddyboxen bereit. Außer der 18-Loch-Anlage Passeier können eine Reihe weiterer Plätze in der nahen Umgebung zu vergünstigten Konditionen bespielt werden. Wöchentlich organisiert der Sohn des Hauses, selbst Single-HCP 3-Spieler, Golfausflüge. Golfer und andere Sportler erholen sich am Abend im Andreus Wellness- & SPA-Bereich. Er sucht in Südtirol seinesgleichen. Auf rund 7.000 Quadratmetern und vier Etagen schaffen Saunalandschaft, Wasserwelten und großzügige, stilvolle Ruhezonen Entspannung pur. Die Höhepunkte lassen sich nicht alle aufzählen. Der Sole-Whirlpool auf der Panorama-Terrasse und der Naturbadesee mit privaten Kuschelnestern gehören dazu, die Indoor- und Outdoor-Pools mit Sprudelliegen mit Unterwassermusik, die Lehm-Sauna und die Familien-Dress-on-Sauna, ebenso Sole-Watsubecken oder das Schneegebiet mit täglich frischem Pulverschnee. Wellness- und Beautyanwendungen gehören zum Erholungspaket, das man sich im Urlaub gerne gönnt.

Weltmeister

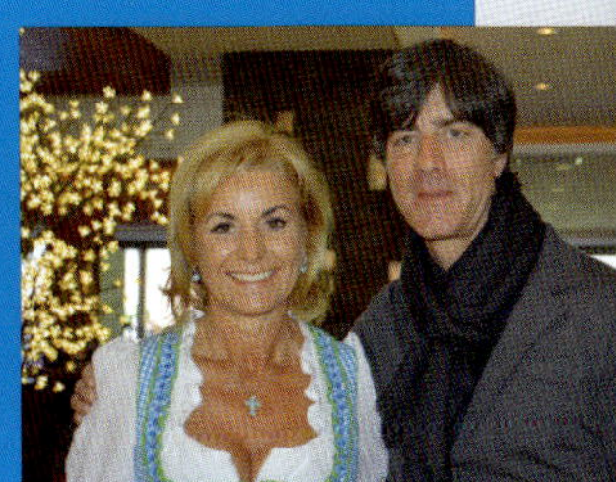

Für elf Tage spielte eine andere Sportart als Golf die Hauptrolle im Resort Andreus: 2014 bezog die Deutsche Fußballnationalmannschaft das Haus und bereitete sich dort für die WM in Brasilien vor. Der DFB ließ das komplette Resort exklusiv für die Sportstars und ihre Entourage reservieren. Philipp Lahm und seine Kollegen trainierten, arbeiteten, und genossen den Luxus – danach holten sie den Titel.

NEUER SPORTVERLAG

von Nina Nittinger

Stimmen zum Buch

„Golf spielen zu lernen ist ein langer Weg, auf dem man sehr viel Energie investiert, um Antworten und Lösungen für unterschiedlichste Aufgaben zu finden. Dieses Buch kann jeden Golfer mit wertvollen und dennoch einfachen Werkzeugen auf seinem Weg unterstützen, das eigene Golfspiel möglichst erfolgreich und mental stark zu entwickeln."

Paolo Quirici
Ehemaliger Golfprofi, Sportdirektor ASG

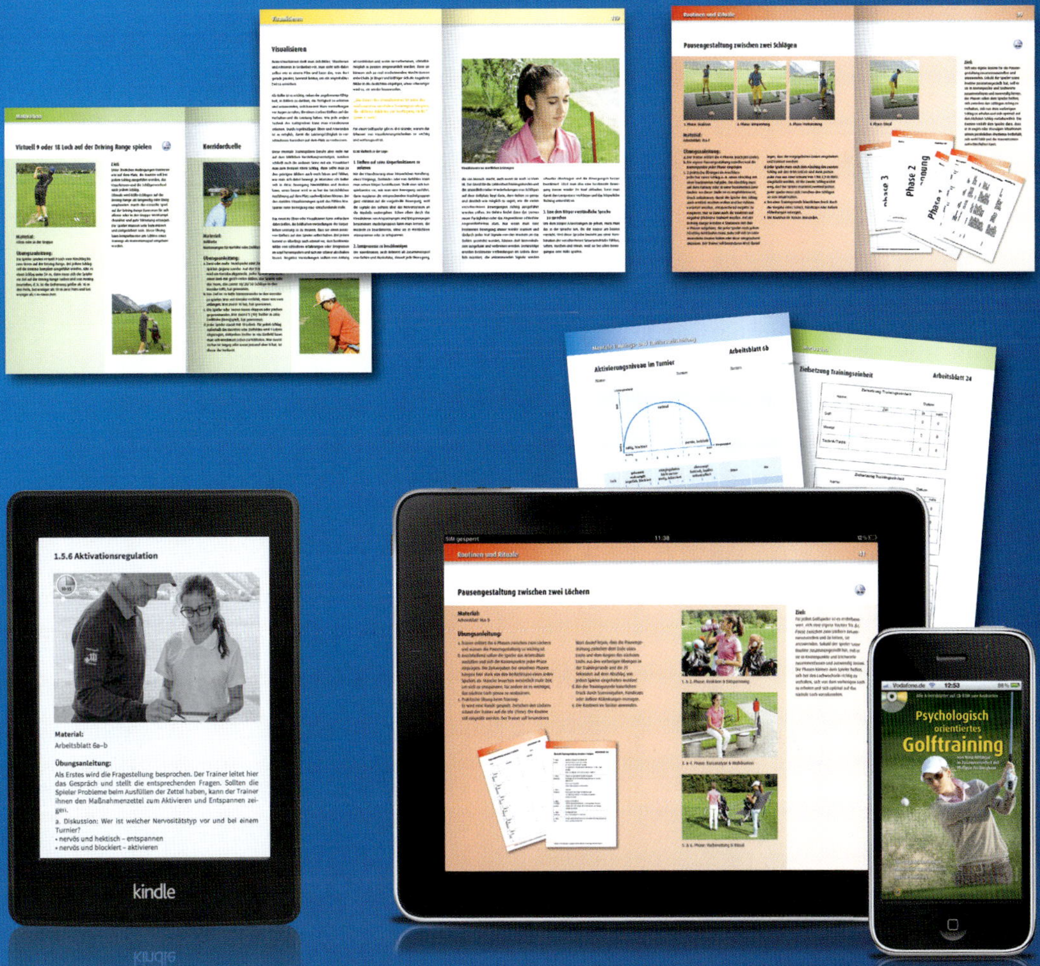

Neuer Sportverlag | Silberburgstr. 112 | 70176 Stuttgart | Deutschland | info@neuersportverlag.de | www.neuersportverlag.de

IMPRESSUM

Fit to Play™ Golf
Stuttgart: Neuer Sportverlag, 2018
ISBN 978-3-96416-003-4

Autoren
Carl Petersen
#1303-289 Drake St., Vancouver, BC.
Canada V6B 5Z5
Nina Nittinger
Horlaubenstr. 2c, 7260 Davos, Schweiz

Projektleitung und Redaktion
Hendrik Schulze Kalthoff, Nadine Müller

Gestaltung
Pars pro toto Werbeagentur, Nadine Müller

Übersetzung
Sara Vogt, Nina Nittinger

Herausgeber
Neuer Sportverlag
Silberburgstr. 112, 70176 Stuttgart, Deutschland
Telefon: +49 (0)711/66614-31
www.neuersportverlag.de

1. Ausgabe

PRODUKTION

Layout und Satz
Nadine Müller, Jens Ratzel, Kim Vollmer

Reproduktion und Bildbearbeitung
Schwabenrepro GmbH
www.schwabenrepro.de

Druck
Medienrad Produktion
www.medienrad.de

BILDNACHWEIS

Hendrik Schulze Kalthoff
Nina Nittinger
Carl Petersen
Nick Saager

GOLF IN SÜDTIROL www.golfinsuedtirol.it:
Seiten 200 bis 203, Seite 204 links unten

Giardino Marling www.giardino-marling.com:
Seite 204 oben, Seite 205

Andreus Resorts www.andreus.it:
Seiten 206 bis 209

Fotolia Golfball:
#51335509 | © fontriel - Fotolia.com: Titel, Seite 5

MODELS

Nina Nittinger
Nadine Müller
Nick Saager
Carl Petersen

LITERATURVERZEICHNIS

Akuthota V, Nadler SE. (2004) Core strengthening. Arch Phys Med Rehabil; 85 (3 Suppl 1); S86–92.

Alyas, F et al. (2007) MRI finding in lumbar spine of asymptomatic, adolescent elite tennis players. Br J Sports med;41:836–841.

Bar-Or O. (2001) Nutritional considerations for the child athlete. Can J Appl Physiol. 26:186–191.

Bompa T. (1985) Theory and methodology of training –the key to athletic performance. Dubuque: Kendall/Hunt, 1985.

Borg, G. A.V. (1982) Psychophysical bases of perceived exertion. Med. Sci. Sports Exerc. 14(5), 377–381.

Brukner P, Khan K. (2002) Principles of injury prevention in clinical sports medicine. Roseville: McGraw Hill Australia Pty Ltd.

Celebrini, R. (2001). Illustration from lecture on The Athlete Self Screening Exam™. Vancouver, Canada (Spring)

Costill DL, Hargreaves M. (1992) Carbohydrate nutrition and fatigue. Sports Med.;13(2):86–92.

Coyle EF.(1995) Substrate utilization during exercise in active people. Am J Clin Nutr. 61:S968–S979

De Mey K, Danneels L, Cagnie B, Lotte VD, Johan F, Cools AM. (2012) Kinetic chain influences on upper and lower trapezius muscle activation during eight variations of a scapular retraction exercise in overhead athletes. J Sci Med Sport. May 31

Enoka, R.M. (1994). Neuromechanical Basis of Kinesiology. Champaign, IL: Human Kinetics.

Goldbeck, TG, Davies GJ. (2000) Test-retest reliability of the closed kinetic chain upper extremity stability test. Journal of Sports Rehabilitation.

Granter, R. (2002). Principles of treatment. In: Brukner & Khan (Eds). Clinical Sports Medicine (Revised 2nd edition) 151. Roseville: McGraw Hill Australia Pty Ltd.

Hartig, D.E., Henderson, J.M. (1999) Increasing hamstring flexibility decreases lower extremity injuries in military basic trainees. Am. J. Sports Med. 27(2): 173–176.

Ireland ML, Willson JD, Ballantyne BT, McClay Davis I. (2003) Hip Strength in Females With and Without Patellofemoral Pain. J Ortho Sports Phys Ther. Vol. 33, No. 11. November.

Juett,T. (1988). Myofascial release: an introduction for the patient. Phys.Ther. 7(41): 78.

Kellman, M. (2003) Underrecovery and Overtraining –Different Concepts Similar Impact. Olympic Coach Summer, Vol.18, No. 3 page-4-7 U.S. Olympic Committee, Colorado Springs, Colorado.

Lee, D. (1999). Postpartum Health for Moms. www.dianelee.ca/postpartum/

Lucas, R.C. & Koslow R. (1984) Comparative study of static, dynamic and proprioceptive neuromuscular facilitation stretching techniques on flexibility. Percept Mot Skills. 58: 615–618.

Petersen, C. & Sirdevan, M. (2006) Kapitel 26-Core Training to Hold Neutral in Petersen, C & Nittinger, N. Fit to Play-Tennis: High Performance Training Tips. Racquet Tech Publishing, Vista, California, USA.

Leetun DT, Ireland ML, Wislon JD et al. (2004) Core stability measures as risk factor for lower extremity injury in athletes. Med Sci Sports Exerc 36 (6); 926-34

Maenhout A, Van Praet K, Pizzi L, VanHerzeele M, Cools A. (2009) Electromyographic analysis of knee push up plus variations: what's the influence of the kinetic chain on scapular muscle activity? Br J Sports med, Published Online First:14 September 2009 doi:10.1136/bjsm.2009.062810

Petersen C. (2005) Fit to play: practical tips for faster recovery (part 1). J Medicine & Science in Tennis; (10) 1.

Petersen C. (2006a) Fit to Play-Recovery Tips (part 2) Medicine & Science in Tennis; Vol.10, No. 2.

Petersen, C. (2006b) Kapitel 5 Balance Training in C. Petersen & N. Nittinger-Fit to Play-Tennis' High Performance Training Tips' Racquet Tech Publishing, Vista, California, USA.

Petersen, C. & Nittinger, N. (2006) Fit to Play-Tennis: High Performance Training Tips. Racquet Tech Publishing, Vista, California, USA.

Prentice, W.E. (1983). A comparison of static and PNF stretching for improving hip joint flexibility. Athletic Training. 18(1): 56–59.

Racquet Tech Publishers diagrams 1st published in C. Petersen & N, Nittinger Fit to Play -Tennis 2006. Birmingham, Alabama.

Richardson CA, Jull GA, Hodges PW, Hides J. (1999). Therapeutic Exercise for Spinal Segmental Stabilization in Low Back Pain. Churchill-Livingstone.

Schamberger W. (2002) The malalignment syndrome-implications for medicine and sport. London: Churchill Livingstone.

Snijders C J, Vleeming A, Stoeckart R (1993) Transfer of lumbosacral load to iliac bones and legs. 1: Biomechanics of self-bracing of the sacroiliac joints and its significance for treatment and exercise. Clinical Biomechanics 8:285

Soleway, C. (2001). Body Therapy–Small Ball Release Program. Longmont, Colorado: Ball Dynamics International. (website-wwww.fitball.com)

Steindler, A. (1955) Kinesiology of the Human Body. Springfield, Ill: Charles C. Thomas.

Travell, J.G., Simons, D.G. (1998). Myofascial Pain and Dysfunction–The Trigger Point Manual, Vol. 2. (2nd edition).Maryland:Williams & Wilkins.

Vleeming A, Pool-Goudzwaard A L, Stoeckart R, Wingerden J P van, Snijders C J (1995) The posterior layer of the thoracolumbar fascia: its function in load transfer from spine to legs. Spine 20 : 753–758

Wenger, H.A. (1986). Personal communication.

Witkorsson-Moller, M., Oberg, B., Ekstrand, J., Gillquist, J. (1983). Effects of warming up, massage and stretching on range of motion and muscle strength in the lower extremity. Am. J. Sports Med. 11(4): 249–52.

Über die Autoren

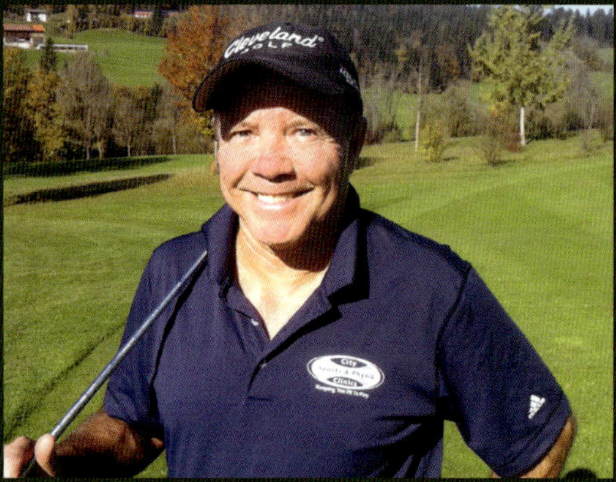

Carl Petersen
BPE, BSc (PT)

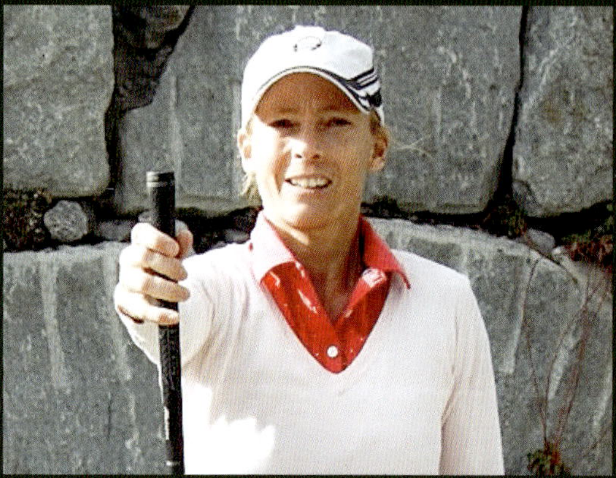

Nina Nittinger
Dipl. KFFR Sports Management

CARL PETERSEN

Carl ist Partner und ein internationaler Reiseberater von City Sports & Physiotherapy clinic in Vancouver, Kanada. Mehr als 30 Jahre lang hat er Athleten und Hobbysportler aus verschiedenen Sportarten behandelt und trainiert, um sie „Fit to Play™" und leistungsfähig zu halten. Carl ist ein international anerkannter und gefragter Redner. Er bildet weltweit regelmäßig Ärzte, Physiotherapeuten, Trainer und Athleten in den Prinzipien des „Fit to Play™" aus. Er hat über 300 professionelle Artikel geschrieben und ist Mitverfasser mehrere Bücher, DVDs und weiterer Trainingsmittel. Im Jahr 2007 wurde er mit dem Physiotherapy Association of BC „Award of Excellence for Clinical Contribution" belohnt. Carl freut sich darauf, bald mehr Zeit auf dem Platz verbringen zu können.

www.citysportsphysio.com
Twitter @Fit2PlayCarl
E-Mail: fit2playcarl@gmail.com

NINA NITTINGER

Nachdem Nina viele Jahre als professionelle Tennisspielerin auf der Tour unterwegs war, hat sie ein Sport- und Betriebswirtschaftsstudium und ein Fernstudium in Sportpsychologie absolviert. Sie ist zudem lizensierte A-Trainerin in Tennis und Kondition.

Nina hat bereits 7 Bücher in verschiedenen Sprachen und über 50 Artikel in Fachzeitschriften veröffentlicht. Bei nationalen und internationalen Konferenzen tritt sie als Expertin und Rednerin auf.

Von 2012 bis 2016 hat sie als Konditionstrainerin für die Association Suisse de Golf (ASG) gearbeitet. Sie ist eine passionierte Golfspielerin und hat aktuell ein Handicap von 5.8. Mit ihrer Firma ninisports ist sie verantwortlich für die Förderung von Jugendlichen und die Aus- und Fortbildung von Trainern.

www.ninisports.com